私募基金管理人

Key points
and
practical strategies
of
writing relevant legal opinions
of

PRIVATE
EQUITY
MANAGERS

相关法律意见书

撰写要点及实务攻略

张 崧 王 梅 罗胜男 著

法律出版社 LAW PRESS · CHINA

作者简介

张崧律师

北京雍文律师事务所管委会委员，天津分所主任，中国民主促进会会员。主要从事风险投资及私募股权基金、企业改制、金融证券等相关商务业务。

王梅律师

资深律师，拥有律师资格和基金从业资格，吾法吾天法律人进阶学习平台长期合作专栏高级讲师，毕业于天津大学。专业领域：私募基金、资本金融、建设工程、公司治理、国有企业法律服务等金融证券及民商事法律业务。长期致力于专业领域法律服务，为企业提供特定化的专业服务，为多家企业提供上市/挂牌、国企混改、招投标、私募基金管理人登记、重大资产重组、投资并购等法律服务。自营微信公众号“工作带娃两不误的王梅律师”（ID：may15620080382），日常总结并分享私募基金、资本金融、建设工程、公司治理、国有企业法律服务等方面的律师实务经验以及法律专业知识。

罗胜男律师

北京雍文（深圳）律师事务所主任律师，中国社会科学院金融学博士在读，主要业务领域：投资并购、金融证券、民商事诉讼等。

前言

刚刚过去的2020年,是不平凡的一年,对私募投资基金行业,同样意义非凡。2020年年初,突如其来的新冠疫情让各行各业措手不及,私募投资基金行业也受到波及。市场低迷,募集资金困难,私募基金管理人在"募投管退"等各工作环节均受到影响,投资节奏放缓,许多私募投资机构面临生存危机。尽管困难重重,对于私募投资基金行业来说,2020年仍是飞速发展的一年。截至2020年12月初,国内百亿规模的私募投资机构数量已超过60家,甚至出现千亿规模的私募投资机构;国内各类量化私募基金产品业绩可观,量化私募基金管理规模超过5000亿元;私募投资基金行业的监管体系越来越完善,中国证监会的行政监管与中国基金业协会的自律管理相结合,上下联动,推动私募基金合规运营进入一个良性的发展循环,事前准入、事中检查、事后监管环环相扣,促进行业规范可持续发展。

尽管我国私募投资基金行业发展迅速,私募投资基金监管体系随之不断完善,但与此同时,也暴露出许多问题,包括公开或者变相公开募集资金、规避合格投资者要求、不履行登记备案义务,错综复杂的集团化运作、资金池运作,利益输送、自融自担等,甚至出现侵占、挪用基金财产、非法集资等严重侵害投资者利益的违法违规行为,行业风险逐步显现。因此,中国证监会于2021年1月8日发布了《关于加强私募投资基金监管的若干规定》,对私募基金相关事项提出了新的标准和要求,也体现出监管部门对私募基金管理人相关登记事项的审核标准及要求日益严格和细致;与之相呼应,中国基金业协会于2021年1月26日发布了《关于适用中国证监会〈关于加强私募投资基金监管的若干规定〉有关事项的通知》,就中国证监会前述新规的有关适用问题作出了细化规定。

一系列私募新规的出台给私募投资基金行业提出了新的要求和期待。为更加客观地认识和理解私募基金管理人登记所涉相关法律事项,本书作者以上述中国证监会的私募新规为契机,根据有关法律法规以及中国基金业协会的相关工作指引及解答，在总结实践经验的基础上，经反复研究，归纳和总结了与私募基金管理人登记相关法律意见书的核查方式、关注重点、解决方法、撰写技巧等操作实务，并书就成册。

由于编写时间紧迫，难免有疏漏之处，敬请读者朋友谅解，也欢迎业内同仁和广大读者指正。

凡　例

一、法律、法规

本书所涉我国的法律法规名称中带有“中华人民共和国”字样的，均统一省去，简写为《×××法》，例如，《中华人民共和国公司法》简称为《公司法》。

二、机构名称简称与全称对照

中国证监会	指	中国证券监督管理委员会
国家发改委	指	国家发展和改革委员会
中国基金业协会	指	中国证券投资基金业协会

三、其他工作文件及事项简称与全称对照

新申请法律意见书	指	由律师事务所和律师为首次向中国基金业协会申请私募基金管理人登记的申请机构出具的法律意见书。
补充提交法律意见书	指	由律师事务所和律师为已登记为私募基金管理人，但尚未提交法律意见书的申请机构出具的法律意见书。
入会法律意见书	指	由律师事务所和律师为已登记为私募基金管理人，但尚未成为中国基金业协会会员的机构申请加入中国基金业协会出具的法律意见书。
重大变更法律意见书	指	由律师事务所和律师为已登记为私募基金管理人，但发生中国基金业协会规定的特定重大变更事项的申请机构出具的法律意见书。
经营异常法律意见书	指	由律师事务所和律师为已登记为私募基金管理人，但发生中国基金业协会规定的特定经营异常事项的申请机构出具的法律意见书。
其他法律意见书	指	由律师事务所和律师为已登记为私募基金管理人，但中国基金业协会通过发邮件等其他方式要求其就有关事项作出解释说明的申请机构出具的法律意见书。

续表

申请机构	指	拟向中国基金业协会申请私募基金管理人相关事项登记的机构。
冲突业务	指	民间借贷、民间融资、配资业务、小额理财、小额借贷、P2P/P2B、众筹、保理、融资租赁、担保、房地产开发、交易平台、典当、网络借贷信息中介、场外配资等可能与私募投资基金属性相冲突的业务。
买方"投资管理"冲突业务	指	财务咨询、财务顾问、商务信息咨询、经济信息咨询、金融信息服务、企业运营管理、金融信息服务、接受金融机构委托从事金融业务流程外包等与买方"投资管理"业务相冲突的业务。
其他非金融业务	指	企业形象策划、展览活动承办、文化艺术交流策划、市场营销策划会议服务、货物进出口销售机械设备、电子产品、五金交电、仪器仪表、计算机软硬件及外围设备、软件技术开发、通信设备、文化用品、体育用品、工艺品等不属于金融业务的业务。 根据《国民经济行业分类》,金融业务(编号为661~669)是指:货币金融服务(中央银行服务、货币银行服务、非货币银行服务、金融租赁服务、财务公司、典当、其他非货币银行服务、银行监管服务);资本市场服务(证券市场服务、证券市场管理服务、证券经纪交易服务、基金管理服务、期货市场服务、期货市场管理服务、其他期货市场服务、证券期货监管服务、资本投资服务、其他资本市场服务);保险业(人身保险、人寿保险、健康和意外保险、财产保险、再保险、养老金、保险经纪与代理服务、保险监管服务、风险与损失评估、其他未列明保险活动);其他金融业(金融信托与管理服务、控股公司服务、非金融机构支付服务、金融信息服务、其他未列明金融业)。

目录 Contents

一 基础篇

二 法律意见书撰写篇

三 法律尽职调查篇

四

操作流程篇

五

私募基金管理人登记相关范本篇

一

基础篇

第一章

私募基金管理人概述

一、私募基金管理人的定义和特征

根据《证券投资基金法》第十二条及《私募投资基金监督管理暂行办法》第二条之规定,私募基金管理人是管理、运用私募基金财产的公司或者合伙企业。具体而言,私募基金管理人是指在私募基金募集设立后,凭借专门的知识与经验,根据有关法律法规及基金章程或基金合同的规定,实际管理并运用所管理私募基金财产,谋求私募基金财产不断增值,以使私募基金持有人收益最大化的基金当事人。私募基金管理人是私募基金法律关系的枢纽,其对私募基金财产的管理与运用是私募基金运行中最关键的一个环节,通过对私募基金财产的管理与运用对私募基金持有人负责,在私募基金法律关系中处于核心地位。

通常而言,私募基金管理人一般具有以下固有特征:

1. 名称和经营范围私募化。

私募基金管理人的名称和经营范围中包含"基金管理""投资管理""资产管理""股权投资""创业投资"等私募相关字样。

2. 实际经营业务专业化。

私募基金管理人专注于私募基金财产的管理和运用,不应兼营与私募基金管理业务无关或存在利益冲突的其他业务。

3. 主营业务收入来源确定化。

私募基金管理人的主营业务收入来源是因其管理、运用私募基金财产所产生的管理费用及业绩报酬。

4. 控制/管理对象特定化。

私募基金管理人控制或管理的对象为私募基金，通过管理和运用私募基金的财产，谋求基金资产不断增值。

二、私募基金管理人的主要分类

1. 按照业务类型划分，私募基金管理人可以分为私募证券投资基金管理人、私募股权/创业投资基金管理人、私募资产配置基金管理人、其他私募投资基金管理人。

2. 按照组织形式划分，私募基金管理人可以分为公司制和合伙制。公司制私募基金管理人的组织形式为公司，包括股份有限公司、有限责任公司；合伙制私募基金管理人的组织形式为合伙企业，包括普通合伙企业、有限合伙企业。我国私募基金管理人以公司制为主。

3. 按照出资人性质划分，私募基金管理人可以分为内资机构、中外合资机构、外商独资机构。

三、我国私募基金管理人的市场准入限制

根据《证券投资基金法》的规定，我国对基金管理人采用区别监管的理念，如图1－1所示：

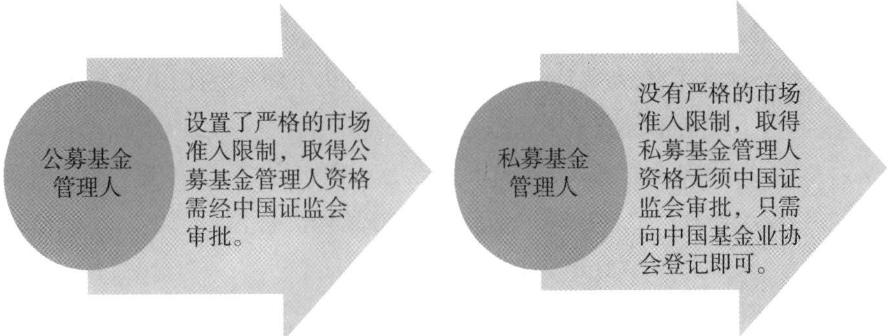

图1－1　基金管理人监管理念对比图

实行私募基金管理人登记备案注册制，一方面可以降低私募基金管理人的设

立难度和成本,有利于非公开募集基金灵活运作;另一方面也可以防止相关机构滥用私募基金或者私募基金管理人的名义进行非法集资等违法违规行为。

四、我国私募基金管理人登记监管体系的变化

我国私募基金管理人登记监管体系分为以下几个阶段,如图1-2所示:

图1-2 私募基金管理人登记监管发展阶段

第一阶段:登记空白阶段(2014年以前)

在2014年以前,私募基金管理人的概念几乎未在任何官方或法律文件中出现,实践中,从事私募基金管理业务的机构也无须取得私募基金管理人资格。

第二阶段:私募基金管理人"登记证明"阶段(2014~2016年)

2014年1月,中国基金业协会根据《证券投资基金法》和中国证监会的授权颁布了《私募投资基金管理人登记和基金备案办法(试行)》,从行业自律规范角度,要求基金管理人办理登记及基金备案。自此拉开了私募基金管理人需在中国基金业协会办理登记手续的序幕。

2014年8月,中国证监会发布了《私募投资基金监督管理暂行办法》,这个办法全面系统地规定了私募投资基金的监管要求,也明确授权了中国基金业协会按照《私募投资基金管理人登记和基金备案办法(试行)》的规定接受各类私募基金管理人的登记和私募投资基金的备案。

在此阶段,正值国家提倡创新,鼓励行业发展,加之没有规范性文件对私募基金管理人和私募投资基金提出过基本资质、规模等规范性要求,因此,中国证监会的行政监管以及中国基金业协会的自律监管相对宽松,中国基金业协会对完成登记的私募基金管理人发放《私募投资基金管理人登记证书》作为登记证明。

第三阶段:私募基金管理人"登记公示"阶段(2016年至今)

由于有《私募投资基金管理人登记证书》作为背书,各行各业都来做私募投资,行业规范水平低,间接导致E租宝、中晋等事件的发生,产生了恶劣的社会影响。

为此，监管机构对私募基金管理人的监管思路也随之发生了改变，由宽松转为严格，2016 年 2 月 5 日，中国基金业协会发布《关于进一步规范私募基金管理人登记若干事项的公告》，正式对私募基金管理人登记提出了规范性要求，中国基金业协会通过在其官网公示私募基金管理人基本情况的方式，为私募基金管理人办结登记手续。此后，监管思路逐渐成熟，日趋严格，私募基金管理人专业化运营的要求和标准日渐清晰，最终形成了目前的监管格局。

综上所述，我国对私募投资基金以及私募基金管理人的监管经历了从无到有、由松到严、从零散到系统的发展阶段。在私募投资基金领域，投资者保护是所有制度的核心，因此，中国基金业协会为做好行业管理，加强行业自律，通过公开信息和建设信用体制来提前规避风险，落实保护投资者利益，以此保证私募投资基金行业持续繁荣。目前，中国基金业协会已在其官网首页公开了不予登记的申请机构及所涉及的律师事务所、律师名单、已注销的私募基金管理人名单、行业自律监管措施（处分及处罚信息）等信息。

五、我国私募基金管理人现状及监管趋势

在国内相关政府机构不断完善法律法规和私募投资基金机构自觉遵守规范的背景下，我国私募投资基金行业发展势头很猛，虽与国外依然存在较大差距，但也逐渐从青涩走向成熟。即便自 2020 年 3 月开始，全球疫情不断扩散，资本市场各类资产宽幅震荡，对私募投资基金行业产生了不同程度的影响，我国私募投资基金行业依然迅猛发展。根据中国基金业协会数据显示（如图 1－3 所示），自疫情发生以来，我国存续登记的私募基金管理人数量一直呈持续上升趋势。

根据中国基金业协会公布的私募基金管理人及私募基金备案情况，截至 2020 年 11 月底，我国存续的私募基金管理人为 2.46 万家，较 2019 年年底增加 140 家；私募基金管理的总规模达 15.91 万亿元，较 2019 年年底增加 2.17 万亿元；管理的基金数量 9.47 万只，较 2019 年年底增加 1.3 万只。

综观与私募投资基金相关的规范性文件及中国基金业协会公布的私募基金管理人及私募基金备案情况的数据，自私募基金管理人登记制度实施以来，中国证监会及中国基金业协会监管的严格要求和收紧趋势一直未变，监管方向仍然是规范化、透明化，监管原则仍然是投资者利益优先，并且，在可预计的未来，中国证监会及中国基金业协会对私募投资基金的监管仍然会呈现愈加规范、严格、细致的趋势。

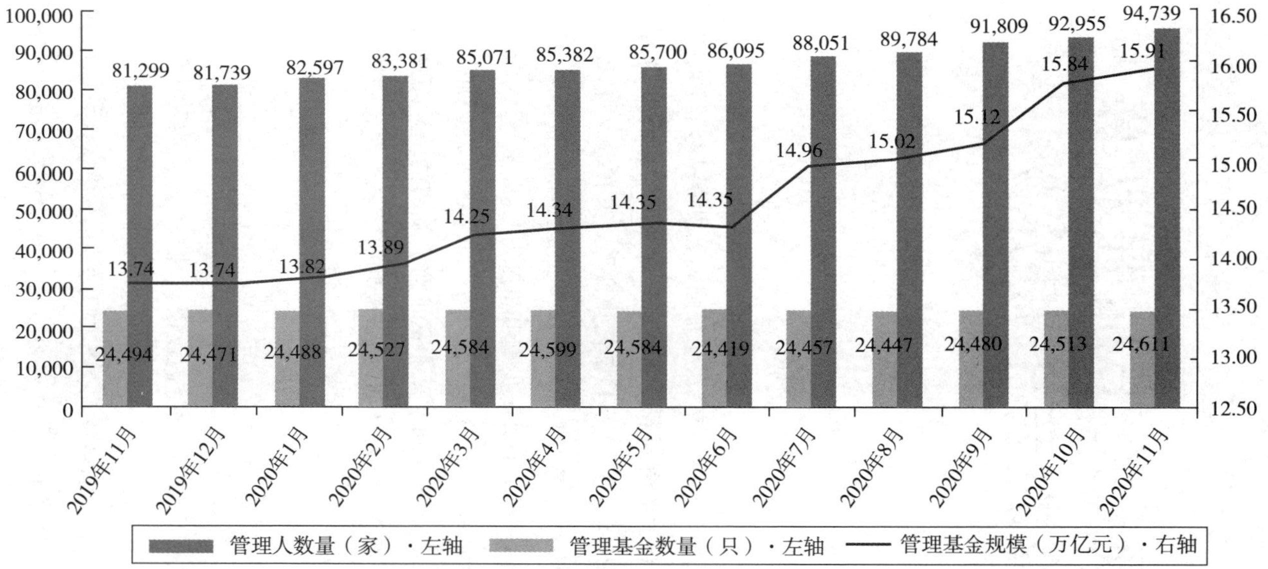

图 1-3　私募基金管理人及私募基金备案趋势图①

① 图片来源：中国基金业协会官方网站。

第二章

解读私募新规《关于加强私募投资基金监管的若干规定》

2021年1月8日,中国证监会在其官网发布《关于加强私募投资基金监管的若干规定》,正式实施私募投资基金行业监管新规。该规定是中国证监会继2014年发布《私募投资基金监督管理暂行办法》后,首次以部门规章形式发布的、与私募投资基金行业相关的监管文件。总体上,《关于加强私募投资基金监管的若干规定》是对私募投资基金行业执业底线行为规范的进一步重申和强化。

2021年1月26日,中国基金业协会发布《关于适用中国证监会〈关于加强私募投资基金监管的若干规定〉有关事项的通知》,就中国证监会发布的上述新规第三条、第六条第三款的有关适用问题作出了明确规定,解决此前众多机构关心的名称、经营范围整改问题,并重申管理人管理未备案基金的整改工作。

一、新规出台背景

近年来,我国私募基金行业快速发展,在支持创业创新、推进供给侧结构性改革、提高直接融资比重、服务实体经济和居民财富管理等方面发挥了重要作用。截至2020年年底,在中国基金业协会登记的私募基金管理人2.46万家,备案私募基金9.68万只,管理基金规模15.97万亿元。但私募基金行业在快速发展同时,也暴露出许多问题,行业风险逐步显现。

因此,中国证监会根据关于加强金融监管的有关要求,围绕贯彻落实服务实体经济、防范金融风险、深化金融改革的基本任务，在全面总结私募基金领域风险事件的发生特点和处置经验的基础上，通过重申和细化私募基金监管的底线要求，让私募行业真正回归"私募"和"投资"的本源，推动优胜劣汰的良性循环，促进行业规范可持续发展。

二、主要内容

《关于加强私募投资基金监管的若干规定》共十四条，主要包括以下内容：

（一）规范私募基金管理人名称、经营范围和业务范围

在之前中国基金业协会发布的《私募基金管理人登记须知》中，对私募基金管理人名称、经营范围、业务范围已提出要求，本次《关于加强私募投资基金监管的若干规定》的对应条款是对《私募基金管理人登记须知》相关规定的进一步重申和明确。具体如下：

1. 名称上，私募基金管理人应当统一规范，标明"私募基金""私募基金管理""创业投资"字样。

2. 经营范围上，为体现受托管理私募基金的业务属性特点，应当标明"私募投资基金管理""私募证券投资基金管理""私募股权投资基金管理""创业投资基金管理"等字样。

对上述要求，实行"新老划断"。

3. 业务范围上，要求私募基金管理人聚焦投资管理主业，可以围绕私募基金管理开展资金募集、投资管理、顾问服务、为被投企业提供管理咨询等业务，但不得从事与私募基金管理存在冲突或无关的其他业务。

（二）优化集团化私募基金管理人监管

《私募基金管理人登记须知》在"严禁股权代持""股权架构要求""股权稳定性要求""同质化要求"等多个条款中规定了对集团化私募基金管理人的要求。本次《关于加强私募投资基金监管的若干规定》的对应条款是对《私募基金管理人登记须知》相关规定的进一步重申和明确。具体如下：

1. 要求私募基金管理人在登记时如实披露其出资结构，不得隐瞒关联关系，严禁出资人代持、交叉持股、循环出资等行为。

2. 允许同一主体设立两家以上私募基金管理人，但其应当如实说明设立多个管理人的合理性与必要性，披露各管理人业务分工，建立完善的合规风控制度，确

保集团能对其控制的各管理人说得清楚、控制得住、负得起责。

（三）重申细化非公开募集和合格投资者要求

《证券投资基金法》《私募投资基金监督管理暂行办法》《私募投资基金管理人登记和基金备案办法（试行）》《私募投资基金募集行为管理办法》中规定了私募基金非公开募集以及相关禁止行为，本次《关于加强私募投资基金监管的若干规定》在此基础上结合实践中发生的问题，进一步细化了私募基金募集中的禁止性行为要求。具体如下：

1. 进一步细化《私募投资基金监督管理暂行办法》中规定的合格投资者的范围，对国务院金融监督管理部门监管的资产管理产品不再穿透核查，不合并计算投资者人数，为私募基金引入长期资金扫除制度障碍。

2. 细化重申了私募基金募集过程中的禁止性行为要求，包括：不得违反合格投资者要求募集资金，不得通过互联网等载体向不特定对象宣传推介，不得向投资者承诺保本保收益、夸大宣传、虚假宣传，不得设立以从事资金募集活动为目的的分支机构以及突破投资者人数限制等。

3. 明确规定私募基金管理人的出资人、实际控制人、关联方如果不具有基金销售资格，未受私募基金管理人委托从事基金销售的，不得从事资金募集活动。

（四）明确私募基金财产投资要求

《关于加强私募投资基金监管的若干规定》着力引导私募基金回归证券投资、股权投资等，重申投资活动"利益共享、风险共担"的本质，严禁使用基金财产从事借（存）贷、担保、明股实债等非私募基金投资活动，严禁投向类信贷资产或其收（受）益权，不得从事承担无限责任的投资，不得从事国家禁止投资、限制投资以及不符合国家产业政策、环保政策、土地管理政策的项目等。

同时，《关于加强私募投资基金监管的若干规定》在《私募基金管理人登记须知》的基础上重申并进一步细化了基金禁止投资事项的范围，严禁投资的冲突业务中新增"网络借贷信息中介""场外配资"，并新增"严禁投向无限责任的投资"；在重申禁止投向借（存）贷、担保、明股实债等非私募基金投资活动时的同时，明确规定"私募基金以股权投资为目的，按照合同约定为被投企业提供 1 年以下借款、担保的除外，但借款或者担保到期日不得晚于股权投资退出日，且借款或者担保总额不得超过该私募基金财产总额的 20%"。

（五）强化私募基金管理人及从业人员等主体规范要求

《关于加强私募投资基金监管的若干规定》要求私募基金管理人、私募基金托管人、私募基金销售机构、其他服务机构及从业人员践行诚实信用、谨慎勤勉的义务,秉承投资者合法利益优先原则,规范开展关联交易,严禁基金财产混同、资金池运作、违规自融、不公平对待基金财产和投资者等违法违规情形。

《私募投资基金监督管理暂行办法》《私募投资基金募集行为管理办法》对于私募基金管理人及其从业人员的禁止行为或规范要求已经有所规定,本次《关于加强私募投资基金监管的若干规定》在此基础上结合实践中发生的问题,进一步细化了相关事项。

(六)明确法律责任和过渡期安排

《关于加强私募投资基金监管的若干规定》重申私募基金管理人及从业人员等主体从事私募基金业务应当主动配合监管,对违反规定从事私募基金业务的,综合运用行政、自律、司法等多种手段追究相关机构和人员的法律责任。为平稳过渡,《关于加强私募投资基金监管的若干规定》针对不符合规定的存量私募基金管理人,通过实行新老划断、设置过渡期等予以分类处理。同时将结合整改情况,对主动提前完成整改的私募基金管理人,给予适当的差异化监管和自律安排。

《私募投资基金监督管理暂行办法》对私募基金管理人的要求多为原则性规定,而本次《关于加强私募投资基金监管的若干规定》则明确规定对于违反规定的从业机构或人员,中国证监会及其派出机构可以依照有关规定,采取行政监管措施、市场禁入措施,实施行政处罚,并记入中国资本市场诚信信息数据库。且针对不同的不符合规范的情形,《关于加强私募投资基金监管的若干规定》规定了不同的处理方案。

三、解读《关于加强私募投资基金监管的若干规定》中与私募基金管理人登记相关的内容

(一)《关于加强私募投资基金监管的若干规定》与私募基金管理人登记相关的主要内容

1. 明确私募基金管理人名称及经营范围、业务范围的规范性要求,并实行新老划断:

(1)《私募基金管理人登记须知》要求私募基金管理人的名称和经营范围中应当包含"基金管理""投资管理""资产管理""股权投资""创业投资"等相关字样。《关于加强私募投资基金监管的若干规定》较《私募基金管理人登记须知》进一步明确了私募基金管理人的名称及经营范围的要求,要求私募基金管理人应当在名

称中标明“私募基金”“私募基金管理”“创业投资”字样，并在经营范围中标明“私募投资基金管理”“私募证券投资基金管理”“私募股权投资基金管理”“创业投资基金管理”等体现受托管理私募基金特点的字样。

对上述新要求，实行“新老划断”。根据中国基金业协会于 2021 年 1 月 26 日发布的《关于适用中国证监会〈关于加强私募投资基金监管的若干规定〉有关事项的通知》，“新老划断”的具体实施方案如图 2－1 所示：

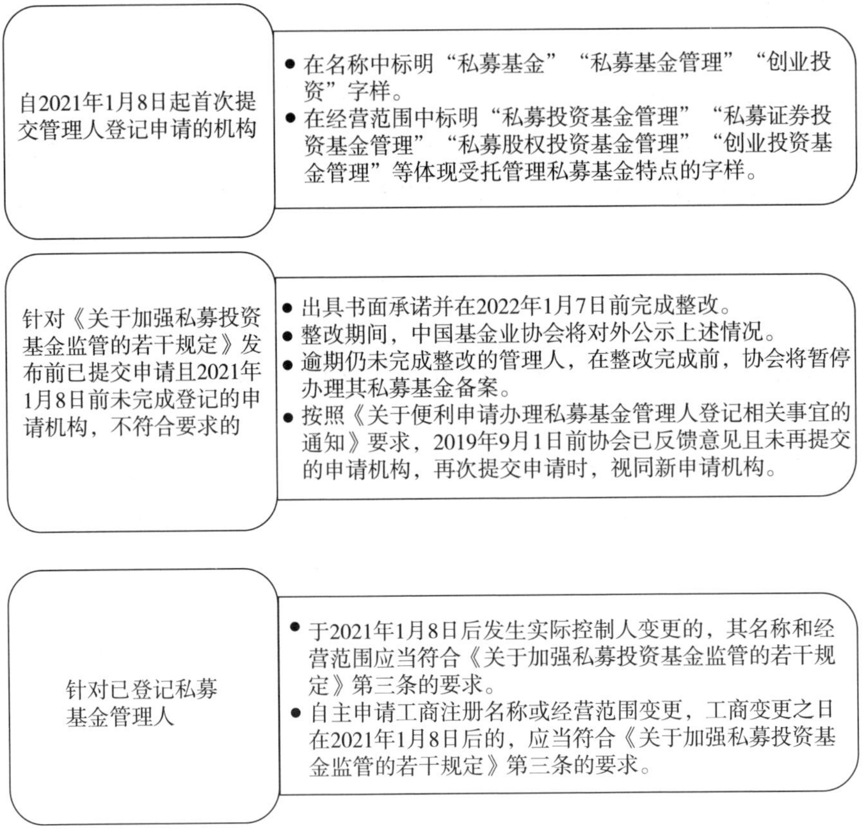

图 2－1 “新老划断”具体实施方案

（2）明确规定：除非法律、行政法规另有规定，任何主体未经登记，都不得使用“基金”或者“基金管理”字样或者近似名称进行私募基金业务活动。

（3）相较于《关于加强私募投资基金监管的若干规定（征求意见稿）》，《关于加强私募投资基金监管的若干规定》正式稿删除了要求“私募基金管理人的注册地与主要办事机构所在地设于同一省级、计划单列市行政区内”的内容。因此，私募基金管理人注册地与实际办公地不一致的，可仍以现状存续，无须整改。

2. 对私募基金管理人禁止从事业务范围的限制性要求：

（1）《关于加强私募投资基金监管的若干规定》主要沿袭了《私募基金管理人登记须知》对私募基金管理人落实《私募投资基金监督管理暂行办法》关于私募基金管理人防范利益冲突的要求，即不得兼营民间借贷、民间融资、融资租赁、配资业务、小额理财、小额借贷、P2P/P2B、众筹、保理、担保、房地产开发、交易平台等与私募基金属性相冲突的业务以及与私募基金管理无关或存在利益冲突的其他业务。但首次明文禁止私募基金管理人“直接或间接”从事前述兼营的业务，并在禁止兼营的业务中增加了“典当”“网络借贷信息中介”“场外配资”，实际大大限制了私募基金管理人的业务范围。

（2）《关于加强私募投资基金监管的若干规定》在对私募基金管理人禁止从事业务范围提出限制性要求的同时，又增加了“中国证券监督管理委员会另有规定的除外”的表述，这意味着，除私募基金管理业务外，私募基金管理人目前所从事的、符合监管要求的投资顾问业务及自有资金投资业务不属于受限制的业务范围，在《关于加强私募投资基金监管的若干规定》实施后，仍可继续从事。

3. 对私募基金管理人出资人（股东）的规范性要求：

（1）在《私募基金管理人登记须知》已对私募基金管理人出资人及实际控制人明确规定“严禁股权代持”“股权架构要求”“严禁规避关联方”“同质化要求”的基础上，《关于加强私募投资基金监管的若干规定》再次强调了对私募基金管理人出资人的规范要求，增加“不得隐瞒关联关系或者将关联关系非关联化”以及“私募基金管理人的出资人、实际控制人、关联方不得从事私募基金募集宣传推介，不得从事或者变相从事《关于加强私募投资基金监管的若干规定》第六条第一款所列行为”的内容，表明中国证监会加强对私募基金管理人出资人监管的决心，要求出资人信息披露真实、准确，严防出资人规避监管要求，与关联方进行关联交易、利益输送、利益冲突等行为，损害投资者权益。

（2）针对同一单位、个人控股或者实际控制两家及以上私募基金管理人的情形，《关于加强私募投资基金监管的若干规定》沿袭了《私募基金管理人登记须知》的“同质化要求”，即并非绝对禁止同一控制下设置多个私募基金管理人，但是需要基于合理性、必要性、独立性以及差别性等要求开展解释工作，全面、及时、准确披露各私募基金管理人业务分工，并建立完善的合规风控制度。

4. 对私募基金管理人投资管理行为的限制性要求：

(1)《关于加强私募投资基金监管的若干规定》中增加禁止私募基金管理人“以从事资金募集活动为目的设立或者变相设立分支机构”，主要目的是限制有关机构以私募基金管理人的名义变相开展基金募集活动。

(2)《关于加强私募投资基金监管的若干规定》新增“私募基金管理人不得管理未备案的私募基金”。实践中，私募基金管理人作为普通合伙人管理但未进行备案的合伙企业应属此种情形，笔者认为，若该合伙企业没有实际运作，则该私募基金管理人及合伙企业应不受前述条款的约束。

5. 过渡期内的整改要求：

(1)一年内整改事项

①不符合《关于加强私募投资基金监管的若干规定》第四条的规定，即：

私募基金管理人直接或者间接从事民间借贷、担保、保理、典当、融资租赁、网络借贷信息中介、众筹、场外配资等任何与私募基金管理相冲突或者无关的业务。

②不符合《关于加强私募投资基金监管的若干规定》第五条的规定，即：

私募基金管理人的出资人有代持、循环出资、交叉出资、层级过多、结构复杂等情形，隐瞒关联关系或者将关联关系非关联化。

同一单位、个人控股或者实际控制两家及以上私募基金管理人，但未全面、及时、准确披露各私募基金管理人业务分工，未建立完善的合规风控制度。

③不符合《关于加强私募投资基金监管的若干规定》第六条第一款第(九)项的规定，即：

以从事资金募集活动为目的设立或者变相设立分支机构。

④不符合《关于加强私募投资基金监管的若干规定》第十一条的规定，即：

私募基金管理人未建立健全关联交易管理制度，未对关联交易定价方法、交易审批程序等进行规范。

(2)六个月内整改事项

不符合《关于加强私募投资基金监管的若干规定》第六条第三款规定，即：私募基金管理人管理未备案的私募基金，整改期间暂停新增私募基金募集和备案。

(二)《关于加强私募投资基金监管的若干规定》其他主要内容

1. 私募基金管理人、私募基金销售机构及其从业人员在私募基金募集过程中的十项禁止行为：(1)向非合格投资者募集资金或者为投资者提供满足合格投资者要求的便利；(2)通过报纸、杂志、电台、电视、互联网等途径向不特定对象宣传推介；(3)向投资者承诺保本保收益；(4)夸大、片面宣传私募基金；(5)向投资者宣传的私募基金投向与私募基金合同约定投向不符；(6)宣传推介材料有虚假记载、误导性陈述或者重大遗漏；(7)以登记备案、金融机构托管、政府出资等名义为增信手段进行误导性宣传推介；(8)委托不具有基金销售业务资格的单位或者个人从事资金募集活动；(9)以从事资金募集活动为目的设立或者变相设立分支机构；(10)法律、行政法规和中国证监会禁止的其他情形。

2. 私募基金管理人及其从业人员的十三项禁止行为：(1)对不同私募基金混同管理、混同运作，或者不公平对待不同私募基金财产；(2)使用其他账户代私募基金收付基金财产；(3)开展或者参与具有滚动发行、集合运作、期限错配、分离定价等特征的资金池业务；(4)以套取私募基金财产为目的，使用私募基金财产直接或者间接投资于私募基金管理人、控股股东、实际控制人及其实际控制的企业或项目等自融行为；(5)不公平对待同一私募基金的不同投资者，损害投资者合法权益；(6)私募基金收益不与投资项目的资产、收益、风险等情况挂钩；(7)直接或者间接侵占、挪用私募基金财产；(8)不按照合同约定进行投资运作或者向投资者进行信息披露；(9)牟取非法利益、进行利益输送；(10)泄露未公开信息、利用该信息从事相关的交易活动；(11)从事内幕交易、操纵证券期货市场及其他不正当交易活动；(12)玩忽职守，不按照监管规定或者合同约定履行职责；(13)法律、行政法规和中国证监会禁止的其他行为。

3. 私募基金管理人不得直接或者间接将私募基金财产用于下列投资活动：

(1)借(存)贷、担保、明股实债等非私募基金投资活动(符合《关于加强私募投资基金监管的若干规定》要求的借款、担保除外)。

“符合《关于加强私募投资基金监管的若干规定》要求的借款、担保”是指以私募基金为被投对象提供借款、担保，需同时满足以下四个条件：①私募基金提供的借款或担保应是以股权投资为目的，即私募基金的性质应为股权投资基金或创业投资基金；②私募基金提供借款或担保的对象只能是被投企业；③私募基金提供的借款或担保的为1年期限以内，且借款或者担保到期日不得晚于股权投资退出日；④私募基金提供的借款或者担保余额不得超过该私募基金实缴金额的20%。

(2)投向保理资产、融资租赁资产、典当资产等类信贷资产、股权或其收(受)益权。

(3)从事承担无限责任的投资。

(4)投资于国家禁止或者限制投资的项目，不符合国家产业政策、环境保护政策、土地管理政策的项目,但证券市场投资除外。

(5)法律、行政法规和中国证监会禁止的其他投资活动。

四、《关于加强私募投资基金监管的若干规定》与已有私募基金监管法律法规规定的新旧对比

《关于加强私募投资基金监管的若干规定》是对已有私募基金监管法规的完善,该规定和已有规定的新旧对比梳理如表2-1所示(楷体字表示《关于加强私募投资基金监管的若干规定》本次增加或有变动的内容,下画线表示已有规定中与楷体字内容有关的内容)。

表2-1 《关于加强私募投资基金监管的若干规定》与已有私募基金监管法律法规规定新旧对比表

《关于加强私募投资基金监管的若干规定》	已有私募基金相关监管法律法规
第一条 为了规范私募投资基金(以下简称私募基金)业务活动,保护投资者和相关当事人的合法权益,促进私募基金行业健康发展,防范金融风险,根据《证券投资基金法》《私募投资基金监督管理暂行办法》(以下简称《私募办法》)等法律法规,制定本规定。	/
第二条 在中国证券投资基金业协会(以下简称基金业协会)依法登记的私募基金管理人从事私募基金业务,适用本规定。 私募基金管理人在初次开展资金募集、基金管理等私募基金业务活动前,应当按照规定在基金业协会完成登记。	/
第三条 未经登记,任何单位或者个人不得使用“基金”或者“基金管理”字样或者近似名称进行私募基金业务活动,法律、行政法规另有规定的除外。 私募基金管理人应当在名称中标明“私募基金”“私募基金管理”“创业投资”字样,并在经营范围中标明“私募投资基金管理”“私募证券投资基金管理”“私募股权投资基金管理”“创业投资基金管理”等体现受托管理私募基金特点的字样。	《私募基金管理人登记须知》 【经营范围】根据《私募基金登记备案相关问题解答(七)》,为落实《私募投资基金监督管理暂行办法》关于私募基金管理人的专业化管理要求,私募基金管理人的名称和经营范围中应当包含“基金管理”、“投资管理”、“资产管理”、“股权投资”、“创业投资”等相关字样。

续表

《关于加强私募投资基金监管的若干规定》	已有私募基金相关监管法律法规
第四条　私募基金管理人不得直接或者间接从事民间借贷、担保、保理、典当、融资租赁、网络借贷信息中介、众筹、场外配资等任何与私募基金管理相冲突或者无关的业务，中国证券监督管理委员会（以下简称中国证监会）另有规定的除外。	《私募基金管理人登记须知》 【冲突业务】为落实《私募投资基金监督管理暂行办法》关于私募基金管理人防范利益冲突的要求，对于兼营民间借贷、民间融资、融资租赁、配资业务、小额理财、小额借贷、P2P/P2B、众筹、保理、担保、房地产开发、交易平台等业务的申请机构，因上述业务与私募基金属性相冲突，为防范风险，协会对从事冲突业务的机构将不予登记。 【专业化运营】根据《私募投资基金管理人内部控制指引》和《私募基金登记备案相关问题解答（十三）》，私募基金管理人应当遵循专业化运营原则，主营业务清晰，不得兼营与私募基金管理无关或存在利益冲突的其他业务。
第五条　私募基金管理人的出资人不得有代持、循环出资、交叉出资、层级过多、结构复杂等情形，不得隐瞒关联关系或者将关联关系非关联化。同一单位、个人控股或者实际控制两家及以上私募基金管理人的，应当具有设立多个私募基金管理人的合理性与必要性，全面、及时、准确披露各私募基金管理人业务分工，建立完善的合规风控制度。	《私募基金管理人登记须知》 【严禁股权代持】申请机构出资人应当以货币财产出资。出资人应当保证资金来源真实合法且不受制于任何第三方。申请机构应保证股权结构清晰，不应当存在股权代持情形。出资人应具备与其认缴资本金额相匹配的出资能力，并提供相应的证明材料。 【股权架构要求】申请机构应确保股权架构简明清晰，不应出现股权结构层级过多、循环出资、交叉持股等情形。协会将加大股权穿透核查力度，并重点关注其合法合规性。 【严禁规避关联方】申请机构存在为规避关联方相关规定而进行特殊股权设计的情形，协会根据实质重于形式原则，审慎核查。 【同质化要求】同一实际控制人下再有新申请机构的，应当说明设置多个私募基金管理人的目的与合理性、业务方向区别、如何避免同业化竞争等问题。该实际控制人及其控制的已登记关联私募基金管理人需书面承诺，在新申请机构展业中出现违法违规情形时，应当承担相应的合规连带责任和自律处分后果。

续表

《关于加强私募投资基金监管的若干规定》	已有私募基金相关监管法律法规
第六条　私募基金管理人、私募基金销售机构及其从业人员在私募基金募集过程中不得直接或者间接存在下列行为： （一）向《私募办法》规定的合格投资者之外的单位、个人募集资金或者为投资者提供多人拼凑、资金借贷等满足合格投资者要求的便利； （二）通过报刊、电台、电视、互联网等公众传播媒体，讲座、报告会、分析会等方式，布告、传单、短信、即时通讯工具、博客和电子邮件等载体，向不特定对象宣传推介，但是通过设置特定对象确定程序的官网、客户端等互联网媒介向合格投资者进行宣传推介的情形除外； （三）口头、书面或者通过短信、即时通讯工具等方式直接或者间接向投资者承诺保本保收益，包括投资本金不受损失、固定比例损失或者承诺最低收益等情形； （四）夸大、片面宣传私募基金，包括使用安全、保本、零风险、收益有保障、高收益、本金无忧等可能导致投资者不能准确认识私募基金风险的表述，或者向投资者宣传预期收益率、目标收益率、基准收益率等类似表述； （五）向投资者宣传的私募基金投向与私募基金合同约定投向不符； （六）宣传推介材料有虚假记载、误导性陈述或者重大遗漏，包括未真实、准确、完整披露私募基金交易结构、各方主要权利义务、收益分配、费用安排、关联交易、委托第三方机构以及私募基金管理人的出资人、实际控制人等情况； （七）以登记备案、金融机构托管、政府出资等名义为增信手段进行误导性宣传推介； （八）委托不具有基金销售业务资格的单位或者个人从事资金募集活动； （九）以从事资金募集活动为目的设立或者变相设立分支机构； （十）法律、行政法规和中国证监会禁止	《私募投资基金募集行为管理办法》 第四条　从事私募基金募集业务的人员应当具有基金从业资格（包含原基金销售资格），应当遵守法律、行政法规和中国基金业协会的自律规则，恪守职业道德和行为规范，应当参加后续执业培训。 第九条　任何机构和个人不得为规避合格投资者标准，募集以私募基金份额或其收益权为投资标的的金融产品，或者将私募基金份额或其收益权进行非法拆分转让，变相突破合格投资者标准。募集机构应当确保投资者已知悉私募基金转让的条件。 投资者应当以书面方式承诺其为自己购买私募基金，任何机构和个人不得以非法拆分转让为目的购买私募基金。 第十四条　涉及私募基金募集结算资金专用账户开立、使用的机构不得将私募基金募集结算资金归入其自有财产。禁止任何单位或者个人以任何形式挪用私募基金募集结算资金。私募基金管理人、基金销售机构、基金销售支付机构或者基金份额登记机构破产或者清算时，私募基金募集结算资金不属于其破产财产或者清算财产。 第二十三条　募集机构应当采取合理方式向投资者披露私募基金信息，揭示投资风险，确保推介材料中的相关内容清晰、醒目。私募基金推介材料内容应与基金合同主要内容一致，不得有任何虚假记载、误导性陈述或者重大遗漏…… 第二十四条　募集机构及其从业人员推介私募基金时，禁止有以下行为： （一）公开推介或者变相公开推介； （二）推介材料虚假记载、误导性陈述或者重大遗漏； （三）以任何方式承诺投资者资金不受损失，或者以任何方式承诺投资者最低收益，包括宣传“预期收益”、“预计收益”、“预测投资业绩”等相关内容；

续表

《关于加强私募投资基金监管的若干规定》	已有私募基金相关监管法律法规
的其他情形。 私募基金管理人的出资人、实际控制人、关联方不得从事私募基金募集宣传推介，不得从事或者变相从事前款所列行为。 私募基金募集完毕，私募基金管理人应当按照规定到基金业协会履行备案手续。私募基金管理人不得管理未备案的私募基金。	（四）夸大或者片面推介基金，违规使用“安全”、“保证”、“承诺”、“保险”、“避险”、“有保障”、“高收益”、“无风险”等可能误导投资人进行风险判断的措辞； （五）使用“欲购从速”、“申购良机”等片面强调集中营销时间限制的措辞； （六）推介或片面节选少于6个月的过往整体业绩或过往基金产品业绩； （七）登载个人、法人或者其他组织的祝贺性、恭维性或推荐性的文字； （八）采用不具有可比性、公平性、准确性、权威性的数据来源和方法进行业绩比较，任意使用“业绩最佳”、“规模最大”等相关措辞； （九）恶意贬低同行； （十）允许非本机构雇佣的人员进行私募基金推介； （十一）推介非本机构设立或负责募集的私募基金； （十二）法律、行政法规、中国证监会和中国基金业协会禁止的其他行为。 第二十五条　募集机构不得通过下列媒介渠道推介私募基金： （一）公开出版资料； （二）面向社会公众的宣传单、布告、手册、信函、传真； （三）海报、户外广告； （四）电视、电影、电台及其他音像等公共传播媒体； （五）公共、门户网站链接广告、博客等； （六）未设置特定对象确定程序的募集机构官方网站、微信朋友圈等互联网媒介； （七）未设置特定对象确定程序的讲座、报告会、分析会； （八）未设置特定对象确定程序的电话、短信和电子邮件等通讯媒介； （九）法律、行政法规、中国证监会规定和中国基金业协会自律规则禁止的其他行为。

续表

《关于加强私募投资基金监管的若干规定》	已有私募基金相关监管法律法规
第七条　私募基金的投资者人数累计不得超过《证券投资基金法》《公司法》《合伙企业法》等法律规定的特定数量。投资者转让基金份额的，受让人应当为合格投资者且基金份额受让后投资者人数应当符合本条规定。国务院金融监督管理部门监管的机构依法发行的资产管理产品、合格境外机构投资者、人民币合格境外机构投资者，视为《私募办法》第十三条规定的合格投资者，不再穿透核查最终投资者。 任何单位和个人不得通过将私募基金份额或者其收(受)益 权进行拆分转让，或者通过为单一融资项目设立多只私募基金等方式，以变相突破合格投资者标准或投资者人数限制。	《私募投资基金监督管理暂行办法》 第十一条　私募基金应当向合格投资者募集，单只私募基金的投资者人数累计不得超过《证券投资基金法》、《公司法》、《合伙企业法》等法律规定的特定数量。 投资者转让基金份额的，受让人应当为合格投资者且基金份额受让后投资者人数应当符合前款规定。
第八条　私募基金管理人不得直接或者间接将私募基金财产用于下列投资活动： (一)借(存)贷、担保、明股实债等非私募基金投资活动，但是私募基金以股权投资为目的，按照合同约定为被投企业提供1年期限以内借款、担保除外； (二)投向保理资产、融资租赁资产、典当资产等类信贷资产、股权或其收(受)益权； (三)从事承担无限责任的投资； (四)法律、行政法规和中国证监会禁止的其他投资活动。 私募基金有前款第(一)项规定行为的，借款或者担保到期日不得晚于股权投资退出日，且借款或者担保余额不得超过该私募基金实缴金额的20%；中国证监会另有规定的除外。	《私募投资基金备案须知》 【不属于私募投资基金备案范围】私募投资基金不应是借(存)贷活动。下列不符合“基金”本质的募集、投资活动不属于私募投资基金备案范围： 1. 变相从事金融机构信(存)贷业务的，或直接投向金融机构信贷资产； 2. 从事经常性、经营性民间借贷活动，包括但不限于通过委托贷款、信托贷款等方式从事上述活动； 3. 私募投资基金通过设置无条件刚性回购安排变相从事借(存)贷活动，基金收益不与投资标的的经营业绩或收益挂钩； 4. 投向保理资产、融资租赁资产、典当资产等《私募基金登记备案相关问题解答(七)》所提及的与私募投资基金相冲突业务的资产、股权或其收(受)益权； 5. 通过投资合伙企业、公司、资产管理产品(含私募投资基金，下同)等方式间接或变相从事上述活动。

续表

《关于加强私募投资基金监管的若干规定》	已有私募基金相关监管法律法规
第九条　私募基金管理人及其从业人员从事私募基金业务，不得有下列行为： （一）未对不同私募基金单独管理、单独建账、单独核算，将其固有财产、他人财产混同于私募基金财产，将不同私募基金财产混同运作，或者不公平对待不同私募基金财产； （二）使用私募基金管理人及其关联方名义、账户代私募基金收付基金财产； （三）开展或者参与具有滚动发行、集合运作、期限错配、分离定价等特征的资金池业务； （四）以套取私募基金财产为目的，使用私募基金财产直接或者间接投资于私募基金管理人、控股股东、实际控制人及其实际控制的企业或项目等自融行为； （五）不公平对待同一私募基金的不同投资者，损害投资者合法权益； （六）私募基金收益不与投资项目的资产、收益、风险等情况挂钩，包括不按照投资标的实际经营业绩或者收益情况向投资者分红、支付收益等； （七）直接或者间接侵占、挪用私募基金财产； （八）不按照合同约定进行投资运作或者向投资者进行信息披露； （九）利用私募基金财产或者职务之便，以向私募基金、私募基金投资标的及其关联方收取咨询费、手续费、财务顾问费等名义，为自身或者投资者以外的人牟取非法利益、进行利益输送； （十）泄露因职务便利获取的未公开信息、利用该信息从事或者明示、暗示他人从事相关的交易活动； （十一）从事内幕交易、操纵证券期货市场及其他不正当交易活动； （十二）玩忽职守，不按照监管规定或者合同约定履行职责； （十三）法律、行政法规和中国证监会禁止的其他行为。 私募基金管理人的出资人和实际控制	《私募投资基金监督管理暂行办法》 第二十三条　私募基金管理人、私募基金托管人、私募基金销售机构及其他私募服务机构及其从业人员从事私募基金业务，不得有以下行为： （一）将其固有财产或者他人财产混同于基金财产从事投资活动； （二）不公平地对待其管理的不同基金财产； （三）利用基金财产或者职务之便，为本人或者投资者以外的人牟取利益，进行利益输送； （四）侵占、挪用基金财产； （五）泄露因职务便利获取的未公开信息，利用该信息从事或者明示、暗示他人从事相关的交易活动； （六）从事损害基金财产和投资者利益的投资活动； （七）玩忽职守，不按照规定履行职责； （八）从事内幕交易、操纵交易价格及其他不正当交易活动； （九）法律、行政法规和中国证监会规定禁止的其他行为。 《私募投资基金备案须知》 【禁止资金池】管理人应当做到每只私募投资基金的资金单独管理、单独建账、单独核算，不得开展或者参与任何形式的“资金池”业务，不得存在短募长投、期限错配、分离定价、滚动发行、集合运作等违规操作。

续表

《关于加强私募投资基金监管的若干规定》	已有私募基金相关监管法律法规
人，私募基金托管人、私募基金销售机构及其他私募基金服务机构及其出资人、实际控制人，不得有前款所列行为或者为前款行为提供便利。	
第十条　私募基金管理人管理的私募基金不得直接或者间接投资于国家禁止或者限制投资的项目，不符合国家产业政策、环境保护政策、土地管理政策的项目，但证券市场投资除外。	/
第十一条　私募基金管理人不得从事损害私募基金财产或者投资者利益的关联交易等投资活动。私募基金管理人应当建立健全关联交易管理制度，对关联交易定价方法、交易审批程序等进行规范。使用私募基金财产与关联方进行交易的，私募基金管理人应当遵守法律、行政法规、中国证监会的规定和私募基金合同约定，防范利益冲突，投资前应当取得全体投资者或者投资者认可的决策机制决策同意，投资后应当及时向投资者充分披露信息。	《私募投资基金备案须知》 【关联交易】私募投资基金进行关联交易的，应当防范利益冲突，遵循投资者利益优先原则和平等自愿、等价有偿的原则，建立有效的关联交易风险控制机制。上述关联交易是指私募投资基金与管理人、投资者、管理人管理的私募投资基金、同一实际控制人下的其他管理人管理的私募投资基金、或者与上述主体有其他重大利害关系的关联方发生的交易行为。 管理人不得隐瞒关联关系或者将关联交易非关联化，不得以私募投资基金的财产与关联方进行利益输送、内幕交易和操纵市场等违法违规活动。 私募投资基金进行关联交易的，应当在基金合同中明确约定涉及关联交易的事前、事中信息披露安排以及针对关联交易的特殊决策机制和回避安排等。 管理人应当在私募投资基金备案时提交证明底层资产估值公允的材料（如有）、有效实施的关联交易风险控制机制、不损害投资者合法权益的承诺函等相关文件。

续表

《关于加强私募投资基金监管的若干规定》	已有私募基金相关监管法律法规
第十二条　私募基金管理人及其出资人和实际控制人、私募基金托管人、私募基金销售机构和其他私募基金服务机构所提交的登记备案信息及其他信息材料，不得有虚假记载、误导性陈述或者重大遗漏，并应当按照规定持续履行信息披露和报送义务，确保所提交信息材料及时、准确、真实、完整。 私募基金管理人及其出资人和实际控制人、私募基金托管人、私募基金销售机构和其他私募基金服务机构及其从业人员应当配合中国证监会及其派出机构依法履行职责，如实提供有关文件和材料，不得拒绝、阻碍和隐瞒。	《私募基金管理人登记须知》 【总体要求】申请机构在申请私募基金管理人登记、基金备案及持续信息更新中所提供的所有材料及信息（含资产管理业务综合报送平台填报信息，资产管理业务综合报送平台以下简称AMBERS系统）应当真实、准确、完整，不存在任何虚假记载、误导性陈述或重大遗漏。 【核查方式】根据《私募投资基金管理人登记和备案办法（试行）》第八条，协会可以采取约谈高管人员、现场检查、向中国证监会及其派出机构、相关专业协会征询意见等方式对私募基金管理人提供的登记申请材料进行核查，申请机构应当予以配合。
第十三条　中国证监会及其派出机构依法从严监管私募基金管理人、私募基金托管人、私募基金销售机构和其他私募基金服务机构及其从业人员的私募基金业务活动，严厉打击各类违法违规行为。对违反本规定的，中国证监会及其派出机构可以依照《私募办法》的规定，采取行政监管措施、市场禁入措施，实施行政处罚，并记入中国资本市场诚信信息数据库；涉嫌犯罪的，依法移送司法机关追究刑事责任。《证券投资基金法》等法律、行政法规另有规定的，依照其规定处理。 基金业协会依法开展私募基金管理人登记和私募基金备案，加强自律管理与风险监测。对违反本规定的，基金业协会可以依法依规进行处理。	《私募投资基金监督管理暂行办法》 第二十九条　基金业协会应当制定和实施私募基金行业自律规则，监督、检查会员及其从业人员的执业行为。 会员及其从业人员违反法律、行政法规、本办法规定和基金业协会自律规则的，基金业协会可以视情节轻重，采取自律管理措施，并通过网站公开相关违法违规信息。会员及其从业人员涉嫌违法违规的，基金业协会应当及时报告中国证监会。 第三十一条　中国证监会及其派出机构依法对私募基金管理人、私募基金托管人、私募基金销售机构及其他私募服务机构开展私募基金业务情况进行统计监测和检查，依照《证券投资基金法》第一百一十四条规定采取有关措施。 第三十二条　中国证监会将私募基金管理人、私募基金托管人、私募基金销售机构及其他私募服务机构及其从业人员诚信信息记入证券期货市场诚信档案数据库；根据私募基金管理人的信用状况，实施差异化监管。 第三十三条　私募基金管理人、私募基金托管人、私募基金销售机构及其他私

续表

《关于加强私募投资基金监管的若干规定》	已有私募基金相关监管法律法规
	募服务机构及其从业人员违反法律、行政法规及本办法规定，中国证监会及其派出机构可以对其采取责令改正、监管谈话、出具警示函、公开谴责等行政监管措施。
第十四条　本规定自发布之日起施行。 证券公司、基金管理公司、期货公司及其子公司从事私募基金业务，不适用本规定。 本规定施行前已登记私募基金管理人不符合本规定，按下列要求执行： （一）不符合本规定第四条、第五条、第六条第一款第（九）项、第十一条的，应当自本规定施行之日起一年内完成整改； （二）不符合本规定第六条第三款的，应当自本规定施行之日六个月内完成整改，整改期内暂停新增私募基金募集和备案； （三）不符合本规定第六条第一款第（一）项至第（八）项、第六条第一款第（十）项、第七条、第九条、第十二条的，中国证监会及其派出机构可以依照本规定第十三条进行处理，基金业协会可以依法依规进行处理； （四）不符合本规定第八条、第十条的，不得新增此类投资，不得新增募集规模，不得新增投资者，不得展期，合同到期后予以清算。	/

第三章

私募基金管理人相关法律意见书适用情形（分类）

根据中国基金业协会的要求，新申请私募基金管理人登记、已登记的私募基金管理人发生部分重大事项变更、出现异常经营等情形时，需提交由中国律师事务所及经办律师出具的法律意见书。

第一节　法律意见书适用情形(分类)

目前，私募基金管理人需向中国基金业协会提交的、与私募基金管理人相关的法律意见书的类型如图3－1所示：

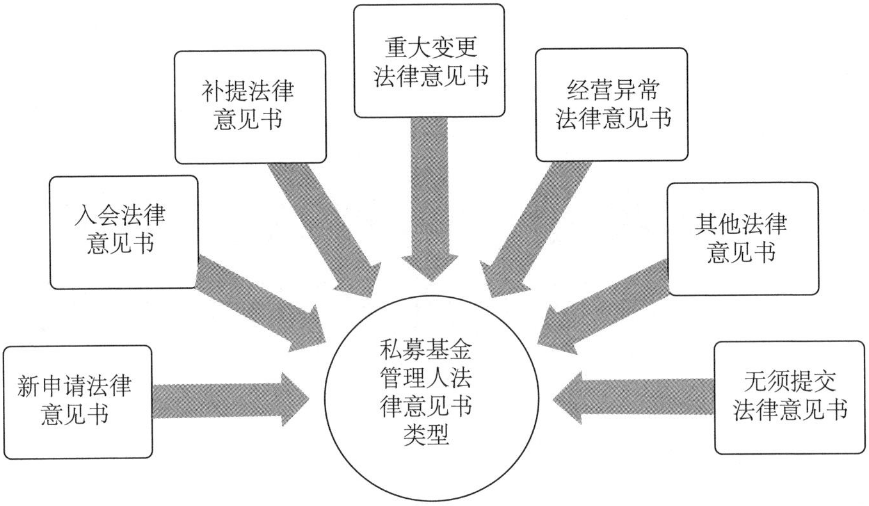

图 3－1　私募基金管理人法律意见书类型

一、新申请法律意见书

根据中国基金业协会的要求，首次申请登记为私募基金管理人的机构需通过中国基金业协会资产管理业务综合报送平台提交法律意见书作为必备申请材料。

对于在 2016 年 2 月 5 日前已提交申请但尚未办结登记的私募基金管理人申请机构，亦应按照要求在中国基金业协会资产管理业务综合报送平台提交法律意见书。

二、补充提交法律意见书

在 2016 年 2 月 5 日前已经完成登记的私募基金管理人，需在中国基金业协会资产管理业务综合报送平台补充提交《私募基金管理人登记法律意见书》：

(1)已登记为私募基金管理人且尚未备案私募基金产品的机构，应在首次申请备案私募基金产品之前按照要求补充提交法律意见书。

这里分 2016 年 2 月 5 日前已登记满 12 个月和不满 12 个月两种情形：2016 年 2 月 5 日前已登记满 12 个月的，应于 2016 年 5 月 1 日前备案产品且补充提交法律意见书，后延长至 2016 年 8 月 1 日前应备案成功私募投资基金产品并通过法律意见书；2016 年 2 月 5 日前已登记不满 12 个月的，2016 年 8 月 1 日前应备案私募投资基金产品并通过法律意见书。若在前述期限内仍未备案私募基金产品的,中国基金业协会将注销该私募基金管理人登记。私募基金管理人登记被注销后,可以按照中国基金业协会的要求重新申请登记。

(2)已登记且备案私募基金产品的私募基金管理人,中国基金业协会将视具体情形要求其补充提交法律意见书。

此种情形下,若中国基金业协会要求补充提交法律意见书的,私募基金管理人需补充提交,否则,无须补充提交。

三、入会法律意见书

根据《证券投资基金法》第一百零八条的规定,私募证券基金管理人应当加入基金行业协会。除此之外,暂未发现任何规定或官方文件要求其他类型私募基金管理人也必须加入基金行业协会。因此,笔者认为,除私募证券基金管理人外,其他类型的私募基金管理人可自愿加入中国基金业协会。根据《中国证券投资基金业协会会员管理办法》的规定,中国基金业协会对会员的要求要高于私募基金管理人登记所需具备的标准,目前已入会的私募基金管理人的数量远远少于已完成私募基金管理人登记的私募机构的数量。

私募基金管理人申请成为中国基金业协会会员,应在中国基金业协会资产管理业务综合报送平台"会员管理"模块中申请入会,提交申请材料。若申请机构在私募基金登记备案系统中没有提交法律意见书的,需上传入会法律意见书。

四、重大变更法律意见书

1. 提交重大变更法律意见书的一般情形

根据中国基金业协会要求,已登记的私募基金管理人申请变更控股股东、变更实际控制人、变更法定代表人/执行事务合伙人(委派代表)等重大事项或中国基金业协会审慎认定的其他重大事项的,应在中国基金业协会资产管理业务综合报送平台提交《私募基金管理人重大事项变更专项法律意见书》。

重大变更法律意见书只针对上述重大事项出具法律意见,其他事项的变更由申请机构先在中国基金业协会资产管理业务综合报送平台提交变更申请,然后根据中国基金业协会的反馈意见确定是否需要提交重大事项变更的专项法律意见书。

2. 提交重大变更法律意见书的特殊情形——发生实质性变化，视为新申请登记为私募基金管理人

已登记为私募基金管理人的机构自完成备案登记之日起一年内法定代表人/执行事务合伙人(委派代表)、主要出资人、实际控制人均发生变化的，应重新提交针对发生变更后私募基金管理人登记法律意见书，根据《私募基金管理人登记法律意见书指引》对申请机构整体情况逐项发表法律意见，同时提交变更的内部程序证明材料、向投资人就该事项信息披露材料，并详细说明变更的原因。对此等重大事项变更，中国基金业协会将视为新申请登记机构进行核查，并对变更缘由加大核查力度。

适用此种情形需满足两个条件：一是法定代表人/执行事务合伙人(委派代表)、主要出资人、实际控制人全部发生变化，而不是其中的一个或几个发生变化；二是这种变化必须发生在已登记为私募基金管理人的机构完成备案登记之日起一年内。

五、经营异常法律意见书

1. 根据中国基金业协会要求，私募基金管理人及其法定代表人、高级管理人员、实际控制人或主要出资人出现特定情形，可能影响私募基金管理人持续符合登记规定时，应当在中国基金业协会资产管理业务综合报送平台提交经营异常专项法律意见书。

2. 申请机构应当提交经营异常法律意见书的特定情形包括：

(1)被公安、检察、监察机关立案调查的；

(2)被行政机关列为严重失信人，以及被人民法院列为失信被执行人的；

(3)被证券监管部门给予行政处罚或被交易所等自律组织给予自律处分，情节严重的；

(4)拒绝、阻碍监管人员或者自律管理人员依法行使监督检查、调查职权或者自律检查权的；

(5)因严重违法违规行为，证券监管部门向协会建议采取自律管理措施的；

(6)多次受到投资者实名投诉，涉嫌违反法律法规、自律规则，侵害投资者合法权益，未能向协会和投资者合理解释被投诉事项的；

(7)经营过程中出现《私募基金登记备案相关问题解答(十四)》规定的不予登

记情形的;

(8)其他严重违反法律法规和《私募投资基金管理人内部控制指引》等自律规则的相关规定,经营管理失控,出现重大风险,损害投资者利益的。

六、其他法律意见书

除上述法律意见书外,中国基金业协会也可能通过给私募基金管理人发邮件等方式反馈有关问题并要求私募基金管理人提交法律意见书。这种情况下,法律意见书有关事项需以中国基金业协会的具体要求为准。

七、不需要出具法律意见书的情形

对于不以经营私募基金管理为业务、不具备私募基金管理人从业人员、不具备实际经营场所等私募基金管理人业务开展必要条件的特殊目的载体,中国基金业协会认可其商业需求,并明确该类机构无须申请私募基金管理人登记,无须提交法律意见书。

此处"特殊目的载体"指已登记私募基金管理人为某只基金的设立或投资目的,出资或派遣员工专门设立的无管理人员、无实际办公场所或不履行完整管理人职责的特殊目的载体,包括出于类似目的,为某只有限合伙型基金设立的普通合伙人机构。

另外,需要特别关注,2020 年 10 月 28 日,中国基金业协会发布《私募投资基金电子合同业务管理办法(试行)(征求意见稿)》,规定基金当事人(包括基金投资者、基金管理人、基金托管人及基金服务机构)可以委托电子合同业务服务机构,提供基金当事人身份验证、电子合同签署、电子合同数据查询等电子合同业务服务;中国基金业协会对从事电子合同业务服务的机构及其电子合同业务活动进行自律管理;申请开展电子合同业务服务的机构应向中国基金业协会提供法律意见书等资料,但未规定法律意见书的具体要求。虽然前述文件仅为征求意见稿,目前并无法律约束力,但可以体现出中国基金业协会态度和监管趋势。未来,若前述文件正式实施,那么,需要律师事务所及律师出具的、与私募基金相关的法律意见书可能会增加一个种类。

第二节　法律意见书的提交时间

一、关于新申请法律意见书

为防止申请机构在获得法律意见书后恶意修改申报材料，同时降低私募基金管理人的道德风险，保证申报材料的真实、准确和完整，中国基金业协会要求用于私募基金管理人登记的法律意见书的签署日期应在申请机构在中国基金业协会资产管理业务综合报送平台提交私募基金管理人登记申请之日前的一个月内。举个例子，若私募基金管理人于2020年12月1日提交私募基金管理人登记申请，则法律意见书签署日期不应早于2020年11月1日。

若存在补充法律意见书的，出具日期以补充法律意见书的日期为准，建议律师事务所及经办律师在补充法律意见书中增加相关表述，对原法律意见书所涉内容进行再次确认。

二、关于重大变更法律意见书

中国基金业协会目前并未对重大变更法律意见书的提交时间作出限制性规定①，但要求申请机构在首次向中国基金业协会资产管理业务综合报送平台提交后六个月内办理通过，若申请机构在该期限内仍未办理通过或退回补正次数超过5次的，中国基金业协会将暂停申请机构新增产品备案直至办理通过。

三、关于经营异常法律意见书

根据中国基金业协会的规定，私募基金管理人及其法定代表人、高级管理人员、实际控制人或主要出资人出现规定的异常经营情形的，申请机构应在中国基金业协会书面通知私募基金管理人委托律师事务所对有关事项进行查验后三个月内在中国基金业协会资产管理业务综合报送平台提交经营异常法律意见书。

---

① 《私募基金登记备案相关问题解答（五）》曾对重大变更法律意见书的提交时间做出过要求，但该规定已于2020年8月10日废止。

第四章

私募基金管理人相关法律意见书的出具主体

第一节　律师事务所和律师出具法律意见书的资格条件

中国基金业协会要求由律师事务所和律师为私募基金管理人出具法律意见书。目前,中国基金业协会已对出具异常经营专项法律意见书的律师事务所及律师提出了具体的资格条件。除此之外,对出具与私募基金管理人相关的其他类别的法律意见书的律师事务所及律师的资格条件,中国基金业协会未作强制性要求,申请机构可根据实际需要选择适合的律师事务所和律师。因此,在中国境内依法设立、可就中国法律事项发表专业意见的律师事务所及中国执业律师,均可受聘为私募基金管理人出具法律意见书。

一、中国基金业协会鼓励(非强制)私募基金管理人选择的主体

1.满足以下条件的律师事务所:(1)内部管理规范,风险控制制度健全,执业水准高,社会信誉良好;(2)有二十名以上执业律师,其中五名以上曾从事过证券法律业务;(3)已经办理有效的执业责任保险;(4)最近两年未因违法执业行为受到行政处罚。

2. 满足以下条件的执业律师：(1)最近三年从事过证券法律业务；(2)最近三年连续执业，且拟与其共同承办业务的律师最近3年从事过证券法律业务；(3)最近三年连续从事证券法律领域的教学、研究工作，或者接受过证券法律业务的行业培训；(4)最近两年未因违法执业行为受到行政处罚。

二、出具异常经营专项法律意见书的律师事务所及签字律师需满足的条件

根据中国基金业协会的要求，已登记为私募基金管理人的机构及其法定代表人、高级管理人员、实际控制人或主要出资人出现特定情形①，可能影响其持续符合登记规定时，应当提交经营异常专项法律意见书。出具经营异常专项法律意见书的律师事务所和签字律师应当具备相应的执业能力，并同时满足以下条件：

1. 未曾为该出现经营异常的私募基金管理人出具登记、备案法律意见书；

2. 内部管理规范，合规风控健全，执业水准高，恪守职业道德和执业纪律；

3. 签字律师证券基金法律业务执业经验丰富；

4. 律师事务所和签字律师最近三年未受到证券监管部门的行政处罚或者被采取行政监管措施，也未被中国基金业协会列入不予接受法律意见书的限制性名单。

三、律师事务所可申请成为中国基金业协会会员

根据《中国证券投资基金业协会章程》，作为基金服务机构的律师事务所可以申请成为中国基金业协会会员，但中国基金业协会未就律师事务所入会作出强制性要求。中国基金业协会于2020年4月20日发布了《中国证券投资基金业协会律师事务所入会指引》(中基协发〔2020〕3号)，对律师事务所自愿申请加入中国基金业协会成为联席会员的具体条件、程序等作出了规定。

---

① 根据中国基金业协会的规定，此处“特定情形”指：(1)被公安、检察、监察机关立案调查的；(2)被行政机关列为严重失信人，以及被人民法院列为失信被执行人的；(3)被证券监管部门给予行政处罚或被交易所等自律组织给予自律处分，情节严重的；(4)拒绝、阻碍监管人员或者自律管理人员依法行使监督检查、调查职权或者自律检查权的；(5)因严重违法违规行为，证券监管部门向协会建议采取自律管理措施的；(6)多次受到投资者实名投诉，涉嫌违反法律法规、自律规则，侵害投资者合法权益，未能向协会和投资者合理解释被投诉事项的；(7)经营过程中出现《私募基金登记备案相关问题解答(十四)》规定的不予登记情形的；(8)其他严重违反法律法规和《私募基金管理人内部控制指引》等自律规则的相关规定，经营管理失控，出现重大风险，损害投资者利益的。

第二节　律师及律师事务所出具法律意见书的基本要求

一、法律意见书的一般要求

1. 律师事务所及经办律师应勤勉尽责

法律意见书是以尽职调查为基础的法律分析及结论性法律意见的总结，是中国基金业协会办理登记和投资者进行投资决策的重要依据。因此，律师事务所及经办律师应当勤勉尽责，根据相关法律法规、《律师事务所从事证券法律业务管理办法》、《律师事务所证券法律业务执业规则（试行）》及中国基金业协会的相关规定，在尽职调查的基础上对《私募基金管理人登记法律意见书指引》规定的内容逐项发表明确的法律意见，独立、客观、公正地出具法律意见书，保证法律意见书不存在虚假记载、误导性陈述及重大遗漏。

2. 法律意见书应有完整的事实和依据

律师事务所及经办律师出具的法律意见书内容应当包含完整的尽职调查过程描述，对有关事实、法律问题作出认定和判断的适当证据和理由。

3. 法律意见书应当逻辑严密、论证充分、结论明晰

（1）法律意见书的陈述文字应当逻辑严密，论证充分，所涉指代主体名称、出具的专业法律意见应具体明确。

（2）律师事务所及经办律师应对私募基金管理人登记申请是否符合中国基金业协会的相关要求发表整体结论性意见。

（3）法律意见书的结论应当明晰，不得使用“基本符合条件”等含糊措辞。对不符合相关法律法规和中国证监会、中国基金业协会规定的事项，或已勤勉尽责仍不能对其法律性质或其合法性作出准确判断的事项，律师事务所及经办律师应发表保留意见，并说明相应的理由。

（4）法律意见书所涉内容应当与申请机构系统填报的信息保持一致，若系统填报信息与尽职调查情况不一致的，应当做出特别说明。

4. 律师事务所及经办律师对其他中介结构结论性意见有核查义务

律师事务所及经办律师发表法律意见时，若引用或使用其他中介机构结论性

意见的应当独立对其真实性进行核查。即如果法律意见书引用或使用有关财务、审计、信用评级、资产评估等事项的结论性意见,律师事务所及经办律师应当独立对该等结论性意见的真实性进行核查。对真实性的核查可以通过查阅相关财务报表、审计报告、资产评估报告等书面文件是否真实存在等方式进行。

5. 律师事务所及经办律师应制作并保留工作底稿

工作底稿是法律意见书披露内容的支撑,可以证明法律意见书所披露的内容。因此,律师事务所及经办律师应当参照《律师事务所证券法律业务执业规则(试行)》等规定,根据实际需要采取合理的方式和手段,获取适当的证据材料,并据此制作并保留工作底稿。

6. 法律意见书应当包含律师事务所及经办律师的承诺信息

法律意见书应当包含律师事务所及经办律师的承诺信息,例如:本所及经办律师依据《证券投资基金法》、《律师事务所从事证券法律业务管理办法》和《律师事务所证券法律业务执业规则(试行)》等规定及本法律意见书出具日以前已经发生或者存在的事实,严格履行了法定职责,遵循了勤勉尽责和诚实信用原则,进行了充分的核查验证,保证本法律意见书所认定的事实真实、准确、完整,所发表的结论性意见合法、准确,不存在虚假记载、误导性陈述或者重大遗漏。本所及经办律师同意将本法律意见书作为相关机构申请私募基金管理人登记/重大事项变更必备的法定文件,随其他在私募基金登记备案系统填报的信息一同上报,并愿意承担相应的法律责任。

7. 对律师事务所及经办律师的签字签章的要求

法律意见书应当由两名执业律师签名,并加盖律师事务所印章,签署日期应清晰明确。

法律意见书及私募基金登记备案系统中律师事务所就"私募基金管理人重要情况说明"出具的确认函,均需加盖律师事务所公章及骑缝章,列明经办律师的姓名及其执业证件号码并由经办律师签署。

8. 其他

法律意见书提交后,私募基金管理人不得修改其提交的私募登记申请材料;若确需补充或更正,经中国基金业协会同意,应由原经办律师及律师事务所另行出具补充法律意见书。

二、法律意见书的特殊要求——经营异常法律意见书

(一)提交经营异常专项法律意见书的程序和要求

1. 私募基金管理人及其法定代表人、高级管理人员、实际控制人或主要出资人出现特定情形的,中国基金业协会将书面通知私募基金管理人委托律师事务所对有关事项进行查验,并在三个月内提交专项法律意见书。

2. 中国基金业协会的书面通知无法送达私募基金管理人的,私募基金管理人将被认定为失联机构,并按照相关程序办理,直至注销。

3. 私募基金管理人的异常经营情形影响到潜在投资者的判断,或者涉及社会公众利益时,中国基金业协会的书面通知、私募基金管理人的说明和提交的专项法律意见书将在中国基金业协会网站公示。

私募基金管理人应当向所在地证券监管部门派出机构报告其异常经营情形,并报备其委托律师事务所出具专项法律意见书的情况。

出现被公安机关、检察、监察机关立案侦查,以及被责令停止相关展业资质、强制措施等严重情形的,中国基金业协会将自书面通知发出之日起暂停受理该私募基金管理人的基金备案申请、该私募基金管理人相关重大事项变更申请,以及相关关联方新设私募基金管理人的登记申请。

(二)对出具专项法律意见书的律师事务所和签字律师的要求

出具专项法律意见书的律师事务所和签字律师应当具备相应的执业能力,符合如下条件:

1. 未曾为该私募基金管理人出具登记、备案法律意见书;

2. 内部管理规范,合规风控健全,执业水准高,恪守职业道德和执业纪律;

3. 签字律师证券基金法律业务执业经验丰富;

4. 律师事务所和签字律师最近三年未受到证券监管部门的行政处罚或者被采取行政监管措施,也未被中国基金业协会列入不予接受法律意见书的限制性名单。

(三)关于经营异常专项法律意见书的要求

1. 法律意见书声明事项应当载明:"本所及签字律师依据《证券法》、《证券投资基金法》以及中国证券监督管理委员会和中国证券投资基金业协会的要求,严格履行了法定职责,遵循了勤勉尽责和诚实信用原则,进行了充分的核查验证,保证本法律意见所认定的事实真实、准确、完整,所发表的结论性意见合法、准确,不存

在虚假记载、误导性陈述或者重大遗漏,并承担《证券法》和《证券投资基金法》及其他相应的法律责任。"

2. 法律意见书正文应当载明相关事实材料、查验原则、查验方式、查验内容、查验过程、查验结果、所依据的法律法规和自律规则、结论性意见以及所涉及的必要文件资料等。

3. 法律意见书正文应当载明,如其出具的法律意见书存在虚假记载、误导性陈述或者重大遗漏,给他人财产造成损失的,是否与私募基金管理人承担连带赔偿责任。

4. 法律意见书应当说明私募基金管理人是否配合律师事务所的专项核查工作。律师事务所应当如实描述所发现的私募基金管理人隐匿、阻碍、故意遗漏等不配合情形。

5. 法律意见书应当对中国基金业协会要求的查验事项逐一发表明确的结论性意见,对查验事项是否合法合规、是否真实有效给予明确说明,对结论性意见进行充分论证、分析并说明查验过程,不得使用"基本符合""未发现"等含糊措辞。

6. 法律意见书应按照《关于进一步规范私募基金管理人登记若干事项的公告》等有关规定对私募基金管理人在发生异常经营情形后是否符合登记要求重新进行核查。

第三节　出具私募基金法律意见书的执业风险及防范

如果律师事务所及律师在为私募基金管理人出具法律意见书时,未对相关资料进行实质性审查,将有可能被司法机关认为"重大失实",进而触发对投资者损失的民事连带赔偿责任,甚至承担刑事责任。因此,律师事务所及律师作为出具法律意见书的中介服务机构及人员,应当恪守法律底线,防范执业法律风险。

一、出具私募基金管理人法律意见书可能引起的执业风险

根据相关法律法规以及中国基金业协会自律规则的规定,律师事务所及律师出具虚假或不实的法律意见书可能引起的执业风险如下:

（一）民事法律风险

律师事务所制作、出具的法律意见书有虚假记载、误导性陈述或者重大遗漏，给他人造成损失的，需与委托人承担连带赔偿责任，除非能够证明自己没有过错。

【法律依据】《证券法》第一百六十三条　证券服务机构为证券的发行、上市、交易等证券业务活动制作、出具审计报告及其他鉴证报告、资产评估报告、财务顾问报告、资信评级报告或者法律意见书等文件，应当勤勉尽责，对所依据的文件资料内容的真实性、准确性、完整性进行核查和验证。其制作、出具的文件有虚假记载、误导性陈述或者重大遗漏，给他人造成损失的，应当与委托人承担连带赔偿责任，但是能够证明自己没有过错的除外。

（二）行政法律风险

律师事务所制作、出具的法律意见书有虚假记载、误导性陈述或者重大遗漏的，责令改正，没收业务收入，并处以业务收入一倍以上十倍以下的罚款，没有业务收入或者业务收入不足五十万元的，处以五十万元以上五百万元以下的罚款；情节严重的，并处暂停或者禁止从事证券服务业务。

对于直接负责的主管人员以及直接责任人员给予警告，并处以二十万元以上二百万元以下的罚款。

【法律依据】《证券法》第二百一十三条第三款　证券服务机构违反本法第一百六十三条的规定，未勤勉尽责，所制作、出具的文件有虚假记载、误导性陈述或者重大遗漏的，责令改正，没收业务收入，并处以业务收入一倍以上十倍以下的罚款，没有业务收入或者业务收入不足五十万元的，处以五十万元以上五百万元以下的罚款；情节严重的，并处暂停或者禁止从事证券服务业务。对直接负责的主管人员和其他直接责任人员给予警告，并处以二十万元以上二百万元以下的罚款。

（三）刑事法律责任

经办律师故意出具虚假证明文件，情节严重的，构成提供虚假证明文件罪，将被判处五年以下有期徒刑或者拘役，并处罚金；有《刑法》第二百二十九条规定情形之一的，将被判处五年以上十年以下有期徒刑，并处罚金。若经办律师同时伴有索取他人财物或者非法收受他人财物的行为的，依照处罚较重的规定定罪处罚。

经办律师严重不负责任，出具的证明文件有重大失实，造成严重后果的，构成出具证明文件重大失实罪，将被判处三年以下有期徒刑或者拘役，并处或者单处罚金。

【法律依据】1997 年《刑法》第二百二十九条　【提供虚假证明文件罪；出具证

明文件重大失实罪】承担资产评估、验资、验证、会计、审计、法律服务等职责的中介组织的人员故意提供虚假证明文件，情节严重的，处五年以下有期徒刑或者拘役，并处罚金。

前款规定的人员，索取他人财物或者非法收受他人财物，犯前款罪的，处五年以上十年以下有期徒刑，并处罚金。

第一款规定的人员，严重不负责任，出具的证明文件有重大失实，造成严重后果的，处三年以下有期徒刑或者拘役，并处或者单处罚金。

2020 年 12 月 26 日，第十三届全国人民代表大会常务委员会第二十四次会议通过《刑法修正案（十一）》（自 2021 年 3 月 1 日起施行），已经将上述《刑法》第二百二十九条修改为："承担资产评估、验资、验证、会计、审计、法律服务、保荐、安全评价、环境影响评价、环境监测等职责的中介组织的人员故意提供虚假证明文件，情节严重的，处五年以下有期徒刑或者拘役，并处罚金；有下列情形之一的，处五年以上十年以下有期徒刑，并处罚金：（一）提供与证券发行相关的虚假的资产评估、会计、审计、法律服务、保荐等证明文件，情节特别严重的；（二）提供与重大资产交易相关的虚假的资产评估、会计、审计等证明文件，情节特别严重的；（三）在涉及公共安全的重大工程、项目中提供虚假的安全评价、环境影响评价等证明文件，致使公共财产、国家和人民利益遭受特别重大损失的。

有前款行为，同时索取他人财物或者非法收受他人财物构成犯罪的，依照处罚较重的规定定罪处罚。

第一款规定的人员，严重不负责任，出具的证明文件有重大失实，造成严重后果的，处三年以下有期徒刑或者拘役，并处或者单处罚金。"

【立案标准】最高人民检察院、公安部《关于公安机关管辖的刑事案件立案追诉标准的规定（二）》

第八十一条　【提供虚假证明文件案（刑法第二百二十九条第一款、第二款）】承担资产评估、验资、验证、会计、审计、法律服务等职责的中介组织的人员故意提供虚假证明文件，涉嫌下列情形之一的，应予立案追诉：（一）给国家、公众或者其他投资者造成直接经济损失数额在五十万元以上的；（二）违法所得数额在十万元以上的；（三）虚假证明文件虚构数额在一百万元且占实际数额百分之三十以上的；（四）虽未达到上述数额标准，但具有下列情形之一的：1. 在提供虚假证明文件过程中索取或者非法接受他人财物的：2. 两年内因提供虚假证明文件，受过行政处罚二次以上，又提供虚假证明文件的。（五）其他情节严重的情形。

第八十二条 【出具证明文件重大失实案(刑法第二百二十九条第三款)】承担资产评估、验资、验证、会计、审计、法律服务等职责的中介组织的人员严重不负责任,出具的证明文件有重大失实,涉嫌下列情形之一的,应予立案追诉:(一)给国家、公众或者其他投资者造成直接经济损失数额在一百万元以上的;(二)其他造成严重后果的情形。

(四)被中国基金业协会采取自律监管措施

中国基金业协会在已登记的私募基金管理人公示制度基础上,通过《私募基金管理人登记须知》《关于进一步加强私募基金行业自律管理的规定》等自律规则,建立了对私募基金管理人及所涉律师事务所、律师情况的自律管理机制。

根据上述自律规则,中国基金业协会将定期对外公示不予办理登记的申请机构名称及不予登记的原因,同时公示为该机构出具法律意见书的律师事务所及经办律师名单。另外,中国基金业协会还将视情况采取以下自律监管措施:

1. 对不予登记申请机构及所涉律师事务所、律师的监管措施

中国基金业协会对不予登记申请机构及所涉律师事务所、律师的监管措施如表4-1所示:

表4-1 中国基金业协会对不予登记申请机构及所涉律师事务所、律师的监管措施

序号	适用情形	监管措施
1	律师事务所及经办律师为一家被不予登记机构提供私募基金管理人登记相关法律服务,且出具了肯定性结论意见的	中国协会将通过电话沟通、现场约谈等多种途径及时提醒该律师事务所及经办律师相关业务的尽职、合规要求。
2	律师事务所的经办律师累计为两家及以上被不予登记机构提供私募基金管理人登记相关法律服务,且出具了肯定性结论意见的	(1)自该经办律师服务的第二家被不予登记机构公示之日起三年内,中国基金业协会将要求由该经办律师正在提供私募基金管理人登记相关法律服务的申请机构,提交现聘律师事务所的其他执业律师就申请机构私募基金管理人登记事项出具的复核意见;但该申请机构另行聘请其他律师事务所重新出具法律意见书的除外。 (2)中国基金业协会将有关情况通报相关经办律师任职的律师事务所。

续表

序号	适用情形	监管措施
3	律师事务所累计为三家及以上被不予登记机构提供私募基金管理人登记相关法律服务，且出具了肯定性结论意见的	(1)自该律师事务所服务的第三家被不予登记机构公示之日起三年内，中国基金业协会将要求由该律师事务所正在提供私募基金管理人登记相关法律服务的申请机构，重新聘请其他律师事务所就私募基金管理人登记事项另行出具法律意见书。 (2)中国基金业协会将有关情况通报所涉律师事务所所在地的司法行政机关和律师协会。
4	律师事务所及经办律师为申请机构就私募基金管理人登记事项出具的法律意见为否定性结论意见，但申请机构拒绝向协会提供的，律师事务所及经办律师可以将否定性结论意见及相关证明材料送达申请机构，同时抄送至协会邮箱：pflegal@amac. org. cn(邮件以“申请机构名称—律师事务所名称/律师姓名—否定性结论意见”命名)。	(1)针对此种情形，相关机构经认定属于不予登记情形的，中国基金业协会将对外公示该机构信息，并注明律师事务所及经办律师发表了否定性结论意见。 (2)此种情形，不计入前述公示机制的累计案例次数。

2. 对已登记私募基金管理人及所涉律师事务所、律师的监管措施

(1)私募基金管理人失联，或将导致中国基金协会“拉黑”律师事务所和律师三年。

律师事务所及律师出具登记法律意见书一年内，相关私募基金管理人被公告注销的，中国基金业协会三年内不再接受相关律师事务所和律师出具的登记法律意见书。

(2)肯定性结论意见的法律意见书存在虚假记载、误导性陈述或者重大遗漏，或将导致中国基金业协会“拉黑”律师事务所和律师三年。

律师事务所及律师为已登记的私募基金管理人出具入会法律意见书或者其他专项法律意见书，存在虚假记载、误导性陈述或者重大遗漏，且出具了肯定性结论意见的，参照以上情况一、情况二、情况三的原则处理。

(3)异常经营专项法律意见书存在虚假记载、误导性陈述或者重大遗漏，或将

导致中国基金业协会彻底“拉黑”律师事务所。

律师事务所及律师为已登记的私募基金管理人出具异常经营专项法律意见书,未能勤勉尽责,法律意见书存在虚假记载、误导性陈述或者重大遗漏的,中国基金业协会将不再接受相关律师事务所的法律意见书,依法移送中国证监会和相关司法行政部门及律师协会查处,并在中国基金业协会网站公示。

截至目前,中国基金业协会已经对多家律师事务所及多名律师采取过上述监管措施,并对不予登记的申请机构及所涉律师事务所、律师名单进行了公示。

二、如何规避出具私募基金法律意见书的执业风险

根据最高人民法院《关于审理证券市场因虚假陈述引发的民事赔偿案件的若干规定》(法释〔2003〕2 号)等相关规定,注册会计师、律师等中介机构的责任是一般侵权行为,以存在过错为前提。司法及有关监管部门判定中介机构是否存在责任的最主要、最关键的方式就是查阅中介机构的工作底稿,工作底稿的完备程度、真实程度、记载内容等因素都将决定中介机构的“命运”。因此,工作底稿就成为判断中介机构是否勤勉尽责、是否需要承担责任的重要依据。从而,规避出具私募基金法律意见书执业风险的最为稳妥、有效的方式就是在尽职调查的基础上形成法律意见书,并对尽职调查情况形成工作底稿,工作底稿是律师出具意见书的依据,应真实、准确、完整地反映律师的尽职调查工作。

三、法律尽职调查

私募基金管理人登记法律尽职调查是律师出具相关法律意见书的基础工作,是律师利用其专业知识对私募基金管理人的主体资格、专业化经营、股权结构、实际控制人、内控制度等进行调查,透过法律视角对相关材料、信息进行甄别、分析的过程。法律尽职调查关系到私募基金管理人的相关登记工作能否顺利进行,以及经办律师能否完整、准确、合法的出具法律意见书的结论意见。

法律尽职调查相关事项详见本书“三、法律尽职调查篇”部分。

四、制作工作底稿应注意的事项

中国基金业协会在《私募基金登记备案相关问题解答(八)》中明确要求经办律师及律师事务所制作并保存相关尽职调查的工作记录及工作底稿,但并未就工

作底稿的内容及相关事项作出规定。根据实务经验，工作底稿应包含的内容以及经办律师、律师事务所制作工作底稿应注意的事项如下：

（一）工作底稿包括的内容

经办律师可按照《私募基金管理人登记法律意见书指引》所列示的、需要核查事项的顺序制作工作底稿。工作底稿应包含以下内容：

1. 经办律师接受委托的基本情况，包括委托人名称、委托事项名称、律师接受申请机构委托事项不存在利益冲突的承诺函等。

2. 与申请机构签订的委托合同。

3. 为制作法律意见书而制订的工作计划及其操作记录，包括经办律师与申请机构、相关人员之间沟通的书面记录、电子邮件记录、微信记录等。

4. 与申请机构设立及历史沿革有关的资料，如设立批准证书、营业执照、合同、章程等文件或变更文件的复印件。

5. 与申请机构经营有关的资料，如内控制度、从业人员资格证明、重大合同及其他重要文件和会议记录等。

6. 与申请机构及相关人员的沟通记录，对申请机构提供资料的检查、调查访问记录、往来函件、现场勘察记录、查阅文件清单等相关的资料及详细说明。

7. 申请机构及相关人员的书面承诺或声明书的原件及复印件。

8. 网络查询相关记录，包括：国家企业信用信息公示系统、中国基金业协会网站、“信用中国”网站、资本市场诚信数据库、全国法院被执行人信息查询等。

根据实务经验，建议经办律师将页面截图打印附作底稿，并签署查询日期及查询人。

9. 对保留意见及疑难问题所作的说明。

10. 法律意见书草稿（如有）。

11. 律师事务所内部讨论、复核以及征询外部专家意见的记录。

12. 其他与出具法律意见书相关的重要资料。

上述资料应注明来源，且法律意见书中披露的主体应与底稿文件的盖章/签字主体一致。凡涉及经办律师向有关当事人调查所作的记录，应由当事人和经办律师本人签名。

（二）制作工作底稿应注意的事项

根据中国基金业协会的要求以及相关反馈意见、处理措施，并根据实务经验，经办律师制作工作底稿时需要注意以下几点：

1. 书面留痕。

采用查证、面谈、书面审查、实地调查、查询、函证等各种方式查验的，都应当做好书面记录，并由经办律师和相关人员签字。

2. 审查原件。

对申请机构及其股东、实际控制人等的主体资格、资产、合同等查验，都应当取得原件；确实无法获得原件查验的，应当采用查询、复核等方式予以确认。

3. 存疑追加查证程序。

对于从不同来源获取的证据或者通过不同查验方式获取的证据内容不一致的情形，经办律师应当追加必要的程序查证。

4. 工作底稿文件需清晰、完整准确、充分、合法有效。

（三）对于制作工作底稿的建议

1. 律师事务所及经办律师在出具法律意见书前细化查验计划、复核等质量控制程序，例如：（1）查验计划列明需要查验的具体事项、查验程序、查验方法等内容，评估和总结查验计划的落实情况，说明计划未得到落实的原因和所采取的措施；（2）律师事务所建立、健全内部业务质量和执业风险控制机制；（3）讨论复核的情况下，制作相关记录存入工作底稿，并由参与讨论复核的律师签字确认。

2. 律师事务所及经办律师将工作底稿的制作以及主要内容具体化，例如：（1）工作底稿全面记录经办律师承担项目的基本情况；（2）工作底稿内容需真实、完整、记录清晰，标明目录索引和页码，由经办律师签名，并加盖律师事务所公章。

总之，律师事务所及律师作为中介服务机构及人员，只要严格按照相关法律法规及中国基金业协会的有关规定，制订核查计划，对规定的核查内容进行细致地尽职调查，据此发表明确的法律意见，并针对核查结果制作并留存工作底稿，独立、客观、公正地出具法律意见书，保证法律意见书不存在虚假记载、误导性陈述及重大遗漏的可能，就可以防范执业风险。

二

法律意见书撰写篇

《关于进一步规范私募基金管理人登记若干事项的公告》明确规定私募基金管理人在发生特定事项时需要提交律师事务所出具的法律意见书。《关于加强私募投资基金监管的若干规定》《私募基金管理人登记法律意见书指引》《私募投资基金募集行为管理办法》《关于发布私募投资基金合同指引的通知》《私募基金管理人登记须知》《私募基金登记备案相关问题解答》(一)至(十五)[①]等相关指引和解答,为律师事务所及律师出具法律意见书提供了标准及参考。但是,前述相关指引和解答只是原则性地规定了经办律师需在法律意见书中对申请机构的有关情况发表意见,但未就如何撰写给出明确、具体的要求,中国证监会等监管部门以及中国基金业协会也没有对此给出专门性指导意见,导致实务中对相关具体问题没有统一的认识和理解,稍有不慎,就可能导致中国基金业协会质疑申请机构私募基金管理人的适格性,进而降低申请机构通过审核的可能。

基于以上内容,笔者以《私募基金管理人登记法律意见书指引》《异常经营专项法律意见书出具指引》为基础,结合中国证监会以及中国基金业协会的相关工作指引及解答、实务中撰写相关法律意见书的成功经验、体会以及中国基金业协会对法律意见书的具体反馈意见,对私募基金管理人相关法律意见书的撰写实务作出如下归纳和总结。

① 其中,《私募基金登记备案相关问题解答》(一)、(二)、(三)、(五)及(七)已于2020年8月10日被中国基金业协会废止。

第五章

新申请法律意见书（含补充提交及入会法律意见书）撰写要点及实务

第一节　新申请法律意见书的一般适用情形

本部分内容将以《私募基金管理人登记法律意见书指引》规定的十四项必备内容为框架，逐项列明每一项必备内容的法律依据及核查方式、关注重点、解决方法、撰写技巧等操作实务。

第一项　申请机构是否依法在中国境内设立并有效存续

《私募基金管理人登记法律意见书指引》要求律师在法律意见书中说明“申请机构是否依法在中国境内设立并有效存续”。

一、对私募基金管理人备案的影响

该条一般不会构成私募基金管理人备案的实质性障碍。

二、相关规定/规则指引

1.《证券投资基金法》

第十二条第一款　基金管理人由依法设立的公司或者合伙企业担任。

2.《企业信息公示暂行条例》

第八条　企业应当于每年 1 月 1 日至 6 月 30 日,通过企业信用信息公示系统向工商行政管理部门报送上一年度年度报告,并向社会公示。

当年设立登记的企业,自下一年起报送并公示年度报告。

第十条　企业应当自下列信息形成之日起 20 个工作日内通过企业信用信息公示系统向社会公示:

(一)有限责任公司股东或者股份有限公司发起人认缴和实缴的出资额、出资时间、出资方式等信息;

(二)有限责任公司股东股权转让等股权变更信息;

(三)行政许可取得、变更、延续信息;

(四)知识产权出质登记信息;

(五)受到行政处罚的信息;

(六)其他依法应当公示的信息。

工商行政管理部门发现企业未依照前款规定履行公示义务的,应当责令其限期履行。

3.《企业经营异常名录管理暂行办法》

第四条　县级以上工商行政管理部门应当将有下列情形之一的企业列入经营异常名录:

(一)未按照《企业信息公示暂行条例》第八条规定的期限公示年度报告的;

(二)未在工商行政管理部门依照《企业信息公示暂行条例》第十条规定责令的期限内公示有关企业信息的;

(三)公示企业信息隐瞒真实情况、弄虚作假的;

(四)通过登记的住所或者经营场所无法联系的。

三、中国基金业协会典型反馈问题

1. 贵机构成立时间较久,请说明历史上的经营情况。

2. 贵机构成立时间较早,请详尽说明申请机构成立以来业务开展情况,并核查该业务是否符合私募机构专业化经营的要求。

3. 贵公司成立时间较早,请机构详细说明自成立以来真实业务开展情况,如前期已开展私募投资业务,为何不申请登记为私募基金管理人。

4. 请说明公司曾发生股权平价转让和 1 元转让的情况。

5. 贵机构一年内进行主要出资人及实际控制人变更,请在法律意见书中详细阐述股权变更缘由,同时需核查并说明变更前机构关联方中是否有从事《私募基金登记备案相关问题解答(七)》规定的与私募基金属性相冲突的业务。

四、撰写要点及实务

(一)关于申请机构的主体资格及有效存续的问题

1. 申请机构是否属于境内注册的公司或合伙企业

(1)申请机构不可以为境外注册机构,也不可以为自然人。

(2)申请机构为外商独资或合资企业,且拟申请私募证券基金管理人的,应同时满足以下条件:

①为在中国境内设立的公司,不可为合伙企业;

②其境外股东为所在国家或者地区金融监管当局批准或者许可的金融机构,且境外股东所在国家或者地区的证券监管机构已与中国证监会或者中国证监会认可的其他机构签订证券监管合作谅解备忘录①;

③申请机构及其境外股东最近三年没有受到监管机构和司法机构的重大处罚。

2. 申请机构的登记状态是否为存续(在营、开业、在册),是否被国家企业信用信息公示系统列为严重违法失信企业名单,是否存在解散、清算、被列入经营异常名录等影响其有效存续的情形

(1)登记状态为注销、吊销的申请机构,不应申报为私募基金管理人;

(2)被国家企业信用信息公示系统列入严重违法失信企业名单的,中国基金业协会将不予登记;

(3)存在解散、清算、被列入经营异常名录等影响其有效存续情形的申请机构,应在向中国基金业协会申报前消除此种情形。

3. 申请机构设立时,内外部决策程序及登记程序是否合法合规

(1)对于一般申请机构,应核查其设立时是否依法履行了董事会、股东会等设立所需的决策程序,是否依法办理了登记手续;对于性质特殊的申请机构,除需履行设立所需的一般程序外,还需履行特殊的外部审批手续,如申请机构为外资企业、国资和集体企业的,需取得商务部门、国资监管部门、集体企业上级单位的批准。

① 中国证监会官网显示,截至2020年12月,中国证监会已与66个境外证券(期货)监管机构签署了监管合作谅解备忘录。具体请见http://www.csrc.gov.cn。

(2)如果申请机构或其出资人在申请机构设立时的内外部决策程序不齐备,应补办相应手续,以确保申请机构在向中国基金业协会申报前的设立和存续处于合法合规的状态。

4. 申请机构历次变更时,内外部决策程序、变更内容及变更登记程序是否合法合规

(1)对于一般申请机构,应核查其变更时是否依法履行了董事会、股东会等决策程序,是否依法办理了变更登记手续;对于性质特殊的申请机构,除需履行一般程序外,还需履行特殊的外部审批手续,如申请机构为外资企业、国资和集体企业的,需取得商务部门、国资监管部门、集体企业上级单位的批准。

(2)如果申请机构或其出资人在申请机构变更时的内外部决策程序不齐备,应补办相应手续,以确保申请机构在向中国基金业协会申报前的设立和存续处于合法合规的状态。

5. 申请机构的经营期限是否即将到期或已超出经营期限

对于即将到期或已超出经营期限的申请机构,申请机构需在向中国基金业协会申报前修改《公司章程》/合伙协议等相关文件延长经营期限。

若申请机构未能在向中国基金业协会申报前延长经营期限的,经办律师应在法律意见书中作出特别说明。

6. 申请机构是否存在法律法规、规范性文件及《公司章程》/合伙协议等相关文件规定的需要终止的情形

若申请机构存在法律法规、规范性文件及《公司章程》/合伙协议等相关文件规定的需要终止情形的,应在向中国基金业协会申报前消除。

(二)关于申请机构在向中国基金业协会申报前存在经营活动或投资活动的情况

1. 目前,中国基金业协会并不完全禁止申请机构在申报前存在经营活动或投资活动。

2. 若申请机构在向中国基金业协会申报前存在经营活动或投资活动的:

(1)中国基金业协会会关注其历史上是否从事过《私募基金管理人登记须知》等规定中禁止的业务以及是否违规开展私募业务等。因此,经办律师应在法律意见书中充分披露申请机构在申报前的经营活动或投资活动,并阐明风险。

(2)经办律师应核查申请机构自成立以来的业务开展情况,根据核查情况确认申请机构在历史上是否存在从事中国基金业协会禁止的业务以及违规开展私募业

务等情况,并在法律意见书中对申请机构自设立至申报之时的业务情况进行说明,重点陈述实际经营的具体情况、是否存在对外投资、是否从事私募基金管理业务、是否从事其他金融业务、是否曾兼营冲突业务等。

需要特别注意,根据中国基金业协会的规定,申请机构在向中国基金业协会申报登记前存在违规发行私募基金,且存在公开宣传推介、向非合格投资者募集资金行为的,中国基金业协会将不予办理登记。

(三)关于申请机构历史上股权转让的价款问题

中国基金业协会在审核私募基金管理人登记项目时会关注申请机构在申报前历次股权转让价款的合理性。若申请机构在向中国基金业协会申报前存在股权转让的,经办律师可通过核查股东会决议等内部决议文件、股权转让协议等法律文件、相关的审计/评估报告、财务报表等财务文件以及当事各方出具的情况说明、承诺函等,说明转让的合法性、合理性以及是否会对申请机构未来的运营发展造成影响。

(四)申请机构在设立或后续展业过程中,如存在政府支持性文件、招投标证明、引导基金相关批复、行业知名机构举荐函/推荐信等相关支持文件的,应在向中国基金业协会申报的同时,提交该等文件的原件或复印件(PDF 格式),若为复印件的,需加盖申请机构公章,多页加盖骑缝章。

第二项　申请机构的工商登记文件所记载的经营范围是否符合国家相关法律法规的规定

《私募基金管理人登记法律意见书指引》要求律师在法律意见书中说明“申请机构的工商登记文件所记载的经营范围是否符合国家相关法律法规的规定。申请机构的名称和经营范围中是否含有‘基金管理’‘投资管理’‘资产管理’‘股权投资’‘创业投资’等与私募基金管理人业务属性密切相关字样;以及私募基金管理人名称中是否含有‘私募’相关字样”。

一、对私募基金管理人备案的影响

该条一般不会构成私募基金管理人备案的实质性障碍。

二、相关规定/规则指引

1.《公司法》

第十二条　公司的经营范围由公司章程规定,并依法登记。公司可以修改公司章程,改变经营范围,但是应当办理变更登记。公司的经营范围中属于法律、行政法规规定须经批准的项目，应当依法经过批准。

2.《企业经营范围登记管理规定》

第三条第一款 经营范围是企业从事经营活动的业务范围，应当依法经企业登记机关登记。

3.《关于加强私募投资基金监管的若干规定》

第三条 未经登记，任何单位或者个人不得使用“基金”或者“基金管理”字样或者近似名称进行私募基金业务活动，法律、行政法规另有规定的除外。私募基金管理人应当在名称中标明“私募投资基金管理”“私募证券投资基金管理”“私募股权投资基金管理”“创业投资基金管理”等体现受托管理私募基金特点的字样。

4.《私募基金管理人登记须知》

机构名称及经营范围相关要求

【经营范围】根据《私募基金登记备案相关问题解答（七）》，为落实《私募投资基金监督管理暂行办法》关于私募基金管理人的专业化管理要求，私募基金管理人的名称和经营范围中应当包含“基金管理”、“投资管理”、“资产管理”、“股权投资”、“创业投资”等相关字样。

5.《关于做好私募基金管理人经营范围登记工作的通知》

……为便利企业登记经营范围，经商证监会市场二部，相关私募基金管理人在办理经营范围登记时，统一使用“私募证券投资基金管理服务（须在中国证券投资基金业协会完成登记备案后方可从事经营活动）”或“私募股权投资基金管理、创业投资基金管理服务（须在中国证券投资基金业协会完成登记备案后方可从事经营活动）”的表述办理经营范围登记……

6.《关于适用中国证监会〈关于加强私募投资基金监管的若干规定〉有关事项的通知》

……

为进一步加强私募基金监管，提升行业规范发展水平，保护投资者及相关当事人合法权益，根据证监会发布的《关于加强私募投资基金监管的若干规定》[中国证监会公告〔2020〕71 号，以下简称《规定》]有关要求，现就《规定》第三条、第六条第三款有关适用问题通知如下：

（1）自 2021 年 1 月 8 日起首次提交管理人登记申请的机构，应当按照《规定》第三条的要求，在名称中标明“私募基金”“私募基金管理”“创业投资”字样，在经营范围中标明“私募投资基金管理”“私募证券投资基金管理”“私募股权投资基金管理”“创业投资基金管理”等体现受托管理私募基金特点的字样。

(2)考虑到各地市场监督管理部门的变更业务办理的因素,针对《规定》发布前已提交申请且2021年1月8日前未完成登记的申请机构,不符合《规定》第三条要求的,应当出具书面承诺并在2022年1月7日前完成整改。整改期间,协会将对外公示上述情况。逾期仍未完成整改的管理人,在整改完成前,协会将暂停办理其私募基金备案。另,按照《关于便利申请办理私募基金管理人登记相关事宜的通知》要求,2019年9月1日前协会已反馈意见且未再提交的申请机构,再次提交申请时,视同新申请机构,机构名称和经营范围应当符合《规定》第三条的要求。

(3)已登记管理人于2021年1月8日后发生实际控制人变更的,其名称和经营范围应当符合《规定》第三条的要求。

已登记管理人自主申请工商注册名称或经营范围变更,工商变更之日在2021年1月8日后的,应当符合《规定》第三条的要求。

四、根据《规定》第六条第三款规定,私募基金管理人不得管理未备案的私募基金,对于未备案的私募基金,私募基金管理人应当自《规定》施行之日起六个月内(即2021年7月7日前)完成整改,整改期内暂停新增私募基金募集和备案。

……

7.《私募基金登记备案常见问题解答》

1.私募基金管理人登记对企业名称、经营范围有何要求?名称是否必须含有“私募”相关字样?

答:根据《私募基金管理人登记法律意见书指引》、《私募投资基金登记备案问题解答(七)》,私募基金管理人的名称和经营范围中应当包含“基金管理”、“投资管理”、“资产管理”、“股权投资”、“创业投资”等相关字样。此外,从专业化经营和防范利益冲突角度出发,私募基金管理人不得兼营与私募基金可能存在冲突的业务、与买方“投资管理”业务无关的卖方业务以及其他非金融业务。

根据《关于进一步规范私募基金管理人登记若干事项的公告》,协会鼓励私募基金管理人在名称中增加“私募”相关字样,但目前暂不做强制性要求。

2.目前一些地区对投资类企业的工商注册及经营范围、名称等变更采取了相关的限制性措施。在这种情况下,如果已登记私募基金管理人的经营范围和名称不符合协会相关自律要求,但客观上又无法完成工商信息变更的,如何处理?

答:私募基金管理人的经营范围和名称的整改工作需要事先完成相关工商信

息变更。考虑到近期各地相关工商注册政策处于调整期，为不影响已登记的私募基金管理人开展业务，需提交相关法律意见书的私募基金管理人，若其经营范围和名称不符合协会相关自律要求，同时确出于客观原因无法进行相关工商变更的，申请机构应书面承诺不开展与本机构所从事的具体私募基金业务类型无关的其他业务，并承诺待相关工商变更手续可正常办理后，将及时完成经营范围和名称变更，并在私募基金登记备案系统中按要求及时更新变更后的工商信息。上述承诺情况应如实告知相关律师事务所及经办律师，有私募基金产品的，应如实告知其投资者。

若申请机构具有《私募基金登记备案相关问题解答（七）》明确禁止的经营范围，应进行整改并完成相关工商信息变更后才能再次提交申请，此类情形包括：私募机构工商登记经营范围及实际经营业务包含可能与私募投资基金业务存在冲突的业务（如民间借贷、民间融资、配资业务、小额理财、小额借贷、P2P/P2B、众筹、保理、担保、房地产开发、交易平台等）。

三、中国基金业协会典型反馈问题

1. 法律意见书未说明申请机构的工商登记文件所记载的经营范围是否符合国家相关法律法规的规定。

2. 从专业化经营和防范利益冲突角度出发，建议贵机构的经营范围应该突出主营业务“私募基金管理”，不包含以下业务类型：（1）按照问答七兼营与私募基金可能冲突的相关业务；（2）兼营与买方“投资管理”业务无关的卖方业务；（3）兼营其他非金融相关业务。

3. 贵公司经营范围“企业管理服务”不符合专业化经营的原则，请做工商变更。

4. 贵公司经营范围不符合专业化经营的原则，请完成工商变更后修改系统及法律意见书相关内容。

5. 法律意见书不仅需核实申请机构工商登记的经营范围，也应通过现场走访和网络搜索等途径核实其实际开展的经营业务情况，详述网络舆情信息，并列明尽职调查过程。

6. 贵机构申请的业务类型与经营范围冲突，建议整改。

7. 经营范围与法律意见书不符，如已经工商变更，请更新系统信息并上传新的营业执照。

8. 根据中国证监会《关于加强私募投资基金监管的若干规定》第三条规定，管理人名称中应标明“私募基金”“私募基金管理”“创业投资”字样，贵机构名称或经营范围不符合上述要求,请整改后再提交。

四、撰写要点及实务

(一)关于申请机构的名称

针对申请机构的名称,经办律师需核查以下事项:

1. 申请机构的名称中是否含有“基金管理”“投资管理”“资产管理”“股权投资”“创业投资”等与私募基金管理人业务属性密切相关字样以及名称中是否含有“私募”“私募基金”“私募基金管理”等体现受托管理私募基金特点的字样。

如申请机构的名称中不包含以上字样,申请机构需在整改后再申报,否则,中国基金业协会将不予登记。

另外,关于“私募”字样,根据中国基金业协会的解释,私募基金管理人的名称中含有“资本”和“资本管理”,属于“私募”相关字样。中国基金业协会认为,私募基金管理人名称中包括“私募”字样更有利于其发展和投资者的识别,因此,私募基金管理人名称中是否包含“私募”相关字样属于鼓励性事项,不影响私募基金管理人登记。需要特别注意,中国证监会于 2020 年 12 月 30 日发布的《关于加强私募投资基金监管的若干规定》第三条①要求,私募基金管理人应当在名称中标明“私募基金”“私募基金管理”“创业投资”字样,删除了《私募基金管理人登记须知》中“与私募基金管理人业务属性密切相关字样”的表述。与之相对应,中国基金业协会于 2021 年 1 月 26 日发布了《关于适用中国证监会〈关于加强私募投资基金监管的若干规定〉有关事项的通知》,对私募基金管理人的名称提出了以下要求:(1)自 2021 年 1 月 8 日起首次提交管理人登记申请的机构,在名称中标明“私募基金”“私募基金管理”“创业投资”字样。(2)针对《关于加强私募投资基金监管的若干规定》发布前已提交申请且 2021 年 1 月 8 日前未完成登记的申请机构,不符合《关于加强私募投资基金监管的若干规定》第三条要求的,需出具书面承诺并在 2022 年 1 月 7 日前完成整改。整改期间,中国基金业协会将对外公示上述情况。逾期仍未完成整改的管理人,在整改完成前,协会将暂停办理其私募基金备案。(3)按照《关于便利申请办理私募基金管理人登记相关事宜的通知》要求,2019 年 9 月 1

① 《关于加强私募投资基金监管的若干规定》第三条　未经登记,任何单位或者个人不得使用“基金”或者“基金管理”字样或者近似名称进行私募基金业务活动,法律、行政法规另有规定的除外。私募基金管理人应当在名称中标明“私募基金”“私募基金管理”“创业投资”字样,并在经营范围中标明“私募投资基金管理”“私募证券投资基金管理”“私募股权投资基金管理”“创业投资基金管理”等体现受托管理私募基金特点的字样。

日前协会已反馈意见且未再提交的申请机构，再次提交申请时，视同新申请机构。

2. 申请机构的名称是否突出私募基金管理主业，是否与知名机构重名或名称相近，是否带有“集团”“金控”等误导投资者字样。

如申请机构的名称与知名机构重名或名称相近或带有“集团”“金控”等误导投资者字样，申请机构需在整改后再申报，否则，将会影响申请机构私募基金管理人登记进程及结果。严重者，甚至导致中国基金业协会结合申请机构的其他情况，中止办理其私募基金管理人登记申请6个月。

（二）关于申请机构经营范围

针对申请机构的经营范围，经办律师需核查以下事项：

1. 申请机构的经营范围是否符合《公司法》《公司登记管理条例》《企业经营范围登记管理规定》等相关法律法规的规定。

如申请机构的经营范围不符合有关法律法规的规定，需在整改后再申报。

2. 申请机构的经营范围是否符合中国证监会及中国基金业协会的规定。

（1）申请机构的经营范围中是否包含“基金管理”“投资管理”“资产管理”“股权投资”“创业投资”等与私募基金管理人业务属性密切相关字样。

如申请机构的经营范围中不包含前述相关字样，需在整改后再申报，否则，中国基金业协会将不予登记。

（2）申请机构的经营范围中是否包含“私募基金”“私募基金管理”等体现受托管理私募基金特点的字样。

如申请机构的经营范围中不包含前述相关字样，需在整改后再申报。

（3）申请机构的经营范围中是否包含冲突业务。

如申请机构的经营范围中包含冲突业务，需在整改后再申报。

（4）申请机构的经营范围中是否包含买方“投资管理”冲突业务。

如申请机构的经营范围中包含买方“投资管理”冲突业务，需在整改后再申报。

（5）申请机构的经营范围中是否包含其他非金融业务等无关的业务。

2020年12月30日前，对于申请机构的经营范围中包含其他非金融业务等无关业务的情况，中国基金业协会并未明文禁止，实践中，中国基金业协会可能将其认定为申请机构主营业务不突出、经营其他非金融业务等无关业务，进而不予登记。

需要特别注意，中国证监会于2020年12月30日发布的《关于加强私募投资基金监管的若干规定》已明文禁止私募基金管理人直接或间接从事任何与私募基金管理相冲突或无关的业务,因此,申请机构经营范围中包含其他非金融业务等无关业务的,需在申报前剥离,并进行工商变更登记取消。

3. 申请机构经营范围是否包含“投资咨询”字样。

(1)申请私募证券基金管理人的,经营范围中不可包含“投资咨询”字样。

根据《证券、期货投资咨询管理暂行办法》第三条①,从事证券投资咨询业务需要取得中国证监会的业务许可才能进行展业。若申请机构经营范围中含有“投资咨询”字样的,不可以申请登记为私募证券基金管理人,中国基金业协会将不予登记,即使申请机构出具日后整改的承诺性文件也不行。

(2)申请私募股权/创投基金管理人的,经营范围中可包含“投资咨询”字样。

申请机构经营范围中有“投资咨询”字样的,可以申请登记为私募股权/创投基金管理人,但经办律师应对“投资咨询”业务进行审慎核查,并在法律意见书中说明调查方法、调查过程,论证其合法性、合理性、与拟从事的私募股权/创投基金管理业务的匹配性,说明“投资咨询”业务的实际经营范围不触及《证券、期货投资咨询管理暂行办法》中规定的“证券、期货投资咨询”业务。根据实务经验,如无特殊考虑,不建议在经营范围中保留“投资咨询”字样。

根据中国证监会相关规定及实务经验,若申请机构在做私募股权/创投基金管理业务的同时,给所投资企业提供建议,做“投资咨询”业务,则该“投资咨询”业务与申请机构拟从事的私募股权/创投基金管理业务具有匹配性。

4. 申请机构经营范围中是否包含“股权投资”字样。

申请机构经营范围中包含“股权投资”字样的,可以申请登记为私募股权/创投基金管理人,不可以申请登记为私募证券基金管理人,除非申请机构本身是持牌的证券投资咨询机构。

需要特别注意,国家市场监督管理总局登记注册局于 2021 年 1 月 15 日下发的《关于做好私募基金管理人经营范围登记工作的通知》中指出,为便利企业登记经营范围,经商证监会市场二部,相关私募基金管理人在办理经营范围登记时,统一使用两类表述:(1)私募证券投资基金管理服务(须在中国证券投资基金业协会完成登记备案后方可从事经营活动);(2)私募股权投资基金管理、创业投资基金

① 《证券、期货投资咨询管理暂行办法》第三条第一款 从事证券、期货投资咨询业务,必须依照本办法的规定,取得中国证监会的业务许可。未经中国证监会许可,任何机构和个人均不得从事本办法第二条所列各种形式证券、期货投资咨询业务。

管理服务（须在中国证券投资基金业协会完成登记备案后方可从事经营活动）。与此同时，国家市场监督管理总局登记注册局已同步更新《经营范围规范表述目录》。与之相对应，中国基金业协会于2021年1月26日发布了《关于适用中国证监会〈关于加强私募投资基金监管的若干规定〉有关事项的通知》，对私募基金管理人的经营范围提出了以下要求：（1）自2021年1月8日起首次提交管理人登记申请的机构，在经营范围中标明“私募投资基金管理”“私募证券投资基金管理”“私募股权投资基金管理”“创业投资基金管理”等体现受托管理私募基金特点的字样。（2）针对《关于加强私募投资基金监管的若干规定》发布前已提交申请且2021年1月8日前未完成登记的申请机构，不符合《关于加强私募投资基金监管的若干规定》第三条要求的，出具书面承诺并在2022年1月7日前完成整改。整改期间，中国基金业协会将对外公示上述情况。逾期仍未完成整改的管理人，在整改完成前，协会将暂停办理其私募基金备案。（3）按照《关于便利申请办理私募基金管理人登记相关事宜的通知》要求，2019年9月1日前中国基金业协会已反馈意见且未再提交的申请机构，再次提交申请时，视同新申请机构。该通知的出台意味着新申请私募基金管理人登记的机构的经营范围需要按照《关于加强私募投资基金监管的若干规定》及《关于做好私募基金管理人经营范围登记工作的通知》的要求统一整改为私募证券投资基金管理服务（须在中国证券投资基金业协会完成登记备案后方可从事经营活动），或私募股权投资基金管理、创业投资基金管理服务（须在中国证券投资基金业协会完成登记备案后方可从事经营活动）。

（三）申请机构经营范围或名称无法进行工商变更时的处理

申请机构经营范围或名称不符合要求的，中国基金业协会一般不接受“承诺整改”的方式，必须在申报前完成整改。但如果工商变更登记在客观上确实存在困难（如工商管理部门不予办理），根据实务经验，中国基金业协会一般会接受申请机构出具书面承诺，书面承诺的内容需包括以下内容：（1）不开展与所从事的具体私募基金业务类型无关的其他业务；（2）待相关工商变更登记手续可正常办理后，将及时完成经营范围或名称的变更。

第三项　申请机构是否符合《私募投资基金监督管理暂行办法》第22条专业化经营原则

《私募基金管理人登记法律意见书指引》要求律师在法律意见书中说明“申请机构是否符合《私募投资基金监督管理暂行办法》第22条专业化经营原则。说明申请机构主营业务是否为私募基金管理业务;申请机构的工商经营范围或实际经营业务中,是否兼营可能与私募投资基金业务存在冲突的业务、是否兼营与'投资管理'的买方业务存在冲突的业务、是否兼营其他非金融业务”。

一、对私募基金管理人备案的影响

该条为中国基金业协会重点关注问题,会构成私募基金管理人备案的实质性障碍。

二、相关规定/规则指引

1.《证券投资基金法》

第九十一条　非公开募集基金,不得向合格投资者之外的单位和个人募集资金,不得通过报刊、电台、电视台、互联网等公众传播媒体或者讲座、报告会、分析会等方式向不特定对象宣传推介。

2.《私募投资基金监督管理暂行办法》

第二十二条　同一私募基金管理人管理不同类别私募基金的,应当坚持专业化管理原则;管理可能导致利益输送或者利益冲突的不同私募基金的,应当建立防范利益输送和利益冲突的机制。

3.《私募基金管理人登记须知》

机构名称及经营范围相关要求

【冲突业务】为落实《私募投资基金监督管理暂行办法》关于私募基金管理人防范利益冲突的要求,对于兼营民间借贷、民间融资、融资租赁、配资业务、小额理财、小额借贷、P2P/P2B、众筹、保理、担保、房地产开发、交易平台等业务的申请机构,因上述业务与私募基金属性相冲突,为防范风险,协会对从事冲突业务的机构将不予登记。

【专业化运营】根据《私募投资基金管理人内部控制指引》和《私募基金登记备案相关问题解答(十三)》,私募基金管理人应当遵循专业化运营原则,主营业务清晰,不得兼营与私募基金管理无关或存在利益冲突的其他业务。

4.《私募投资基金管理人内部控制指引》

第八条　私募基金管理人应当遵循专业化运营原则,主营业务清晰,不得兼营与私募基金管理无关或存在利益冲突的其他业务。

第十条　私募基金管理人组织结构应当体现职责明确、相互制约的原则,建立必要的防火墙制度与业务隔离制度,各部门有合理及明确的授权分工,操作相互独立。

第十八条　私募基金管理人应当建立完善的财产分离制度，私募基金财产与私募基金管理人固有财产之间、不同私募基金财产之间、私募基金财产和其他财产之间要实行独立运作，分别核算。

第二十三条　私募基金管理人应建立健全外包业务控制，并至少每年开展一次全面的外包业务风险评估。在开展业务外包的各个阶段，关注外包机构是否存在与外包服务相冲突的业务，以及外包机构是否采取有效的隔离措施。

5.《私募基金登记备案相关问题解答（十三）》

问：私募基金管理人在申请登记、备案私募基金时，应当如何落实专业化管理原则？

答：根据《私募投资基金监督管理暂行办法》第二十二条，以及中国证券投资基金业协会《私募投资基金管理人内部控制指引》等相关自律规则，为进一步落实私募基金管理人专业化管理原则，切实建立有效机制以防范可能出现的利益输送和利益冲突，提升行业机构内部控制水平，私募基金管理人在申请登记时，应当在“私募证券投资基金管理人”“私募股权、创业投资基金管理人”等机构类型，以及与机构类型关联对应的业务类型中，仅选择一类机构类型及业务类型进行登记；私募基金管理人只可备案与本机构已登记业务类型相符的私募基金，不可管理与本机构已登记业务类型不符的私募基金；同一私募基金管理人不可兼营多种类型的私募基金管理业务。

若私募基金管理机构确有经营多类私募基金管理业务的实际、长期展业需要，可设立在人员团队、业务系统、内控制度等方面满足专业化管理要求的独立经营主体，分别申请登记成为不同类型的私募基金管理人。

问：已登记多类业务类型、兼营多类私募基金管理业务的私募基金管理人，应当如何按照上述专业化管理要求进行整改？

答：截至目前，已有 2198 家私募基金管理人通过协会“资产管理业务综合报送平台”（https://ambers. amac. org. cn），遵循专业化管理原则，完成登记备案。为协调统一行业自律管理标准，在“私募基金登记备案系统”（https://pf. amac. org. cn）中已登记多类业务类型的私募基金管理人，应当依照协会相关后续安排，通过“资产管理业务综合报送平台”进行专业化管理事项的整改。

此类私募基金管理人应当从已登记的多类业务类型中仅选择一类业务类型作为展业范围，确认自身机构类型，通过“资产管理业务综合报送平台”提交机构类型与业务类型变更申请，以落实专业化管理原则。此类私募基金管理人须在完成机构类型与业务类型的变更确认之后,方可提交新增私募基金备案申请。

针对此类私募基金管理人所管理的已备案且正在运作的存量私募基金,若存在基金类型与管理人在“资产管理业务综合报送平台”所选择业务类型不符情形的,在基金合同、公司章程或者合伙协议(以下统称基金合同)到期前仍可以继续投资运作,但不得在基金合同到期前开放申购或增加募集规模,基金合同到期后应予以清盘或清算,不得续期;同时协会将在相关私募基金公示信息中,对此情形予以特别提示。此类私募基金管理人应就此事项向相关私募基金投资者及时做好信息披露,维护投资者的合法权益。

三、中国基金业协会典型反馈问题

1. 请说明私募基金管理人符合专业化经营原则,兼营业务不属于买方业务。

2. 请说明私募基金管理人是否符合专业化经营原则,是否兼营与“投资管理”的买方业务存在冲突的业务。

3. 请说明私募基金管理人符合专业化经营原则。

4. 法律意见书不仅需核实机构工商登记的经营范围,也应通过现场走访和网络搜索等途径核实其实际开展的经营业务情况,详述网络舆情信息,并列明尽职调查过程。

5. 请详述专业化经营的尽调过程和判断依据。

6. 请说明贵机构如何正常展开股权类基金的运营,如何保证在开展业务时的募集销售、投研决策、合规风控、估值清算等相关人员、技术支持及如何保证私募业务专业化经营。

7. 请申请机构说明自成立以来的已从事的主营业务或是否在筹划相关事务、并阐述除工商经营范围外具体的拟从事主营业务,以及是否符合专业化经营。

8. 公司成立时间较早,且财务信息中上一年度有大额资产负债,请说明该资产负债来源及其与现有公司经营的关系,并核查该业务是否符合私募机构专业化经营的要求。

9. 法律意见书中说明贵机构已进行了自有资金投资业务,请贵机构根据《私募投资基金管理人内部控制指引》第五条第四项独立性原则论证机构如何保证管理人财产与基金财产分离运作。

10. 说明贵机构应收款具体对手方,对手方开展的业务,所涉资金用途,是否突破专业化经营的要求,是否涉及《私募投资基金登记备案的问题解答(七)》(已失效)中的冲突类业务。

四、撰写要点及实务

申请机构是否符合专业化经营原则一直是中国基金业协会审核的重点,经办律师需在法律意见书中对此作出准确的揭示,明确申请机构是否兼营与“投资管理”的买方业务存在冲突的业务。经办律师及申请机构应在向中国基金业协会申报登记前做以下准备:

(一)核查申请机构的名称和经营范围是否包含“基金管理”“投资管理”“资产管理”“股权投资”“创业投资”等与私募基金管理人业务属性密切相关字样,是否含有“私募”“私募基金”“私募基金管理”等体现受托管理私募基金特点的字样,是否存在与私募基金管理无关或存在利益冲突的其他业务字样

具体核查要求及标准可参见以上“第二项　申请机构的工商登记文件所记载的经营范围是否符合国家相关法律法规的规定”部分。

(二)核查申请机构经营范围中是否存在冲突业务;是否存在买方“投资管理”冲突业务;是否存在其他非金融业务

具体核查要求及标准可参见以上“第二项　申请机构的工商登记文件所记载的经营范围是否符合国家相关法律法规的规定”部分。

(三)核查申请机构的主营业务是否为私募基金管理业务

申请机构主营业务是否为私募基金管理业务主要通过私募基金管理业务收入占申请机构全部业务收入的比例确定,若私募基金管理业务收入占申请机构全部业务收入的比例超过50%的,一般认为该申请机构的主营业务为私募基金管理业务。

需要特别注意,若申请机构不符合专业化经营要求,偏离私募基金主业的,中国基金业协会可能结合申请机构的其他情况,中止办理其私募基金管理人登记申请6个月。

(四)核查申请机构在申报前是否有过实际经营

1. 申请机构在申报前没有过实际经营

经办律师需通过审查申请机构提供的资料、对申请机构相关人员进行访谈、现场走访、检索网络舆情等方式,核查申请机构没有实际经营的情况,并在法律意见书中着重说明申请机构没有从事过与私募基金管理业务相冲突的业务。

2. 申请机构在申报前有过实际经营

(1)经办律师应核查申请机构实际经营中是否兼营冲突业务、是否兼营买方

“投资管理”冲突业务、是否兼营其他非金融业务等无关业务。

①申请机构兼营冲突业务的,为防范利益冲突,应在申报前剥离。

②申请机构兼营买方“投资管理”冲突业务的,应在申报前剥离。

③申请机构兼营其他非金融业务等无关业务的,中国基金业协会在2020年12月30日前并未明文规定禁止,实践中,中国基金业协会可能将其认定为申请机构主营业务不突出、经营其他非金融业务等无关业务,进而不予登记。但是,中国证监会于2020年12月30日发布的《关于加强私募投资基金监管的若干规定》已明文规定私募基金管理人不得直接或间接从事任何与私募基金管理相冲突或无关的业务,因此,申请机构经营范围中包含其他非金融业务等无关业务的,应在申报前剥离。

④申请机构实际经营的业务在当时不存在合规问题,但由于新颁布的规定导致申请机构在新规出台后涉嫌违规经营的,若申请机构在新规出台后及时终止不符合规定的业务,且在法律意见书中如实披露经营情况、书面承诺遵守专业化经营原则的,此情形一般不会构成私募基金管理人登记的实质性障碍;但是,若申请机构未能在新规出台后及时终止不符合规定的业务,此情形将构成私募基金管理人登记的实质性障碍,申请机构亦存在因违规经营而受到处罚的风险。例如,中国证监会于2020年12月30日发布的《关于加强私募投资基金监管的若干规定》已明文规定私募基金管理人不得直接或间接从事任何与私募基金管理相冲突或无关的业务,因此,申请机构实际经营时包含其他非金融业务等无关业务的,应在终止后申报。

(2)经办律师应核查申请机构实际经营中是否建立了不同业务板块之间的人员隔离、场所隔离以及业务隔离制度,是否存在不同业务板块之间发生利益输送和内幕交易的情况。

经办律师需根据核查情况协助申请机构整改,并要求申请机构出具承诺函,承诺其在未来的业务经营中不会经营与私募基金管理业务相冲突的业务。

(3)经办律师应核查申请机构实际经营的具体情况,核查时可采用的具体核查方法有:

①审核客户名单、业务合同等法律文件,通过其中体现的客户业务类型、合同标的、履行条件等来推断申请机构是否存在兼营的情况;

②审核审计报告、财务报表等财务文件,通过其中体现的申请机构主营业务收入占全部业务收入的比例、收入来源等来推断申请机构是否存在兼营的情况;

③现场走访申请机构实际经营场所，与申请机构股东、实际控制人以及高管等人员就申请机构经营情况进行访谈，通过其中体现的信息来推断申请机构是否存在兼营的情况；

④检索与申请机构有关的网络舆情（包括：申请机构官方网站，微博，微信，贴吧，第三方网站，百度、搜狗、必应等搜索引擎，申请机构所发布的广告信息及相关招聘信息等），通过其中体现的信息来推断申请机构是否存在兼营的情况。

另外，经办律师需在法律意见书说明网络核查情况，详细论述申请机构是否有负面舆情，是否违规开展私募业务。

（五）核查申请机构实际业务开展及宣传推介行为中是否存在突破私募属性，违规发行私募基金，并公开宣传推介、向非合格投资者募集资金的行为。如存在，中国基金业协会将不予办理登记

“私募属性”指具有非公开募集基金的属性，即不能向合格投资者之外的单位和个人等不特定对象募集资金。

“公开宣传推介”指通过报刊、电台、电视台、互联网等公开媒介进行宣传推介的行为。公开宣传推介的媒介渠道包括：(1)公开出版资料；(2)面向社会公众的宣传单、布告、手册、信函、传真；(3)海报、户外广告；(4)电视、电影、电台及其他音像等公共传播媒体；(5)公共、门户网站链接广告、博客等；(6)未设置特定对象确定程序的募集机构官方网站、微信朋友圈等互联网媒介；(7)未设置特定对象确定程序的讲座、报告会、分析会；(8)未设置特定对象确定程序的电话、短信和电子邮件等通信媒介；(9)法律、行政法规、中国证监会规定和中国基金业协会自律规则禁止的其他行为。

为防止中国基金业协会认定申请机构在登记前违规发行产品，经办律师应特别关注申请机构利用自有资金对外投资的情况，核查并在法律意见书中对以下内容做出说明：(1)申请机构利用自有资金对外投资的具体情况、资金来源；(2)申请机构自有资金与申请机构管理的基金财产分离情况；(3)申请机构采取何种措施防止自有资金投资与其管理的基金财产混同；(4)如有其他需要做出说明的事项，需一并说明。

（六）核查申请机构在通过私募基金管理人登记后拟开展的主营业务，以及其具体属于私募基金管理机构类型中的哪一类（股权投资基金、创业投资基金、证券投资基金、其他投资基金），是否涉及管理不同业务类型的私募基金，是否管理可能

导致利益输送或者利益冲突的不同私募基金,是否已建立防范利益输送和利益冲突的机制

由于《私募投资基金登记备案的问题解答(十三)》明确规定在私募基金管理人申报时、备案基金产品时及实际运营管理时,同一私募基金管理人不能兼营私募证券投资基金业务及私募股权/创业投资基金业务。因此,申请机构在申报前需确定业务方向,明确将来是做私募证券投资、私募股权/创业投资还是做其他类型的投资,并从与机构类型关联对应的业务类型中,选择一类机构类型及业务类型进行登记。具体投资类型可参照中国基金业协会《有关私募投资基金"业务类型/基金类型"和"产品类型"的说明》。

(七)核查申请机构的账户、财务制度以及内控制度,做好申请机构财产与基金财产分离运作的安排(如自有资金存放账户、私募基金募集结算资金专用账户、聘请托管机构等)

1. 根据实务经验,若申请机构不具备健全的财务制度,或存在到期未清偿债务、资产负债比较高、大额负债等情形的,应在向中国基金业协会申报前采取健全财务制度、降低负债等补救措施。

2. 鉴于中国基金业协会目前对申报机构的财务问题关注较多,且财务问题具有较强的专业性,建议申请机构在必要时就财务问题专门聘请会计师事务所出具审计报告予以解释、说明。

3. 根据中国基金业协会的规定,若申请机构存在大额未清偿负债或负债超过净资产 50% 的情形,中国基金业协会可能结合申请机构的其他情况,中止办理其私募基金管理人登记申请 6 个月。

(八)核查申请机构是否成立满一个会计年度

1. 申请机构成立满一个会计年度的,需在申报时提交审计报告。

2. 申请机构成立不满一个会计年度的,在申报时自愿提交审计报告,但需提交近期资产负债表、损益表及现金流量表。

3. 若年度审计报告距申请机构申报私募基金管理人登记时间较长的,申请机构在申报时需提交本年度最近季度的财务报告(季报不强制经审计)。

4. 申请机构不能提供经审计年度财务报告等中国基金业协会要求的财务文件的,根据《关于进一步规范私募基金管理人登记若干事项的公告》的规定,中国基金业协会将不予登记。

（九）针对申请机构的大额其他应收款，核查申请机构是否存在不合规的财务处理方式、是否存在超出专业化经营要求或涉及冲突业务的情况

1. 其他应收款不合规的财务处理方式包括但不限于：（1）挪用/转移资金；（2）无票支出；（3）隐匿收入、短期投资、利润；（4）利用其他应收款虚列成本费用、为他人套现、截留投资收益、偷逃税款；（5）员工借支业务；（6）私设小金。

2. 申请机构因前述不合规的财务处理方式可能产生的不合规问题

（1）虚假出资，利用中介过桥资金取得实缴出资证明；

（2）拆借资金，申请机构作为出借人将资金借给关联方（包括出资人）；

（3）出资人不实缴出资，但以股东借款方式向申请机构提供运营资金；

（4）关联方之间利用申请机构进行资金划转，申请机构从中收取一定的费用，如财务费用、投资顾问费用等；

（5）其他超出专业化经营要求或涉及冲突业务的情况。

3. 申请机构应就不合规问题采取的合规整改措施

（1）对于虚假出资，出资人应补缴实缴资本；

（2）对于向股东提供借款，借款股东应及时归还所借资金；

（3）对于关联方拆借资金，关联方应及时归还借款；

（4）对超出专业化经营要求或涉及冲突业务的情况，应立即停止；

（5）对其他应收款涉及的可能发生的其他业务，作出合理解释和说明。

4. 如何通过财务报表发现问题

从审计的角度来看，可以通过分析财务报表的方式核查出申请机构的数据异常情况问题所在，具体如表 5－1 所示：

表 5-1　如何通过财务报表核查申请机构财务数据异常

与利润表相关的会计数据异常	1. 正常情况下,应收账款的变化幅度应与营业收入的变化相一致。如果应收账款增幅高于营业收入,可能意味着存在:(1)放宽信用条件来刺激销售;(2)人为通过“应收账款”科目虚增营业收入。
	2. 如果当期营业利润出现了大幅增加,而营业成本、销售费用等没有变化或变化很小,可能意味着:(1)相关销售并不存在;(2)为优化当年盈利水平,将当期应计费用调至上一会计年度;(3)故意调减当期应计费用来相对提高营业利润,如将应作为期间费用的无形资产研究费用资本化为在建工程或计入长期待摊费用等。
	3. 应缴增值税和所得税费用应与收入和利润增长幅度相匹配;(1)如果利润较高,但是所得税却低于同等水平,说明所得税费用与净利润差异较大,可能意味着报表存在问题(除非存在免税条款);(2)应缴增值税应与销售商品增值额相匹配,如果应缴增值税偏低,可能意味着存在虚构营业收入的情况;(3)应税额与净利润差异大,可能意味着存在偷税漏税或虚构收入的情况。
与现金流量表相关的会计数据异常	1. 现金余额明显超出经营规模的需要,且长期无变化或变化较小,可能意味着:(1)现金用途受到限制(如进行质押、设立担保等),且该情况未被适当披露;(2)现金资产被关联方占用。
	2. 如果拥有的高额现金基本上能够涵盖届时存在的短期借款或逾期借款,可能意味着:(1)现金用途受到限制(如进行质押、设立担保等),且该情况未被适当披露;(2)现金资产被关联方占用。
	3. 应收账款变动不大的情况下,销售商品、提供劳务所收到的现金增幅远远小于营业收入和增值税增幅,可能意味着存在虚构收入并虚开增值税发票的情况。
	4. 应付账款变动不大的情况下,购买商品、接受劳务所支付的现金增幅远远小于营业成本增幅,可能意味着存在虚构收入及相关营业成本的情况。
	5. 如果现金流量表中体现的现金变动与资产负债表、利润表、验资报告等其他财务文件中相关内容的变动不匹配,可能意味着现金流会计数据存在异常情况。
与资产负债表相关的会计数据异常	如果其他应收款或其他应付款数额较大,且与主营业务收入规模不匹配,可能意味着:(1)存在利用其他应收款科目隐匿短期投资、利润、转移资金等情况;(2)存在利用其他应付款隐匿费用等情况。

第四项　申请机构股东的股权结构情况

《私募基金管理人登记法律意见书指引》要求律师在法律意见书中说明“申请机构股东的股权结构情况。申请机构是否有直接或间接控股或参股的境外股东，若有，请说明穿透后其境外股东是否符合现行法律法规的要求和中国基金业协会的规定”。

一、对私募基金管理人备案的影响

该条一般不会构成私募基金管理人备案的实质性障碍。

二、相关规定/规则指引

1.《关于加强私募投资基金监管的若干规定》

第五条　私募基金管理人的出资人不得有代持、循环出资、交叉出资、层级过多、结构复杂等情形，不得隐瞒关联关系或者将关联关系非关联化。

同一单位、个人控股或者实际控制两家及以上私募基金管理人的，应当具有设立多个私募基金管理人的合理性与必要性，全面、及时、准确披露各私募基金管理人业务分工，建立完善的合规风控制度。

2.《私募基金管理人登记须知》

机构出资人及实际控制人相关要求

【严禁股权代持】申请机构出资人应当以货币财产出资。出资人应当保证资金来源真实合法且不受制于任何第三方。申请机构应保证股权结构清晰，不应当存在股权代持情形。

出资人应具备与其认缴资本金额相匹配的出资能力，并提供相应的证明材料。

【股权架构要求】申请机构应确保股权架构简明清晰，不应出现股权结构层级过多、循环出资、交叉持股等情形。协会将加大股权穿透核查力度，并重点关注其合法合规性。

【股权稳定性要求】申请机构应当专注主营业务，确保股权的稳定性。对于申请登记前一年内发生股权变更的，申请机构应详细说明变更原因。如申请机构存在为规避出资人相关规定而进行特殊股权设计的情形，协会根据实质重于形式原则，审慎核查。

申请机构的出资人、实际控制人不得为资产管理产品。

3.《私募基金登记备案相关问题解答（十五）》

问：私募基金管理人在申请登记、备案私募基金时，应当按照《私募基金登记备案相关问题解答（十三）》的要求，落实专业化管理原则。中国证券投资基金业协会私募基金管理人会员机构确有开展跨资产类别配置的投资业务需求的，申请私募基金管理人登记时还需要注意哪些事项？

答：……股权稳定性要求。申请机构的第一大股东及实际控制人应当秉承长期投资理念，书面承诺在完成私募资产配置基金管理人登记后，继续持有申请机构股权或实际控制不少于三年。

三、中国基金业协会典型反馈问题

1. 贵机构目前出具的股东出资能力证明无法说明贵机构的直接出资股东目前具有与其认缴出资相匹配的出资能力。补充法律意见书应结合相应的尽职调查依据，对于申请机构出具的出资能力是否与认缴资金相匹配发表结论性意见。如申请机构出资人的出资能力无法与申请机构的认缴资金相匹配，请合理说明已实缴部分资金来源并提供证明材料，珍惜剩余补正次数审慎提交。

2. 对于出资人中经营范围包含"基金管理""投资管理""资产管理""股权投资""创业投资"等字样的，请律所梳理出资人实际展业情况，与申请机构是否存在业务往来，是否存在关联交易和利益输送等。请贵机构提供承诺函，承诺在未来业务开展中，不会与出资人存在利益输送，损害投资者利益，并将承诺函与法律意见书一起提交（实际从事的业务不同于营业执照上的经营范围，如非私募机构，实际从事业务应着重体现与私募业务有何区分）。

3. 请申请机构股东出具出资能力证明，出资能力证明应详细说明股东的合计出资能力如何与申请机构的认缴资金相匹配，法律意见书中应对此发表结论性意见，结论性意见应有相关尽职调查依据。

4. 请根据以下意见，补充提供证明材料。请申请机构股东出具出资能力证明，出资能力证明应详细说明股东的合计出资能力如何与申请机构的认缴资金相匹配，法律意见书中应对此发表结论性意见。

5. 简述股东实际业务开展情况。贵机构股东中若存在员工持股平台的请承诺仅作为持股平台使用不实际开展经营业务。

6. 请律师核实说明××控股有限公司（申请机构股东之一）实际业务情况及对外投资情况；如未展业，请说明设立目的及展业计划。

7. 股东实缴资金是否为自有资金？股东是否存在代持行为？请股东提供相关资料，证明出资能力，如无代持，请出具无代持承诺函。

8. 请说明自然人股东收入情况及行业背景。

9. 请在法律意见书中详细描述股东信息。包括母公司及向上穿透的机构的名称为投资管理字样的，请详细说明业务经营情况，是否从事私募，是否已登记为私募基金管理人，如未登记请说明原因。

10. 请在补充法律意见书中说明申请机构出资人的工作经历、学习经历、当前的就业情况以及设立私募证券类机构的原因及考虑。

11. 贵机构出资人是否在申请机构任职，若无任职，请说明缘由并确认是否参与公司经营管理。

12. 申请机构出资人若不参与公司管理经营请出具加盖公司公章的确认说明。请说明管理层与所有人分离的原因，并说明未来高管团队的稳定性。

13. 请在补充法律意见书中说明申请机构其他不在单位任职的自然人股东的工作经历、学习经历、当前就业情况以及股东之间的关联性、设立私募证券类机构的原因及考虑。

14. 请律所出具出资人向上穿透是否有证券公司、基金公司、期货公司、地方交易所等参股的法律意见。

15. 股东已登记为股权类私募管理人，请在补充法律意见书中披露设置多个私募机构的目的与合理性，说明各家私募机构的业务方向有何不同。

四、撰写要点及实务

对于申请机构的出资人及所持股权/财产份额情况，经办律师及申请机构应在向中国基金业协会申报前做以下准备：

（一）核查申请机构的股权架构

核查范围包括出资人情况、持股比例、认缴出资、实缴出资、出资人背景、履历、特殊性及关联关系等。

1. 中国证监会及中国基金业协会的基本要求

（1）申请机构股权架构应简明清晰，能向上追溯至实际控制人或第一大股东，不应出现股权结构代持、层级过多、循环出资、交叉持股、结构复杂等情形。

申请机构股权架构向上穿透超过三层的，申请机构应说明多层股权架构设置的合理性及必要性。

若申请机构股权结构不清晰的，中国基金业协会可能结合申请机构的其他情况中止办理其私募基金管理人登记申请 6 个月。

需要特别注意，中国证监会于 2020 年 12 月 30 日发布的《关于加强私募投资基金监管的若干规定》从部门规章层面强调了“私募基金管理人的出资人不得有代持、循环出资、交叉出资、层级过多、结构复杂等情形,不得隐瞒关联关系或者将关联关系非关联化”。且在措词上采用了“不得”的字样,由此可见,监管层目前绝对禁止私募基金管理人存在“代持、循环出资、交叉出资、层级过多、结构复杂”等情况的决心,因此,若申请机构存在以上任一情形的,为稳妥起见,建议更换另一适格主体申请私募基金管理人登记。若出于综合考量不便更换申请主体的,建议对申请主体的股权结构进行简单化变更,以满足中国证监会及中国基金业协会的要求,鉴于中国基金业协会要求对申请登记前一年内发生股权变更的申请机构说明其变更原因、股权转让程序、作价等相关事项的合法性、合理性,因此,建议在前述股权结构该等变更满一年后再行申报。

(2)申请机构存在为规避出资人、关联方、实际控制人相关规定而进行特殊股权架构的情形时,经办律师应根据实质重于形式的原则审慎核查,并在法律意见书中详细阐明缘由、合理性及合法合规性。

若中国基金业协会认为申请机构存在为规避关联方、实际控制人相关规定而进行特殊股权架构的情形的,可能结合申请机构的其他情况中止办理其私募基金管理人登记申请6个月。

2. 核查的内容(重点关注股权架构所涉及主体的合法合规性)

(1)出资人是否为适格主体,出资人身份是否存在争议。

①申请机构的出资人应当具备《公司法》《合伙企业法》《外商投资法》《企业国有资产法》等相关法律法规规定的主体资格。

②申请机构的出资人存在争议的,经办律师需根据实际判断出资人争议的性质和依据,并据此协助相关出资人通过协商、诉讼等方式对出资人身份和股权比例/财产份额进行确权,在完成确权后,再行申请私募基金管理人登记和出具法律意见书。

出资人存在争议的表现形式有:a. 存在股权代持;b. 存在股权/财产份额转让纠纷;c. 实际出资人与经工商登记的出资人、股权比例/财产份额不一致;d. 其他可能导致出资人及其所持股权/财产份额发生争议的情形。

(2)出资人若为非自然人,需核查其是否为中国国籍,穿透核查至自然人或国资控股企业或集体企业、上市公司、受国外金融监管部门监管的境外机构为止。如存在特殊性或其他关联关系的,应在法律意见书中作出相应说明,如向上穿透的出资人为特殊目的公司(SPV)的,应说明设立目的及出资来源。

根据中国基金业协会的要求,申请机构在申报时应向中国基金业协会提交非自然人出资人的营业执照或主体资格证明文件的原件或复印件,如为复印件的,需加盖出资人公章。

根据实务经验,经办律师在法律意见书中对非自然人出资人的披露应以“国家企业信用信息公示系统”中显示的基本信息为主,以实际存在的、对申请机构有影响的重大信息(如破产重整、注销、列入黑名单等)以及相应的整改情况、方案为辅。

(3)出资人若为自然人,亦需核查其是否为中国国籍。如存在特殊性或其他关联关系,应在法律意见书中作出相应说明。

根据中国基金业协会的要求,申请机构在申报时应向中国基金业协会提供自然人出资人的证件扫描件、学位/学历证明文件的原件或复印件,如为复印件的,需加盖申请机构的公章。

根据中国基金业协会的规定,证件为身份证、台胞证、港澳通行证、护照等;学位/学历证明文件包括:①高中以上学位证、毕业证、结业证等(高中学历证明无须提交,但最高学历为高中的需提交);②取得外国学历学位的,需补充提交教育部学历/学位认证证明文件(早年取得无认证的无须提交);③如遗失,可上传相关机构(如毕业学校、人事档案所在机构)出具的有效证明或学信网学籍验证报告;④学历按照学位证填写为博士、硕士、本科、专科、专升本、成人高考、自考、电大、网络教育、其他。

根据实务经验,经办律师需在法律意见书中披露自然人出资人的履历(包括但不限于:工作经历、学习经历、当前的就业情况)、收入及行业背景、兼任高管情况、与其他出资人之间的关联性、设立私募机构的原因及考虑、是否在申请机构任职等情况。若自然人出资人在申请机构无任职,需说明原因并确认其是否实际参与申请机构的经营管理。

(4)出资人若为地方政府融资平台的,申请机构需出具承诺函,承诺将在产品运作过程中符合《关于进一步规范地方政府举债融资行为的通知》(财预〔2017〕50号)及《关于规范金融企业对地方政府和国有企业投融资行为有关问题的通知》(财金〔2018〕23号)的相关规定规范运作。

(5)出资人若为持股平台的,应根据《预算法》及相关法律法规中关于地方政府债务的管理要求出具加盖其公章的承诺函,承诺其自身仅为持股平台,不开展经营性业务。

(6)申请机构存在直接或间接持股的境外股东,经办律师应核查申请机构提供的外商投资企业批准证书,以及经公证或认证的境外投资股东的全套注册资料、中国证监会的批准文件、商务部门的批准证书等资料。

申请机构的境外股东为其实际控制人,且申请机构拟申请登记为私募证券基金管理人的,经办律师需核查该境外股东是否满足以下条件:

①该境外股东为在其所在国家或者地区金融监管当局批准或者许可的金融机构,且其所在国家或者地区的证券监管机构已与中国证监会或者中国证监会认可的其他机构签订证券监管合作谅解备忘录①;

②该境外股东最近三年没有受到监管机构和司法机构的重大处罚。

(二)核查出资人的出资方式以及资金来源

出资人的出资方式及资金来源应符合中国基金业协会的相关规定。

1. 出资人是否以货币财产出资

中国基金业协会明确要求申请机构的出资人应以货币财产出资。

2. 出资人资金来源是否真实合法且不受制于任何第三方,出资人是否具备与其认缴资本金额相匹配的出资能力

(1)出资人的认缴资本金额分为两个部分,一为已实缴部分,二为未实缴部分。

①对于已实缴部分,应为以货币资金出资,法律意见书中需详细说明出资人的资金来源及其合法合规性,并提供相对应的证明材料。

关于实缴出资部分,申请机构在申报时应向中国基金业协会提交验资报告或银行回单(优选银行回单),记载的出资人、认缴资本额、实缴资本额需与工商登记信息一致;如实缴出资后发生出资人变更,可一并提供原出资证明(验资报告或银行回单)、股权转让协议、股权转让款银行转账回单,或重新出具验资报告。银行回单需加盖银行业务章,验资报告需加盖会计师事务所公章。

②对于未实缴部分,需要详细说明出资人的资金来源的构成说明及后续出资能力,并提供相应的证明材料。

根据中国基金业协会的反馈要求,出资人的合计出资能力应与申请机构的认缴资金相匹配,即证明出资人整体出资能力的证明材料应当能够完全覆盖申请机构认缴资本。

(2)出资人应具备与其认缴资本金额相匹配的出资能力。

①出资人不能使用过桥资金。

---

① 中国证监会官网显示,截至2020年12月,中国证监会已与66个境外证券(期货)监管机构签署了监管合作谅解备忘录。具体请见 http://www.csrc.gov.co。

②出资人应提供的出资能力证明包括资产所有权证明及该资产的合法来源证明，具体如图 5－1、图 5－2、图 5－3 所示：

自然人出资

· 房产（非首套房屋）
· 1.房产的权属状况；
2.是否为出资人的非首套房屋；
3.是否存在抵押、查封等第三方权利限制的情况；
4.是否存在剩余房贷，如存在，确认剩余房贷金额（剩余房贷金额在个人信用报告中的“购房贷款”处可见）及除权净值金额；
5.聘请第三方机构进行专业评估，并考虑折现的市场价值。

· 薪资收入证明
· 1.至少半年（时间越长越好）的银行流水（银行流水中需明确备注“工资”“奖金”；
2.个税缴纳凭证；
3.劳动合同；
4.用人单位出具的任职证明。

· 完税证明

· 理财收入证明
1.理财产品购买合同；
2.银行转账记录；
3.银行或证券公司出具的资产证明材料；
4.近半年银行流水及金融资产证明。
【特别提示】建议提供已经购买了一段时间的理财产品及相关证明材料，否则可能会被中国基金业协会怀疑以借款购买银行理财产品，进而被要求证明购买理财产品的出资来源。

· 公司股权
· 自然人出资人所持股公司出具的相关证明文件，如营业执照、审计报告、财务报表、验资报告等出资凭证等。

· 知识产权
· 1.权属证明文件，如专利证书、著作权证等；
2.第三方机构出具的专业评估报告，并考虑折现的市场价值。

· 投资收益
· 1.如果投资收益是股权转让所得，核查股权转让合同与转让收益的银行流水；
2.如果投资收益是不动产买卖获得的收益，核查买入合同（或房产证）和卖出合同及银行转账流水，投资收益=卖房收入–买房成本–相关税费；
3.如果是股票投资收益，核查近半年证券公司交易流水/交割单。
【特别提示】投资收益要核查对账单及投资时签订的凭证。

· 车辆
· 1.购车合同、购车时开具的发票、机动车行驶证、机动车商业保险保险单、缴纳保费的发票等；
2.第三方机构出具的专业评估报告，并考虑折现的市场价值。

· 家族资产
· 1.家族资产具体来源等情况的说明；
2.核查家族企业财产情况，包括但不限于家族企业的名称、经营情况、财务报表、资产负债情况以及申请机构从该企业获得的资本来源等。

· 配偶收入
· 1.核查配偶的前述资产；
2.上传结婚证。

· 他人赠与财产
· 赠与人的财产来源说明、赠与的原因说明、赠与的银行流水记录等。如为父母赠与、需提供无偿赠与协议，并提供父母的出资能力证明。

图 5－1　自然人出资人的出资能力证明

非自然人出资

- 1.审计报告;
  2.能够反映基准日账面流动资金、流动资产的财务报表;
  3.若涉及知识产权、房产、土地等非货币资产的,聘请第三方机构进行专业评估,并考虑折现的市场价值;
  4.若为经营性收入,应结合成立时间、实际业务情况、营收情况等论述收入来源合理与合法性,并提供审计报告等证明材料。

图 5-2 非自然人出资人的出资能力证明

其他资料

- 1.出资款为自有资金出资的"承诺函"、实缴出资款的来源说明及未实缴部分的出资能力说明。
  2.其他可以证明出资来源的财产类型及相关材料。

图 5-3 出资人的其他出资能力证明

③经办律师需结合出资人出资能力证明材料,核查财产证明真实性、估计及除贷后净值、资产来源及合法性、出资人是否具备充足的出资能力等,并在法律意见书中对出资人实缴资金的来源、出资人未实缴部分的出资能力、出资人出资能力与申请机构的认缴资金如何匹配逐一发表结论性法律意见。

(三)核查申请机构出资人在实缴出资后是否发生变化

若申请机构出资人在实缴出资后发生变化的,经办律师需核查原出资证明(验资报告或银行回单)、股权转让协议、股权转让款银行转账回单等资料或要求申请机构重新出具验资报告,以确认实缴出资的真实性及有效性。

若申请机构选择重新出具验资报告的,应注意股权转让价格的合理性,例如:以转让方已投入的资金成本平价转让或结合申请机构的资产负债情况以公允价值转让。

(四)核查申请机构出资人是否为资产管理产品

根据中国基金业协会的规定,申请机构的出资人不应为资产管理产品。

资产管理产品是指获得监管机构批准的公募基金管理公司或证券公司,向特定客户募集资金或者接受特定客户财产委托担任资产管理人,由托管机构担任资产托管人,为资产委托人的利益,运用委托财产进行投资的一种标准化的金融产品。① 资产管理产品的设计逻辑是投资人通过认购行为,将财产管理权集中授予某

---

① 载搜狗百科,https://baike.sogou.com/v73752837.htm?fromTitle=%E8%B5%84%E7%AE%A1%E4%BA%A7%E5%93%81。

一专业资产管理机构,投资人通常并不直接对集合资产的具体投向作出决定。资产管理产品的形式包括契约合同、有限合伙、有限责任公司等,其权益持有人的认购、赎回、收益方式等均依据约定。如果资产管理产品成为私募基金管理人的出资人,资产管理产品的投资人的认购、赎回等行为,容易导致私募基金管理人的控股股东发生不稳定的情形。① 因此,中国基金业协会要求申请机构的出资人不应为资产管理产品。

(五)核查申请机构经工商登记的出资人所持的股权/财产份额是否存在代持情形

股权代持会导致无法追溯申请机构的实际出资人,进而导致可能存在的利益冲突或利益输送问题无法识别,因此,中国基金业协会明确规定申请机构的出资人不应存在股权代持的情形。对于存在股权代持的申请机构,中国基金业协会可能结合申请机构的其他情况,中止办理其私募基金管理人登记申请 6 个月。

经办律师应从出资人的年龄、教育背景、过往履历、目前任职等角度判断并分析其对申请机构持股的合理性,并根据实际情况在法律意见书中作出说明。

(六)核查申请机构在申请登记前一年内是否发生过股权/财产份额变更

若申请机构在申请登记前一年内发生过股权/财产份额变更的,经办律师需核查变更原因、股权/财产份额转让程序、作价等相关事项的合法性、合理性,并在法律意见书中作出说明。

需要特别注意,炒壳行为系中国基金业协会目前的监管红线,经办律师在核查时,应关注申请机构前述股权/财产份额变更是否符合商业逻辑,是否存在买壳、卖壳行为。

(七)核查申请机构出资人的经营范围中是否含有"私募"字样

对出资人(包括向上穿透的机构)的经营范围中包含"基金管理""投资管理""资产管理""股权投资""创业投资"等私募字样的,经办律师需核查其实际经营情况,并在法律意见书中说明其是否开展私募基金管理业务,是否与申请机构存在业务往来、关联交易、利益冲突和利益输送等问题,是否已登记为私募基金管理人,如未登记,需说明原因。

若经核查,申请机构在未来业务开展中,可能会出现与出资人存在利益输送、

---

① 律脉:《私募管理人的出资人要求——比较解读 2018 版私募基金管理人登记须知(三)》,载搜狐博客 2019 年 11 月 21 日,https://www.sohu.com/a/355136489_368935。

损害投资者利益等行为的,应在向中国基金业协会申报登记前消除。

(八)核查申请机构出资人是否曾经从事过或目前仍兼营冲突业务

1. 申请机构的主要出资人自身曾经从事过或目前仍兼营冲突业务的,中国基金业协会将不予登记。

目前,中国基金业协会尚未明确界定"主要出资人"的范围,鉴于出资人的出资存在认缴出资与实缴出资之分,因此,"主要出资人"在理解上容易出现以下分歧:①指私募基金管理人中认缴出资额最多的股东或合伙人,或②指在私募基金管理人的实缴出资中出资最多的股东或合伙人,而不论其认缴出资额的多少。结合实务经验及使私募基金管理人持续符合登记规定的目的,笔者认为,将认缴出资额最多的股东或合伙人认定为主要出资人更为适宜。

2. 除主要出资人之外的其他出资人从事冲突业务的,中国基金业协会目前并不禁止,但根据实务经验,建议出资人尽量避免涉及冲突业务。

第五项　申请机构是否具有实际控制人

《私募基金管理人登记法律意见书指引》要求律师在法律意见书中说明"申请机构是否具有实际控制人。若有,请说明实际控制人的身份或工商注册信息,以及实际控制人与申请机构的控制关系,并说明实际控制人能够对申请机构起到的实际支配作用"。

一、对私募基金管理人备案的影响

该条一般不会构成私募基金管理人备案的实质性障碍。

二、相关规定/指引

1.《公司法》

第二百一十六条第(三)项　本法下列用语的含义:

(三)实际控制人,是指虽不是公司的股东,但通过投资关系、协议或者其他安排,能够实际支配公司行为的人。

2.《上市公司收购管理办法》

第八十四条　有下列情形之一的,为拥有上市公司控制权:

(一)投资者为上市公司持股50%以上的控股股东;

(二)投资者可以实际支配上市公司股份表决权超过30%;

(三)投资者通过实际支配上市公司股份表决权能够决定公司董事会半数以上成员选任;

(四)投资者依其可实际支配的上市公司股份表决权足以对公司股东大会的决议产生重大影响;

(五)中国证监会认定的其他情形。

3.《〈首次公开发行股票并上市管理办法〉第十二条"实际控制人没有发生变更"的理解和适用——证券期货法律适用意见第1号》(证监法律字〔2007〕15号)

……公司控制权是能够对股东大会的决议产生重大影响或者能够实际支配公司行为的权力,其渊源是对公司的直接或者间接的股权投资关系。

4.《关于加强私募投资基金监管的若干规定》

第五条　私募基金管理人的出资人不得有代持、循环出资、交叉出资、层级过多、结构复杂等情形,不得隐瞒关联关系或者将关联关系非关联化。同一单位、个人控股或者实际控制两家及以上私募基金管理人的,应当具有设立多个私募基金管理人的合理性与必要性,全面、及时、准确披露各私募基金管理人业务分工,建立完善的合规风控制度。

5.《私募基金管理人登记须知》

机构出资人及实际控制人相关要求

……

【实控定义】实际控制人应一致追溯到最后自然人、国资控股企业或集体企业、上市公司、受国外金融监管部门监管的境外机构。在没有实际控制人情形下,应由其第一大股东承担实际控制人相应责任。

6.《私募基金登记备案相关问题解答(十五)》

问:私募基金管理人在申请登记、备案私募基金时,应当按照《私募基金登记备案相关问题解答(十三)》的要求,落实专业化管理原则。中国证券投资基金业协会私募基金管理人会员机构确有开展跨资产类别配置的投资业务需求的,申请私募基金管理人登记时还需要注意哪些事项?

答:……此外,申请机构还应当符合下列要求:

一、实际控制人要求。受同一实际控制人控制的机构中至少一家已经成为中国基金业协会普通会员;或者受同一实际控制人控制的机构中至少包括一家在协会登记三年以上的私募基金管理人,该管理人最近三年私募基金管理规模年均不低于5亿元,且已经成为协会观察会员。

二、"一控"要求。同一实际控制人仅可控制或控股一家私募资产配置基金管理人。

三、股权稳定性要求。申请机构的第一大股东及实际控制人应当秉承长期投资理念,书面承诺在完成私募资产配置基金管理人登记后,继续持有申请机构股权或实际控制不少于三年。

7. 中国基金业协会资产管理业务综合报送平台操作手册

第 1.3 条　实际控制人:指控股股东或能够实际支配企业行为的自然人、法人或其他组织。

在资产管理业务综合报送平台进行信息填报时,实际控制人部分系统提示:“认定实际控制人应一直追溯到最后的自然人、国资控股企业或集体企业、上市公司、受国外金融监管部门监管的境外机构”。

8. 中国基金业协会资产管理业务综合报送平台

根据资产管理业务综合报送平台上中国基金业协会对实际控制人填报指南的说明,实际控制人在符合“控股股东(或派出董事最多的股东、互相之间签有一致行动协议的股东)或能够实际支配企业行为的自然人、法人或其他组织”的条件下,可按照下列情形进行认定:(1)持股 50% 以上的;(2)通过行使表决权能够决定董事会半数以上成员当选的;(3)通过投资关系、协议或者其他安排能够实际支配公司行为且表决权持股超过 50% 的;(4)合伙企业的执行事务合伙人;(5)在无法满足前述认定标准时,可以在系统中填报“第一大股东”,由其第一大股东承担相应的责任。

三、中国基金业协会典型反馈问题

1. 申请机构的实际控制人已有私募基金管理人,请详细说明设置多个私募基金管理人的目的与合理性、业务方向区别、如何避免同业化竞争等问题。

2. 请贵机构实际控制人及其控制的已登记关联私募基金管理人出具书面承诺函,承诺若申请机构展业中出现违法违规情形时,应当承担相应的合规连带责任和自律处分后果。

3. 经讨论,贵机构股权架构较为复杂,请律所对实际控制人重新认证并严谨地出具相关结论。

4. 申请机构实际控制人不担任高管,请说明申请机构实际控制人如何在不担任公司高管的情况下参与公司管理经营,请阐述原因并出具加盖公司公章的确认说明。

5. 请补充实际控制人工作履历等背景资料。

6. 请申请机构第一大股东及实际控制人出具书面承诺函,承诺申请机构完成私募基金管理人登记后,继续持有申请机构股权或实际控制不少于三年。

7. 实际控制人/第一大股东××硕士学历证明遗失,请上传相关机构(如毕业学校、人事档案所在机构)出具的有效证明或学信网学籍验证报告。如上述证明确因客观原因无法提供,再出具申请机构盖章的说明。

四、撰写要点及实务

根据中国基金业协会的规定以及实务经验,认定申请机构实际控制人,既要审查相应的股权投资关系,也要根据个案的实际情况,综合对申请机构股东会、董事会会议决议的实质影响、对董事和高管人员的提名及任免所起的作用等因素进行分析判断。

(一)实际控制人认定的一般原则

实际控制人认定的一般原则如图5-4所示:

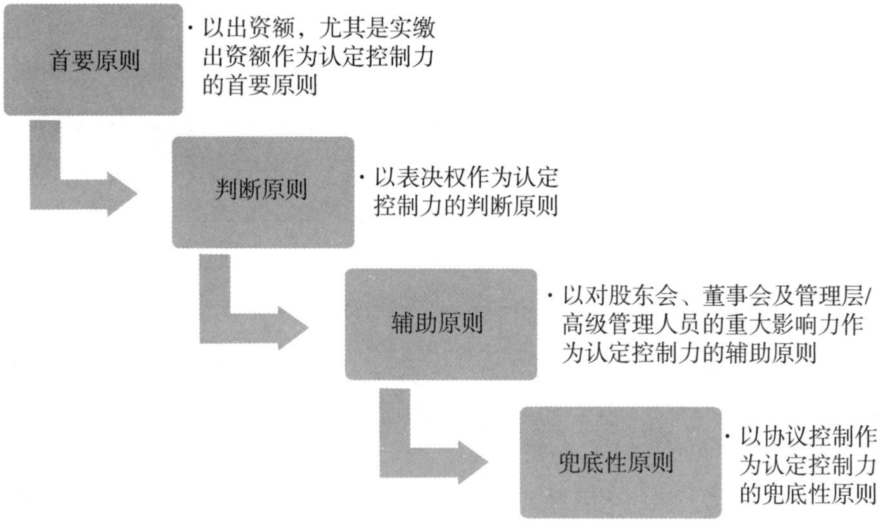

图5-4　实际控制人认定的一般原则

(二)实际控制人认定及披露标准

与《公司法》以及中国证监会在IPO等证券业务中掌握的标准不同,中国基金业协会对于实际控制人的认定及披露标准为:

1. 实际控制人是控股股东(或派出董事最多的股东、互相之间签有一致行动协议的股东)或能够实际支配企业行为的自然人、法人或其他组织。

《公司法》第二百一十六条第(二)项规定,控股股东是指其出资额占有限责任公司资本总额50%以上或者其持有的股份占股份有限公司股本总额50%以上的股东;出资额或者持有股份的比例虽然不足50%,但依其出资额或者持有的股份所享有的表决权已足以对股东会、股东大会的决议产生重大影响的股东。在持股比例与表决权比例不一致的情况下,控股股东的认定取决于表决权比例而非持股比例。

2. 在满足上述“1”的条件下,实际控制人按以下标准认定:

(1)持股50%以上的;

(2)通过行使表决权能够决定董事会半数以上成员当选的;

(3)通过投资关系、协议或者其他安排能够实际支配公司行为且表决权持股超过50%的;

(4)合伙企业的执行事务合伙人;

(5)在无法满足前述任一认定标准时,可以在私募基金管理人登记备案系统中填报“第一大股东”,由申请机构第一大股东承担相应的责任。

3. 对于实际控制人的认定应遵循“穿透原则”,需追溯至自然人、国资控股企业或集体企业、上市公司、受国外金融监管部门监管的境外机构,对国资控股企业、上市公司、受国外金融监管部门监管的境外机构无须继续穿透核查。

(三)实际控制人的认定方法

1. 对公司型私募基金管理人实际控制人的认定

(1)根据持股比例认定

通常情况下,在没有其他特殊约定(如一致行动人协议、《公司章程》另有约定)的情况下,可以认定直接或间接持有申请机构50%以上股权的股东为申请机构的实际控制人。

(2)根据申请机构法人治理结构认定

①申请机构股东会

若根据申请机构《公司章程》的规定,所持表决权足以对申请机构股东会决议产生重大影响或能够决定董事会半数以上成员当选的,可以作为认定申请机构实际控制人的理由之一。

②申请机构董事会

若根据申请机构《公司章程》的规定,能够直接或间接单独决定申请机构董事会会议表决事项,能够控制申请机构董事会或对董事会决议产生重大影响的,可以作为认定申请机构实际控制人的理由之一。

③申请机构经营管理层

若对申请机构高级管理人员（特别是总经理或财务总监等核心岗位人员）的提名和任免、日常经营管理活动或投资方向、投资策略等重大决策施加重大影响的，可以作为认定申请机构实际控制人的理由之一。

（3）根据《企业会计准则第 36 号》第三条①认定

实际控制人认定的核心在于如何界定“控制”“共同控制”“重大影响”等关键要素，企业会计准则从财务和经营控制的角度，从经济学和会计学角度认定了实际控制人需具备的核心要素，对实际控制人的认定具有重大参考价值。

（4）根据协议控制的安排认定

若申请机构部分或全部股东之间存在一致行动人协议、投资协议等安排，致使部分股东合计持有的申请机构股权比例或表决权比例能够实际支配公司行为且超过 50% 的，可以认定为申请机构的实际控制人。倘若签署一致人行动协议、投资协议的股东所持股权或表决权比例低于 50% 且对申请机构决策不具有控制力时，不应认定为申请机构的实际控制人。

根据实务经验，中国基金业协会认可从各种角度论证实际控制人的认定标准，包括但不限于控股股东、公司各股东协商一致推选的机构/个人，或者在公司拥有实际话语权或决策权的机构/个人等。因此，申请机构一般可通过内部股权转让、修改内部决策文件及流程、机构人员配备、签署一致人行动协议等形式使某机构/个人实际享有申请机构的经营管理权，实质上支配申请机构的行为，成为实际控制人。

2. 对合伙型私募基金管理人实际控制人的认定

合伙型私募基金管理人直接认定执行事务合伙人为实际控制人。

建议合伙型私募基金管理人事先通过合伙协议约定赋予执行事务合伙人绝对的控制权，确保其被认定为实际控制人。

3. 无实际控制人的情况

若经过穿透核查后，无论通过何种认定方法均不能得出申请机构具有实际控

---

① 《企业会计准则第 36 号》第三条　控制，是指有权决定一个企业的财务和经营政策，并能据以从该企业的经营活动中获取利益。共同控制，是指按照合同约定对某项经济活动所共有的控制，仅在与该项经济活动相关的重要财务和经营决策需要分享控制权的投资方一致同意时存在。重大影响，是指对一个企业的财务和经营政策有参与决策的权力，但并不能够控制或者与其他方一起共同控制这些政策的制定。

制人的结论,此时,应得出申请机构不存在实际控制人的结论。

根据实务经验,不建议经办律师出具无实际控制人的法律意见书,否则,极有可能被中国基金业协会反馈进一步加强认定,也无法填报私募基金管理人登记备案系统中实际控制人的部分。

(四)实际控制人的特殊认定

以上(一)至(三)针对的是实际控制人的一般认定。

对于申请私募资产配置基金管理人的申请机构,其实际控制人除需结合以上一般认定方式进行判定外,还应当符合下列要求:

1. 受同一实际控制人控制的机构中至少一家已经成为中国基金业协会普通会员;或者受同一实际控制人控制的机构中至少包括一家在中国基金业协会登记三年以上的私募基金管理人,该管理人最近三年私募基金管理规模年均不低于5亿元,且已经成为中国基金业协会观察会员。

根据中国基金业协会章程和相关规定,中国基金业协会会员包括普通会员、联席会员、观察会员和特别会员四大类:

(1)普通会员由以下四类机构组成:①公募基金管理人,包括基金管理公司及经国务院证券监督管理机构核准从事公募基金管理业务的其他机构;②基金托管人,包括依法设立并取得基金托管资格的商业银行或者其他金融机构;③自成为观察会员之日起满一年、最近一年在协会备案的基金规模在二十亿元以上或者备案的创业投资基金规模在三亿元以上、不存在违反法律法规及协会自律规则的行为的私募基金管理人;④受国务院证券监督管理机构监管的各类金融机构及其子公司在协会备案的私募资产管理业务规模在二十亿元以上的。

(2)联席会员包括经按照国务院证券监督管理机构或中国基金业协会规定注册、备案或登记的从事基金销售、份额登记、估值、评价、信息技术系统服务等基金服务业务的机构,以及为基金业务提供法律和会计等专业服务的律师事务所和会计师事务所。

(3)观察会员,指私募基金管理人和从事私募资产管理业务的金融机构加入协会,应当先申请成为观察会员,在满足普通会员的条件后可以申请成为普通会员。

(4)特别会员包括下列机构:①证券期货交易所等全国性交易场所,登记结算机构等为基金行业提供重要基础设施的服务机构,与基金行业相关的全国性社会团体;②对基金行业有重要影响的地方股权交易中心等地方性交易场所以及地方性社会团体;③对基金行业有重要影响的境外机构;④基金行业的重要机构投资者;⑤其他对基金行业具有重要影响的机构。

2. 同一实际控制人仅可控制或控股一家私募资产配置基金管理人。

根据投资标的划分,私募基金可以分为私募证券投资基金、私募股权/创业投资基金、私募资产配置基金以及其他私募投资基金。具体如表5-2所示:

表5-2 私募基金的类型

<table>
<tr><th>类型</th><th colspan="2">投资方向</th></tr>
<tr><td>私募证券投资基金</td><td colspan="2">主要投资公开交易的证券股票、债券、期货、期权、基金份额以及中国证监会规定的其他证券及其衍生品种。</td></tr>
<tr><td rowspan="2">私募股权、创业投资基金</td><td>私募股权投资基金</td><td>主要投资非上市公司股权或上市公司非公开交易股权。</td></tr>
<tr><td>私募创业投资基金</td><td>主要投资处于创业各阶段的未上市成长型企业的股权。</td></tr>
<tr><td>其他私募投资基金</td><td colspan="2">主要投资除证券及其衍生品和股权以外的基金。
如红酒、艺术品、商品基金、银行不良资产等。</td></tr>
<tr><td>私募资产配置基金</td><td colspan="2">主要投资各类别私募基金(证券类、股权类以及其他类型私募基金)以及公募基金或者其他依法设立的资产管理产品。</td></tr>
</table>

私募证券投资基金、私募股权/创业投资基金和其他私募投资基金在各自的类型中,都可分为基金和基金中基金(Fund of Funds,FOF)两种类型。私募FOF是指可以通过母基金投资于本类私募基金、信托计划、券商资管、基金专户等资产管理计划的私募基金。FOF不直接持有标的资产,通过所投资的基金间接持有。FOF实际上是帮助投资者通过购买一只基金而持有"一篮子基金",达到分散投资,降低非系统性风险的目的。私募资产配置基金本身就是以FOF的形式投资于各类基金。

私募资产配置基金是底层标的为各类资产的私募基金,与一般性私募基金相比,"变相"突破了专业化经营的要求,底层标的可以是证券、股权、其他类资产。根据中国基金业协会的要求,私募资产配置基金应当主要采用基金中基金(FOF)的投资方式,即私募资产配置基金中80%的已投资出去的资金不能直接投资于底层资产,而应当投资于已备案的私募基金、公募基金或者其他依法设立的资产管理产品。在前述私募基金类型中,其他三类私募FOF都不能够"跨大类"投资,属于私募证券投资基金的 FOF,不允许投资一级市场;属于私募股权/创业投资基金的 FOF 不允许投资二级市场。私募资产配置基金虽然同样是以 FOF 的方式投资,但是可以突破以往中国基金业协会对其他三类私募 FOF“专项经营”的要求,同时投资于一、二级市场。

3. 申请机构的第一大股东及实际控制人应当书面承诺在完成私募资产配置基金管理人登记后,继续持有申请机构股权或实际控制不少于三年。

(五)认定实际控制人应注意的问题

1. 根据实务经验,申请机构作出的实际控制人安排需结合实际控制人自身能力以及申请机构的具体经营情况,以运营条件稳定、信誉良好的实际控制人为佳。

(1)实际控制人不应为资产管理产品。

资产管理产品是指获得监管机构批准的公募基金管理公司或证券公司,向特定客户募集资金或者接受特定客户财产委托担任资产管理人,由托管机构担任资产托管人,为资产委托人的利益,运用委托财产进行投资的一种标准化的金融产品。①

(2)实际控制人若为自然人,需核查其是否为中国国籍。

①如实际控制人具有特殊性或与申请机构存在其他关联关系,应在法律意见书中作出说明。

②若自然人实际控制人不在申请机构担任高管职务的,应说明原因,并说明其如何在不担任公司高管职务的情况下参与公司经营管理。

③经办律师应在法律意见书中披露自然人实际控制人的履历(包括但不限于:工作经历、学习经历、当前的就业情况)、收入及行业背景、兼任高管职务情况、与其他出资人之间的关联性、设立私募基金管理人的原因及考虑、是否在申请机构任职等情况。

④申请机构应在向中国基金业协会申报时提供证件扫描件、学位/学历证明文件的原件或复印件,如为复印件的,需加盖申请机构公章。

根据中国基金业协会的规定,证件为身份证、台胞证、港澳通行证、护照等;学位/学历证明文件包括:a. 高中以上学位证、毕业证、结业证等(高中学历证明无须提交,但最高学历为高中的需提交);b. 取得外国学历学位的,需补充提交教育部

① 载搜狗百科,https://baike.sogou.com/v73752837.htm?fromTitle=%E8%B5%84%E7%AE%A1%E4%BA%A7%E5%93%81。

学历学位认证证明文件(早年取得无认证的无须提交);c. 如遗失,可上传相关机构(如毕业学校、人事档案所在机构)出具的有效证明或学信网学籍验证报告;d. 学历按照学位证填写为博士、硕士、本科、专科、专升本、成人高考、自考、电大、网络教育、其他。

(3)申请机构的实际控制人为其境外股东的,需同时满足:

①该境外股东为其所在国家或者地区金融监管当局批准或者许可的金融机构,且其所在国家或者地区的证券监管机构已与中国证监会或者中国证监会认可的其他机构签订证券监管合作谅解备忘录;

②该境外股东最近三年没有受到监管机构和司法机构的重大处罚。

(4)申请机构的实际控制关系应稳定。

若中国基金业协会认定申请机构实际控制关系不稳定的,中国基金业协会可能结合申请机构的其他情况中止办理其私募基金管理人登记申请6个月。

另外,根据中国基金业协会的规定,若申请机构被中国基金业协会认定为不予登记,其高管人员在一年内不得再作为其他申请机构的实际控制人进行申报。

2. 关于同一实际控制人名下登记多家私募基金管理人:

根据中国基金业协会的规定,同一实际控制人名下,可以登记多家私募基金管理人,但有以下条件限制:

(1)申请机构的关联方已登记为私募基金管理人的:

①实际控制人及已登记的关联私募基金管理人共同承诺承担合规连带责任。

对实际控制人控制的除申请机构外的其他已登记的私募基金管理人,需由该实际控制人及该已登记关联私募基金管理人出具书面承诺,在申请机构展业中出现违法违规情形时,承担连带责任和自律处分后果。

②申请机构需在该关联方发行首只基金产品后再提交私募基金管理人登记申请。

申请机构的子公司、分支机构或其他关联方中有私募基金管理人的,申请机构应在该子公司、分支机构或其他关联方中的私募基金管理人实际展业并完成首只私募基金备案后,再提交私募基金管理人登记申请。

(2)申请机构的关联方已从事私募基金业务但未登记为私募基金管理人的:

申请机构的子公司、分支机构或其他关联方存在已从事私募基金业务但未登记为私募基金管理人的情形的,申请机构应先办理该子公司、分支机构或其他关联方的私募基金管理人登记。

(3)实际控制人/第一大股东名下再申请新的私募基金管理人的:

①实际控制人/第一大股东承诺锁定三年。

申请机构的实际控制人/第一大股东应出具书面承诺,承诺在申请机构完成私募基金管理人登记后,继续持有申请机构股权及保持实际控制不少于三年。

②第一大股东/实际控制人名下可以设立多家同类型私募基金管理人。

中国基金业协会于2020年2月28日发布的《关于便利申请办理私募基金管理人登记相关事宜的通知》,首次明确规定实际控制人/第一大股东名下可以设立多家同类型私募基金管理人,改变了中国基金业协会以往"不允许同一第一大股东/实际控制人名下登记多家同类型私募基金管理人"的审核要求。

③经办律师需论证申请机构设置多家私募基金管理人的合理性和必要性。

由经办律师在法律意见书中论证并说明同一实际控制人/第一大股东名下设置多个私募基金管理人的目的、合理性、必要性、业务分工、如何避免同业化竞争等问题,是否已建立完善的合规风控制度。

另外,根据中国基金业协会的要求,实际控制人/第一大股东需出具设置多个同类型私募基金管理人的目的、合理性与必要性、业务方向有何区别、如何避免同业化竞争等问题的说明性文件,加盖实际控制人/第一大股东公章,多页加盖骑缝章。

3. 根据实务经验,为避免影响私募基金管理人登记进程和成功率,建议申请机构的实际控制人/第一大股东尽量减少关联方,并尽量避免从事冲突业务。

4. 申请机构应提供实际控制人与申请机构之间的控制关系图原件。

(1)实际控制人/第一大股东若为自然人的,应在控制关系图上签字;若为非自然人,应在控制关系图上加盖公章。

(2)控制关系图应完整展示申请机构全部直接出资人及出资比例,并披露各直接出资人向上逐层穿透情况直至展出最终出资人(自然人、上市公司实际控制人、政府部门、事业单位等)。

(3)除依据控股股东向上穿透认定实际控制人的情形外,其他实际控制人认定理由应在图下做简要说明;如有一致行动协议或其他协议安排,应将相关文件附于控制关系图后一并提供。

5. 其他需要注意的问题可参见以上"第四项 申请机构股东的股权结构情况"部分。

第六项　申请机构是否存在子公司、分支机构和其他关联方

《私募基金管理人登记法律意见书指引》要求律师在法律意见书中说明“申请机构是否存在子公司、分支机构和其他关联方。若有，请说明情况及其子公司、关联方是否已登记为私募基金管理人”。

一、对私募基金管理人备案的影响

该条一般不会构成私募基金管理人备案的实质性障碍。

二、相关规定/规则

1.《公司法》

第二百一十六条第(四)项　本法下列用语的含义：

(四)关联关系，是指公司控股股东、实际控制人、董事、监事、高级管理人员与其直接或者间接控制的企业之间的关系，以及可能导致公司利益转移的其他关系。但是，国家控股的企业之间不仅因为同受国家控股而具有关联关系。

2.《关于加强私募投资基金监管的若干规定》

第五条　私募基金管理人的出资人不得有代持、循环出资、交叉出资、层级过多、结构复杂等情形，不得隐瞒关联关系或者将关联关系非关联化。同一单位、个人控股或者实际控制两家及以上私募基金管理人的，应当具有设立多个私募基金管理人的合理性与必要性，全面、及时、准确披露各私募基金管理人业务分工，建立完善的合规风控制度。

3.《私募基金管理人登记须知》

机构关联方相关要求

【关联方定义】申请机构若存在子公司(持股5%以上的金融机构、上市公司及持股20%以上的其他企业)、分支机构、关联方(受同一控股股东/实际控制人控制的金融机构、私募基金管理人、投资类企业、冲突业务企业、投资咨询及金融服务企业等)，法律意见书应明确说明相关子公司、分支机构和关联方工商登记信息等基本资料、相关机构业务开展情况、相关机构是否已登记为私募基金管理人、与申请机构是否存在业务往来等。

【关联方同业竞争】申请机构的子公司、分支机构或关联方中有私募基金管理人的，申请机构应在子公司、分支机构或关联方中的私募基金管理人实际展业并完成首只私募基金备案后，再提交申请机构私募基金管理人登记申请。

【关联方为投资类公司】申请机构的子公司、分支机构或关联方存在已从事私

募基金业务但未登记为私募基金管理人的情形,申请机构应先办理其子公司、分支机构或关联方私募基金管理人登记。

【严禁规避关联方】申请机构存在为规避关联方相关规定而进行特殊股权设计的情形,协会根据实质重于形式原则,审慎核查。

【同质化要求】同一实际控制人下再有新申请机构的,应当说明设置多个私募基金管理人的目的与合理性、业务方向区别、如何避免同业化竞争等问题。该实际控制人及其控制的已登记关联私募基金管理人需书面承诺,在新申请机构展业中出现违法违规情形时,应当承担相应的合规连带责任和自律处分后果。

同一实际控制人项下再有新申请机构的,申请机构的第一大股东及实际控制人应当书面承诺在完成私募基金管理人登记后,继续持有申请机构股权或实际控制不少于三年。

4.《私募投资基金管理人内部控制指引》

第九条　私募基金管理人应当健全治理结构,防范不正当关联交易、利益输送和内部人控制风险,保护投资者利益和自身合法权益。

三、中国基金业协会典型反馈问题

1. 申请机构的子公司、分支机构和其他关联方的经营范围里包含投资、投资管理、资产管理等字样的,请对其主营业务进行梳理,并阐述实际主营业务情况,同时说明未来是否从事私募业务,如不从事,请提交不从事私募业务承诺函。如存在从事私募业务但未在协会登记为私募基金管理人的情况,请审慎合理说明未登记缘由及后续安排。

2. 贵机构的关联方及实际控制人信息应与关联方(已登记的私募基金管理人)保持一致;如为关联方填报不完整或不准确,请关联方先提交重大事项变更进行更新。贵机构关联方中有从事销售业务的,请核实并说明是否取得相关业务资质。

3. 请贵公司单独出具承诺函,包括:(1)与子公司关联方是否有业务往来或款项往来,如有,请说明相关情况,如无,也请说明;(2)承诺不会与子公司关联方存在内幕交易及利益输送行为。

4. 请申请机构与子公司、分支机构和其他关联方共同出具不存在利益输送的承诺函,并在承诺函中承诺申请机构自身及其未来管理的私募基金均不涉及与民间借贷、民间融资、配资业务、小额理财、小额借贷、P2P/P2B、众筹、保理、融资租赁、担保、房地产开发、交易平台等可能与私募投资基金属性相冲突的业务。

5. 请申请机构提交其与子公司、分支机构和其他关联方不存在利益输送的承诺函，承诺申请机构自身及未来管理的私募基金均不会与关联方存在利益输送等。

6. 根据《私募基金管理人登记法律意见书指引》相关要求，律师事务所及其经办律师应就相关子公司/分支机构/关联方相关情况进行说明。请在法律意见书中说明申请机构的子公司、分支机构和其他关联方与申请机构是否存在业务往来等情况。

7. 请律师披露关联方基本信息，并说明实际业务开展情况：如已登记为私募基金管理人，请说明该机构的登记编号、管理人类型、是否备案产品；如已备案为基金产品，请说明该产品的备案编号、信息披露是否正常；如未登记为私募基金管理人或私募产品，请详细说明未登记的原因及实际从事何种业务和相关情况；如尚未运作，请说明其设立目的等相关情况；如涉及冲突业务，请说明冲突业务类型。与申请机构有业务往来的需详细说明相关情况（实际从事的业务不同于营业执照上的经营范围；如非私募机构，实际从事业务应着重体现与私募业务有何区分）。

四、撰写要点及实务

（一）中国基金业协会的审核重点

中国基金业协会要求核查关联方的主要目的在于防范利益输送和不正当的关联交易，防止损害投资人的利益。因此，中国基金业协会在审核时会重点关注申请机构关联方的主体性质、申请机构与关联方之间是否存在关联交易、利益冲突和利益输送等问题，关联方的存在应不影响申请机构运营和资金安全，且与申请机构不存在利益冲突或利益输送。

（二）私募基金管理人关联方的范围及认定

根据中国基金业协会的规定，私募基金管理人的关联方包括四类，具体如图5－5所示：

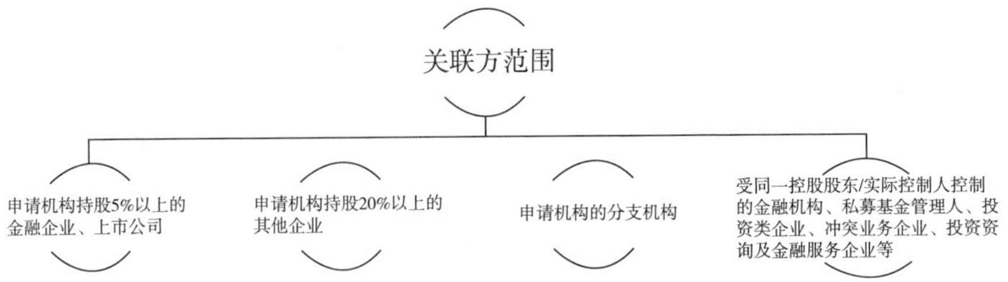

图5－5　关联方范围

1. 申请机构持股5%以上的金融企业、上市公司

(1)对于金融企业,中国基金业协会并未规定具体的范围。根据相关规定及实务经验,金融企业一般指从事金融业务需要取得金融监管部门授予的金融业务许可证,并接受金融监管机构监管的企业,不包括私募基金管理人。

根据财政部财金〔2012〕159号文及中国人民银行、中国银行业监督管理委员会共同发布的银发〔2015〕309号文,金融企业包括:各类从事存款类及非存款类业务的银行业金融机构(如需取得银行业务许可证的政策性银行、邮政储蓄银行、国有商业银行、股份制商业银行、信托投资公司、金融资产管理公司、金融租赁公司和财务公司等);贷款公司、小额贷款公司及典当行;证券业金融机构(如需取得证券业务许可证的证券公司、期货公司和基金管理公司等);保险业金融机构(如需取得保险业务许可证的各类保险公司等);各类金融控股公司、信用担保公司;中国人民银行和金融监管部门所属的从事与金融业务相关的企业;除贷款公司、小额贷款公司、典当行以外的其他金融机构。

(2)上市公司指在深圳证券交易所和上海证券交易所上市的股份制公司,不包括在全国中小企业股份转让系统挂牌的新三板企业。

2. 申请机构持股20%以上的其他企业

此处的"持股"指持有公司股权及持有合伙企业的合伙份额。

3. 申请机构的分支机构

此处分支机构指申请机构在各地成立的、由工商管理部门颁发营业执照的分公司,不包括办事处。

4. 受同一控股股东/实际控制人控制的金融机构、私募基金管理人、投资类企业、冲突业务企业、投资咨询企业及金融服务企业等

(1)金融机构的定义及范围见以上"1. 申请机构持股5%以上的金融企业、上市公司"中"金融企业"部分。

(2)私募基金管理人是管理、运用私募基金财产的公司或者合伙企业。具体而言,私募基金管理人是指在私募基金募集设立后,凭借专门的知识与经验,根据有关法律法规及基金章程或基金合同的规定,实际管理并运用所管理私募基金资产,谋求基金资产不断增值,以使基金持有人收益最大化的基金当事人。

(3)投资类企业指以投资为主营业务的企业。

(4)冲突业务企业是指从事民间借贷、民间融资、配资业务、小额理财、小额借贷、P2P/P2B、众筹、保理、融资租赁、担保、房地产开发、交易平台、典当、网络借贷

信息中介、场外配资等可能与私募投资基金属性相冲突的业务的企业。

(5)投资咨询企业又称投资顾问,指接受客户委托,为客户提供投资咨询服务的企业。

(6)金融服务企业指接受客户委托,为客户提供金融服务的企业。

(三)中国基金业协会在审查中对关联方的要求

1. 经办律师需在法律意见书中明确说明申请机构关联方的工商登记信息等基本资料、业务开展情况、是否已登记为私募基金管理人、与申请机构是否存在业务往来等情况。

2. 申请机构的关联方为已在中国基金业协会登记的私募基金管理人的,申请机构应在该关联方实际展业并完成首只私募基金备案后,再行申报。

3. 申请机构的关联方中存在已实际从事私募基金业务但未登记为私募基金管理人情形的,申请机构应在该关联方完成私募基金管理人登记后,再行申报。

4. 申请机构存在为规避关联方相关规定而进行特殊股权设计的情形时,中国基金业协会将以"实质重于形式"为原则审慎核查。

(四)申请机构及经办律师在处理关联方问题时应注意的问题

1. 关联方经营范围中包含冲突业务、关联方存在从事冲突业务等情形的,建议申请机构在申报前剥离此类关联方。

申请机构及其关联方确有特殊安排,不宜剥离的,申请机构与冲突业务关联方需共同出具不存在利益输送的承诺函,承诺申请机构自身及其未来管理的私募基金均不涉及民间借贷、民间融资、配资业务、小额理财、小额借贷、P2P/P2B、众筹、保理、融资租赁、担保、房地产开发、交易平台、典当、网络借贷信息中介、场外配资等可能与私募投资基金属性相冲突的业务。申请机构与冲突业务关联方加盖公章,承诺函可一页出具共同盖章,也可分别出具各自盖章。从事小额贷款、融资租赁、商业保理、融资担保、互联网金融、典当等冲突业务(房地产除外)的关联方需提供相关主管部门正式许可文件。若提供冲突业务许可证明文件的复印件,需加盖冲突业务关联方公章。

根据中国基金业协会的规定,若申请机构主要出资人、申请机构自身曾经从事过或目前仍兼营民间借贷、民间融资、配资业务、小额理财、小额借贷、P2P/P2B、众筹、保理、融资租赁、担保、房地产开发、交易平台、典当、网络借贷信息中介、场外配资等可能与私募投资基金属性相冲突的业务的,中国基金业协会将不予办理登记。

2. 关联方中有已登记私募基金管理人,或控股股东/第一大股东为已登记私募基金管理人的,需出具承诺函,承诺若申请机构展业中出现违法违规情形时,承担相应的合规连带责任和自律处分后果。

3. 关于同一实际控制人名下登记多家私募基金管理人:

根据中国基金业协会的规定,同一实际控制人名下,可以登记多家私募基金管理人,但有以下条件限制:

(1)申请机构的关联方已登记为私募基金管理人的:

①实际控制人及已登记的关联私募基金管理人共同承诺承担合规连带责任。

对实际控制人控制的除申请机构外的其他已登记的私募基金管理人,需由该实际控制人及该已登记关联私募基金管理人出具书面承诺,在申请机构展业中出现违法违规情形时,承担连带责任和自律处分后果。

②申请机构需在该关联方发行首只基金产品后再提交私募基金管理人登记申请。

申请机构的子公司、分支机构或关联方中有私募基金管理人的,申请机构应在该子公司、分支机构或关联方中的私募基金管理人实际展业并完成首只私募基金备案后,再提交私募基金管理人登记申请。

(2)申请机构的关联方已从事私募基金业务但未登记为私募基金管理人的:

申请机构的子公司、分支机构或关联方存在已从事私募基金业务但未登记为私募基金管理人的情形的,申请机构应先办理该子公司、分支机构或关联方的私募基金管理人登记。

(3)实际控制人/第一大股东名下再申请新的私募基金管理人的:

①实际控制人/第一大股东承诺锁定三年。

申请机构的第一大股东及实际控制人应当出具书面承诺,承诺在申请机构完成私募基金管理人登记后,继续持有申请机构股权及保持实际控制不少于三年。

②第一大股东/实际控制人名下可以设立多家同类型私募基金管理人。

中国基金业协会于2020年2月28日发布的《关于便利申请办理私募基金管理人登记相关事宜的通知》,首次明确规定第一大股东/实际控制人名下可以设立多家同类型私募基金管理人,改变了中国基金业协会以往"不允许同一第一大股东/实际控制人名下登记多家同类型私募基金管理人"的审核要求。

③需论证设置多家私募基金管理人的合理性和必要性。

由实际控制人/第一大股东出具设置多个同类型私募基金管理人的目的与合理性、必要性、业务方向有何区别、如何避免同业化竞争等问题的说明性文件,加盖实际控制人/第一大股东公章，多页加盖骑缝章。

由经办律师在法律意见书中论证并说明同一实际控制人/第一大股东名下设置多个私募基金管理人的目的与合理性、必要性、业务分工、如何避免同业化竞争等问题，是否已建立完善的合规风控制度。

4. 关联方与申请机构存在关联交易、利益冲突或利益输送等情形的，应在申报前消除，且申请机构应出具其与子公司、分支机构和其他关联方不存在利益输送的承诺函，承诺申请机构自身及未来管理的私募基金均不会与关联方存在利益输送等，并承诺在未来业务开展中，不会与子公司、分支机构和其他关联方存在利益输送，损害投资者利益。

5. 申请机构应保证与关联方之间在人员、业务、资金、场所等方面相互独立，并建立关联交易、风险隔离及利益冲突防范制度。

6. 经办律师需对申请机构的关联方进行完整、全面的核查，并在法律意见书中对关联方的具体业务进行如实、全面披露。

（1）如实、全面披露关联方及调查过程。

①在法律意见书中披露关联方基本情况，包括但不限于关联方的工商注册信息、主营业务、登记备案情况等。

②申请机构关联方的名称中含“投资管理”字样的，需说明关联方业务经营情况，是否从事私募管理业务，是否已登记为私募基金管理人，如未登记，需说明原因。

如无计划登记为私募基金管理人的，出具不登记承诺函；如有计划或已经登记为私募基金管理人，说明计划登记时间、未来展业方向/目前展业情况以及与申请机构业务隔离防范措施。

（2）如实、全面披露关联交易情况（有无业务往来、关联交易，经营范围有无重叠，实际经营业务有无重合，是否可能存在利益冲突等），在法律意见书中详细论述关联交易的必要性和合理性，是否存在利益输送，并由申请机构和关联方共同出具避免关联交易、承诺不存在利益输送的承诺函。

①申请机构与关联方之间是否存在关联交易和利益输送，应为经办律师核查和关注的重点。若关联方中有冲突业务企业，中国基金业协会将会尤其关注。

经办律师可从风险隔离、利益冲突防范、人员及业务等方面解释说明关联方及关联交易情况，论述如何防范利益冲突、关联交易。

②申请机构与关联方存在或可能存在关联业务或同类业务的，建议经办律师

在法律意见书中重点阐述防范利益冲突制度措施(如运营场所分离、人员各自独立等)。

(3)如实、全面披露关联方的实际业务开展情况以及未来展业计划,说明关联方的经营范围中是否存在冲突业务、是否从事私募基金业务以及是否已登记为私募基金管理人。

(4)申请机构存在境外关联方的,如实披露,并视情况由关联方及申请机构出具不存在利益输送的承诺函。

第七项 申请机构是否按规定具有开展私募基金管理业务所需的从业人员、营业场所、资本金等企业运营基本设施和条件

《私募基金管理人登记法律意见书指引》要求律师在法律意见书中说明"申请机构是否按规定具有开展私募基金管理业务所需的从业人员、营业场所、资本金等企业运营基本设施和条件"。

一、对私募基金管理人备案的影响

该条一般会构成私募基金管理人备案的实质性障碍。

二、相关规定/规则指引

(一)关于资本金

1.《私募基金管理人登记须知》

申请机构应当按规定具备开展私募基金管理业务所需的从业人员、营业场所、资本金等运营基本设施和条件,并建立基本管理制度

【资本金满足运营】作为必要合理的机构运营条件,申请机构应根据自身运营情况和业务发展方向,确保有足够的实缴资本金保证机构有效运转。相关资本金应覆盖一段时间内机构的合理人工薪酬、房屋租金等日常运营开支。律师事务所应当对私募基金管理人是否具备从事私募基金业务所需的资本金、资本条件等进行尽职调查并出具专业法律意见。

针对私募基金管理人的实收资本/实缴资本未达到注册资本/认缴资本的25%的情况,协会将在私募基金管理人公示信息中予以特别提示,并在私募基金管理人分类公示中予以公示。

2.《私募基金登记备案常见问题解答》

3. 私募基金管理人登记对注册资本/认缴资本、实收资本/实缴资本、实收/实缴比例等有何要求?

答:《关于进一步规范私募基金管理人登记若干事项的公告》并未要求申请机构应当具备特定金额以上的资本金才可登记。但作为必要合理的机构运营条件,申请机构应根据自身运营情况和业务发展方向,确保有足够的资本金保证机构有效运转。相关资本金应覆盖一段时间内机构的合理人工薪酬、房屋租金等日常运营开支。律师事务所应当对私募基金管理人是否具备从事私募基金管理人所需的资本金、资本条件等进行尽职调查并出具专业法律意见。

针对私募基金管理人的实收资本/实缴资本不足100万元或实收/实缴比例未达到注册资本/认缴资本的25%的情况,协会将在私募基金管理人公示信息中予以特别提示,并在私募基金管理人分类公示中予以公示。

(二)关于营业场所

1.《关于加强私募投资基金监管的若干规定》

第三条　未经登记,任何单位和个人不得使用"基金"或者"基金管理"字样或者近似名称进行私募基金业务活动,法律、行政法规另有规定的除外。私募基金管理人应当在名称中标明"私募基金""私募基金管理""创业投资"字样,并在经营范围中标明"私募投资基金管理""私募证券投资基金管理""私募股权投资基金管理""创业投资基金管理"等体现受托管理私募基金特点的字样。

2.《私募基金管理人登记须知》

申请机构应当按规定具备开展私募基金管理业务所需的从业人员、营业场所、资本金等运营基本设施和条件,并建立基本管理制度

【办公地要求】申请机构的办公场所应当具备独立性。申请机构工商注册地和实际经营场所不在同一个行政区域的,应充分说明分离的合理性。申请机构应对有关事项如实填报,律师事务所需做好相关事实性尽职调查,说明申请机构的经营地、注册地分别所在地点,是否确实在实际经营地经营等事项。

3.《私募基金登记备案常见问题解答》

5.申请机构注册地和实际经营场所不在同一个行政区域是否影响登记备案?

答:申请机构注册地和实际经营场所不在同一个行政区域的,不影响私募基金管理人登记。但申请机构应对有关事项如实填报,律师事务所则需做好相关事实性陈述,说明管理人的经营地、注册地分别所在地点,是否确实在实际经营地经营等事项。

(三)关于从业人员(高管人员除外)

1.《证券投资基金法》

第九条　基金管理人、基金托管人管理、运用基金财产,基金服务机构从事基

金服务活动,应当恪尽职守,履行诚实信用、谨慎勤勉的义务。基金管理人运用基金财产进行证券投资,应当遵守审慎经营规则,制定科学合理的投资策略和风险管理制度,有效防范和控制风险。基金从业人员应当具备基金从业资格,遵守法律、行政法规,恪守职业道德和行为规范。

2.《私募基金管理人登记须知》

高管人员及其他从业人员相关要求

【竞业禁止】私募基金管理人的从业人员、出资人应当遵守竞业禁止原则,恪尽职守、勤勉尽责,不应当同时从事与私募业务可能存在利益冲突的活动。

【专业胜任能力】根据《私募投资基金管理人内部控制指引》,从事私募基金管理业务相关工作人员应具备与岗位要求相适应的职业操守和专业胜任能力。负责私募合规/风控的高管人员,应当独立地履行对内部控制监督、检查、评价、报告和建议的职能,对因失职渎职导致内部控制失效造成重大损失的,应当承担相关责任。申请机构负责投资的高管人员,应当具备相应的投资能力。

【员工人数】根据《私募投资基金管理人内部控制指引》,申请机构员工总人数不应低于5人,申请机构的一般员工不得兼职。

3.《私募基金登记备案相关问题解答(四)》

问:《基金管理公司投资管理人员管理指导意见》(证监会公告〔2009〕3号)关于基金经理"静默期"的要求是否适用私募基金行业?

答:是。根据《基金管理公司投资管理人员管理指导意见》(证监会公告〔2009〕3号)中第三十四条的规定:"公司不得聘用从其他公司离任未满3个月的基金经理从事投资、研究、交易等相关业务"。根据该规定,基金经理变更就职的公募基金公司,需要有3个月的"静默期",在这3个月内该基金经理不得在其它公募基金管理公司从事投资、研究、交易等相关业务。为维护基金行业的公平、公正,统一监管标准,对从公募基金管理公司离职,转而在私募基金管理公司任职的基金经理实行同样3个月的"静默期"要求,并在私募管理人登记环节予以落实。

4.《私募投资基金管理人登记和基金备案办法(试行)》

第十六条　从事私募基金业务的专业人员应当具备私募基金从业资格。

具备以下条件之一的,可以认定为具有私募基金从业资格:

(一)通过基金业协会组织的私募基金从业资格考试;

(二)最近三年从事投资管理相关业务;

(三)基金业协会认定的其他情形。

5.《私募投资基金管理人内部控制指引》

第十一条　私募基金管理人应当建立有效的人力资源管理制度，健全激励约束机制，确保工作人员具备与岗位要求相适应的职业操守和专业胜任能力。

私募基金管理人应具备至少 2 名高级管理人员。

三、中国基金业协会典型反馈问题

（一）关于资本金

1. 请增加实缴资本并在法律意见书中详细阐述贵机构实缴资金如何维持机构半年运营（如人员薪酬、办公租金、日常开支等均需覆盖）。

2. 请在法律意见书中详细描述实收资本信息，并且说明实缴资本如何足以支持企业日常运营中的各项开支，如房屋租赁，员工工资，设备购买等相关费用支出的资金支持情况。

3. 请详细描述实缴资本和资本金运营情况；并对公司运营场所，办公条件，人员，投资决策流程作出详细说明。

4. 申请机构银行流水显示，目前可用余额为股东 × × 借款，请说明实缴资金的来源及流向，股东是否以过桥资金出资，以及如何保证机构未来半年的运营？请上传机构自成立以来的银行账户流水单（基本户及一般户均上传）。请根据相关补正意见修改系统填报信息，并提交补充法律意见书。请不要在原法律意见书中直接修改，也不要删除原法律意见书。

5. 请说明贵公司注册资本设定较高的原因及股东出资的资金来源，股东个人资本来源情况。

6. 贵机构实缴资本比例过低，请贵机构酌情考虑是否需要增资或降低认缴资本。

7. 请上传贵机构近三个月的银行流水。

8. 申请机构的实缴出资证明应上传验资报告或银行回单，优选银行回单。

（二）关于营业场所

1. 前台照片应体现贵机构与固定、专业、独立的办公场所的必然联系，请律师尽调并出具是否符合独立、合规的结论性意见（建议多角度拍摄并在法律意见书中补充房屋租赁合同）。

2. 请律所核实申请机构是否存在与股东或关联方共用办公场所的情况，请说明申请机构如何保持人员、财产和运营独立性，如何实现办公场地和人员的隔离。

3. 请律所继续核实申请机构是否与其他机构共用前台及办公地址，如存在此情况,请说明二者的关系,以及如何保证办公场所、人员及业务的独立性。请上传相关租赁合同,产权所有人是否知晓且同意该情况发生。

4. 请贵机构提供办公场所使用证明材料,请律师论证办公场所使用合规性(建议多角度拍摄办公场地并补充房屋租赁合同)。

(三)关于从业人员(高管人员除外)

1. 贵机构人数较少,请详细描述:在开展业务时的募集销售、投研决策、合规风控、估值清算等一系列投资业务相关的前中后台的人力支持情况。

2. 请律师核实并说明员工的工作经历和学习经历,任职部门和职务、兼职情况、社保缴纳情况、取得基金从业资格等情况。

3. 根据《私募基金管理人登记法律意见书指引》及《私募基金内控指引》相关要求,结合贵机构当前员工情况,请在法律意见书中详细阐述在当前员工情况下,申请机构如何顺利开展私募基金管理业务,如何执行内控指引第五条有关全面性、独立性、相互制约等六项基本原则,以及如何有效执行风险管理和内部控制等相关制度。

4. 请律所详尽论述申请机构负责投资相关高管或工作人员的投资能力,若能提供相关业绩证明,如提供加盖营业部公章的证券、期货对账单,能反映资金规模、投资期限、投资业绩、组合投资、获益情况、平均收益率或量化业绩评估。

5. 高管及员工未在申请机构缴纳社保,应上传社保缴纳记录、委托代缴协议、加盖公司公章的社保缴纳说明,说明代缴的原因及合理性。

6. 请详细描述员工社保外包的原因和必要性。

7. 贵机构从事募集、投资(含交易)、风控、运营、研究等职务的员工均应取得基金从业资格,请贵机构自查,请负责上述工作的员工尚未取得基金从业资格的取得基金从业资格后再提交申请材料。再次提交申请材料时请详述员工名单(包括职务、兼职情况、是否取得基金从业资格、工作经历、学习经历等情况)。

8. 请在补充法律意见书中详细说明申请机构目前的高管人员、团队员工在其岗位或私募投资基金领域的专业能力,负责风控工作的高管和员工需要特别说明其相关工作经历及岗位胜任能力。如涉及相关经历或投资经验,请进一步提供证明材料。

9. 根据《基金法》第九条,基金从业人员应当具备基金从业资格。贵机构从事募集、投资(含交易)、风控、运营、研究等职务的员工均应取得基金从业资格,请贵机构符合前述要求后再提交申请材料。再次提交申请材料时请详述员工名单(包括职务、兼职情况、是否取得基金从业资格、工作经历、学习经历等情况)。

所有全职员工均应提供社保缴纳证明，请与法律意见书一起打包上传。相关证明应能体现社保部门公章、缴纳单位名称、转入该机构的时间至出具证明时间期间的缴纳情况。

10. 请重新核实贵机构员工情况：员工是指与申请机构签订劳动合同并缴纳社保（含第三方代缴，需提供相关代缴证明）的正式职员。如申请机构存在员工兼职情况，应在法律意见书中详细说明，且兼职员工不应计入员工总人数。

11. 请说明贵机构员工在关联机构兼职的合理性、胜任能力，如何兼顾多方工作、如何公平对待服务对象等。

12. 请说明申请机构高管或员工在关联机构兼职的合理性、胜任能力，如何兼顾多方工作、如何公平对待服务对象等。风控不得兼职，请整改后提交。

13. 请详述所有员工的专兼职、委派等情况，如有兼职情况，请详细说明兼职/委派原因（如有委派情况，请说明该名员工在委派期间是否全职在申请机构工作）并说明其任职机构的名称、该机构的基本营业情况、所从事的职务、该机构与贵公司的关系，说明如何做到相关业务在人员上的隔离。

14. 请上传所有员工的履历。请上传所有员工的劳动合同及社保证明。请上传在本公司近三个月的社保记录。

15. 请律师披露新增员工履历信息。

16. 请结合公司的人员架构和高管的履职能力说明贵机构如何保证在现有人员规模的情况下如何完成基金的募集销售、投研决策、合规风控、估值清算等工作。

17. 请贵机构详述人员架构信息及人员具体履历，并说明相关人员展业能力。

18. 贵机构如无外包计划，请说明在现有人员条件下，如何正常展业，如何完成合同拟定、份额登记、估值核算、信息披露等工作。

19. 申请机构法律意见书中从业人员与官网宣传的团队介绍不一致，请查证申请机构高管及从业人员的专、兼职情况。

20. 请提高具有基金从业资格人数（证券类）。

21. 基金经理不担任高管且不在机构持股，请说明是否为挂靠行为，并说明如何保证未来任职稳定性。请将负责投资的基金经理添加至高管。

22. 投资业绩证明请提供本人名下账户，公司自营盘账户等投资经验，委托理财不符合要求，若能提供，该证明应反映资金规模、投资期限、投资业绩、组合投资及获益情况，并在法律意见书中逐一论述。请贵机构核实法定代表人是否为适当人选，是否需要进行调整或优化。

四、撰写要点及实务

(一)关于资本金

1. 申请机构应根据自身运营情况和业务发展方向,确保有足够的实缴资本金保证其自身能够有效运转,相关资本金应可以覆盖一段时间内的合理人工薪酬、房屋租金等日常运营开支。

(1)根据实务经验,“资本金应覆盖一段时间”中的“一段时间”通常是指6个月,中国基金业协会将以实质重于形式为原则,同时结合申请机构资信背景等情况,对申请机构的实缴资本金能否覆盖一段时间内的合理人工薪酬、房屋租金等日常运营开支、满足申请机构运营需要做出审核。

(2)为保证日常运营开支,建议申请机构实缴资本尽量超过注册资本25%,且在250万元以上(或者申请机构账面净资产达到250万元)。

针对申请机构实缴资本不足200万元[①]或实缴比例未达到注册资本25%的情况,中国基金业协会将在私募基金管理人公示信息中予以特别提示。

需要特别注意,中国基金业协会会要求申请机构的出资人提供出资能力证明,出资能力需结合出资人收入证明、投资收益证明、资产证明、个人银行账户信息、理财证明及承诺函等资料综合确定。因此,申请机构注册资本不宜过高,以免出现出资人出资能力证明的困局。

(3)申请机构实缴资本不应为零,在此基础上,实缴资本比例越高越好。如果实缴资本比例较低,则应当保证实缴资本金足以保证申请机构6个月内的合理人工薪酬、房屋租金等日常运营开支、满足申请机构运营需要。

2. 申请机构应针对实收资本在扣除运营成本后的资金能够满足其6个月内的运营需要作出预算,预算中对于人工薪酬、房屋租金等日常运营开支的预测应具有合理性。

3. 申请机构在向中国基金业协会申报时应提交验资报告或银行回单(优选银行回单),记载的出资人、认缴资本额、实缴资本额与工商登记信息一致;如实缴出资后发生出资人变更,可将原出资证明(验资报告或银行回单)、股权转让协议、股权转让款银行转账回单一并上传,或重新出具验资报告。银行回单需加盖银行业

① 中国基金业协会于2020年2月28日发布的《关于便利申请办理私募基金管理人登记相关事宜的通知》显示,申请机构实缴资本不足200万元的,中国基金业协会将在私募基金管理人公示信息中予以特别提示。

务章,验资报告需加盖会计师事务所公章。

4. 经办律师应对申请机构是否具备从事私募基金业务所需的资本金、资本条件等进行尽职调查并在法律意见书中出具专业法律意见。

(二)关于营业场所

1. 申请机构的办公场所应具备稳定性、独立性。

根据实务经验,申请机构办公场所的独立性具体可体现为独立前台、LOGO、合署办公地的物理隔离(如办公区域的物理隔断)等。

根据中国基金业协会的规定,如果中国基金业协会认定申请机构办公场所不稳定或不独立的,可能结合申请机构的其他情况中止办理其私募基金管理人登记申请6个月。

2. 中国基金业协会要求,申请机构在申报时应提交办公场地使用证明。如为直接租赁所得,提供租赁协议及产权证复印件;如为转租所得,提供原租赁协议、转租协议、产权人或物业管理人同意转租的确认文件;如由股东、关联方等无偿提供取得,提供原租赁协议或产权证、无偿使用证明、产权人或物业管理人同意使用的确认文件。复印件需加盖申请机构公章,多页加盖骑缝章。

3. 申请机构工商注册地和实际经营场所不在同一个行政区域的,应充分说明分离的合理性。

(1)根据实务经验,若申请机构拥有独立且可使用的办公场所,可以与其他的公司共用一个场地,但应保证拥有符合申请机构实际员工人数的场地面积,且该营业场地不得为住宅。

(2)目前中国基金业协会对申请机构注册地与实际经营地分离问题的审查持趋严的态度,因此,对于申请机构与其他单位共用前台、办公场所或使用其他第三方(如出资人)承租的办公场所开展经营活动等情况,是否会对申请机构办公场地的独立性产生不利影响,能否会被中国基金业协会接受,目前尚无定论,仍需结合具体情况进行判定。

4. 经办律师应做好相关尽职调查,在法律意见书中详细说明申请机构的经营地、注册地分别所在地点,是否确实在实际经营地经营等事项。

(三)关于从业人员(高管人员除外)

1. 申请机构员工[①]总数应不低于5人。

① 本部分"员工"是指与申请机构签订劳动合同并缴纳社保的正式职员。

根据实务经验,建议申请机构至少聘任6名全职员工,且其中至少5人具备基金从业资格。若申请机构拟申请证券类私募基金管理人的,建议至少聘任8名全职员工,且根据《证券投资基金法》第九条,从事基金相关岗位的全部员工都应具备基金从业资格。

2. 申请机构从业人员应具备相应的专业胜任能力,不应同时从事与私募业务可能存在利益冲突的活动,且不应存在任何兼职(高管人员除外)、挂靠。

根据中国基金业协会的规定,如果中国基金业协会认定申请机构从业人员专业能力不足或存在挂靠情形的,可能结合申请机构的其他情况中止办理其私募基金管理人登记申请6个月。

3. 申请机构从业人员的岗位设置应与申请机构的组织架构及部门设置相对应,以保证从业人员能够满足申请机构日后的基金投资业务开展。

4. 申请机构设置基金经理岗位的,对从公募基金管理公司离职,转而在申请机构就职的基金经理,不应在离职之日起3个月内从事投资、研究、交易等相关业务。

需要特别注意,根据中国基金业协会最新的反馈意见,对于不担任高管人员且不在申请机构持股的基金经理,中国基金业协会会关注该基金经理是否存在挂靠行为以及未来任职的稳定性,因此,申请机构应通过签订劳动合同(期限不宜过短)、基金经理在本单位工作的连续性、在本单位过往工作业绩等方面论述中国基金业协会关注的问题。

5. 申请机构应与全体员工签署劳动合同并依法缴纳社会保险和公积金。

根据中国基金业协会的要求,申请机构应在向中国基金业协会申报私募基金管理人登记时提交全体员工简历及社保证明。

(1)全体员工简历应涵盖员工基本信息、学习经历、工作经历等,并加盖申请机构公章,多页加盖骑缝章。

(2)社保缴费记录应显示员工姓名及申请机构名称,新参保无缴费记录的可提供社保增员记录等,第三方人力资源服务机构代缴的上传申请机构签署的代缴协议、人力资源服务资质证明文件、代缴记录,退休返聘的上传退休证,社保缴费记录应加盖社保主管部门公章。

6. 经办律师应全面核查并在法律意见书中详细披露申请机构全体从业人员的个人履历情况(包括从业人员的身份信息、学历、工作经历等内容)、基金从业资格的取得及参加后续培训情况、劳动合同签订及社保缴纳、专职及岗位胜任能力等情况,以确保员工的履职能力。

7. 经办律师按照中国基金业协会的要求提交补充法律意见书时，若存在新增员工，建议在补充法律意见书中对新增员工的原因、新增员工的相关信息、对申请机构业务运作、内控制度落实产生的影响和措施、对登记系统的填报更新等事项进行陈述；对于法定代表人变更的，需论述变更的缘由、内部决策以及工商管理部门变更登记情况。

第八项　申请机构是否已制定风险管理和内部控制制度

《私募基金管理人登记法律意见书指引》要求律师在法律意见书中说明“申请机构是否已制定风险管理和内部控制制度，是否已经根据其拟申请的私募基金管理业务类型建立了与之相适应的制度，包括（视具体业务类型而定）运营风险控制制度、信息披露制度、机构内部交易记录制度、防范内幕交易、利益冲突的投资交易制度、合格投资者风险揭示制度、合格投资者内部审核流程及相关制度、私募基金宣传推介、募集相关规范制度以及（适用于私募证券投资基金业务）的公平交易制度、从业人员买卖证券申报制度等配套管理制度”。

一、对私募基金管理人备案的影响

该条一般不会构成私募基金管理人备案的实质性障碍，但对经办律师的工作量要求较大。

二、相关规定/规则指引

1.《证券投资基金法》

第九条第二款　基金管理人运用基金财产进行证券投资，应当遵守审慎经营规则，制定科学合理的投资策略和风险管理制度，有效防范和控制风险。

2.《私募基金管理人登记须知》

申请机构应当按规定具备开展私募基金管理业务所需的从业人员、营业场所、资本金等运营基本设施和条件，并建立基本管理制度

【内控基本要求】根据《私募投资基金管理人内部控制指引》及私募基金登记备案相关问题解答相关要求，申请机构应当建立健全内部控制机制，明确内部控制职责，完善内部控制措施，强化内部控制保障，持续开展内部控制评价和监督。申请机构的工作人员应当具备与岗位要求相适应的职业操守和专业胜任能力。

3.《私募投资基金管理人内部控制指引》

第二条　私募基金管理人内部控制是指私募基金管理人为防范和化解风险，保证各项业务的合法合规运作，实现经营目标，在充分考虑内外部环境的基础上，

对经营过程中的风险进行识别、评价和管理的制度安排、组织体系和控制措施。

第三条　私募基金管理人应当按照本指引的要求,结合自身的具体情况,建立健全内部控制机制,明确内部控制职责,完善内部控制措施,强化内部控制保障,持续开展内部控制评价和监督。

私募基金管理人最高权力机构对建立内部控制制度和维持其有效性承担最终责任,经营层对内部控制制度的有效执行承担责任。

第九条　私募基金管理人应当健全治理结构,防范不正当关联交易、利益输送和内部人控制风险,保护投资者利益和自身合法权益。

第十五条　授权控制应当贯穿于私募基金管理人资金募集、投资研究、投资运作、运营保障和信息披露等主要环节的始终。私募基金管理人应当建立健全授权标准和程序,确保授权制度的贯彻执行。

第十六条　私募基金管理人自行募集私募基金的,应设置有效机制,切实保障募集结算资金安全;私募基金管理人应当建立合格投资者适当性制度。

第十七条　私募基金管理人委托募集的,应当委托获得中国证监会基金销售业务资格且成为中国证券投资基金业协会(以下简称"中国基金业协会")会员的机构募集私募基金,并制定募集机构遴选制度,切实保障募集结算资金安全;确保私募基金向合格投资者募集以及不变相进行公募。

第十八条　私募基金管理人应当建立完善的财产分离制度,私募基金财产与私募基金管理人固有财产之间、不同私募基金财产之间、私募基金财产和其他财产之间要实行独立运作,分别核算。

第十九条　私募基金管理人应建立健全相关机制,防范管理的各私募基金之间的利益输送和利益冲突,公平对待管理的各私募基金,保护投资者利益。

第二十条　私募基金管理人应当建立健全投资业务控制,保证投资决策严格按照法律法规规定,符合基金合同所规定的投资目标、投资范围、投资策略、投资组合和投资限制等要求。

第二十一条　除基金合同另有约定外,私募基金应当由基金托管人托管,私募基金管理人应建立健全私募基金托管人遴选制度,切实保障资金安全。

基金合同约定私募基金不进行托管的,私募基金管理人应建立保障私募基金财产安全的制度措施和纠纷解决机制。

第二十二条　私募基金管理人开展业务外包应制定相应的风险管理框架及制度。私募基金管理人根据审慎经营原则制定其业务外包实施规划,确定与其经营水平相适宜的外包活动范围。

第二十四条　私募基金管理人自行承担信息技术和会计核算等职能的,应建立相应的信息系统和会计系统,保证信息技术和会计核算等的顺利运行。

第二十五条　私募基金管理人应当建立健全信息披露控制,维护信息沟通渠道的畅通,保证向投资者、监管机构及中国基金业协会所披露信息的真实性、准确性、完整性和及时性,不存在虚假记载、误导性陈述或重大遗漏。

第二十六条　私募基金管理人应当保存私募基金内部控制活动等方面的信息及相关资料,确保信息的完整、连续、准确和可追溯,保存期限自私募基金清算终止之日起不得少于10年。

第二十七条　私募基金管理人应对内部控制制度的执行情况进行定期和不定期的检查、监督及评价,排查内部控制制度是否存在缺陷及实施中是否存在问题,并及时予以改进,确保内部控制制度的有效执行。

第三十一条　私募基金管理人未按本指引建立健全内部控制,或内部控制存在重大缺陷,导致违反相关法律法规及自律规则的,中国基金业协会可以视情节轻重对私募基金管理人及主要负责人采取书面警示、行业内通报批评、公开谴责等措施。

4.《私募基金登记备案常见问题解答》

问:私募基金管理人登记时机构需要制定哪些基本制度?

答:私募基金管理人应参照协会发布的《私募投资基金管理人内部控制指引》、《私募基金管理人登记法律意见书指引》等规定制定并上传相关制度,制度文件包括但不限于(视具体业务类型而定)运营风险控制制度、信息披露制度、机构内部交易记录制度、防范内部交易、利益冲突的投资交易制度、合格投资者风险揭示制度、合格投资者内部审核流程及相关制度、私募基金宣传推介、募集相关规范制度,以及适用于私募证券投资基金业务的公平交易制度、从业人员买卖证券申报制度等。

此外,法律意见书中律师事务所应根据公司实际情况对制度是否具备有效执行的现实基础和条件出具意见。例如,相关制度的建立是否与机构现有组织架构和人员配置相匹配,是否满足机构运营的实际需求等。若私募基金管理人现有组织架构和人员配置难以完全自主有效执行相关制度,该机构可考虑采购外包服务机构的服务,包括律师事务所、会计师事务所等的专业服务。协会鼓励私募基金管理人结合自身经营实际情况,通过选择在协会备案的私募基金外包服务机构的专业外包服务,实现本机构风险管理和内部控制制度目标,降低运营成本,提升核心竞争力。若存在上述情况,请在申请私募基金管理人登记时,同时提交外包服务协议或外包服务协议意向书。

5.《私募基金登记备案相关问题解答(八)》

问:律师事务所及其经办律师如何对私募基金管理人风险管理和内部控制制度进行尽职调查?

答:律师事务所及其经办律师在对申请机构的风险管理和内部控制制度开展尽职调查时,应当核查和验证包括但不限于以下内容:

(1)申请机构是否已制定《私募基金管理人登记法律意见书指引》第四条第(八)项所提及的完整的涉及机构运营关键环节的风险管理和内部控制制度;

(2)判断相关风险管理和内部控制制度是否符合中国基金业协会《私募投资基金管理人内部控制指引》的规定;

(3)评估上述制度是否具备有效执行的现实基础和条件。例如,相关制度的建立是否与机构现有组织架构和人员配置相匹配,是否满足机构运营的实际需求等。

考虑到我国私募基金行业的发展现状,为支持私募基金管理人特色化、差异化发展,保障私募基金管理人风险管理和内部控制制度的有效执行,中国基金业协会鼓励私募基金管理人结合自身经营实际情况,通过选择在中国基金业协会备案的私募基金外包服务机构的专业外包服务,实现本机构风险管理和内部控制制度目标,降低运营成本,提升核心竞争力。

三、中国基金业协会典型反馈问题

1.贵机构当前员工人数过低,请在法律意见书中详细阐述在当前员工人数的情况下,申请机构如何顺利开展私募基金管理业务,以及如何有效执行风险管理和内部控制等相关制度。

2.律师事务所及其经办律师在对申请机构的风险管理和内部控制制度开展尽职调查时,应当判断相关风险管理和内部控制制度是否符合中国基金业协会《私募投资基金管理人内部控制指引》的规定,并评估上述制度是否具备有效执行的现实基础和条件。例如,相关制度的建立是否与机构现有组织架构和人员配置相匹配,是否满足机构运营的实际需求等。

3.请评估私募基金管理人风险管理和内部控制制度是否具备有效执行的现实基础和条件。

4.请在法律意见书中详细描述公司风险管理和风控制度的可行性及可操作性,并说明在公司人员较少的情况下,公司如何顺利开展私募基金管理业务,以及如何落实制度的执行。

四、撰写要点及实务

（一）中国基金业协会对申请机构内控制度的审查要求

1. 申请机构需建立健全内部控制机制，明确内部控制职责，完善内部控制措施，强化内部控制保障，持续开展内部控制评价和监督。

2. 申请机构需要具备有效执行内控制度的现实基础和条件，要与申请机构现有组织架构和人员配置相匹配，满足申请机构运营的实际需求。同时，申请机构的工作人员需具备与岗位要求相适应的职业操守和专业胜任能力。

有效执行内控制度的现实基础和条件主要指：内控制度与申请机构拟开展的业务匹配，申请机构内部组织架构与内控制度匹配，内控制度执行有人员保障，合规/风控负责人员承诺独立履行职责等。

3. 申请机构建立内控制度需遵循的原则

申请机构建立内控制度需要遵循的原则如图5－6所示：

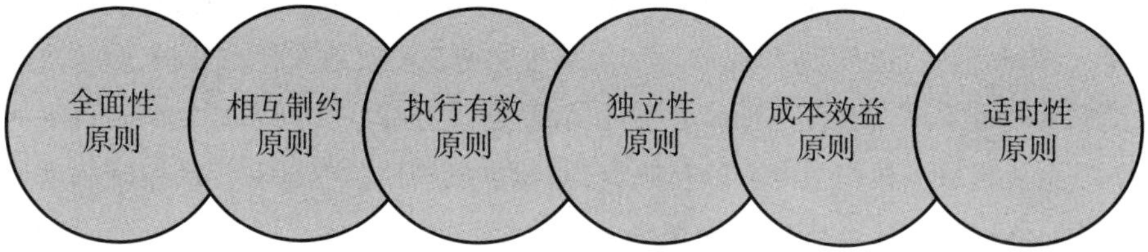

图5－6　建立内控制度需遵循的原则

（1）全面性原则。内部控制应当覆盖包括各项业务、各个部门和各级人员，并涵盖资金募集、投资研究、投资运作、运营保障和信息披露等主要环节。

（2）相互制约原则。组织结构应当权责分明、相互制约。

（3）执行有效原则。通过科学的内控手段和方法，建立合理的内控程序，维护内控制度的有效执行。

（4）独立性原则。各部门和岗位职责应当保持相对独立，基金财产、管理人固有财产、其他财产的运作应当分离。

（5）成本效益原则。以合理的成本控制达到最佳的内部控制效果，内部控制与私募基金管理人的管理规模和员工人数等方面相匹配，契合自身实际情况。

（6）适时性原则。申请机构应当定期评价内部控制的有效性，并随着有关法律法规的调整和经营战略、方针、理念等内外部环境的变化同步适时修改或完善。

4. 申请机构建立与实施内控制度应包含的要素

申请机构建立和实施内控制度应包含的要素如图5－7所示：

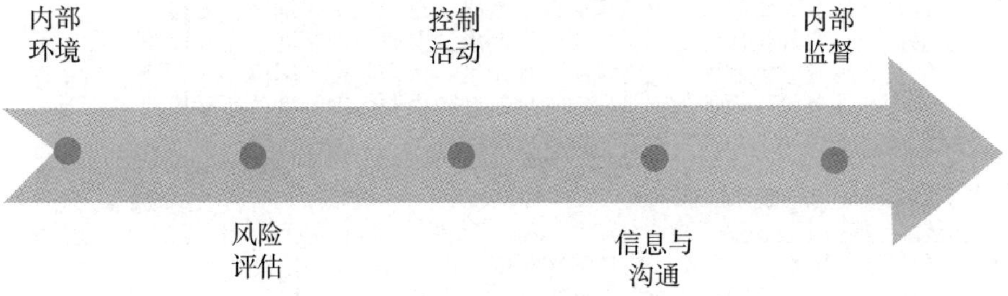

图5－7　建立和实施内控制度应包含的要素

(1)内部环境:包括经营理念和内控文化、治理结构、组织结构、人力资源政策和员工道德素质等,内部环境是实施内部控制的基础。

(2)风险评估:及时识别、系统分析经营活动中与内部控制目标相关的风险,合理确定风险应对策略。

(3)控制活动:根据风险评估结果,采用相应的控制措施,将风险控制在可承受范围之内。

(4)信息与沟通:及时、准确地收集、传递与内部控制相关的信息,确保信息在内部、企业与外部之间进行有效沟通。

(5)内部监督:对内部控制建设与实施情况进行周期性监督检查,评价内部控制的有效性,发现内部控制缺陷或因业务变化导致内控需求有变化的,应当及时加以改进、更新。

5. 申请机构内控制度应符合《私募投资基金管理人内部控制指引》的相关规定。

(二)申请机构应制定的内控制度

1. 根据中国基金业协会对申请机构内控制度的要求,并结合实务经验,申请机构应制定的内控制度包括(如图5－8所示,视申请机构具体情况及具体业务类型而定):

基本制度

· 包括股东会、董事会以及监事会议事规则、总经理工作细则、关联交易制度、对外担保制度、子公司管理制度、财务管理制度、经营管理制度、行政管理制度、人力资源管理制度、保密制度、岗位/业务隔离制度、业务流程管理制度、授权管理制度、投资管理制度、私募基金托管人遴选制度、外包服务制度等。

配套管理制度

· 包括运营风险控制制度、信息披露制度、机构内部交易记录制度、防范内幕交易、利益冲突的投资交易制度、合格投资者风险揭示制度、合格投资者内部审核流程及相关制度、私募基金宣传推介、募集相关规范制度，以及适用于私募证券投资基金业务的公平交易制度、从业人员买卖证券申报制度等。

图 5－8　申请机构应制定的内控制度

2. 对于不同类型的私募基金管理人，中国基金业协会要求上传的内控制度也有所不同：

(1) 对于证券类私募基金管理人，需要上传 9 个制度：运营风险控制制度、信息披露制度、机构内部交易记录制度、防范内幕交易、利益冲突的投资交易制度、合格投资者风险揭示制度、合格投资者内部审核流程及相关制度、私募基金宣传推介、募集相关规范制度、公平交易制度、从业人员买卖证券申报制度。

(2) 对于股权/创投类私募基金管理人，因为不涉及证券市场交易，所以不需要上传公平交易制度和从业人员买卖证券申报制度。

申请机构在上传以上制度后，还有一个其他制度上传端口。因此，除以上制度外，申请机构在运营过程中还需要根据实际情况制定并上传其他制度（如防范关联交易、利益输送等制度）。

（三）申请机构及经办律师应注意的问题

1. 申请机构应根据中国基金业协会的审核要求，并结合其拟申请的私募基金管理业务建立与其实际业务相适应的、切实可行的内控制度。

由于其他基金管理人在法律监管、经营理念、管理团队、内部控制和风险管理等方面可能与申请机构存在不同，因此，不应照抄照搬其他基金管理人的相关制度，盲目照抄照搬可能导致申请机构不能通过中国基金业协会的审核。

建议申请机构在向中国基金业协会申报前，在熟悉中国基金业协会要求的专业律师以及熟悉申请机构内部情况的内部人士参与下，全面核查和梳理内控制度，判断该等内控制度是否符合中国基金业协会的要求,是否与其自身实际情况相适应,如全部或部分内容不符合,应重新制定或进行修订,在其符合中国基金业协会的要求后再申报。

2. 经办律师应详细审查申请机构是否已按照中国基金业协会的要求制定内控制度,审查这些制度是否符合申请机构实际情况,对其是否具备有效执行的现实基础和条件做出评估(评估角度可以为人员构成、组织架构、监督体系、业务匹配等),并从申请机构组织架构、人员组成、内控制度的内部审批、内控制度的内容等角度分析有效执行情况(如相关制度的建立是否与申请机构现有组织架构和人员配置相匹配,是否满足机构运营的实际需求等)。

3. 申请机构在保证人员必须具备相应的职业操守和专业胜任能力的前提下,需做好动态内部控制管理,且动态化的风险管理评价务必要留痕迹。

第九项 申请机构是否与其他机构签署基金外包服务协议

《私募基金管理人登记法律意见书指引》要求律师在法律意见书中说明"申请机构是否与其他机构签署基金外包服务协议,并说明其外包服务协议情况,是否存在潜在风险"。

一、对私募基金管理人备案的影响

该条一般不会构成私募基金管理人备案的实质性障碍。

二、相关规定/规则指引

1.《证券投资基金法》

第九十七条 从事公开募集基金的销售、销售支付、份额登记、估值、投资顾问、评价、信息技术系统服务等基金服务业务的机构,应当按照国务院证券监督管理机构的规定进行注册或者备案。

第九十八条 基金销售机构应当向投资人充分揭示投资风险,并根据投资人的风险承担能力销售不同风险等级的基金产品。

第九十九条 基金销售支付机构应当按照规定办理基金销售结算资金的划付,确保基金销售结算资金安全、及时划付。

第一百条 基金销售结算资金、基金份额独立于基金销售机构、基金销售支付机构或者基金份额登记机构的自有财产。基金销售机构、基金销售支付机构或者基金份额登记机构破产或者清算时,基金销售结算资金、基金份额不属于其破产财产或者清算财产。非因投资人本身的债务或者法律规定的其他情形,不得查封、冻结、扣划或者强制执行基金销售结算资金、基金份额。

基金销售机构、基金销售支付机构、基金份额登记机构应当确保基金销售结算资金、基金份额的安全、独立,禁止任何单位或者个人以任何形式挪用基金销售结算资金、基金份额。

第一百零一条　基金管理人可以委托基金服务机构代为办理基金的份额登记、核算、估值、投资顾问等事项,基金托管人可以委托基金服务机构代为办理基金的核算、估值、复核等事项,但基金管理人、基金托管人依法应当承担的责任不因委托而免除。

第一百零二条　基金份额登记机构以电子介质登记的数据,是基金份额持有人权利归属的根据。基金份额持有人以基金份额出质的,质权自基金份额登记机构办理出质登记时设立。

基金份额登记机构应当妥善保存登记数据,并将基金份额持有人名称、身份信息及基金份额明细等数据备份至国务院证券监督管理机构认定的机构。其保存期限自基金账户销户之日起不得少于二十年。

基金份额登记机构应当保证登记数据的真实、准确、完整,不得隐匿、伪造、篡改或者毁损。

第一百零三条　基金投资顾问机构及其从业人员提供基金投资顾问服务,应当具有合理的依据,对其服务能力和经营业绩进行如实陈述,不得以任何方式承诺或者保证投资收益,不得损害服务对象的合法权益。

第一百零四条　基金评价机构及其从业人员应当客观公正,按照依法制定的业务规则开展基金评价业务,禁止误导投资人,防范可能发生的利益冲突。

第一百零五条　基金管理人、基金托管人、基金服务机构的信息技术系统,应当符合规定的要求。国务院证券监督管理机构可以要求信息技术系统服务机构提供该信息技术系统的相关资料。

第一百零六条　律师事务所、会计师事务所接受基金管理人、基金托管人的委托,为有关基金业务活动出具法律意见书、审计报告、内部控制评价报告等文件,应当勤勉尽责,对所依据的文件资料内容的真实性、准确性、完整性进行核查和验证。其制作、出具的文件有虚假记载、误导性陈述或者重大遗漏,给他人财产造成损失的,应当与委托人承担连带赔偿责任。

第一百零七条　基金服务机构应当勤勉尽责、恪尽职守,建立应急等风险管理制度和灾难备份系统,不得泄露与基金份额持有人、基金投资运作相关的非公开信息。

2.《私募投资基金募集行为管理办法》

第三条　基金业务外包服务机构就其参与私募基金募集业务的环节适用本办法。

本办法所称基金业务外包服务机构包括为私募基金管理人提供募集服务的基金销售机构,为私募基金募集机构提供支付结算服务、私募基金募集结算资金监督、份额登记等与私募基金募集业务相关服务的机构。前述基金业务外包服务机构应当遵守中国基金业协会基金业务外包服务相关管理办法。

3.《私募投资基金服务业务管理办法(试行)》

全文。

4.《基金业务外包服务指引(试行)》(已失效)

全文。

三、中国基金业协会典型反馈问题

1. 鉴于申请机构员工人数较少,请核实申请机构在将来是否具有签订外包服务的意愿或计划。

2. 请申请机构在法律意见书中说明是否有签订外包业务的意愿和计划。如有计划,请依据《私募投资基金服务业务管理办法(试行)》制定外包制度。

3. 请说明贵机构是否有签订外包业务的意愿和计划。如有相关计划,请建立相应制度。如无,请说明贵机构展业后具体分工并说明贵机构员工是否有完成份额登记、估值核算等工作的能力。

4. 申请材料(含《法律意见书》)中关于申请机构的从业人员的相关描述,尚不足以支撑"能够维持机构持续运营"这一结论。鉴于申请机构有签订外包服务的意愿或计划,请进一步阐述申请机构是否具备相应的外包制度及其执行基础和条件。

5. 贵机构提及会聘请外包服务机构,请提交与外包机构签署的外包服务协议、意向等。

四、撰写要点及实务

(一)中国基金业协会规定的基金外包服务机构的范围

基金外包服务机构是受基金管理人委托,为基金管理人提供代为办理基金销售、份额登记、核算、估值、信息技术系统等服务的其他基金服务机构。

目前,在中国基金业协会备案的私募基金外包服务机构主要包括三类:第一类是份额登记服务业务服务机构,主要有银行、证券公司及大型基金公司;第二类是估值核算业务服务机构,主要有银行、证券公司、基金公司及专门的投资服务机构;

第三类是信息技术系统服务机构。

另外,律师事务所、会计师事务所等为私募基金管理人提供全方位法律及财务顾问服务的单位也是外包服务机构。

(二)申请机构及经办律师应注意事项

1. 若申请机构现有组织架构、人员配置、资金储备(如规模较小、人员较少、资金不富余)难以完全自主有效执行相关制度的,建议采购外包服务机构的专业服务。

(1)中国基金业协会鼓励申请机构结合自身经营实际情况,通过选择在中国基金业协会备案的私募基金外包服务机构的专业外包服务,实现申请机构风险管理和内部控制制度目标,降低运营成本,提升核心竞争力。

(2)对于现有组织架构和人员配置难以完全自主有效执行相关制度的申请机构,以及规模较小、人员不充足、资金不富余的申请机构,可以考虑选择专业外包服务,这样更有利于解决申请机构存在的相关固有问题,也更符合中国基金业协会的监管要求。

(3)若申请机构存在采购外包服务机构的情况,在申请私募基金管理人登记时,需同时提交外包服务协议或外包服务协议意向书。

另外,根据实务经验,签署外包服务协议的私募基金管理人更容易通过中国基金业协会的审核。

2. 申请机构委托外包服务机构开展外包活动前,应对外包服务机构开展尽职调查,了解其人员储备、业务隔离措施、软硬件设施、专业能力、诚信状况、过往业绩等情况,并与外包服务机构签订书面外包服务合同或协议,明确双方的权利义务及违约责任。

(1)外包服务机构将已承诺的基金业务外包服务转包或变相转包,需事先征得申请机构同意。

(2)申请机构委托外包服务机构提供基金业务外包服务的,申请机构应依法承担的责任不因外包而免除。

(3)申请机构外包基金销售业务的,应当:

①设置有效机制,保障销售结算资金安全;

②设置第三方监督机制:应由监督机构[①]的监督办理私募基金销售、销售支付

① 根据中国基金业协会的规定,此处“监督机构”指:①中国证券登记结算有限责任公司;②获得公开募集证券投资基金销售业务资格的商业银行或证券公司。

业务的机构开立销售结算资金归集账户,并在监督协议中明确保障投资者资金安全的连带责任条款;

③签署书面协议明确约定各项事宜,协议主要内容包括但不限于:对基金持有人的持续服务责任;反洗钱义务履职及职责划分;基金销售信息交换;资金交收权利义务;

④其他相关要求。

(4)申请机构外包基金份额(权益)登记业务的,应当注意:

①在相关协议中约定办理基金份额登记业务的机构的义务:登记数据的真实、准确和完整;设置有效机制,切实保障投资人资金安全,如开立注册登记账户用于基金投资人认(申)购资金、赎回资金和分红资金的归集、存放与交收。

②能够办理私募投资基金份额(权益)登记业务的外包机构为:依法开展公开募集证券投资基金份额登记的机构或其绝对控股子公司;获得公开募集证券投资基金销售业务资格的证券公司(或其绝对控股子公司)及商业银行。

申请机构自行办理基金份额(权益)登记,并以自身名义开立注册登记账户的,应由监督机构负责实施有效监督,在监督协议中明确保障投资者资金安全的连带责任条款。

(5)申请机构委托外包服务机构办理基金估值核算的,应当注意要求办理估值核算业务的机构保证估值核算的准确性和及时性。

3. 经办律师可通过审查申请机构相关协议、服务费发票、付款记录等资料,以及由申请机构出具相关说明、对相关人员进行访谈等方式核查申请机构的外包情况,法律意见书中应当详细分析该等风险并说明聘请外包服务机构所存在的风险(可从管理、信息、名誉、人力等方面进行论述)和争议解决方案。

(1)申请机构存在外包情况的,需在法律意见书中对相关服务协议内容进行简要论述;不存在外包情况的,建议对申请机构将来业务运营中是否有外包计划或意愿进行陈述,并制定相关外包制度。

(2)若申请机构目前和将来都没有外包意愿,经办律师需对申请机构在基金销售、销售支付、份额登记、估值核算、信息技术系统等业务外包方面的需求和人力资源支持情况进行分析。

第十项　申请机构的高管人员是否具备基金从业资格，高管岗位设置是否符合中国基金业协会的要求

《私募基金管理人登记法律意见书指引》要求律师在法律意见书中说明“申请机构的高管人员是否具备基金从业资格，高管岗位设置是否符合中国基金业协会的要求。高管人员包括法定代表人/执行事务合伙人委派代表、总经理、副总经理（如有）和合规/风控负责人等”。

一、对私募基金管理人备案的影响

该条一般会构成私募基金管理人备案的实质性障碍。

二、相关规定/规则指引

1.《公司法》

第一百四十六条　有下列情形之一的，不得担任公司的董事、监事、高级管理人员：

（一）无民事行为能力或者限制民事行为能力；

（二）因贪污、贿赂、侵占财产、挪用财产或者破坏社会主义市场经济秩序，被判处刑罚，执行期满未逾五年，或者因犯罪被剥夺政治权利，执行期满未逾五年；

（三）担任破产清算的公司、企业的董事或者厂长、经理，对该公司、企业的破产负有个人责任的，自该公司、企业破产清算完结之日起未逾三年；

（四）担任因违法被吊销营业执照、责令关闭的公司、企业的法定代表人，并负有个人责任的，自该公司、企业被吊销营业执照之日起未逾三年；

（五）个人所负数额较大的债务到期未清偿。

公司违反前款规定选举、委派董事、监事或者聘任高级管理人员的，该选举、委派或者聘任无效。

董事、监事、高级管理人员在任职期间出现本条第一款所列情形的，公司应当解除其职务。

2.《私募投资基金管理人内部控制指引》

第十一条　私募基金管理人应当建立有效的人力资源管理制度，健全激励约束机制，确保工作人员具备与岗位要求相适应的职业操守和专业胜任能力。

私募基金管理人应具备至少 2 名高级管理人员。

第十二条　私募基金管理人应当设置负责合规风控的高级管理人员。负责合规风控的高级管理人员，应当独立地履行对内部控制监督、检查、评价、报告和建议

的职能,对因失职渎职导致内部控制失效造成重大损失的,应承担相关责任。

3.《私募投资基金管理人登记和基金备案办法(试行)》

第十六条　从事私募基金业务的专业人员应当具备私募基金从业资格。

具备以下条件之一的,可以认定为具有私募基金从业资格:

(一)通过基金业协会组织的私募基金从业资格考试;

(二)最近三年从事投资管理相关业务;

(三)基金业协会认定的其他情形。

第十七条　私募基金管理人的高级管理人员应当诚实守信,最近三年没有重大失信记录,未被中国证监会采取市场禁入措施。

前款所称高级管理人员指私募基金管理人的董事长、总经理、副总经理、执行事务合伙人(委派代表)、合规风控负责人以及实际履行上述职务的其他人员。

4.《私募基金管理人登记须知》

高管人员及其他从业人员相关要求

【高管定义】根据《关于进一步规范私募基金管理人登记若干事项的公告》等的要求,从事私募证券投资基金业务的各类私募基金管理人,其高管人员(包括法定代表人/执行事务合伙人(委派代表)、总经理、副总经理、合规/风控负责人等)均应当取得基金从业资格。从事非私募证券投资基金业务的各类私募基金管理人,至少2名高管人员应当取得基金从业资格,其法定代表人/执行事务合伙人(委派代表)、合规/风控负责人应当取得基金从业资格。各类私募基金管理人的合规/风控负责人不得从事投资业务。

【资格认定】根据《私募基金登记备案相关问题解答(九)》,高管人员通过协会资格认定委员会认定的基金从业资格,仅适用于私募股权投资基金管理人(含创业投资基金管理人)。

【竞业禁止】私募基金管理人的从业人员、出资人应当遵守竞业禁止原则,恪尽职守、勤勉尽责,不应当同时从事与私募业务可能存在利益冲突的活动。

【高管任职要求】根据《私募基金登记备案相关问题解答(十二)》,为维护投资者利益,严格履行“受人之托、代人理财”义务,防范利益输送及道德风险,私募基金管理人的高管人员应当勤勉尽责、恪尽职守,合理分配工作精力,在私募基金管理人登记及相关高管人员提出变更申请时,应当遵守以下要求:

(1)不得在非关联的私募机构兼职;

(2)不得在与私募业务相冲突业务的机构兼职;

(3)除法定代表人外,私募基金管理人的其他高管人员原则上不应兼职;若有兼职情形,应当提供兼职合理性相关证明材料(包括但不限于兼职的合理性、胜任能力、如何公平对待服务对象、是否违反竞业禁止规定等材料),同时兼职高管人员数量应不高于申请机构全部高管人员数量的1/2;

(4)私募基金管理人的兼职高管人员应当合理分配工作精力,协会将重点关注在多家机构兼职的高管人员任职情况;

(5)对于在一年内变更2次以上任职机构的私募高管人员,协会将重点关注其变更原因及诚信情况;

(6)私募基金管理人的高管人员应当与任职机构签署劳动合同。在私募基金管理人登记、提交高管人员重大事项变更申请时,应上传所涉高管的劳动合同及社保证明。

已登记机构应当按照上述规定自查私募基金管理人相关高管人员的兼职情况。协会将按照有关规定对私募基金管理人高管人员的兼职情况进行核查,逐步要求不符合规范的机构整改。

【专业胜任能力】根据《私募投资基金管理人内部控制指引》,从事私募基金管理业务相关工作人员应具备与岗位要求相适应的职业操守和专业胜任能力。负责私募合规/风控的高管人员,应当独立地履行对内部控制监督、检查、评价、报告和建议的职能,对因失职渎职导致内部控制失效造成重大损失的,应当承担相关责任。申请机构负责投资的高管人员,应当具备相应的投资能力。

【员工人数】根据《私募投资基金管理人内部控制指引》,申请机构员工总人数不应低于5人,申请机构的一般员工不得兼职。

5.《关于进一步规范私募基金管理人登记若干事项的公告》

关于私募基金管理人高管人员基金从业资格相关要求

从事私募证券投资基金业务的各类私募基金管理人,其高管人员(包括法定代表人/执行事务合伙人(委派代表)、总经理、副总经理、合规/风控负责人等)均应当取得基金从业资格。从事非私募证券投资基金业务的各类私募基金管理人,至少2名高管人员应当取得基金从业资格,其法定代表人/执行事务合伙人(委派代表)、合规/风控负责人应当取得基金从业资格。各类私募基金管理人的合规风控负责人不得从事投资业务。

私募基金管理人的高管人员符合以下条件之一的,可取得基金从业资格:

(1)通过基金从业资格考试。基金从业资格考试的考试科目含科目一《基金法律法规、职业道德与业务规范》及科目二《证券投资基金基础知识》。根据中国基金业协会《关于基金从业资格考试有关事项的通知》(中基协字〔2015〕112 号),符合相关考试成绩认可规定情形的,可视为通过基金从业资格考试。

(2)最近三年从事投资管理相关业务并符合相关资格认定条件。此类情形主要指最近三年从事资产管理相关业务,且管理资产年均规模 1000 万元以上。

(3)已通过证券从业资格考试、期货从业资格考试、银行从业资格考试并符合相关资格认定条件;或者通过注册会计师资格考试、法律职业资格考试、资产评估师职业资格考试等金融相关资格考试并符合相关资格认定条件。

(4)中国基金业协会资格认定委员会认定的其他情形。

拟通过上述第(二)、(三)情形的认定方式取得基金从业资格的私募基金管理人的高管人员,还应通过基金从业资格考试科目一《基金法律法规、职业道德与业务规范》考试,方可认定取得基金从业资格。

已取得基金从业资格的私募基金管理人的高管人员,应当按照《私募投资基金管理人登记和基金备案办法(试行)》及《关于基金从业资格考试有关事项的通知》的要求,每年度完成 15 学时的后续培训方可维持其基金从业资格。

6.《私募基金登记备案相关问题解答(四)》

问:《基金管理公司投资管理人员管理指导意见》(证监会公告〔2009〕3 号)关于基金经理"静默期"的要求是否适用私募基金行业?

答:是。根据《基金管理公司投资管理人员管理指导意见》(证监会公告〔2009〕3 号)第三十四条的规定:"公司不得聘用从其他公司离任未满 3 个月的基金经理从事投资、研究、交易等相关业务。"根据该规定,基金经理变更就职的公募基金公司,需要有 3 个月的"静默期",在这 3 个月内该基金经理不得在其它公募基金管理公司从事投资、研究、交易等相关业务。为维护基金行业的公平、公正,统一监管标准,对从公募基金管理公司离职,转而在私募基金管理公司就职的基金经理实行同样 3 个月的"静默期"要求,并在私募管理人登记环节予以落实。

7.《私募基金登记备案相关问题解答(十二)》

问:私募基金管理人的高级管理人员以及一般从业人员如何取得基金从业资格?怎样进行基金从业资格注册?

答:私募基金管理人的高级管理人员基金从业资格取得方式有通过基金从业资格考试、或者符合一定条件的资格认定等方式,具体请参照《私募基金登记备案相关问题解答(九)》及《私募基金登记备案相关问题解答(十一)》。私募基金管理人的一般从业人员需通过基金从业资格考试取得基金从业资格。

基金从业资格注册以机构统一注册为主,已在基金行业机构任职的,应由所在任职机构向中国基金业协会申请基金从业资格注册。对于已通过考试但未在基金行业机构任职的,不必找机构"挂靠",可以先由个人直接向协会申请基金从业资格注册,在相关机构任职后,由所在任职机构向协会申请变更。协会从业人员管理系统正在完善相关功能,预计于2017年一季度完成系统升级,届时将全面开放办理私募基金管理机构的人员从业资格注册,具体注册流程另行通知。

根据《关于基金从业资格考试有关事项的通知》(中基协字〔2015〕112号)的有关规定,对已通过基金从业资格相关科目考试的,可以在考试通过后的4年内向协会申请基金从业资格注册。对已通过基金从业资格相关科目考试超过4年的,在2017年7月1日前认可其考试成绩,并可在此时间前按规定向协会申请基金从业资格注册;对已通过基金从业资格相关科目考试,但满4年未注册基金从业资格的,在2017年7月1日之后,向协会申请基金从业资格注册需重新参加基金从业资格考试或补齐近两年的后续培训30个学时。

问:私募基金从业人员如何按规定完成后续培训学时?

答:私募基金从业人员应当遵守《证券投资基金法》及其他各类法律法规、自律规则和基本业务规范,遵循职业道德,掌握基金专业知识,了解创新业务、理论与技术前沿,并根据新业务、新形势及时更新技术知识和专业技能,提升其执业胜任能力。

按照协会2016年2月5日发布的《关于进一步规范私募基金管理人登记若干事项的公告》,已经取得基金从业资格的私募基金管理人的高级管理人员,每年度需完成15学时的后续培训方可维持基金从业资格。对在2015年12月31日之前取得基金从业资格的,需在2016年12月31日前完成15个学时的后续培训;对在2015年12月31日之后取得基金从业资格的,需自资格取得之日起一年内完成15个学时的后续培训。对已取得基金从业资格的私募基金一般从业人员,也应按照上述规定每年度完成15学时的后续培训。

后续培训有面授培训和远程培训两种形式。面授培训可关注协会官网或微信公众号发布的每年度培训计划和每期培训通知;远程培训可登陆远程培训系统(http://peixun.amac.org.cn)参加学习,机构用户或个人用户均可通过远程培训系统进行注册、选课、在线支付和课程学习。个人凭有效身份证件注册并完成相应的培训学时后,学时信息将被有效记录,可登陆协会官网"从业人员管理—培训平台—培训学时查询”进行查询。

问:在私募基金管理人登记及相关高管人员提出变更申请时,对私募基金管理人的法定代表人、合规/风控负责人及其他高级管理人员有哪些要求?

答:为维护投资者利益,严格履行“受人之托、代人理财”义务,防范利益输送及道德风险,私募基金管理人的高级管理人员应当勤勉尽责、恪尽职守,合理分配工作精力,在私募基金管理人登记及相关高管人员提出变更申请时,应当遵守以下要求:

(1)不得在非关联的私募机构兼职。

(2)在关联私募机构兼职的,协会可以要求其说明在关联机构兼职的合理性、胜任能力、如何公平对待服务对象等,协会将重点关注在多家关联机构兼职的高级管理人员履职情况。

(3)对于在1年内变更2次以上任职机构的私募高级管理人员,协会将重点关注其变更原因及诚信情况。

(4)私募基金管理人的高级管理人员应当与任职机构签署劳动合同。在私募基金管理人登记及相关高管人员提出变更申请时,应上传法定代表人、合规/风控负责人及其他高级管理人员高管任职相关决议及劳动合同。

已登记机构应当按照上述规定自查私募基金管理人相关高级管理人员的兼职情况。下一步协会将按照有关规定对私募基金管理人高级管理人员的兼职情况进行核查,要求不符合规范的机构整改。

问:根据近期媒体报道,个别私募机构为完成其登记备案寻找具备基金从业资格的外部人员进行“挂靠”,协会如何评价?

答:私募基金行业的高级管理人员是私募基金行业的精英,也是重要的自律管理和行业服务对象。私募基金行业高级管理人员应充分珍视个人诚信记录,诚实守信,自觉加强自身诚信约束和自律约束,防范道德风险。

个别私募机构为完成其登记备案寻找具备基金从业资格的外部人员进行“挂靠”,这种行为违反了《私募投资基金管理人登记和基金备案办法(试行)》,属于“在私募基金管理人登记、基金备案及其他信息报送中提供虚假材料和信息”行为。

根据《中国证券投资基金业协会纪律处分实施办法(试行)》,针对存在上述情况的个人,一经查实,协会将记入个人诚信档案,视情节严重程度,采取行业内谴责、加入黑名单、取消其基金从业资格等纪律处分;针对存在上述情况的私募基金管理人,一经查实,协会将公开谴责,并将虚假填报情况进行公示,情节严重的,将暂停受理其基金备案，撤销其管理人登记。此外，为私募基金管理人提供法律、会计、外包业务等的中介服务机构，不得误导、诱导私募基金管理人采取“挂靠”等方式，规避协会对私募高级管理人员从业资格管理的有关规定。若出现上述违规情形，一经查实，协会将对此类中介服务机构公开谴责，情节严重的，将暂停受理其相关业务并加入黑名单。

8.《私募基金登记备案相关问题解答（六）》

问：私募证券基金从业资格的取得方式？

答：根据《证券投资基金法》第九条“基金从业人员应当具备基金从业资格”的规定，私募证券基金从业人员应当具备私募证券基金从业资格。

根据《私募投资基金管理人登记和基金备案办法（试行）》相关规定，现进一步明确取得私募证券基金从业资格的相关安排。

具备以下条件之一的，可以认定为具有私募证券基金从业资格：

（1）通过基金从业资格考试；

（2）最近三年从事投资管理相关业务；

此类情形主要指最近三年从事相关资产管理业务，且管理资产年均规模1000万元以上；或者最近三年在金融监管机构及其监管的金融机构工作。

（3）基金业协会认定的其他情形。

此类情形主要指已通过证券从业资格考试或者期货从业资格考试，取得相关资格；或者已取得境内、外基金或资产管理、基金销售等相关从业资格等。

属于（2）、（3）情形取得基金从业资格的，应提交相应证明资料。

9.《私募基金登记备案相关问题解答（九）》

问：根据中国证券投资基金业协会2016年2月5日发布的《关于进一步规范私募基金管理人登记若干事项的公告》，符合哪些条件的私募基金管理人的高级管理人员可以通过资格认定委员会认定基金从业资格？需要提交哪些材料？

答：符合下列条件之一的私募股权投资基金管理人（含创业投资基金管理人）的高级管理人员，可以向中国证券投资基金业协会资格认定委员会申请认定基金从业资格：

（1）从事私募股权投资（含创业投资）6年及以上，且参与并成功退出至少两个项目；

（2）担任过上市公司或实收资本不低于10亿元人民币的大中型企业高级管理人员，且从业12年及以上；

(3)从事经济社会管理工作12年及以上的高级管理人员;

(4)在大专院校、研究机构从事经济、金融等相关专业教学研究12年及以上,并获得教授或研究员职称的。

符合上述条件之一的,由所在机构或个人向中国证券投资基金业协会提交以下材料:

(1)个人资格认定申请书;

(2)个人基本情况登记表;

(3)相关证明材料:

①符合上述条件一的,需提交参与项目成功退出证明和两份行业知名人士署名的推荐信,推荐信中应附有推荐人职务及联系方式;

②符合上述条件二的,需提交企业和个人的相关证明和两份行业知名人士署名的推荐信,推荐信中应附有推荐人职务及联系方式;

③符合上述条件三的,需提交有关组织部门出具的任职证明;

④符合上述条件四的,需要提交相关资格证书和两份行业知名人士署名的推荐信,推荐信中应附有推荐人职务及联系方式。

资格认定委员会构成及工作机制:资格认定委员会由中国证券投资基金业协会理事(不含非会员理事)、监事及私募基金相关专业委员会委员构成。每次从上述委员中随机抽取七人组成认定小组,小组成员对申请资格认定的人员以简单多数原则表决。参与资格认定的表决人、推荐人及资格认定结果将通过中国证券投资基金业协会网站的从业人员信息公示平台向社会公示。

上述申请资格认定的相关材料以电子版形式报送协会私募高级管理人员资格管理专用邮箱,邮箱地址:smrygl@ amac. org. cn。

问:符合哪些条件的私募基金管理人的高级管理人员只需通过科目一《基金法律法规、职业道德与业务规范》考试可以申请认定基金从业资格?需要提交哪些材料?

答:符合下列条件之一的私募基金管理人的高级管理人员,并通过科目一考试的,可以申请认定基金从业资格:

(1)最近三年从事资产管理相关业务,且管理资产年均规模1000万元以上;

(2)已通过证券从业资格(不含《证券投资基金》和《证券发行与承销》科目)、期货从业资格、银行从业资格、特许金融分析师(CFA)等金融相关资格考试,或取得注册会计师资格、法律职业资格、资产评估师资格,或担任上市公司董事、监事及高级管理人员等；

符合上述条件之一的，由所在机构或个人向中国证券投资基金业协会提交基金托管人（的托管部门）或基金服务机构出具的最近三年的资产管理规模证明，或相关资格证书或证明。

上述申请资格认定的相关材料以电子版的形式通过私募基金登记备案系统资格认定文件上传端口报送。

问：私募股权投资基金管理人（含创业投资基金管理人）的高级管理人员，通过证券从业资格考试的哪些科目可以认定基金从业资格？

答：（1）根据《关于基金从业资格考试有关事项的通知》（中基协字〔2015〕112号）的规定，已于2015年12月份之前通过中国证券业协会组织的《证券投资基金》科目考试的，需再通过中国证券投资基金业协会的科目一《基金法律法规、职业道德与业务规范》考试，方可向中国证券投资基金业协会申请注册基金从业资格。

（2）已于2015年12月份之前通过中国证券业协会组织的《证券市场基础知识》和《证券投资基金》考试，或通过《证券市场基础知识》和《证券发行与承销》考试的，均可直接向中国证券投资基金业协会申请注册基金从业资格。

问：不符合上述三项资格认定条件的私募基金管理人的高级管理人员如何取得基金从业资格？

答：参加中国证券投资基金业协会统一组织的科目一《基金法律法规、职业道德与业务规范》、科目二《证券投资基金基础知识》和科目三《股权投资基金基础知识》（2016年9月份推出）。参加考试的人员通过科目一和科目二考试，或通过科目一和科目三考试成绩合格的，均可申请注册基金从业资格。

10.《私募基金登记备案相关问题解答（十一）》

问：中国证券投资基金业协会2016年5月13日发布的《私募基金登记备案相关问题解答（九）》中，对申请通过资格认定委员会认定基金从业资格的私募股权投资基金管理人（含创业投资基金管理人）高级管理人员，其申请人和推荐人还应符合哪些条件？其推荐人有哪些需回避的情况？

答：根据前两批资格认定委员会表决情况，为使资格认定工作起到正面引导的作用，申请资格认定的人员及其推荐人，应具备一定行业地位或社会影响，且申请人应为行业资深人士。同时对其推荐人，有以下情况需要回避：

（1）同批表决中作为申请人的；

（2）申请人与其推荐人互相推荐的；

(3)与申请人任职同家机构,或关联方及分支机构的;

(4)因从事私募基金外包业务、审计或法律服务业务、评级业务等,与申请人存在商业利益关系的;

(5)现从事私募投资基金监管、自律管理工作的;

(6)一年内累计推荐人数3人次以上的;

(7)被推荐的申请人近三年内发生违法违规、被行政处罚、被采取监管措施等情形的。

表决结束后,资格认定结果和相关推荐人的姓名、职务将一并通过中国证券投资基金业协会网站"从业人员管理—资格平台"向社会公示。

问:《私募基金登记备案相关问题解答(九)》中对于"从事经济社会管理工作",具体指的是什么?

答:"从事经济社会管理工作"主要指在政府机关、事业单位等部门从事经济、金融相关工作的。为使资格认定委员会委员能够公平、公正判断申请人专业能力,建议符合上述条件的申请人提交两份行业知名人士署名的推荐信,推荐信中应附有推荐人职务及联系方式。

三、中国基金业协会典型反馈问题

1. 请详细说明公司高管以往任职机构(所填报的履历信息中投资管理相关机构)是否从事私募基金业务,是否登记为私募基金管理人;如已登记为私募基金管理人,请说明该机构的登记编号,如未登记为私募基金管理人,请详细说明其从事的业务和资金来源相关情况。

2. 高管曾工作单位的工作单位性质在平台中填写的其他类资产管理类机构,经查该机构并未登记,请说明解释原因,并说明相关工作是否合规。

3. 根据《私募投资基金管理人内部控制指引》第十一条,负责合规风控的高级管理人员应独立地履行对内部控制监督、检查、评价、报告和建议的职能。请贵机构核实合规风控负责人是否为适当人选,是否需要进行调整或优化。

4. 除法定代表人外,私募基金管理人的其他高管人员原则上不应兼职;若有兼职情形,应当提供兼职合理性相关证明材料(包括但不限于兼职的合理性、胜任能力、如何公平对待服务对象、是否违反竞业禁止规定等材料),同时兼职高管人员数量应不高于申请机构全部高管人员数量的1/2;风控社保证明文件过于模糊,请上传清晰版本;请根据《公司法》及公司章程填写高管,投资总监非高管,建议在系统删除。

5. 请核实公司高管和员工是否存在兼职情况，如有兼职高管或员工，请核查兼职机构是否清楚知晓，兼职情况是否违反竞业禁止及是否符合《私募基金登记备案相关问题解答（七）（十二）》相关要求，并提交补充法律意见书，进行说明。

6. 请核实高管是否存在竞业禁止情形？请上传所有员工社保。

7. 根据《私募投资基金管理人内部控制指引》第十一条，从事私募基金管理业务相关投资人员应具备与岗位要求相适应的职业操守和专业胜任能力。申请机构需提供现任职高管或投资人员近三年内连续六个月以上可追溯的投资业绩证明材料（包括但不限于管理证券类产品的证明材料或股票、期货等交易记录，不含模拟盘），并请律师在补充法律意见书中对其真实性发表结论性意见（若能提供，该证明应反映资金规模、投资期限、投资业绩、组合投资及获益情况，并在法律意见书中逐一论述）。

8. 我们参照行业一般运营实践情况，认为贵机构高级管理人员大部分没有基金管理行业相关从业经验，应当补充描述机构投资人员如何正常展开证券类基金的运营。请上传第三方机构出具的公开可追溯业绩证明（如相关管理规模、历史业绩、从业经验等）。

9. 高管在非关联方兼职，与法律意见书和履历填报不同，请说明填报资料是否属实，是否存在挂靠，并让兼职私募机构出具相关证明材料并加盖公章和法人签字，说明高管是否曾任职。

10. 请核实公司高管和员工是否存在兼职情况，如有兼职高管或员工，请核查兼职机构是否清楚知晓，兼职情况是否违反竞业禁止及是否符合《私募基金登记备案相关问题解答（十二）》相关要求，并提交补充法律意见书进行说明。

11. 高管人员投资业绩证明不合理，代客理财不能作为业绩证明，需要有公募或者资管经验，或者用公司的自营机构户作为业绩证明。

12. 投资业绩证明请提供本人名下账户，公司自营盘账户等投资经验，委托理财不符合要求，若能提供，该证明应反映资金规模、投资期限、投资业绩、组合投资及获益情况，并在法律意见书中逐一论述。请贵机构核实法定代表人是否为适当人选，是否需要进行调整或优化。

13. 请贵机构法人、总经理、风控负责人携带相关证件于×月×日前来协会面谈（面谈不接待律师）……携带法律意见书、补充法律意见书、商业企划书、投资意向书（如有）前来面谈。贵公司定好时间后请至少提前两个工作日联系本协会。

14. 申请机构的实际控制人不担任高管，请说明原因，并说明申请机构实际控制人如何在不担任公司高管的情况下参与公司经营管理。若不参与公司经营管理,请出具加盖公司公章的确认说明。如不为高管,请详述其工作经历、学习经历等情况。

15. 请在补充法律意见书中详细说明×××(申请机构高管,关键管理人员)曾任职机构的实际业务情况,以及在私募投资基金领域的专业能力。如涉及相关经历或投资经验,请进一步提供证明材料。

16. 高管人员学习、工作经历应真实、准确、连续至今,准确填报工作单位名称、性质、主要工作内容,并与从业人员系统保持一致,请核对后填报。如工作履历中时间超过三个月请填报待业或无;学历请从高中填起。并将本机构结束年月填报为至今。

17. 拟登记机构登记的两名高管均有×××基金管理有限公司的工作履历,请律师核实拟登记机构与×××基金管理有限公司的关系。

18. 请申请机构如实填报高管兼职,并核实兼职机构展业情况,如兼任商业保理等冲突业务机构,请整改。

负责风控工作的高管和员工需要特别说明其相关工作经历及岗位胜任能力。如涉及相关经历或投资经验,请进一步提供证明材料。

19. 基金经理不担任高管且不在机构持股,请说明是否为挂靠行为,并说明如何保证未来任职稳定性。请将负责投资的基金经理添加至高管。

20. 电话沟通:据公司法人反馈,协会对股东出资能力表示怀疑,认为高管的胜任能力不够。

四、私募基金管理人高管人员从业资格

(一)高管人员的范围

根据《私募投资基金管理人登记和基金备案办法(试行)》及《私募基金管理人登记须知》规定,高管人员除包括法定代表人/执行事务合伙人(委派代表)、总经理、副总经理、合规/风控负责人外,还包括董事长/执行董事及实际履行相关职务的其他人员。

需要特别注意,私募基金管理人的高管人员认定与《公司法》规定并不完全一致,实务中,私募基金管理人的高管人员认定需以中国基金业协会的有关规定为依据。

(二)高管人员的从业资格

1. 证券类私募基金管理人,所有高管人员均应取得基金从业资格。

2. 非证券类私募基金管理人,至少要有2名高管人员取得基金从业资格,其中应包含法定代表人/执行事务合伙人(委派代表)、合规/风控负责人。

(三)高管人员从业资格的取得和认定

根据中国基金业协会发布的各项规定及文件来看,私募基金管理人高管人员取得基金从业资格的方式有以下几种:

1. 通过基金从业资格考试

私募基金管理人的高级管理人员需参加中国基金业协会统一组织的科目一《基金法律法规、职业道德与业务规范》、科目二《证券投资基金基础知识》和科目三《股权投资基金基础知识》考试。

参加考试的高级管理人员通过科目一和科目二考试,或通过科目一和科目三考试成绩合格的,均可申请注册基金从业资格。

2. 中国基金业协会进行资格认定

(1)直接向中国基金业协会申请认定基金从业资格,无须参加考试

私募基金管理人的高级管理人员有以下情形之一的,可直接向中国基金业协会申请认定基金从业资格:

①从事私募股权投资(含创业投资)6 年及以上,且参与并成功退出至少两个项目。

②担任过上市公司或实收资本不低于 10 亿元人民币的大中型企业高级管理人员,且从业 12 年及以上。

③从事经济社会管理工作 12 年及以上的高级管理人员。

"从事经济社会管理工作"主要指在政府机关、事业单位等部门从事的经济、金融相关工作。为使资格认定委员会委员能够公平、公正判断申请人专业能力,建议符合上述条件的申请人提交两份行业知名人士署名的推荐信,推荐信中应附有推荐人职务及联系方式。

④在大专院校、研究机构从事经济、金融等相关专业教学研究 12 年及以上,并获得教授或研究员职称的。

以上①~④种情形仅适用于私募股权/创业投资基金管理人的高级管理人员。

⑤已于 2015 年 12 月份之前通过中国证券业协会组织的《证券市场基础知识》和《证券投资基金》考试,或通过《证券市场基础知识》和《证券发行与承销》考试的,可直接向中国基金业协会申请注册基金从业资格。

(2)仅通过科目一就可申请认定基金从业资格

私募基金管理人的高级管理人员通过科目一《基金法律法规、职业道德与业务

规范》考试,并符合下列条件之一的,可以直接申请认定基金从业资格:

①最近三年从事资产管理相关业务,且管理资产年均规模1000万元以上。

②已通过证券从业资格(不含《证券投资基金》和《证券发行与承销》科目)、期货从业资格、银行从业资格、特许金融分析师(CFA)等金融相关资格考试,或取得注册会计师资格、法律职业资格、资产评估师资格,或担任上市公司董事、监事及高级管理人员等。

符合上述①、②之一的,由所在机构或个人向中国基金业协会提交基金托管人(的托管部门)或基金服务机构出具的最近三年的资产管理规模证明,或相关资格证书或证明。

③已于2015年12月份之前通过中国证券业协会组织的《证券投资基金》科目考试的。

已取得基金从业资格的私募基金管理人的高管人员,应当按照《私募投资基金管理人登记和基金备案办法(试行)》及《关于基金从业资格考试有关事项的通知》的要求,每年度完成15学时的后续培训方可维持其基金从业资格。

五、撰写要点及实务

(一)关于高管人员的人选

关于高管人员的人选,建议证券类私募管理人高管人员不少于3名,股权类私募基金管理人高管人员不少于2名。

根据实务经验,建议申请机构选聘具有证券、基金或其他资产管理行业经验的人员担任高管人员,以满足高管人员的专业能力要求。

(二)关于高管人员任职要求

对于不符合中国基金业协会任职要求的高管人员,申请机构需在经办律师的辅导和协助下予以完善,直至满足中国基金业协会的要求后再行申报。

私募基金管理人的高管人员除应具备基金从业资格之外,还应同时满足以下条件:

1. 具备与岗位相匹配的专业胜任能力以及诚信与自律的道德要求。

根据中国基金业协会的规定,如果中国基金业协会认定申请机构高管人员专业能力不足的,可能结合申请机构的其他情况中止办理其私募基金管理人登记申请6个月。

2. 与任职机构签署劳动合同。

申请机构在进行私募基金管理人登记时,应提供高管人员的劳动合同及社保缴纳记录原件。

(1)申请机构应提供其与高管人员签订的劳动合同,国企委派任职高管人员需提供派出单位出具的委派任职文件。劳动合同应由高管人员签字、申请机构加盖公章,国企委派任职文件加盖委派单位公章。

(2)申请机构提供的社保缴纳记录应显示高管人员姓名及申请机构名称,新参保无缴费记录的,可提供社保增员记录等;第三方人力资源服务机构代缴的,应提供申请机构签署的代缴协议、人力资源服务资质证明文件、代缴记录;退休返聘的,应提供退休证。社保缴纳记录应加盖社保主管部门章。

3. 诚实守信,最近三年没有重大失信记录,未被中国证监会采取市场禁入措施。

根据中国基金业协会的规定,申请机构的高管人员最近三年存在重大失信记录,或最近三年被中国证监会采取市场禁入措施的,中国基金业协会将不予登记。

4. 不在非关联的私募机构兼职,且不在与私募业务相冲突业务的机构兼职。

(1)"不得在非关联私募机构兼职"可理解为:①可以在关联的私募机构兼职;②可以在关联的非私募机构兼职;③也可以在非关联的非私募机构兼职。

(2)高管人员不得在冲突业务机构兼职。

(3)法定代表人可以兼职,其他高管人员原则上不应兼职。

5. 合规/风控负责人不从事投资业务。

根据实务经验,"投资业务"是指私募基金管理人的投资,不是指合规/风控人员个人的投资。合规/风控负责人参加投资决策委员会或类似的私募基金管理人内部风控机制,不属于从事投资业务,但是合规/风控负责人不得去参与寻找投资项目等。

根据中国基金业协会有关规定,合规/风控负责人应独立地履行对内部控制监督、检查、评价、报告和建议的职能,对因失职渎职导致内部控制失效造成重大损失的,需承担相关责任。

6. 负责投资的高管人员,应当具备相应的投资能力。

负责投资的高管人员等投资人员的专业胜任能力是中国基金业协会审查的必要事项。目前,中国基金业协会对申请机构负责投资的高管人员等投资人员的专业性要求越来越高。通过负责投资的高管人员等投资人员的履历说明无法证明其投资能力时,中国基金业协会往往会反馈要求申请机构提供相关人员以往管理产品的记录等,如要求补充提供近三年内连续六个月以上可追溯的投资业绩证明材料(包括但不限于管理证券类产品的证明材料或股票、期货等交易记录,不含模拟盘),建议申请机构在向中国基金业协会申报前做好准备。

7. 基金经理存在 3 个月的“静默期”

申请机构从事投资、研究、交易等相关业务的基金经理(如有)不应为从其他公募基金机构离职未满 3 个月的人员。

需要特别注意,根据中国基金业协会最新的反馈意见,申请机构设置基金经理职务的,应将其添加为高管人员。

(三)高管人员应提供的资料

1. 证件扫描件、学位/学历证明文件的原件或复印件,如为复印件的,需加盖申请机构公章。

根据中国基金业协会的规定,证件为身份证、台胞证、港澳通行证、护照等;学位/学历证明文件包括:①高中以上学位证、毕业证、结业证等(高中学历证明无须提交,但最高学历为高中的需提交)。②取得外国学历学位的,需补充提交教育部学历学位认证证明文件(早年取得无认证的无须提交)。③如遗失,可上传相关机构(如毕业学校、人事档案所在机构)出具的有效证明或学信网学籍验证报告。④学历按照学位证填写为博士、硕士、本科、专科、专升本、成人高考、自考、电大、网络教育、其他。

2. 承诺函原件或复印件,复印件需高管人员签字并加盖申请机构公章,多页加盖骑缝章。

高管人员需在承诺函中承诺法律意见书中披露及系统填报的基本信息、诚信信息、兼职及挂职信息真实、准确、完整,无系统填报以外的诚信信息及兼职挂职信息。

3. 高管人员及团队人员投资管理经验证明原件或复印件,复印件需加盖申请机构公章,多页加盖骑缝章。

(1)申请机构在向中国基金业协会申报时应提供现任职高管人员或投资人员近三年内连续六个月以上可追溯的投资业绩证明材料(包括但不限于管理证券类产品的证明材料或股票、期货等交易记录,不含模拟盘),该证明材料应反映资金规模、投资期限、投资业绩、组合投资及获益情况。经办律师应在补充法律意见书中对其真实性发表结论性意见,并在法律意见书中逐一论述该证明材料反映资金规模、投资期限、投资业绩、组合投资及获益情况。

需要特别注意,根据中国基金业协会最新的反馈意见,投资业绩证明需为相关人员本人名下账户、公司自营盘账户等投资经验,委托理财不符合要求,该等投资业绩证明应反映资金规模、投资期限、投资业绩、组合投资及获益情况，且经办律师需在法律意见书中逐一论述。

(2)申请机构在申报时应提供其高管人员、团队员工在其岗位或私募投资基金领域具备专业能力的证明材料。

(四)关于高管人员兼职、挂靠、委派

1.关于兼职

(1)若申请机构高管人员有兼职情形的：

①兼职高管人员数量应不高于申请机构全部高管人员数量的1/2，且申请机构应当提供兼职合理性相关证明材料，包括但不限于：兼职的合理性、胜任能力、如何公平对待服务对象、是否违反竞业禁止规定等。

②兼职高管人员应合理分配工作精力，对于在多家机构兼职的高管人员，中国基金业协会将会重点关注其任职情况。

③根据实务经验，经办律师需在法律意见书中如实披露高管人员在其他机构兼职的情况，说明兼职的合理性、胜任能力、如何公平对待服务对象、是否违反竞业禁止规定等。

(2)实务中，中国基金业协会会重点关注在多家关联机构兼职的高管人员的履职情况。由于高管人员“在多家机构兼职”的情况在一定程度上会增加登记通过的难度，建议除法定代表人外，申请机构其他高管人员均为全职。

(3)《私募基金管理人登记须知》要求的高管人员“兼职合理性相关证明材料”，中国基金业协会目前并未给出明确的规定或解释。根据实务经验，建议经办律师从高管人员的任职经历、年限、申请机构及兼职单位内控机制等角度进行解释和论证。

(4)申请机构高管人员在其他单位担任董事、监事等不承担实际工作内容责任的人员，是否会被认定为兼职，中国基金业协会并未给出明确的统一规则。实务中，对此亦没有统一的判断标准，因此，建议申请机构高管人员在申报前尽量避免出现此种情形。因特殊原因，确实不能避免的，建议经办律师结合实际情况在法律意见书中充分说明原因并详细阐述其合理性。

2.关于挂靠

对于私募基金管理人为完成其登记寻找具备基金从业资格的外部人员进行“挂靠”的情况，因“挂靠”行为违反了《私募投资基金管理人登记和基金备案办法(试行)》，属于“在私募基金管理人登记、基金备案及其他信息报送中提供虚假材料和信息”行为,中国基金业协会已明令禁止,如果申请机构高管人员存在挂靠情形的,中国基金业协会将不予登记。

对于“挂靠”行为,《中国证券投资基金业协会纪律处分实施办法(试行)》对相关个人、私募基金管理人,甚至提供专业服务的中介机构都规定了较为严格的纪律处分措施:

(1)针对存在“挂靠”行为的个人,一经查实,中国基金业协会将记入个人诚信档案,视情节严重程度,采取行业内谴责、加入黑名单、取消其基金从业资格等纪律处分;

(2)针对存在“挂靠”行为的私募基金管理人,一经查实,中国基金业协会将公开谴责,并将虚假填报情况进行公示,情节严重的,将暂停受理其基金备案,撤销其管理人登记;

(3)为私募基金管理人提供法律、会计、外包业务等的中介服务机构,误导、诱导私募基金管理人采取“挂靠”等方式,规避中国基金业协会对私募基金管理人高级管理人员从业资格管理的有关规定的,一经查实,中国基金业协会将对其公开谴责,情节严重的,将暂停受理其相关业务并加入黑名单。

3. 关于“委派”

根据实务经验,通常情况下,申请机构的员工存在委派情形时,申请机构及经办律师需在法律意见书中详细说明该员工委派原因、在委派期间是否全职在申请机构工作、任职机构的名称、该机构的基本营业情况、所从事的职务、该机构与申请机构的关系,以及申请机构如何做到相关业务在人员上的隔离。申请机构存在人员委派情况的,应特别重视内控制度建设,防止关联交易和利益输送。

(五)关于高管人员变更

对申请机构高管人员变更任职机构的情况,尤其是一年内变更2次以上任职机构的情形,中国基金业协会将重点关注其变更原因及诚信情况。

根据实务经验,经办律师需在法律意见书中详细阐述上述变更的合理性、合法性,以及详细论述变更前后相关人员的任职资格、履职情况等是否符合中国基金业协会的要求。

(六)其他

除以上外,经办律师需在法律意见书中披露申请机构高管人员乃至其他员工的基金业/证券业从业经验、工作履历、有无从业资格、从业资格取得方式(通过考试/资格认定)、投资业绩、业务能力、高管人员岗位设置合规等情况。

第十一项　申请机构是否受到刑事处罚、金融监管部门行政处罚或者被采取行政监管措施

《私募基金管理人登记法律意见书指引》要求律师在法律意见书中说明“申请机构是否受到刑事处罚、金融监管部门行政处罚或者被采取行政监管措施；申请机构及其高管人员是否受到行业协会的纪律处分；是否在资本市场诚信数据库中存在负面信息；是否被列入失信被执行人名单；是否被列入全国企业信用信息公示系统的经营异常名录或严重违法企业名录；是否在‘信用中国’网站上存在不良信用记录等”。

一、对私募基金管理人备案的影响

该条一般不会构成私募基金管理人备案的实质性障碍。

二、撰写要点及实务

（一）经办律师查询路径

经办律师的查询路径如表5－3所示：

表5－3

查询事项	查询路径
申请机构及高管人员是否受刑事处罚、金融监管部门行政处罚或被采取行政监管措施	（1）刑事处罚：中国裁判文书网、公安机关出具的无犯罪记录证明、检察机关出具的无行贿犯罪记录等； （2）金融监管部门行政处罚、行政监管措施：中国证监会官方网站行政处罚决定公告信息、中国证监会官方网站市场禁入决定公告信息、政府金融办出具的未受行政处罚证明等。
申请机构及其高管人员是否受到行业协会纪律处分	中国基金业协会官方网站信息公示栏纪律处分公告信息。
资本市场诚信数据库是否存有负面信息	中国证监会官方网站市场诚信信息查询平台。
是否被列入失信被执行人名单	全国法院失信被执行人名单信息查询系统。
是否被列入全国企业信用信息公示系统的经营异常名录或严重违法企业名录	全国企业信用信息公示系统。
是否在“信用中国”网站上存在不良信用记录	“信用中国”官方网站。

(二)中国基金业协会在审核时重点关注的是申请机构及其股东、实际控制人、高管人员存在不良记录的情况,因此经办律师应严格审核、尽职披露。

经办律师应通过以下方式进行核查:

1. 要求申请机构及其股东、实际控制人、高管人员(必要时包括部门负责人)调取信用报告;

2. 要求申请机构调取检察机关出具的无行贿犯罪记录;

3. 要求申请机构的自然人股东、实际控制人、高管人员(必要时包括部门负责人)调取无犯罪记录;

4. 登录上述网站查询申请机构是否存在相关不良记录;

5. 必要时借助第三方途径获取相关信息;

6. 采取其他方式进行核查。

另外,根据中国基金业协会的要求,外商投资和合资的申请机构应披露其境外股东或实际控制人最近三年是否受到过监管机构和司法机构的重大处罚,申请机构及其境外股东或实际控制人的高管人员是否受到该境外股东或实际控制人所在地相关行业协会的纪律处分以及是否存在不良信用记录,并在填报系统时提供相应的承诺函。

第十二项　申请机构最近三年涉诉或仲裁的情况

《私募基金管理人登记法律意见书指引》要求律师在法律意见书中说明"申请机构最近三年涉诉或仲裁的情况"。

一、对私募基金管理人备案的影响

本条一般不会构成私募基金管理人备案的实质性障碍。

二、撰写要点及实务

经办律师应通过以下方式进行审核:

1. 审查申请机构提供的资料,要求申请机构出具承诺函;

2. 登录中国裁判文书网、地方法院网站以及第三方征信信息网站进行查询;

3. 就有关事项征询商事仲裁机构;

4. 以搜索关键词等方式在网络上进行深入排查。

第十三项　申请机构向中国基金业协会提交的登记申请材料是否真实、准确、完整

《私募基金管理人登记法律意见书指引》要求律师在法律意见书中说明“申请机构向中国基金业协会提交的登记申请材料是否真实、准确、完整”。

一、对私募基金管理人备案的影响

本条属于中国基金业协会交给经办律师的兜底审查义务，一般不会构成私募基金管理人备案的实质性障碍。

二、撰写要点及实务

经办律师应对核查过程中取得的所有的复印件和扫描件与原件进行真实性审核，针对无文字记录的事项可以通过申请机构相关人员的约谈以及要求申请机构出具承诺函等方式进行完善。

第十四项　经办执业律师及律师事务所认为需要说明的其他事项

《私募基金管理人登记法律意见书指引》要求律师在法律意见书中说明“经办执业律师及律师事务所认为需要说明的其他事项”。

一、对私募基金管理人备案的影响

本条为中国基金业协会交给经办律师的兜底审查事项，对以上十三项可能存在的未尽之处，经办律师需根据实务经验、法律法规、中国基金业协会有关规定进行辅导并披露。

通常情况下，经办律师完成前述十三项的审查义务即可出具法律意见书。但其他未在上述十三项中列示但对申请机构的管理和经营可能产生重大影响的事项亦应披露于法律意见书中，具体以申请机构的披露和所出具的承诺函为基础，辅以其他与申请相关的资料、信息进行详尽审查与分析。

二、商业计划/展业计划/商业企划书

申请机构首次申请登记时，应根据自身的实际情况和业务发展规划，制定商业计划/展业计划/商业企划书。

（一）中国基金业协会典型反馈问题

1. 请提交商业企划书，详述申请机构展业计划并加盖公章，如投资类型，投资标的，如何募集，如何选择投资对象等（请不要套用模板，详细、具体描述真实的展业计划，贵机构展业计划书中说暂无具体的展业计划，请贵机构待有展业计划后再

来登记)。

2. 请详述申请机构展业计划并加盖公章,如投资类型、投资标的,如何募集、如何选择投资对象等。

3. 贵机构展业计划书过于简单,请详细说明未来如何开展私募证券投资基金业务,未来拟发行产品的相关介绍和业务开展方式。

4. 请重新提交翔实的商业企划书,详述申请机构展业计划并加盖公章,如投资类型,投资标的,如何募集,如何选择投资对象、风控如何履职等。

5. 请出具说明函说明机构打算从事的具体业务,并上传项目的合作意向书。

6. 请具体说明申请机构业务定位及展业规划,如有正在洽谈项目,请披露相关情况并上传证明材料。

7. 建议有具体项目后再进行私募基金管理人登记;建议初步拟定投资标的及投资者后再进行私募基金管理人登记。

8. 建议申请机构在申请登记前,即根据自身业务发展规划开展项目洽谈、合作等,并提供多方盖章、签字的拟投资项目信息、产品结构、托管协议等具有法律效力的文件作为真实展业的证明,同展业计划书一起上传。

(二)商业计划/展业计划/商业企划书的内容

1. 根据中国基金业协会的要求,申请机构在向中国基金业协会申报时应提交商业计划书,并在商业计划中详述申请机构展业计划(如投资团队介绍、投资方向、如何募集、如何选择投资对象等),详细说明申请机构基金产品交易结构、资金来源及投资策略,以及申请机构未来发展方向、运作规划及当前业务需求等。商业计划书需加盖申请机构公章,多页加盖骑缝章。

对于申请非证券类私募基金管理人的申请机构,若申请机构已和相关企业签订项目协议的,还需提供拟投项目证明资料,包括拟投资项目投资协议或合作意向书、项目合作方联系方式、拟担任政府引导基金管理人相关政府批文等。投资协议或合作意向书应加盖申请机构与合作方的公章,政府公文无须加盖申请机构公章,其他证明资料加盖申请机构公章。

2. 根据中国基金业协会的反馈意见,商业计划/展业计划/商业企划书应真实、具体、具有可行性。

根据中国基金业协会的规定,如果中国基金业协会认定申请机构展业计划不具备可行性的,可能结合申请机构的其他情况中止办理其私募基金管理人登记申请6个月。

（三）关于申请机构的展业能力

1. 目前，中国基金业协会所关注的申请机构展业能力主要集中在组织架构、从业人员和实缴注册资本等方面。

经办律师在法律意见书中应着重从申请机构开展展业计划、高管人员从业经历、团队管理能力以及相关项目储备等方面发表意见，说明申请机构的展业能力，论述申请机构在现有组织架构及人员配备的条件下，相关风险管理和内部控制制度能否得到有效运行。

需要注意的是，根据中国基金业协会的规定，新登记的私募基金管理人在办结登记手续之日起6个月内仍未备案首只私募基金产品的，中国基金业协会将注销其私募基金管理人登记。

2. 根据实务经验，申请机构应具备投资、合规风控、投后管理以及产品募集等开展基金管理业务的部门。除部门负责人外，每个部门至少应配备1~2名全职员工，且部门负责人及员工应具备从事相应工作的教育背景或从业经历。

三、其他需要注意的问题

1. 法律意见书的内容应当与申请机构在私募基金登记备案系统填报的信息保持一致，若系统填报信息与尽职调查情况不一致的，应当作出特别说明并整改。

2.《私募基金管理人登记法律意见书指引》要求新申请法律意见书的签署日期应在私募基金管理人提交私募基金管理人登记申请之日前的一个月内。实务中，经办律师出具法律意见书后，经过提交和审核的过程，在出具补充法律意见书时，时间上常常已经超过了一个月。因此，经办律师应在补充法律意见书中：(1)对法律意见书中未发生变化内容予以确认，并由申请机构出具说明及承诺函；(2)说明法律意见书的签署日期以补充法律意见书签署日期为准。

另外，根据中国基金业协会的规定，申请机构在中国基金业协会反馈意见后6个月内未补充提交登记申请材料的，中国基金业协会可能结合申请机构的其他情况中止办理其私募基金管理人登记申请6个月。

第二节　新申请法律意见书的特殊适用情形——外商独资和合资私募基金管理人

2017年1月5日，中国基金业协会发布《外商独资和合资私募证券投资基金管理人登记备案填报说明》,对外商独资及合资私募证券投资基金管理人(以下简称外资私募证券投资基金管理人)的相关政策、外资私募证券投资基金管理人登记、基金备案及基金信息披露进行了详细的说明,对外资私募证券投资基金管理人登记法律意见书提出了特殊要求,并明确《外商独资和合资私募证券投资基金管理人登记备案填报说明》未做说明的,以《私募基金管理人登记法律意见书指引》及相关规范要求为准;《外商独资和合资私募证券投资基金管理人登记备案填报说明》与《私募基金管理人登记法律意见书指引》不一致的,以《外商独资和合资私募证券投资基金管理人登记备案填报说明》为准。

由于外资私募基金管理人的特殊性,律师事务所及律师在出具私募基金管理人登记法律意见书时应注意以下事项:

一、外资私募股权、创投基金管理人

1.《私募投资基金监督管理暂行办法》《私募投资基金管理人登记和基金备案办法(试行)》等规定对外资私募股权、创投基金管理人没有做出特别要求,《私募基金登记备案相关问题解答(十)》中关于外资私募基金管理人的特别要求也仅适用于外资私募证券基金管理人,不能约束外资私募股权、创投基金管理人。

2.《外商投资企业设立及变更备案管理暂行办法》(已失效)等规定并未对外资私募股权、创投基金管理人设定外商投资准入的限制措施。

3. 深圳、上海、天津等地就外资股权投资企业出台了专门的试点办法,在准入程序上实质上设定了限制措施。

以天津为例,根据《关于本市开展外商投资股权投资企业及其管理机构试点工作的暂行办法》(津发改财金〔2011〕1206 号)规定,在天津设立的外资股权投资企业应满足以下条件:(1)实收(实缴)资本不少于 1000 万元人民币或等值外币;(2)至少有两名同时具备下列条件的高级管理人员:①有五年以上从事股权投资或股权投资管理业务的经历;②有二年以上高级管理职务任职经历;③有从事与中国有关的股权投资经历或在中国的金融类机构从业经验;④在最近五年内没有违规记录或尚在处理的经济纠纷诉讼案件,且个人信用记录良好;(3)有相当部分的高管人员是中国公民或持有中国护照的居民;(4)运作规范,具有严格合理的投资决策流程和风险控制机制;(5)按照国家企业财务、会计制度规定,具有健全的内部财务管理制度和会计核算办法;(6)承诺发起设立或者管理的股权投资企业重点投资于本市的战略性新兴产业;(7)境外出资人,应具备下列条件:①在其申请前的上一会计年度,具备自有资产规模不低于五亿美元或者管理资产规模不低于十亿美元;②具有健全的治理结构和完善的内控制度,近两年未受到境内外司法机关和相关监管机构的处罚;③主要由境外主权基金、养老基金、捐赠基金、慈善基金、投资基金的基金(FOF)、保险公司、银行、证券公司及其市备案办认可的其他境外机构投资者组成;④每个境外出资人至少在试点企业中出资1000万美元以上;⑤境外出资人或其关联实体应当具有5年以上相关的投资经历;⑥试点工作要求的其他条件。

经审批符合试点企业资格后,外资股权投资企业才能履行注册登记及商务备案等程序,并在中国基金业协会办理私募基金管理人登记手续。

综上所述,我国目前不存在对外资私募股权、创投基金管理人设定外商投资准入的限制措施,但根据已发布的试点办法以及已登记外资私募股权、创投基金管理人的情况,各地对于外资私募股权、创投基金管理人可能仍存在实质性审批要求。因此,建议在开展外资私募股权、创投基金管理人业务前关注相关地区的规定及政策,并以当地相关部门的具体要求为准。

二、外资私募证券基金管理人

第八轮中美战略与经济对话政策成果中包括欢迎符合条件的外商独资和合资企业申请登记成为私募基金管理机构,按规定开展包括二级市场证券交易在内的私募证券基金管理业务。那么,外商独资和合资私募基金管理机构申请登记为私募证券基金管理人,除应满足中国基金业协会对私募基金管理人登记的一般要求外,还应满足什么特殊要求呢?

(一)主体资格

申请机构在中国境内开展私募证券基金管理业务,应当在中国基金业协会登记为私募证券基金管理人,并应当符合以下条件:

1. 该申请机构为在中国境内设立的公司;

2. 该申请机构的境外股东为所在国家或者地区金融监管当局批准或者许可的金融机构,且境外股东所在国家或者地区的证券监管机构已与中国证监会或者中国证监会认可的其他机构签订证券监管合作谅解备忘录;

3. 该申请机构及其境外股东最近三年没有受到监管机构和司法机构的重大处罚;

4. 该申请机构有境外实际控制人的，该境外实际控制人也应当符合上述第2、3项条件。

（二）法律意见书出具主体

外资私募证券基金管理人登记的法律意见书须由中国律师事务所出具，外国律师事务所在华的办事机构或分支机构不可以出具法律意见书。

（三）法律意见书核查及披露内容

通常而言，外资私募证券基金管理人登记法律意见书应依据《私募基金管理人登记法律意见书指引》出具，但《外商独资和合资私募证券投资基金管理人登记备案填报说明》明确对外资私募证券基金管理人的法律意见书的要求做了调整，明确指出若《私募基金管理人登记法律意见书指引》与《外商独资和合资私募证券投资基金管理人登记备案填报说明》不一致的，以《外商独资和合资私募证券投资基金管理人登记备案填报说明》为准。

根据《外商独资和合资私募证券投资基金管理人登记备案填报说明》，外资私募证券基金管理人登记与境内其他私募基金管理人登记法律意见书的不同之处如下：

1. 组织形式

《外商独资和合资私募证券投资基金管理人登记备案填报说明》特别要求外资私募证券基金管理人的组织形式必须为公司制，即外资私募基金管理人不得以合伙企业形式出现。根据《私募基金管理人登记法律意见书指引》，境内其他私募基金管理人的组织形式可以为公司制，也可以为合伙企业。

2. 主营业务

《外商独资和合资私募证券投资基金管理人登记备案填报说明》特别要求外资私募证券基金管理人主营业务应当为私募证券投资基金管理业务。

3. 境外股东

《外商独资和合资私募证券投资基金管理人登记备案填报说明》特别要求外资私募证券基金管理人的法律意见书中披露其境外股东是否为所在国家或地区批准或许可的金融机构，并且应披露该国家是否与中国证监会或者中国证监会认可的其他机构签订过证券监督合作谅解备忘录。

4. 实际控制人

《外商独资和合资私募证券投资基金管理人登记备案填报说明》特别要求申请机构的境外实际控制人应当为所在国家或者地区金融监管当局批准或者许可的金融机构，且该境外实际控制人所在国家或者地区的证券监管机构应当已与中国证监会或者中国证监会认可的其他机构签订证券监管合作谅解备忘录。

5. 关联方

外资私募证券基金管理人除应根据《私募基金管理人登记法律意见书指引》披露位于中国境内的子公司(持股5%以上金融企业、上市公司或持股20%以上的其他企业)、分支机构和其他关联方(受同一控股股东/实际控制人控制的金融企业、资产管理机构或相关服务机构)外,还应根据《外商独资和合资私募证券投资基金管理人登记备案填报说明》的特别要求在法律意见书中披露可能会对申请机构拟从事的私募证券投资基金管理业务产生实质影响的境外关联方。但对于该境外关联方的内涵和外延,目前中国基金业协会尚没有明确的规定,也未给出明确的解释。

6. 从业人员、场所、资本金等基础设施或条件

外资私募证券基金管理人开展私募证券投资基金业务,应符合《证券投资基金法》《私募投资基金监督管理暂行办法》《私募投资基金管理人登记和基金备案办法(试行)》及其他法律法规规定。除此之外,根据《外商独资和合资私募证券投资基金管理人登记备案填报说明》的特别要求,外资私募证券基金管理人开展私募证券投资基金业务还应当满足:

(1)对其资本金及其结汇所得人民币资金的使用符合中国外汇管理部门的相关规定;

(2)从业人员具备中国境内基金从业资格;

(3)为防止产生名为外资私募证券基金管理人、实为境外机构直接操作的情形,在中国境内从事证券及期货交易,应当独立进行投资决策,且不通过境外机构或境外系统下达交易指令,除非中国证监会另有规定;

(4)在中国境内安装系统终端,交易路径透明可追、交易数据完整可查、交易流程清晰可控、交易记录全程留痕,并设立投资决策责任人和交易执行责任人;

(5)从事海外投资基金管理业务的,对其海外投资基金管理业务与其境内私募基金管理业务做好业务隔离、保持基金财产独立、实行单独托管,并采取适当措施防范利益冲突。

7. 申请机构风险管理和内部控制制度

(1)《外商独资和合资私募证券投资基金管理人登记备案填报说明》要求申请机构应当制定风险管理和内部控制制度,应当建立与其拟从事的私募证券投资基金管理业务相适应的内部制度,包括投资研究制度、运营风险控制制度、信息披露制度、机构内部交易记录制度、防范内幕交易、利益冲突的投资交易制度、合格投资

者风险揭示制度、合格投资者内部审核流程及相关制度、私募证券投资基金宣传推介、募集相关规范制度、公平交易制度以及从业人员买卖证券申报制度等配套管理制度。较《私募基金管理人登记法律意见书指引》增加了“投资研究制度”一项。

(2)《外商独资和合资私募证券投资基金管理人登记备案填报说明》还要求申请机构建立有关内部制度,要求高管人员勤勉尽职,保证在申请机构的合理工作时间,采取措施避免和防范因在关联方兼职而可能产生的潜在利益冲突。

8. 申请机构高管人员

《外商独资和合资私募证券投资基金管理人登记备案填报说明》特别要求申请机构的高管人员与申请机构签订劳动合同,且通信保持畅通。

9. 申请机构是否受到处罚或监管

《外商独资和合资私募证券投资基金管理人登记备案填报说明》特别要求在外资私募证券基金管理人的法律意见书中披露申请机构的境外股东或实际控制人最近三年是否受到过监管机构和司法机构的重大处罚,申请机构及其境外股东或实际控制人的高管人员是否受到该境外股东或实际控制人所在地相关行业协会的纪律处分以及是否存在不良信用记录,并在填报系统时应提供相应的承诺函。

《私募基金管理人登记法律意见书指引》要求披露的对象仅为申请机构及其高管人员,不包括其股东或实际控制人及其高管人员。

(四)《私募基金登记备案相关问题解答(十)》关于外资私募证券基金管理人的规定

问:第八轮中美战略与经济对话政策成果中包括欢迎符合条件的外商独资和合资企业申请登记成为私募证券基金管理机构,按规定开展包括二级市场证券交易在内的私募证券基金管理业务。请问,外商独资和合资私募证券基金管理机构申请登记成为私募证券基金管理人有何要求?

答:根据第七轮、第八轮中美战略与经济对话以及第七次中英经济财金对话达成的政策成果,经中国证监会同意,外商独资和合资私募证券基金管理机构在中国境内开展私募证券基金管理业务,应当在中国证券投资基金业协会登记为私募证券基金管理人,并应当符合以下条件:

(1)该私募证券基金管理机构为在中国境内设立的公司;

(2)该私募证券基金管理机构的境外股东为所在国家或者地区金融监管当局批准或者许可的金融机构,且境外股东所在国家或者地区的证券监管机构已与中国证监会或者中国证监会认可的其他机构签订证券监管合作谅解备忘录;

(3)该私募证券基金管理机构及其境外股东最近三年没有受到监管机构和司法机构的重大处罚。

有境外实际控制人的私募证券基金管理机构,该境外实际控制人也应当符合上述第(2)、(3)项条件。

外商独资和合资私募证券基金管理机构开展私募证券投资基金业务,除应当符合《证券投资基金法》《私募投资基金监督管理暂行办法》《私募投资基金管理人登记和基金备案办法(试行)》及其他法律法规规定外,还应当遵守以下规定:

(1)资本金及其结汇所得人民币资金的使用,应当符合国家外汇管理部门的相关规定;

(2)在境内从事证券及期货交易,应当独立进行投资决策,不得通过境外机构或者境外系统下达交易指令。中国证监会另有规定的除外。

问:外商独资和合资私募证券基金管理机构如何进行私募证券基金管理人登记?

答:外商独资和合资私募证券基金管理机构申请私募基金管理人登记,应当通过私募基金登记备案系统(https://pf. amac. org. cn),如实填报以下信息:

(1)《私募投资基金管理人登记和基金备案办法(试行)》及中国证券投资基金业协会已出台的相关规定所要求的私募证券基金管理人相关登记信息,包括前述问答中所列条件证明材料;

(2)私募基金登记备案承诺函,承诺所提交的信息和材料真实、准确、完整,不存在任何虚假记载、误导性陈述或重大遗漏,承诺遵守中国法律法规及私募基金相关自律规则;

(3)中国律师事务所及其经办律师出具的《私募基金管理人登记法律意见书》。除《私募基金管理人登记法律意见书指引》的要求以外,相关律师事务所及其经办律师在法律意见书中,还应对该申请机构是否符合前述问答中所列登记条件和要求发表结论性意见。

外商独资和合资私募证券基金管理机构提供的登记申请材料完备的,中国证券投资基金业协会将自收齐材料之日起 20 个工作日内,以通过协会官方网站(http://www. amac. org. cn)公示私募基金管理人基本情况的方式,为其办结登记手续。

外商独资和合资私募证券基金管理机构登记后,应当依法及时展业。其设立的私募证券投资基金募集完毕后,应当根据有关规定在中国证券投资基金业协会通过私募基金登记备案系统及时履行备案手续,按时履行私募基金管理人及其管理的私募基金的季度、年度和重大事项信息报送更新等信息报送义务。

第三节　补充提交法律意见书和入会法律意见书

一、关于补充提交法律意见书

根据中国基金业协会的要求,补充提交法律意见书在核查事项及法律意见书主要内容等方面与新申请法律意见书区别不大,法律意见书撰写要点及实务等相关内容可参见本书第五章第一节“新申请法律意见书的一般适用情形”部分。

二、关于入会法律意见书

根据《中国证券投资基金业协会会员管理办法》第十六条的规定,申请成为中国基金业协会会员,除需具备私募基金管理人登记所需具备的标准外,还需特别满足以下条件:(1)自愿加入协会,拥护《章程》及中国基金业协会自律规则;(2)遵守法律法规的规定,私募基金管理人及其股东或者执行事务合伙人最近三年不存在严重违法违规情形;(3)具备法律法规和中国基金业协会要求的资本金、基金从业人员、营业场所和经营设施、风险控制和内部管理制度和诚信记录;(4)中国基金业协会规定的其他条件。

因此,经办律师应核查并在入会法律意见书中应体现以下内容:(1)申请机构及其股东/执行事务合伙人最近三年是否存在严重违法违规情形;(2)申请机构是否满足私募基金管理人登记所需具备的资本金、基金从业人员、营业场所和经营设施、风险控制和内部管理制度和诚信记录等条件;(3)会员代表的设置及其任职资格是否符合中国基金业协会的要求。[①] 除此之外,根据中国基金业协会的要求,入

---

① 《中国证券投资基金业协会会员管理办法》

第十七条　会员设会员代表人一名,代表其在协会履行职责。

会员仅从事基金业务的,会员代表人应当为会员单位的主要负责人,包括公司董事长、总经理或履行类似职责的高级管理人员;会员除基金业务之外还从事其他业务的,会员代表人应当为基金业务的主要负责人;

同一会员机构同时从事多种基金业务的,可以为每种业务指定一名负责人,参加协会活动,履行有关职责。

第十八条　会员代表人应当具备下列条件:

(一)承诺遵守《章程》及协会自律规则;

(二)近三年内不存在严重违反法律法规及协会自律规则的情形以及其他不良诚信记录;

(三)普通会员、观察会员和联席会员的会员代表人应当具有基金从业资格。

会法律意见书在核查事项及法律意见书注意内容等方面与新申请法律意见书区别不大,法律意见书撰写要点及实务等相关内容可参见本书第五章第一节“新申请法律意见书的一般适用情形”部分。

第六章

重大变更法律意见书撰写要点及实务

根据中国基金业协会发布的《关于进一步规范私募基金管理人登记若干事项的公告》等规定，已登记为私募基金管理人的机构在发生重大事项变更时，应提交由律师事务所出具的《私募基金管理人重大事项变更专项法律意见书》。

第一节 重大变更法律意见书适用情形

《私募基金管理人登记须知》规定，已登记的私募基金管理人申请变更控股股东、变更实际控制人、变更法定代表人/执行事务合伙人（委派代表）等重大事项或协会审慎认定的其他重大事项的，应提交私募基金管理人重大事项变更专项法律意见书。

需要特别注意，中国基金业协会资产管理业务综合报送平台中“管理人重大变更”包括主体资格证明文件相关内容变更、分支机构、子公司信息及关联方信息变更、管理人合法合规及诚信情况变更、机构类型及业务类型变更、出资人变更、实际控制人/第一大股东变更、高管变更、管理人挂牌上市情况变更等。实务中，除了控股股东变更、实际控制人变更、法定代表人/执行事务合伙人（委派代表）变更已被中国基金业协会明文要求出具重大变更法律意见书外，其他事项的变更，需先在资产管理业务综合报送平台提交变更申请，然后根据中国基金业协会的反馈意见确认是否需要提交专项法律意见书。

第二节　重大变更法律意见书的撰写要点及实务

一、相关规定/规则指引

（一）《关于加强私募投资基金监管的若干规定》

第三条　未经登记，任何单位或者个人不得使用“基金”或者“基金管理”字样或者近似名称进行私募基金业务活动，法律、行政法规另有规定的除外。

私募基金管理人应当在名称中标明“私募基金”“私募基金管理”“创业投资”字样，并在经营范围中标明“私募投资基金管理”“私募证券投资基金管理”“私募股权投资基金管理”“创业投资基金管理”等体现受托管理私募基金特点的字样。

（二）《私募基金管理人登记须知》

1. 法律意见书相关要求

【重大事项法律意见书】已登记的私募基金管理人申请变更控股股东、变更实际控制人、变更法定代表人/执行事务合伙人（委派代表）等重大事项或协会审慎认定的其他重大事项的，应提交私募基金管理人重大事项变更专项法律意见书，对私募基金管理人重大事项变更的相关事项逐项明确发表结论性意见，还应当提供相关证明材料，充分说明变更事项缘由及合理性；已按基金合同、基金公司章程或者合伙协议的相关约定，履行基金份额持有人大会、股东大会或合伙人会议的相关表决程序；已按照《私募投资基金信息披露管理办法》相关规定和基金合同、基金公司章程或者合伙协议的相关约定，向私募基金投资者及时、准确、完整地进行了信息披露。

2. 私募基金管理人登记完成后应特别知悉事项

【持续内控要求】根据《私募投资基金监督管理暂行办法》《私募投资基金管理人内部控制指引》《私募投资基金合同指引》等相关要求，为保证新登记私募基金管理人的公司治理、组织架构和管理团队的稳定性，确保私募基金管理人持续有效执行登记申请时所提出的商业运作计划和内部控制制度，自《私募基金登记备案相关问题解答（十四）》发布之日起，申请私募基金管理人登记的机构应当书面承诺：

申请登记机构保证其组织架构、管理团队的稳定性,在备案完成第一只基金产品前,不进行法定代表人、控股股东或实际控制人的重大事项变更;不随意更换总经理、合规风控负责人等高管人员。法律法规另有规定或发生不可抗力情形的除外。

已有管理规模的私募基金管理人在办理法定代表人、实际控制人或控股股东的重大事项变更申请时,除应按要求提交专项法律意见书外,还应当提供相关证明材料,充分说明变更事项缘由及合理性;已按基金合同、基金公司章程或者合伙协议的相关约定,履行基金份额持有人大会、股东大会或合伙人会议的相关表决程序;已按照《私募投资基金信息披露管理办法》相关规定和基金合同、基金公司章程或者合伙协议的相关约定,向私募基金投资者就所涉重大事项及时、准确、完整地进行了信息披露。

3. 重大事项变更相关要求

【期限及整改次数要求】私募基金管理人进行主要出资人、实际控制人、法定代表人/执行事务合伙人(委派代表)等需提交重大事项变更法律意见书的重大事项变更申请,首次提交后6个月内仍未办理通过或退回补正次数超过5次的,协会将暂停申请机构新增产品备案直至办理通过。

【发生实质性变化】已登记私募基金管理人1年内法定代表人/执行事务合伙人(委派代表)、主要出资人、实际控制人均发生变化的,应重新提交针对发生变更后私募基金管理人登记法律意见书,根据《私募基金管理人登记法律意见书指引》对申请机构整体情况逐项发表法律意见,同时提交变更的内部程序证明材料、向投资人就该事项信息披露材料,并详细说明变更的原因。对于上述类型重大事项变更,协会将视为新申请登记机构进行核查,并对变更缘由加大核查力度。

【高管离职情形】私募基金管理人原高管人员离职后,私募基金管理人应在3个月内完成聘任具备与岗位要求相适应的专业胜任能力的高管人员。

(三)《私募基金管理人登记法律意见书指引》

已登记的私募基金管理人若申请变更控股股东、变更实际控制人、变更法定代表人执行事务合伙人等重大事项或中国基金业协会审慎认定的其他重大事项,需向中国基金业协会提交《私募基金管理人重大事项变更专项法律意见书》,对私募基金管理人重大事项变更的相关事项逐项明确发表结论性意见。《私募基金管理人重大事项变更专项法律意见书》的要求参见上述《法律意见书》的相关要求。

(四)《私募基金登记备案相关问题解答(十四)》

问:未完成首只私募基金备案的私募基金管理人可否办理法定代表人、实际控制人或控股股东的重大事项变更?

答:根据《私募投资基金监督管理暂行办法》《私募投资基金管理人内部控制指引》《私募投资基金合同指引》等相关要求,为保证新登记私募基金管理人的公司治理、组织架构和管理团队的稳定性,确保私募基金管理人持续有效执行登记申请时所提出的商业运作计划和内部控制制度,自本问答发布之日起,申请私募基金管理人登记的机构应当书面承诺:申请登记机构保证其组织架构、管理团队的稳定性,在备案完成第一只基金产品前,不进行法定代表人、控股股东或实际控制人的重大事项变更;不随意更换总经理、合规风控负责人等高级管理人员。法律法规另有规定或发生不可抗力情形的除外。

中国证券投资基金业协会重申,已有管理规模的私募基金管理人在办理法定代表人、实际控制人或控股股东的重大事项变更申请时,除应按要求提交专项法律意见书外,还应当提供相关证明材料,充分说明变更事项缘由及合理性;已按基金合同、基金公司章程或者合伙协议的相关约定,履行基金份额持有人大会、股东大会或合伙人会议的相关表决程序;已按照《私募投资基金信息披露管理办法》相关规定和基金合同、基金公司章程或者合伙协议的相关约定,向私募基金投资者就所涉重大事项及时、准确、完整地进行了信息披露。

(五)《关于进一步规范私募基金管理人登记若干事项的公告》

关于提交法律意见书的相关要求:

自本公告发布之日起,新申请私募基金管理人登记、已登记的私募基金管理人发生部分重大事项变更,需通过私募基金登记备案系统提交中国律师事务所出具的法律意见书。法律意见书对申请机构的登记申请材料、工商登记情况、专业化经营情况、股权结构、实际控制人、关联方及分支机构情况、运营基本设施和条件、风险管理制度和内部控制制度、外包情况、合法合规情况、高管人员资质情况等逐项发表结论性意见。

私募基金管理人登记法律意见书具体适用情形如下:

已登记的私募基金管理人申请变更控股股东、变更实际控制人、变更法定代表人/执行事务合伙人等重大事项或中国基金业协会审慎认定的其他重大事项的,应提交《私募基金管理人重大事项变更专项法律意见书》。

(六)《私募基金登记备案相关问题解答(十二)》

问:在私募基金管理人登记及相关高管人员提出变更申请时,对私募基金管理人的法定代表人、合规/风控负责人及其他高级管理人员有哪些要求?

答：为维护投资者利益，严格履行“受人之托、代人理财”义务，防范利益输送及道德风险，私募基金管理人的高级管理人员应当勤勉尽责、恪尽职守，合理分配工作精力，在私募基金管理人登记及相关高管人员提出变更申请时，应当遵守以下要求：

（1）不得在非关联的私募机构兼职。

（2）在关联私募机构兼职的，协会可以要求其说明在关联机构兼职的合理性、胜任能力、如何公平对待服务对象等，协会将重点关注在多家关联机构兼职的高级管理人员履职情况。

（3）对于在1年内变更2次以上任职机构的私募高级管理人员，协会将重点关注其变更原因及诚信情况。

（4）私募基金管理人的高级管理人员应当与任职机构签署劳动合同。在私募基金管理人登记及相关高管人员提出变更申请时，应上传法定代表人、合规/风控负责人及其他高级管理人员高管任职相关决议及劳动合同。

已登记机构应当按照上述规定自查私募基金管理人相关高级管理人员的兼职情况。下一步协会将按照有关规定对私募基金管理人高级管理人员的兼职情况进行核查，要求不符合规范的机构整改。

（七）《关于适用中国证监会〈关于加强私募投资基金监管的若干规定〉有关事项的通知》

……

已登记管理人于2021年1月8日后发生实际控制人变更的，其名称和经营范围应当符合《规定》第三条的要求。

已登记管理人自主申请工商注册名称或经营范围变更，工商变更之日在2021年1月8日后的，应当符合《规定》第三条的要求。

……

（八）《私募投资基金信息披露管理办法》

第十八条　发生以下重大事项的，信息披露义务人应当按照基金合同的约定及时向投资者披露：

……

（四）管理人的法定代表人、执行事务合伙人（委派代表）、实际控制人发生变更的；

（九）《私募投资基金监督管理暂行办法》

第二十五条　私募基金管理人应当根据基金业协会的规定，及时填报并定期更新管理人及其从业人员的有关信息、所管理私募基金的投资运作情况和杠杆运用情况，保证所填报内容真实、准确、完整。发生重大事项的，应当在10个工作日内向基金业协会报告。

二、中国基金业协会典型反馈问题

1. 请提供出资人的出资能力证明。自然人股东出资能力证明包括但不限于薪资收入证明、房屋产权证、车辆行驶证、理财收入证明、配偶收入证明等。如为银行账户存款或理财金额，可上传近半年银行流水及金融资产证明；如涉及家族资产，请说明所处行业及营收状况。非自然人股东的出资能力证明如为经营性收入，请结合成立时间、实际业务情况、营收情况等论述收入来源合法性，并提供审计报告等证明材料。出资能力证明应包括资产所有权证明及该资产的合法来源证明。律师应结合上述证明材料，就财产证明真实性、估计及除贷后净值、资产来源及合法性、股东是否具备充足的出资能力等发表法律意见。

2. 贵机构股权架构已变更，请提供相关股权转让协议及相应的打款回单。对于新增出资人中经营范围包含“基金管理”“投资管理”“资产管理”“股权投资”“创业投资”等字样的，请贵机构梳理新增出资人实际展业情况，与贵机构是否存在业务往来，是否存在关联交易和利益输送等。请贵机构提供承诺函，承诺在未来业务开展中，不会与出资人存在利益输送，损害投资者利益，并将承诺函与上述说明文件一起提交。

3. 请完善出资人/实际控制人履历，请从高中毕业起完整填报。申请机构法定代表人、控股股东、实际控制人发生变更，请将对投资者的披露内容及有效送达情况说明、在私募基金信息披露备份系统上传“重大事项临时报告”的截图文件等随法律意见书一并上传。

4. 请完善高管履历信息，应从高中毕业填写至当前岗位，学历经历从大学填起，且保持从业人员系统与资产管理业务综合报送平台中填报的高级管理人员履历信息一致。

5. 贵机构高管未在申请机构缴纳社保，请上传社保缴纳记录、委托代缴协议、加盖公章的社保缴纳说明，说明代缴的原因及合理性。

6. 请在实际控制人页签内上传股权变更后的实控图,实控人签字或盖章确认(请列明全部股东名称及股权比例,若实际控制人简历、学历信息不完整,请一并完善)。

7. 贵机构下设多家有限合伙企业的原因及合理性,是否存在已设立运行但尚未备案的产品,请提供说明。

三、撰写要点及实务

根据《私募基金管理人登记法律意见书指引》,已登记的私募基金管理人向中国基金业协会提交重大变更法律意见书,需"对私募基金管理人重大事项变更的相关事项逐项明确发表结论性意见"。因此,重大变更法律意见书仅需就变更事项发表意见,无须对《私募基金管理人登记法律意见书指引》涉及的十四项内容逐项发表意见。但经办律师在重大变更法律意见书中就变更事项发表意见,仍需参照《私募基金管理人登记法律意见书指引》相关要求。

根据实务经验,重大变更法律意见书应包含以下内容:

(一)私募基金管理人登记情况

经办律师需在重大变更法律意见书中如实披露已在国家企业信用信息公示系统以及中国基金业协会资产管理业务综合报送平台公示的私募基金管理人的基本信息,包括但不限于:

1. 申请机构在变更前的工商登记情况(如注册资本、法定代表人、股东及股权情况、合伙人情况等);

2. 申请机构的历史沿革;

3. 申请机构在中国基金业协会资产管理业务综合报送平台填报的信息情况;

4. 申请机构是否存在法律法规及公司章程/合伙人协议规定的需要终止的情形。

(二)申请机构重大事项变更的情况

在重大变更法律意见书中,经办律师需根据申请机构实际情况详细描述重大事项变更的相关情况,主要说明变更的缘由以及变更的整个过程,不能简单地指向变更结果。

1. 变更缘由

经办律师需在法律意见书中说明申请机构发生重大事项变更的原因(如申请

机构遇到困难、战略调整、相关人员个人原因等)、目的(建议从申请机构运营角度做说明)以及这种变更是否会影响申请机构正常运营、是否会对申请机构造成不利影响。

需要特别注意,中国基金业协会已多次强调禁止炒壳、买壳卖壳,若被认定为炒壳或买壳卖壳,则中国基金业协会将会拒绝办理申请机构的重大事项变更。

2. 变更过程

经办律师需在法律意见书中描述申请机构重大事项变更的完整过程:

(1)申请机构是否按照《公司法》《合伙企业法》《公司章程》《合伙协议》等相关要求,按照程序进行相关事项变更(如召开股东会会议、合伙人会议,修改公司章程或合伙协议等);

(2)申请机构是否就变更结果向工商管理部门提交了所需的变更登记申请,依法办理了工商变更登记;

(3)申请机构重大事项变更程序是否符合中国基金业协会相关要求。

(三)申请机构重大事项变更后的情况是否符合中国基金业协会有关要求

经办律师需根据实际对申请机构变更后的情况进行核查并发表结论性法律意见。

1. 针对控股股东变更

就该变更事项,经办律师需参照《私募基金管理人登记法律意见书指引》第四条第(四)项的相关要求及标准,核查以下内容并发表意见:

(1)经办律师需核查申请机构提供的导致控股股东变更的基础性资料,并通过查询全国企业信用信息公示系统,按照“穿透”的原则,详细描述申请机构变更前后的股权结构情况,列明变更后完整的股东资料、出资和实缴信息;同时说明申请机构是否存在直接或间接控股或参股的境外股东,若有,应说明穿透后其境外股东是否符合中国现行法律法规的要求和中国基金业协会的要求,并判断是否涉及控股类型的变更。

实务中,申请机构股东因合作期限到期退出导致的控股股东或实际控制人变更,或者股东内部股权转让或增资导致控股股东或实际控制人变更,中国基金业协会比较容易接受,但如果是外部自然人或机构通过增资入股或受让股权方式成为申请机构控股股东或实际控制人的,可能需要证明变更的合理性,中国基金业协会才会接受。

(2)申请机构控股股东的变更是否引起实际控制人变更,并说明实际控制人

（如有）的具体信息及与申请机构的控制关系及支配作用。

就私募基金管理人控股股东变更，中国基金业协会经常提出该反馈询问是否因此引起实际控制人变更。通常而言，无论实际控制人是否变更，只要申请机构控股股东发生变更，经办律师均需在重大变更法律意见书中对此作出明确说明，并结合申请机构变更后的股权结构进行论述。

（3）申请机构控股股东变更是否引起关联方变更。

如申请机构控股股东变更引起关联方变更，应就关联方的相关情况发表意见，如关联方是否登记为私募基金管理人（登记情况或未登记原因），关联交易情况（关联交易的合法合规性、信息披露情况等），是否存在经营与私募业务冲突业务的关联方并要求其出具不与申请机构进行有关关联交易及利益输送的承诺函等。

①若控股股东变更导致申请机构产生了新的关联方，经办律师需核查关联方的基本情况以及其是否登记为私募基金管理人并发表法律意见。

②新申请登记的私募基金管理人在备案完成第一只基金产品前，不应进行法定代表人、控股股东或实际控制人的重大事项变更，亦不可随意更换总经理、合规/风控负责人等高管人员。

③私募基金管理人在中国基金业协会完成控股股东或实际控制人变更登记之日起，若无正在运作的私募基金产品的，需在6个月内完成新产品备案，逾期未达到要求的，中国基金业协会将注销其私募基金管理人登记。

根据实务经验，建议私募基金管理人在进行控股股东或者实际控制人变更前尽量不要清算产品，可待重大事项变更完成后再行清算。如确有清算必要的，要在重大事项变更过程中同步备案新的基金产品，争取在重大事项变更完成前完成产品的备案。

2. 针对实际控制人变更

就私募基金管理人实际控制人变更事项，经办律师需参照《私募基金管理人登记法律意见书指引》第四条第（五）项的相关要求及标准进行核查并发表意见。

经办律师需在重大变更法律意见书中说明申请机构是否具有实际控制人，如有，需说明实际控制人身份或工商注册信息，与申请机构的控制关系以及是否导致申请机构产生新的关联方等事项，并说明实际控制人能够对申请机构起到实际的支配作用。由于该项变更所需核查的内容和控股股东变更的核查内容有大部分重合，因此，相关内容可参见以上“1. 针对控股股东变更”部分。

需要特别注意，根据中国基金业协会于2021年1月26日发布的《关于适用中国证监会〈关于加强私募投资基金监管的若干规定〉有关事项的通知》的要求，已登记私募基金管理人于2021年1月8日后变更实际控制人的，其名称和经营范围应当符合《关于加强私募投资基金监管的若干规定》第三条[①]的规定。这意味着，申请机构在2021年1月8日后变更实际控制人，且其名称和经营范围不符合《关于加强私募投资基金监管的若干规定》第三条要求的，需在变更名称和经营范围后方可向中国基金业协会申请重大事项变更。经办律师需在重大变更法律意见书中对此一并作出论述。

3. 针对法定代表人/执行事务合伙人（委派代表）变更

就私募基金管理人法定代表人/执行事务合伙人（委派代表）变更事项，经办律师需参照《私募基金管理人登记法律意见书指引》第四条第（十）项、第（十一）项的相关要求及标准进行核查并发表意见。

经办律师需核查变更后法定代表人/执行事务合伙人（委派代表）的基金从业资格，并对其取得的方式进行详细说明，同时需核查并详细描述法定代表人/执行事务合伙人/委派代表的个人基本信息、信用情况、工作履历、涉诉情况、工作能力以及除申请机构之外的兼职情况等，并就其是否符合相关法律法规规定及中国基金业协会要求发表意见。

需要特别注意：(1)新申请登记的私募基金管理人在备案完成第一只基金产品前，不应进行法定代表人/执行事务合伙人（委派代表）、控股股东或实际控制人的重大事项变更，亦不可随意更换总经理、合规/风控负责人等高管人员。(2)根据中国基金业协会要求，已登记的私募基金管理人1年内法定代表人/执行事务合伙人（委派代表）、主要出资人、实际控制人均发生变化的，需重新提交登记法律意见书，中国基金业协会会将其视为新申请登记机构进行核查，并对变更缘由加大核查力度。(3)已登记私募基金管理人的高管人员在1年内变更2次以上任职机构的，中国基金业协会将重点关注其变更原因及诚信情况。如非必要，建议已登记私募基金管理人的高管人员不要过于频繁地变更任职机构。(4)已登记私募基金管理人的原高管人员离职后，私募基金管理人应在3个月内完成聘任具备与岗位要求相

① 《关于加强私募投资基金监管的若干规定》第三条　未经登记，任何单位或者个人不得使用“基金”或者“基金管理”字样或者近似名称进行私募基金业务活动，法律、行政法规另有规定的除外。私募基金管理人应当在名称中标明“私募基金”“私募基金管理”“创业投资”字样，并在经营范围中标明“私募投资基金管理”“私募证券投资基金管理”“私募股权投资基金管理”“创业投资基金管理”等体现受托管理私募基金特点的字样。

适应的专业胜任能力的高管人员。

(四)变更信息披露

申请机构发生前述任何一项重大变更时,应根据《私募投资基金信息披露管理办法》等规定,及时披露有关信息:

1. 如申请机构尚未备案产品,应承诺将在产品筹备、介绍说明文件中(或其他公示手续)披露变更后信息,不存在虚假、隐瞒。

2. 如申请机构已有备案产品,则:(1)应按基金合同、基金公司章程或者合伙协议的相关约定,履行基金份额持有人大会、股东大会或合伙人会议的相关表决程序;(2)应按照《私募投资基金信息披露管理办法》的相关规定和基金合同、基金公司章程或者合伙协议的相关约定采用公示、通告或直接联络等方式向投资者及时、准确、完整披露变更的原因、过程、潜在风险、防范措施等。

经办律师需核查申请机构是否已履行了约定及法定的相关表决程序,是否已按照约定及法定的方式(包括披露时间、披露方式等)完成了披露义务,并在重大变更法律意见书中发表法律意见。

(五)结论性意见

经办律师应在重大变更法律意见书中就变更事项是否合法合规、是否有效等发表结论性意见。

对于申请机构未发生变更的重大事项,经办律师亦应在重大变更法律意见书中发表明确结论性意见,如在申请机构仅变更法定代表人的情况下,经办律师仍需对控股股东、实际控制人等未发生变更发表明确意见。

四、出具重大变更法律意见书应注意的其他问题

1. 按照中国基金业协会专业化经营的要求,私募基金管理人只能选择与一种机构类型对应的业务类型专注展业。因此,在登记为私募基金管理人后,除各类私募基金管理人可以申请变更为资产配置类私募基金管理人外,申请机构不能变更机构类型,但业务类型可以做限制性变更。

私募基金管理人机构类型及其对应的业务类型如表 6-1 所示:

表 6－1　私募基金管理人机构类型及其对应的业务类型

序号	机构类型	业务类型
1	私募证券投资基金管理人	私募证券投资基金
		私募证券投资类 FOF 基金
2	私募股权/创业投资基金管理人	私募股权投资基金
		私募股权投资类 FOF 基金
		创业投资基金
		创业投资类 FOF 基金
3	其他私募投资基金管理人	QDLP 等试点机构
		其他私募投资基金
		其他私募投资类 FOF 基金

若申请机构需要修改机构类型的，需先将已登记私募基金管理人注销登记，之后重新申请私募基金管理人备案。但是，业务类型可在已取得的范围内变更，如私募基金管理人原申请的业务类型是私募股权投资基金、私募股权投资类 FOF 基金、创业投资基金、创业投资类 FOF 基金四种，可以申请变更为私募股权投资基金、创业投资类 FOF 基金两种。

2. 申请机构首次提交重大事项（指需要提交重大变更法律意见书的重大事项）变更申请后 6 个月内仍未办理通过或退回补正次数超过 5 次的，中国基金业协会将暂停其新增产品备案直至办理通过。

申请机构其他重大事项（指不需要提交重大变更法律意见书的重大事项）变更，则没有前述办理通过时间以及补正次数的限制。

3. 私募基金管理人进行重大事项变更的，应在完成工商变更登记后的 10 个工作日内通过中国基金业协会资产管理业务综合报送平台向进行重大事项变更。

4. 根据实务经验，建议私募基金管理人尽量不要同时提交多项变更要求（含其他非必须提交重大变更法律意见书的情形），否则会导致提交资料繁杂，审核流程缓慢，若中间任一环节缺失文件、信息或出现错误，也可能导致整个重大事项变更无法提交，或被退回。

第七章

经营异常法律意见书撰写要点及实务

根据中国基金业协会发布的《关于私募基金管理人在异常经营情形下提交专项法律意见书的公告》,私募基金管理人在特定的异常经营情形下,需向中国基金业协会提交专项法律意见书。

第一节　经营异常法律意见书的适用情形

一、适用情形

私募基金管理人及其法定代表人、高管人员、实际控制人或主要出资人出现以下情形,可能影响私募基金管理人持续符合登记规定时,应当向中国基金业协会提交经营异常法律意见书:

1. 被公安、检察、监察机关立案调查;

2. 被行政机关列为严重失信人,以及被人民法院列为失信被执行人;

3. 被证券监管部门给予行政处罚或被交易所等自律组织给予自律处分,情节严重;

4. 拒绝、阻碍监管人员或者自律管理人员依法行使监督检查、调查职权或者自律检查权;

5. 因严重违法违规行为，证券监管部门向中国基金业协会建议采取自律管理措施；

6. 多次受到投资者实名投诉，涉嫌违反法律法规、自律规则，侵害投资者合法权益，未能向中国基金业协会和投资者合理解释被投诉事项；

7. 经营过程中出现《私募基金登记备案相关问题解答（十四）》规定的不予登记情形；

根据《私募基金登记备案相关问题解答（十四）》和《私募基金管理人登记须知》的规定，不予登记情形有以下几种：(1)申请机构违反《证券投资基金法》《私募投资基金监督管理暂行办法》关于资金募集相关规定，在申请登记前违规发行私募基金，且存在公开宣传推介、向非合格投资者募集资金行为的；(2)申请机构提供，或申请机构与律师事务所、会计师事务所及其他第三方中介机构等串谋提供虚假登记信息或材料；提供的登记信息或材料存在误导性陈述、重大遗漏的；(3)申请机构主要出资人、申请机构自身曾经从事过或目前仍兼营民间借贷、民间融资、融资租赁、配资业务、小额理财、小额借贷、P2P/P2B、众筹、保理、担保、房地产开发、交易平台等与私募基金业务相冲突业务的；(4)申请机构被列入国家企业信用信息公示系统严重违法失信企业名单的；(5)申请机构的高管人员最近三年存在重大失信记录，或最近三年被中国证监会采取市场禁入措施的；(6)中国证监会、中国基金业协会规定的其他情形。

8. 其他严重违反法律法规和《私募投资基金管理人内部控制指引》等自律规则的相关规定，经营管理失控，出现重大风险，损害投资者利益的。

二、对律师事务所及签字律师的资质要求

出具专项法律意见书的律师事务所和签字律师应当具备相应的执业能力，并同时满足中国基金业协会规定的资质要求，具体如图 7－1 所示：

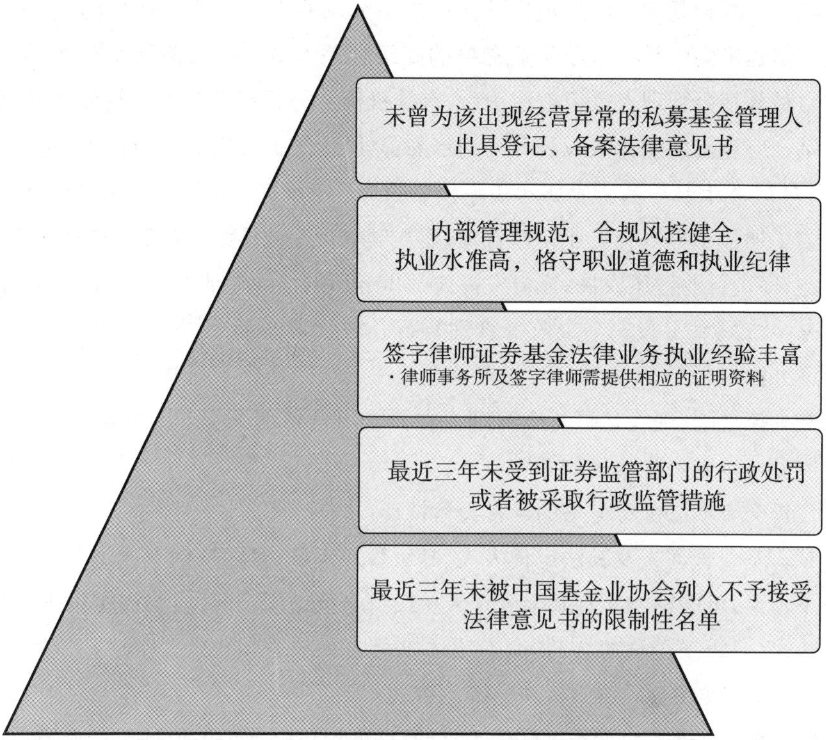

图7-1 律师事务所及律师的资质要求

第二节 经营异常法律意见书的撰写要点及实务

一、相关规定/规则指引

(一)《关于进一步加强私募基金行业自律管理的决定》

对于已经被司法机关、监管部门调查认定不再符合登记规定的私募基金管理人,协会直接根据调查认定结果对其予以公告注销。对于出现异常经营情形,且未能主动消除不良影响的非会员私募基金管理人,协会将要求其自行聘请律师事务所提交法律意见书,说明是否符合登记规定。对于未能提交法律意见书或者法律意见书认定其不再符合登记的私募基金管理人,协会将公告予以注销。对于存在重大经营风险,或者处于调查期间且调查结果尚未形成的私募基金管理人,协会暂停受理新基金备案申请、该私募基金管理人相关重大事项变更申请,以及相关关联方新设私募基金管理人的登记申请。严肃追究从业人员责任，对因重大违法违规而被注销的机构中具有基金从业资格的高级管理人员一律取消从业资格，加入黑名单。私募基金管理人登记被注销后，有关机构不得募集设立私募基金，已备案的私募基金应当按照法律法规和合同约定妥善处置，维护好投资者的合法权益。

（二）《关于私募基金管理人在异常经营情形下提交专项法律意见书的公告》

为了加强私募基金行业自律管理，建立健全行业诚信约束机制，维护投资者合法权益，促进行业健康发展，充分发挥律师事务所的法律专业服务作用，根据《证券投资基金法》《私募投资基金监督管理暂行办法》《私募投资基金管理人登记和基金备案办法（试行）》《中国证券投资基金业协会纪律处分实施办法（试行）》等法律法规和自律规则，现将私募基金管理人在异常经营情形下提交专项法律意见书的有关制度安排进一步明确如下：

1. 提交专项法律意见书的异常经营情形

私募基金管理人及其法定代表人、高级管理人员、实际控制人或主要出资人出现以下情形，可能影响私募基金管理人持续符合登记规定时，应当向中国证券投资基金业协会（以下简称协会）提交专项法律意见书：

（1）被公安、检察、监察机关立案调查的；

（2）被行政机关列为严重失信人，以及被人民法院列为失信被执行人的；

（3）被证券监管部门给予行政处罚或被交易所等自律组织给予自律处分，情节严重的；

（4）拒绝、阻碍监管人员或者自律管理人员依法行使监督检查、调查职权或者自律检查权的；

（5）因严重违法违规行为，证券监管部门向协会建议采取自律管理措施的；

（6）多次受到投资者实名投诉，涉嫌违反法律法规、自律规则，侵害投资者合法权益，未能向协会和投资者合理解释被投诉事项的；

（7）经营过程中出现《私募基金登记备案相关问题解答（十四）》规定的不予登记情形的；

（8）其他严重违反法律法规和《私募基金管理人内部控制指引》等自律规则的相关规定，经营管理失控，出现重大风险，损害投资者利益的。

2. 提交专项法律意见书的程序和要求

（1）私募基金管理人及其法定代表人、高级管理人员、实际控制人或主要出资人出现上述规定的异常经营情形的，协会将书面通知私募基金管理人委托律师事务所对有关事项进行查验,并在3个月内提交专项法律意见书。

(2)协会的书面通知无法送达私募基金管理人的,私募基金管理人将被认定为失联机构,并按照相关程序办理,直至注销。

(3)私募基金管理人的异常经营情形影响到潜在投资者的判断,或者涉及社会公众利益时,协会的书面通知、私募基金管理人的说明和提交的专项法律意见书将在协会网站公示。

私募基金管理人应当向所在地证券监管部门派出机构报告其异常经营情形,并报备其委托律师事务所出具专项法律意见书的情况。

出现被公安机关、检察、监察机关立案侦查,以及被责令停止相关展业资质、强制措施等严重情形的,协会将自书面通知发出之日起暂停受理该私募基金管理人的基金备案申请、该私募基金管理人相关重大事项变更申请,以及相关关联方新设私募基金管理人的登记申请。

3. 对出具专项法律意见书的律师事务所和签字律师的要求

出具专项法律意见书的律师事务所和签字律师应当具备相应的执业能力,符合如下条件:

(1)未曾为该私募基金管理人出具登记、备案法律意见书;

(2)内部管理规范,合规风控健全,执业水准高,恪守职业道德和执业纪律;

(3)签字律师证券基金法律业务执业经验丰富;

(4)律师事务所和签字律师最近三年未受到证券监管部门的行政处罚或者被采取行政监管措施,也未被协会列入不予接受法律意见书的限制性名单。

4. 关于专项法律意见书的要求

(1)法律意见书声明事项应当载明:“本所及经办律师依据《证券法》、《证券投资基金法》以及中国证券监督管理委员会和中国证券投资基金业协会的要求,严格履行了法定职责,遵循了勤勉尽责和诚实信用原则,进行了充分的核查验证,保证本法律意见所认定的事实真实、准确、完整,所发表的结论性意见合法、准确,不存在虚假记载、误导性陈述或者重大遗漏,并承担《证券法》和《证券投资基金法》及其他相应的法律责任。”

(2)法律意见书正文应当载明相关事实材料、查验原则、查验方式、查验内容、查验过程、查验结果、所依据的法律法规和自律规则、结论性意见以及所涉及的必要文件资料等。

(3)法律意见书正文应当载明,如其出具的法律意见书存在虚假记载、误导性陈述或者重大遗漏，给他人财产造成损失的，是否与私募基金管理人承担连带赔偿责任。

(4)法律意见书应当说明私募基金管理人是否配合律师事务所的专项核查工作。律师事务所应当将发现的私募基金管理人隐匿、阻碍、故意遗漏等不配合情形如实描述。

(5)法律意见书应当对协会要求的查验事项逐一发表明确的结论性意见，对查验事项是否合法合规、是否真实有效给予明确说明，对结论性意见进行充分论证、分析并说明查验过程，不得使用“基本符合”“未发现”等含糊措辞。

(6)法律意见书按照《关于进一步规范私募基金管理人登记若干事项的公告》的有关规定对私募基金管理人在发生异常经营情形后是否符合登记要求进行重新核查。

5. 协会对专项法律意见书的处理

(1)私募基金管理人未能在书面通知发出后的3个月内提交符合规定的专项法律意见书的，协会将按照《关于进一步规范私募基金管理人登记若干事项的公告》的有关规定予以注销，注销后不得重新登记。私募基金管理人的法定代表人、高级管理人员及其他从业人员按照不配合自律管理予以纪律处分，情节严重的取消基金从业资格，加入黑名单。私募基金管理人被注销后，有关机构不得募集设立私募基金，已备案的私募基金应当按照法律法规和合同约定妥善处置，维护好投资者的合法权益。

(2)对于会员律师事务所出具的专项法律意见书，认定私募基金管理人符合登记规定的，协会将恢复私募基金管理人的正常业务办理。认定不再符合登记规定的，予以注销。

(3)对于非会员律师事务所出具的专项法律意见书，情况复杂的，协会可提交协会自律监察委员会参照《纪律处分实施办法(试行)》进行审核。协会自律监察委员会审核认为私募基金管理人出现的异常经营情形不影响其符合登记规定的，恢复私募基金管理人的正常业务办理，否则予以注销。

(4)为私募基金管理人出具专项法律意见书的律师事务所未能勤勉尽责，法律意见书存在虚假记载、误导性陈述或者重大遗漏的，协会将不再接受相关律师事务所的法律意见书，依法移送中国证监会和相关司法行政部门及律师协会查处，并在协会网站公示。

(三)《关于进一步规范异常经营专项法律意见书出具行为的通知》

中国证券投资基金业协会(以下简称协会)于2018年3月27日发布《关于私募基金管理人在异常经营情形下提交专项法律意见书的公告》(中基协发〔2018〕2

号,以下简称《公告》),要求涉嫌存在异常经营情形的私募基金管理人限期出具专项法律意见书。为进一步规范异常经营专项法律意见书出具行为,现发布《异常经营专项法律意见书出具指引》。自此通知发布之日起,异常经营专项法律意见书应按照《异常经营专项法律意见书出具指引》出具。相关工作安排进一步明确如下:

1. 异常经营专项法律意见书不予接受的情形

收到出具异常经营专项法律意见书通知的相关私募基金管理人,应聘请符合《公告》及《私募基金登记备案相关问题解答(十四)》(以下简称《问答十四》)要求的律师事务所及签字律师出具专项法律意见书。专项法律意见书有以下情形之一的,协会不予接受:

(1)出具专项法律意见书的律师事务所和签字律师不符合《公告》要求的;

(2)出具异常经营专项法律意见书的律师事务所或签字律师存在《问答十四》规定的予以公示情形的;

(3)专项法律意见书中未发表或无法发表明确的结论性意见的;

(4)出具异常经营专项法律意见书的律师事务所或签字律师存在其他协会不予接受其出具的法律意见书的情形的。

专项法律意见书存在以上情形之一的,视为私募基金管理人尚未提交专项法律意见书,且不暂停、不重新起算对该私募基金管理人异常经营情形下限期提交专项法律意见书通知所列的时效期间要求。

2. 补充出具异常经营专项法律意见书的情形

专项法律意见书的出具应符合《公告》及《异常经营专项法律意见书出具指引》的要求,如出现以下情形之一的,协会将要求私募基金管理人限期补充出具专项法律意见书:

(1)专项法律意见书未能详细论述律师事务所和签字律师是否符合《公告》相关要求的;

(2)专项法律意见书存在不符合《公告》中关于专项法律意见书出具要求的相关规定的;

(3)专项法律意见书存在其他需要进一步补充论证或补充提交辅助证明材料等情形的。

3. 异常经营专项法律意见书的处理

私募基金管理人应当积极履行诚实守信、勤勉尽责的信义义务,有效承担管理人各项职责,在期间届满前向协会提交符合要求的专项法律意见书,切实整改异常经营情形。协会在收到管理人提交的异常经营专项法律意见书后将启动相应审核程序并分类处理:

(1)若私募基金管理人已完成异常经营情形整改,同时专项法律意见书无虚假记载、误导性陈述或者重大遗漏且结论性意见为该私募基金管理人持续符合现行管理人登记要求的,异常经营程序终止,恢复其业务正常办理。

(2)若专项法律意见书结论性意见为不能持续符合现行管理人登记要求的,协会将按照《公告》相关要求注销该私募基金管理人登记。

(3)根据《公告》要求:"私募基金管理人未能在书面通知发出后的3个月内提交符合规定的专项法律意见书的,协会将按照《关于进一步规范私募基金管理人登记若干事项的公告》的有关规定予以注销,注销后不得重新登记。私募基金管理人的法定代表人、高级管理人员及其他从业人员按照不配合自律管理予以纪律处分,情节严重的取消基金从业资格,加入黑名单。"专项法律意见书被协会不予接受后,私募基金管理人未能在期限届满前提交符合要求的专项法律意见书的,视同此情形处理。

(4)若私募基金管理人在收到协会要求其限期补充出具专项法律意见书的通知后,未能按期提交补充专项法律意见书的,协会将按照《公告》相关要求注销该私募基金管理人登记。

4. 律师事务所及签字律师公示通报制度

为督促律师事务所勤勉尽责,真正发挥法律意见书制度的市场专业化制衡作用,提高私募基金行业自律管理透明度,若律师事务所及签字律师出具存在虚假记载、误导性陈述或者重大遗漏且结论为肯定性结论的法律意见书的,协会将按照《公告》相关要求,"不再接受相关律师事务所的法律意见书,依法移送中国证监会和相关司法行政部门及律师协会查处,并在协会网站公示"。

(四)《异常经营专项法律意见书出具指引》

全文。

(五)中国基金业协会负责人就发布《关于进一步规范私募基金管理人登记若干事项的公告》答记者问

《公司法》第一百六十五条明确规定,公司应当在每一会计年度终了时编制财务会计报告,并依法经会计师事务所审计。根据《企业信息公示暂行条例》的相关规定,企业应该按照工商行政管理部门的要求按时通过企业信用信息公示系统报送企业信息。企业公示信息隐瞒真实情况、弄虚作假、未公示年度报告或相关责令信息的,列入经营异常名录;满三年未依照条例规定履行公示义务的,列入严重违法企业名单,并通过企业信用信息公示系统向社会公示。被列入严重违法企业名单的企业的法定代表人、负责人,三年内不得担任其他企业的法定代表人、负责人。

为贯彻落实《公司法》及相关法律法规,为加强私募基金管理人严格履行信息报告义务,在私募基金管理人完成季度、年度及财务报告、重大事项报告等相应信息报送整改要求之前,中国基金业协会将暂停受理该机构的私募基金产品备案申请。对于累计两次未更新履行信息报送义务者,将其列入异常机构名单。

(六)《关于进一步规范私募基金管理人登记若干事项的公告》

1. 私募基金管理人应当及时履行信息报送义务:

按照《私募投资基金监督管理暂行办法》和《私募投资基金管理人登记和基金备案办法(试行)》的规定,私募基金管理人应当通过私募基金登记备案系统及时履行私募基金管理人及其管理的私募基金的季度、年度和重大事项信息报送更新等信息报送义务。

(1)自本公告发布之日起,按照《私募投资基金管理人登记和基金备案办法(试行)》和中国基金业协会的相关规定,已登记的私募基金管理人未按时履行季度、年度和重大事项信息报送更新义务的,在私募基金管理人完成相应整改要求之前,中国基金业协会将暂停受理该机构的私募基金产品备案申请。

(2)私募基金管理人未按时履行季度、年度和重大事项信息报送更新义务累计达2次的,中国基金业协会将其列入异常机构名单,并通过私募基金管理人公示平台(http://gs.amac.org.cn)对外公示。一旦私募基金管理人作为异常机构公示,即使整改完毕,至少6个月后才能恢复正常机构公示状态。

(3)自本公告发布之日起,已登记的私募基金管理人因违反《企业信息公示暂行条例》相关规定,被列入企业信用信息公示系统严重违法企业公示名单的,在私募基金管理人完成相应整改要求之前,中国基金业协会将暂停受理该机构的私募基金产品备案申请。同时,中国基金业协会将其列入异常机构名单,并通过私募基金管理人公示平台(http://gs.amac.org.cn)对外公示。一旦私募基金管理人作为异常机构公示,即使整改完毕,至少6个月后才能恢复正常机构公示状态。

新申请私募基金管理人登记的机构被列入企业信用信息公示系统严重违法企业公示名单的,中国基金业协会将不予登记。

2. 私募基金管理人应当按时提交经审计的年度财务报告：

根据《私募投资基金管理人登记和基金备案办法（试行）》第二十一条规定，私募基金管理人应当于每年度四月底之前，通过私募基金登记备案系统填报经会计师事务所审计的年度财务报告。

（1）自本公告发布之日起，已登记的私募基金管理人未按要求提交经审计的年度财务报告的，在私募基金管理人完成相应整改要求之前，中国基金业协会将暂停受理该机构的私募基金产品备案申请。同时，中国基金业协会将其列入异常机构名单，并通过私募基金管理人公示平台（http://gs.amac.org.cn）对外公示。一旦私募基金管理人作为异常机构公示，即使整改完毕，至少6个月后才能恢复正常机构公示状态。

（2）新申请私募基金管理人登记的机构成立满一年但未提交经审计的年度财务报告的，中国基金业协会将不予登记。

二、撰写要点及实务

经营异常法律意见书的内容较新申请法律意见书披露的内容多，核查要求更加严格，对于经办及签字律师的专业要求更高，既要熟悉私募基金管理人登记相关规定，又要熟悉私募基金募集、备案、信息披露、投资等法律法规和自律规则，还要能够看懂审计报告及相关报表等财务信息，判断关联交易的合理性、公允性及合规性。

《异常经营专项法律意见书出具指引》对经营异常法律意见书的行文结构、内容作了较为细致的规定，包括律师事务所资质要求及声明、专项问题核查情况、整体问题核查情况及结论四个部分。

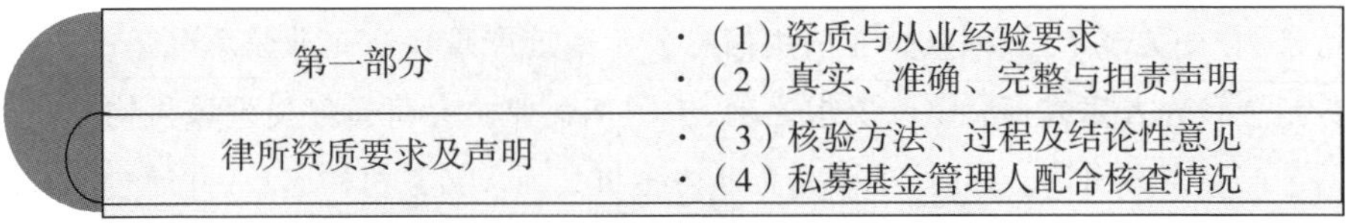

（一）第一部分“律所资质要求及声明”明确了出具经营异常法律意见书的资质与从业经验要求、工作要求

1. 资质与从业经验要求

（1）律师事务所及签字律师需具备《私募基金登记备案相关问题解答（八）》和

《关于私募基金管理人在异常经营情形下提交专项法律意见书的公告》第三项规定的资质条件。详见以上第一节“二、对律师事务所及签字律师的资质要求”。

(2)法律意见书中应详细列明签字律师在证券基金领域从业经验。

2. 真实、准确、完整与担责声明

法律意见书的声明项中应载明:“本所及签字律师依据《证券法》《证券投资基金法》以及中国证券监督管理委员会和中国证券投资基金业协会的要求,严格履行了法定职责,遵循了勤勉尽责和诚实信用原则,进行了充分的核查验证,保证本法律意见所认定的事实真实、准确、完整,所发表的结论性意见合法、准确,不存在虚假记载、误导性陈述或者重大遗漏,并承担《证券法》和《证券投资基金法》及其他相应的法律责任。”

3. 核验方法、过程及结论性意见

(1)法律意见书的正文应载明相关事实材料、查验原则、查验方式、查验内容、查验过程、查验结果、所依据的法律法规和自律规则、结论性意见以及所涉及的必要文件资料等。

(2)法律意见书中应对核查内容逐一发表明确的结论性意见,对查验事项是否合法合规、是否真实有效给予明确说明,对结论性意见进行充分论证、分析并说明查验过程。

根据中国基金业协会的规定,法律意见书中不应使用“基本符合”“未发现”等含糊措辞。另外,通常情况下,签字律师在出具法律意见书时,在引言部分笼统说明查验方式、查验内容、依据的法律法规及自律规则等,并在法律意见书正文部分直接描述查验后的基本情况和结论意见即可。但由于中国基金业协会对经营异常法律意见书做出了更为严格的要求,故建议签字律师在撰写经营异常专项法律意见书时,行文内容不要笼统描述,针对需要发表法律意见的事项,逐项列明核查的文件材料、签字律师的查验原则、查验方式、查验过程、查验结果,并结合相关法律法规及中国基金业协会自律规则的规定最终得出核查事项的结论性意见。

4. 私募基金管理人配合核查情况

法律意见书中应说明私募基金管理人是否配合律师事务所的专项核查工作,并如实描述在核查过程中发现的、私募基金管理人隐匿、阻碍、故意遗漏等不配合情形。

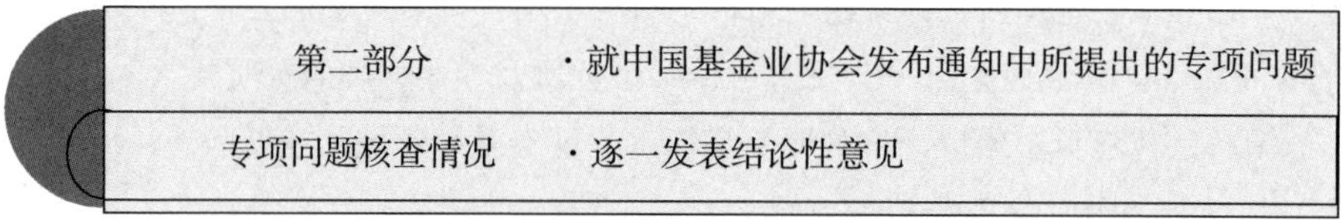

(二)第二部分“专项问题核查情况”要求律师事务所针对经营异常问题进行专项核查

律师事务所及签字律师需根据中国基金业协会要求申请机构限期提交专项法律意见书的通知中所提出的专项问题进行核查,逐项列明核查的文件材料、签字律师的查验原则、查验方式、查验过程、查验结果,并逐一回应,发表明确的结论性法律意见,避免遗漏。

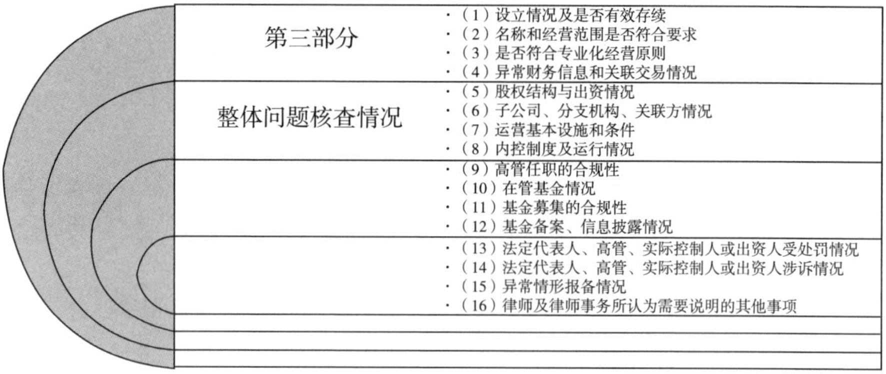

(三)第三部分“整体问题核查情况”总体上要求律师事务所按照私募基金管理人登记的各项要求进行核查,同时增加了一些新的核查事项

1. 私募基金管理人设立情况及是否有效存续

私募基金管理人是否依法在中国境内设立并有效存续,及其在中国基金业协会登记为私募基金管理人后的历史沿革。

此部分增加了私募基金管理人“在中国基金业协会登记为私募基金管理人后的历史沿革”,其他内容非新增核查事项。签字律师如实披露即可,具体要求及注意事项可参见本书第五章第一节相应内容。

2. 私募基金管理人的名称和经营范围是否符合要求

(1)私募基金管理人的工商登记文件所记载的经营范围是否符合国家相关法律法规及中国基金业协会关于私募基金管理人登记的相关规定。

(2)私募基金管理人的名称和经营范围中是否含有“基金管理”“投资管理”

“资产管理”“股权投资”“创业投资”等与私募基金管理人业务属性密切相关字样。

(3)若私募基金管理人的名称和经营范围不符合前述规定的,签字律师需合理论述该情况是否符合《私募基金管理人登记须知》《私募基金登记备案相关问题解答(七)》[①]等相关法律法规及协会自律规则中关于私募基金管理人名称和经营范围的相关规定。

此部分内容非新增核查事项,如实披露即可,具体要求及注意事项可参见本书第五章第一节相应内容。

3. 私募基金管理人是否符合专业化经营原则

(1)私募基金管理人是否符合《私募投资基金监督管理暂行办法》第二十二条专业化经营原则,自登记成为私募基金管理人后主营业务是否为私募基金管理业务。

(2)私募基金管理人的工商经营范围及实际经营业务中,曾经或目前是否兼营可能与私募投资基金业务无关或存在利益冲突的其他的业务(“冲突业务”)、是否兼营与“投资管理”的买方业务存在冲突的业务、是否兼营其他非金融业务等情况。

(3)若私募基金管理人存在前述(1)、(2)所述情形,签字律师需合理论述该情况是否符合《私募投资基金监督管理暂行办法》《私募基金管理人登记须知》《私募投资基金管理人内部控制指引》《私募基金登记备案相关问题解答(十三)》等相关法律法规及中国基金业协会自律规则中关于私募基金管理人专业化经营的相关规定。

此部分增加了“自登记私募基金管理人后的主营业务是否为私募基金管理业务”,其他内容非新增核查事项。签字律师如实披露即可,具体要求及注意事项可参见本书第五章第一节相应内容。

4. 异常财务信息和关联交易情况

(1)私募基金管理人最近一个会计年度审计报告中是否存在资产负债比例较高、大额或有负债或非正常应收、应付款项等可能影响私募基金管理人正常运作的异常财务信息。

(2)私募基金管理人是否存在与子公司(持股5%以上的金融企业、上市公司及持股20%以上的其他企业)、分支机构及关联方(受同一控股股东/实际控制人

① 《私募基金登记备案相关问题解答(七)》已失效,由《私募基金管理人登记须知(2018年版)》代替。

控制的金融机构、私募基金管理人、投资类企业、冲突业务企业、投资咨询及金融服务企业)资金往来的情况。

(3)如私募基金管理人存在上述(2)所述情形的,律师需在法律意见书中详细列明资金往来方、往来原因并论述资金往来是否真实合理,是否符合相关法律法规及中国基金业协会自律规则的相关规定。

(4)私募基金管理人是否存在使用自有资金投资的情况,是否独立运作、分别核算,自有资金投资是否符合《证券投资基金法》《私募投资基金监督管理暂行办法》等相关法律法规及中国基金业协会自律规则的相关规定。

需要特别注意,相较于新申请法律意见书,经营异常法律意见书在整体问题核查环节增加了核查私募基金管理人"异常财务信息和关联交易",要求签字律师核查最近一个会计年度审计报告中是否存在资产负债比例较高、大额或有负债或非正常应收、应付款项等可能影响机构正常运作的异常财务信息,并说明关联交易的真实性、合理性以及合规性。签字律师在核查异常财务信息和关联交易时,建议了解异常财务信息及关联交易产生的原因,取得相关协议或凭证,核查非正常应收、应付、大额负债的相对方,并增加对相对方的访谈、函证等查验手段,对审计机构签字会计师进行访谈,条件允许的情况下,还需取得相关审计工作底稿。

虽然此部分内容为新增核查事项,由于中国基金业协会在私募基金管理人登记时早已关注过此类问题,因此,有关于此部分的具体要求及注意事项亦可参见本书第五章第一节相应内容。

5. 私募基金管理人股权结构与出资情况

(1)私募基金管理人目前股权结构或出资比例情况,股东或出资人及实际控制人身份或工商信息,以上信息是否已真实、准确、完整地填报至资产管理业务综合报送平台。

根据实务经验,签字律师应核查私募基金管理人截至经营异常法律意见书出具之日的股权结构、出资比例情况。

(2)如股东或出资人及实际控制人曾经从事过或目前仍主要从事或兼营冲突业务,签字律师需合理论述以上冲突业务的开展情况及相关证照审批持有情况。

(3)股东或出资人及实际控制人与私募基金管理人及其管理的私募基金是否存在关联交易和利益输送,如有,需如实说明相关情况及对投资者进行信息披露的情况,同时签字律师需合理论述该情况是否符合《证券投资基金法》《私募投资基金监督管理暂行办法》等相关法律法规及中国基金业协会自律规则的相关规定。

需要特别注意,尽管《私募基金管理人登记须知》规定"申请机构主要出资人、申请机构自身曾经从事过或目前仍兼营民间借贷、民间融资、融资租赁、配资业务、小额理财、小额借贷、P2P/P2B、众筹、保理、担保、房地产开发、交易平台等与私募基金业务相冲突业务的",中国基金业协会将对该等申请机构不予登记。但根据《异常经营专项法律意见书出具指引》的规定,经营异常私募基金管理人的主要出资人曾经从事过或目前仍主要从事或兼营冲突业务的,并不必然导致该私募基金管理人被注销登记,但需要签字律师合理论述冲突业务的开展情况及相关证照审批持有情况、核查从事冲突业务的主体与管理人及管理人管理的私募基金是否存在关联交易和利益输送情况、核查信息披露情况并合理论述相关情形是否合法合规。

另外,签字律师除需核查私募基金管理人与其股东或出资人、实际控制人之间的关联交易及利益输送情况外,还需核查私募基金管理人管理的私募基金与该等股东或出资人、实际控制人之间的关联交易及利益输送情况。

除以上特别提示的内容外,此部分内容非新增核查事项,签字律师如实披露即可,具体要求及注意事项可参见本书第五章第一节相应内容。

6. 子公司、分支机构、关联方情况

签字律师需核查私募基金管理人是否存在子公司(持股5%以上的金融企业、上市公司及持股20%以上的其他企业)、分支机构和其他关联方(受同一控股股东/实际控制人控制的金融企业、资产管理机构或相关服务机构)。

(1)如有,需说明前述机构基本情况、业务开展情况及其子公司、关联方是否已登记为私募基金管理人、与该机构是否存在业务往来、冲突业务关联方的证照审批及持有情况等;

(2)签字律师需确认以上子公司、分支机构和关联方是否已按照相关要求真实、准确、完整地填报至资产管理业务综合报送平台;如未填报,签字律师需合理说明未如实填报原因,并论述该情况是否符合《关于进一步规范私募基金管理人登记若干事项的公告》等相关法律法规及中国基金业协会自律规则的相关规定。

此部分内容非新增核查事项,签字律师如实披露即可,具体要求及注意事项可参见本书第五章第一节相应内容。

7. 运营基本设施和条件

关于私募基金管理人运营基本设施和条件,签字律师需核查:

(1)高管及一般从业人员现状,包括但不限于人数、社保缴纳明细、基金从业资格取得情况、从业人员管理平台人员录入情况及员工外部兼职情况等。

（2）营业场所情况，包括但不限于注册地址、办公地址、是否存在异地办公情形及合理性等。

（3）资本金持有情况。

（4）以及以上信息是否真实、准确、完整地填报至资产管理业务综合报送平台，是否符合《劳动法》《社会保险法》《私募基金管理人登记须知》等相关法律法规及中国基金业协会自律规则的相关规定。

此部分内容非新增核查事项，签字律师如实披露即可，具体要求及注意事项可参见本书第五章第一节相应内容。

8. 内控制度及运行情况

对于私募基金管理人已向中国基金业协会报送的风险管理和内部控制制度，律师需核查：

（1）是否已经根据其管理人业务类型制定了相适应的制度，包括（视具体业务类型而定）运营风险控制制度、信息披露制度、机构内部交易记录制度、防范内幕交易、利益冲突的投资交易制度、合格投资者风险揭示制度、合格投资者内部审核流程及相关制度、私募基金宣传推介、募集相关规范制度以及（适用于私募证券投资基金业务）的公平交易制度、从业人员买卖证券申报制度等配套管理制度。

（2）以上制度是否有效运转并实际发挥作用，是否符合《证券投资基金法》《私募投资基金监督管理暂行办法》《私募投资基金管理人内部控制指引》等相关法律法规及中国基金业协会自律规则的相关规定。

需要特别注意，私募基金管理人的内控制度不应流于形式，而应形成“制定—运行—评价—更新”的动态过程，即内控制度制定后，私募基金管理人应对其执行情况进行定期和不定期的检查、监督及评价，排查内部控制制度是否存在缺陷及实施中是否存在问题，并及时予以改进，确保内部控制制度的有效执行。

私募基金管理人应切实做好内控制度运行的留痕、存档工作，使“内控制度有效运行”有据可依，即私募基金管理人需保存私募基金内部控制活动等方面的信息及相关资料，确保信息的完整、连续、准确和可追溯，保存期限自私募基金清算终止之日起不得少于 10 年。

除以上（2）外，此部分内容非新增核查事项，签字律师如实披露即可，具体要求及注意事项可参见本书第五章第一节相关内容。

9. 高管任职的合规性

对于私募基金管理人的高管人员，签字律师需要核查：

(1)高管岗位设置及任职情况是否符合中国基金业协会的要求。

(2)高管信息是否真实、准确、完整地填报至人员从业系统及资产管理业务综合报送平台。

(3)高管是否存在与私募业务相冲突业务的机构兼职及竞业禁止的情况；如存在，签字律师需合理论述该情况是否符合《公司法》《私募投资基金管理人内部控制指引》《私募基金登记备案相关问题解答（七）》①《私募基金登记备案相关问题解答（十二）》等相关法律法规及中国基金业协会自律规则的相关规定。

此部分内容非新增核查事项，签字律师如实披露即可，具体要求及注意事项可参见本书第五章第一节相关内容。

10. 在管基金情况

此部分为新增核查事项。对于私募基金管理人在管基金，签字律师需：

(1)以列表形式详细列明机构在管基金具体信息，表格内容应包括但不限于：基金成立日、到期日、组织形式、投向信息、托管信息、投资标的及底层资产情况、信息披露情况、审计情况等。

(2)核查私募基金管理人在管基金投资运作情况是否符合法律法规和自律规则规定。

(3)私募基金管理人向中国基金业协会报送的有关信息是否真实、准确、完整。

(4)如私募基金管理人与其他机构签署基金外包服务协议，律师需说明外包服务机构资质及服务协议签订情况，是否符合相关法律法规及中国基金业协会自律规则的相关规定。

关于外包服务，签字律师需如是披露，具体要求及注意事项可参见本书第五章第一节相关内容。

根据实务经验，在管基金的核查重点在于核查投资标的及底层资产的情况，确认投资的真实性。核查内容包括但不限于：标的资产的基本情况、投资协议、投资凭证等，对标的资产相关人员进行访谈，必要时应当进行走访等。签字律师应通过对私募基金管理人在管基金的各项情况进行梳理和罗列，结合标的资产的属性及

① 《私募基金登记备案相关问题解答（七）》已失效，由《私募基金管理人登记须知（2018 年版）》代替。

私募基金管理人主营业务判断私募基金投资的合规性。

11. 基金募集的合规性

此部分为新增核查事项。对私募基金管理人基金募集的合规性，签字律师需：

(1)核查自登记为私募基金管理人后，在展业过程中是否存在公开宣传、向非合格投资者募集、直接或间接承诺保本保收益，或向销售机构出具保本保收益的兜底承诺、未履行投资者适当性确认义务等相关情形。

(2)如私募基金管理人存在上述(1)所述情况，签字律师需详细说明该种行为发生的具体情形，并论述该行为是否符合《证券投资基金法》《私募投资基金监督管理暂行办法》《私募投资基金管理人登记和基金备案办法(试行)》等相关法律法规及中国基金业协会自律规则的相关规定。

签字律师需核查的、与基金募集相关的系列文件包括：私募基金募集说明书、基金风险揭示书、基金合同、私募基金投资者基本信息、风险测评问卷、风险匹配告知书、投资者确认函、回访确认函等。除核查前述文件外，签字律师还可以增加对投资者、基金销售人员、销售机构的访谈确认程序，然后再发表核查结论。若私募基金管理人存在基金募集不合规或不符合约定的情形，签字律师应当在法律意见书中作详细披露，并协助私募基金管理人采取补救措施，包括取得投资者的确认、私募基金管理人出具承诺等方式。

12. 基金备案、信息披露情况

此部分为新增核查事项。对于私募基金管理人所管理的私募基金，签字律师需对其备案及信息披露情况作如下核查：

(1)是否已根据相关法律法规及自律规则的相关规定在资产管理业务综合报送平台备案齐全，并已及时履行了私募基金管理人及所管理私募基金的重大事项变更、季度更新、年度更新、信息披露备份义务。

(2)私募基金管理人是否已根据基金合同、公司章程或者合伙协议所约定的频率、内容和方式向投资者真实、准确、完整披露了所投底层资产及最终标的情况(如涉及非实体企业的有限合伙等 SPV，应穿透至底层资产及最终标的)。

(3)如存在上述(2)规定的情形的，签字律师需详细说明未履行该等义务的具体情形及原因，并合理论述未履行特定义务的行为是否符合相关法律法规及中国基金业协会自律规则的相关规定。

基金备案的依据有：《证券投资基金法》《私募投资基金监督管理暂行办法》《私募投资基金管理人登记和基金备案办法(试行)》《关于进一步规范私募基金管

理人登记若干事项的公告》《私募投资基金信息披露管理办法》等。

若申请机构基金备案及信息披露存在不合规或不符合约定的情况，签字律师应当在法律意见书中作详细披露，并协助私募基金管理人采取补救措施，包括取得投资者的确认、由申请机构出具承诺等方式。

13. 法定代表人、高管人员、实际控制人或出资人受处罚情况

对于私募基金管理人及其法定代表人、高管人员、实际控制人和主要出资人的受处罚情况，签字律师需从以下几个方面核查：

(1)是否受到刑事处罚、金融监管部门行政处罚或者被采取行政监管措施；

(2)私募基金管理人及其高管人员是否受到自律组织的纪律处分；

此处(2)涉及的主体仅包括私募基金管理人及其高管人员，不包括私募基金管理人法定代表人及其实际控制人、主要出资人。

(3)是否在资本市场诚信数据库中存在负面信息；

(4)是否被列入失信被执行人名单；

(5)是否被列入全国企业信用信息公示系统的经营异常名录或严重违法企业名录；

(6)是否在“信用中国”网站上存在不良信用记录等。

若存在以上任一情形的，需同时核查该等情形是否对基金持续运行、投资者利益、资产净值等产生重大影响，是否已真实、准确、完整地在资产管理业务综合报送平台进行填报。

除以上(2)外，此部分涉及的主体包括私募基金管理人及其法定代表人、高管人员、实际控制人和主要出资人。

需要特别注意，签字律师不仅应当对特定事实进行调查和披露，还应当论证该等事项是否“对基金持续运行、投资者利益、资产净值等产生重大影响”，如产生重大影响，还应当进一步根据《私募投资基金信息披露管理办法》等法律法规、自律规则的规定和基金合同的约定，核查私募基金管理人是否已就该等事项向私募基金投资者进行了信息披露，并在“机构在管基金具体信息”表格的“信息披露”项下列示。

对此部分相应内容核查的具体要求及注意事项可参见本书第五章第一节相应内容。

14. 法定代表人、高管人员、实际控制人或出资人涉诉情况

关于私募基金管理人及其法定代表人、高管人员、实际控制人和主要出资人涉

诉情况,律师需从以下几个方面核查:

(1)最近三年涉诉或仲裁情况;

(2)是否存在与投资者存在纠纷的情况。

如存在以上任一情形,需核查其是否对基金持续运行、投资者利益、资产净值等产生重大影响,是否已真实、准确、完整地在资产管理业务综合报送平台进行填报。

需要特别注意,签字律师不仅应当对特定事实进行调查和披露,还应当论证该等事项是否"对基金持续运行、投资者利益、资产净值等产生重大影响",同时据此核查私募基金管理人是否履行相应的私募基金重大事项临时披露义务。

对此部分相应内容核查的具体要求及注意事项可参见本书第五章第一节相应内容。

15. 异常情形报备情况

签字律师需核查私募基金管理人在收到要求限期提交专项法律意见书的通知后,是否已按照《关于私募基金管理人在异常经营情形下提交专项法律意见书的公告》相关要求,及时向所在地证券监管部门派出机构报告其异常经营情形,并报备其委托律师事务所出具专项法律意见书的情况。

16. 律师及律师事务所认为需要说明的其他事项

此部分为兜底审查事项,对以上十五项内容可能存在的未尽之处,签字律师需根据执业经验、法律法规、中国基金业协会有关规定进行核查并披露。

通常情况下,签字律师完成前述十五项的审查义务即可出具法律意见书。但其他未在上述十五项中列示但对私募基金管理人的管理和经营可能产生重大影响的事项亦应披露于法律意见书中,具体应以私募基金管理人的披露和所出具的承诺函为基础,辅以其他与申请相关的资料及信息进行详尽审查与分析。

第四部分	·(1)私募基金管理人是否已根据经营异常法律意见书核查的问题采取相应措施并完成整改
结论	·(2)私募基金管理人是否持续符合中国基金业协会相关自律规则及私募基金管理人登记要求

(四)第四部分"结论"要求律师事务所针对异常经营整改完成情况以及是否持续登记要求发表结论性意见

签字律师及律师事务所应在经营异常法律意见书的最后对以下问题审慎发表结论性意见:

1. 私募基金管理人是否已根据经营异常法律意见书第二部分、第三部分所需核查的问题采取相应措施并完成整改。

2. 私募基金管理人是否持续符合中国基金业协会相关自律规则及私募基金管理人登记要求。

第三节 中国基金业协会对经营异常法律意见书的处理方式

一、私募基金管理人异常经营的后果

根据《关于进一步加强私募基金行业自律管理的决定》的相关规定，对出现经营异常情形的私募基金管理人，可能出现的后果如表 7－1 所示：

表 7－1 经营异常的后果

<table>
<tr><th>序号</th><th colspan="2">适用情形</th><th>法律后果</th></tr>
<tr><td>1</td><td colspan="2">已经被司法机关、监管部门调查认定不再符合私募基金管理人登记规定</td><td>中国基金业协会直接根据调查认定结果对其予以公告注销。</td></tr>
<tr><td rowspan="4">2</td><td rowspan="4">出现其他异常经营情形，且中国基金业协会发出书面通知，限期 3 个月内提交符合规定的专项法律意见书</td><td rowspan="3">未能在规定期限内提交法律意见书或者法律意见书认定其不再符合私募基金管理人登记规定</td><td>中国基金业协会将按照有关规定予以注销，注销后不得重新登记。</td></tr>
<tr><td>法定代表人、高级管理人员及其他从业人员按照不配合自律管理予以纪律处分，情节严重的，取消基金从业资格，加入黑名单。</td></tr>
<tr><td>私募基金管理人资格被注销后，不得募集设立私募基金，已备案的私募基金按照法律法规和合同约定妥善处置。</td></tr>
<tr><td>法律意见书被中国基金业协会认定符合登记规定</td><td>恢复私募基金管理人的正常业务办理。</td></tr>
</table>

续表

序号	适用情形	法律后果
3	出现被公安机关、检察机关、监察机关立案侦查,以及被责令停止相关展业资质、强制措施等严重情形,自中国基金业协会书面通知至私募基金管理人提交意见书并恢复正常业务办理期间	中国基金业协会暂停受理新基金备案申请。
		中国基金业协会暂停相关重大事项变更申请。
		中国基金业协会暂停相关关联方新设私募基金管理人的登记申请。
4	因重大违法违规而被注销	取消高管人员的基金从业资格(如有)并加入黑名单。

二、提交经营异常法律意见书的程序和要求

私募基金管理人及其法定代表人、高管人员、实际控制人或主要出资人出现中国基金业协会规定的异常经营情形的,私募基金管理人应按照下列程序和要求提交经营异常法律意见书,如图7－2所示:

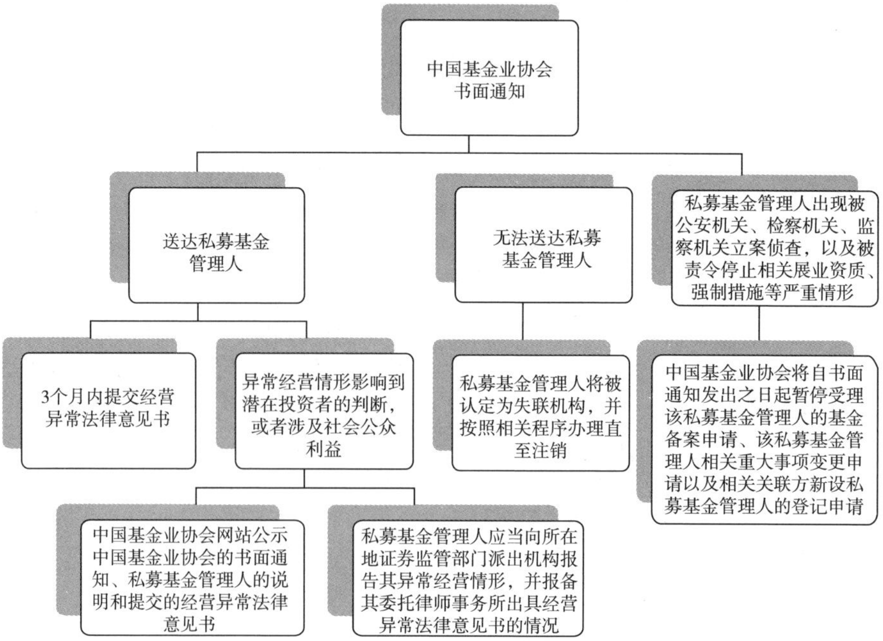

图7－2 提交经营异常法律意见书的程序

(一)私募基金管理人收到中国基金业协会通知

1. 应委托律师事务所对有关事项进行查验,并自收到中国基金业协会通知之日起3个月内提交经营异常法律意见书。

2. 若经营异常情形影响到潜在投资者的判断,或者涉及社会公众利益的:

(1)私募基金管理人应当向所在地证券监管部门派出机构报告其异常经营情形,并报备其委托律师事务所出具经营异常法律意见书的情况。

(2)中国基金业协会的书面通知、私募基金管理人的说明和提交的经营异常法律意见书将在中国基金业协会网站公示。

(二)中国基金业协会的书面通知无法送达私募基金管理人

私募基金管理人将被认定为失联机构,并按照相关程序办理,直至注销。

根据相关规定,列入失联机构的私募基金管理人自中国基金业协会发布失联机构公告之日起满3个月且未主动联系中国基金业协会并提供有效证明材料的,将被注销私募基金管理人登记。

(三)私募基金管理人出现被公安机关、检察机关、监察机关立案侦查,以及被责令停止相关展业资质、强制措施等严重情形的,中国基金业协会将自书面通知发出之日起暂停受理该私募基金管理人的基金备案申请、该私募基金管理人相关重大事项变更申请,以及相关关联方新设私募基金管理人的登记申请。

三、中国基金业协会对经营异常法律意见书的处理方式

中国基金业协会对经营异常法律意见书的处理方式如图7-3所示:

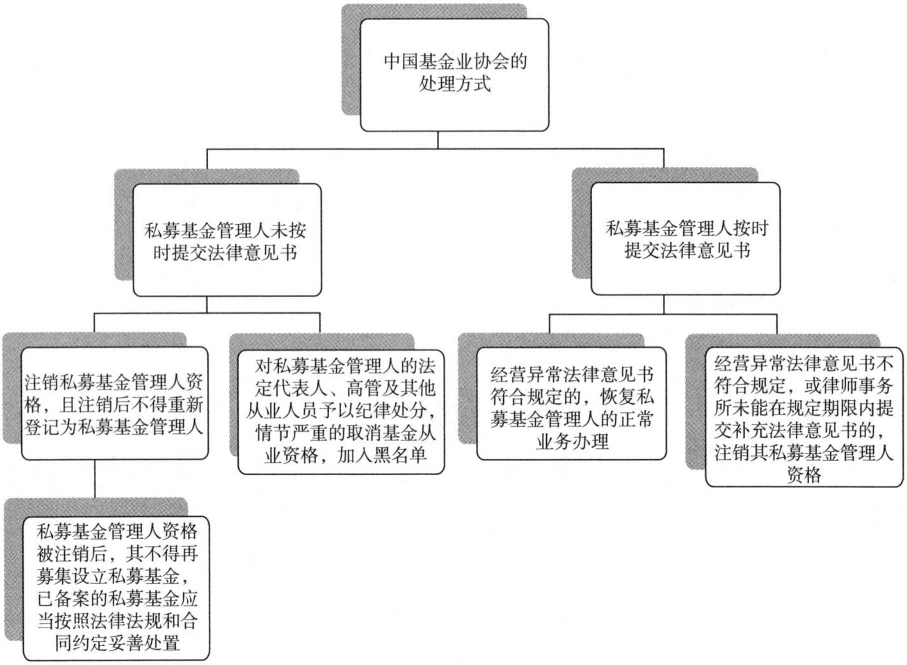

图 7－3　中国基金业协会对法律意见书的处理方式

1. 私募基金管理人未按时提交符合规定的经营异常法律意见书时，中国基金业协会将采取以下处理方式：

(1)注销私募基金管理人资格，且注销后不得重新登记为私募基金管理人。

(2)对私募基金管理人的法定代表人、高管人员及其他从业人员予以纪律处分，情节严重的，取消基金从业资格，加入黑名单。

(3)私募基金管理人资格被注销后，其不得再募集设立私募基金，已备案的私募基金应当按照法律法规和基金合同约定妥善处置。

需要注意的是，提交经营异常法律意见书的时限为自私募基金管理人收到中国基金业协会通知之日起 3 个月内。

2. 私募基金管理人按时提交经营异常法律意见书时，中国基金业协会的处理方式：

(1)经营异常法律意见书符合规定的，恢复私募基金管理人的正常业务办理。

经营异常法律意见书符合规定的标准为：私募基金管理人完成整改，且律师事务所及签字律师在经营异常法律意见书中出具私募基金管理人符合中国基金业协会规定的结论性意见,并无虚假记载、误导性陈述或者重大遗漏。

(2)经营异常法律意见书不符合规定,或律师事务所未能在规定期限内提交补充法律意见书的,注销其私募基金管理人资格。

经营异常法律意见书不符合规定的情形就是中国基金业协会规定的不予接受的情形。具体包括:

①律师事务所和签字律师不符合《关于私募基金管理人在异常经营情形下提交专项法律意见书的公告》要求。

关于律师事务所与签字律师的资质,《关于私募基金管理人在异常经营情形下提交专项法律意见书的公告》规定:"出具专项法律意见书的律师事务所和签字律师应当具备相应的执业能力,符合如下条件:(一)未曾为该私募基金管理人出具登记、备案法律意见书;(二)内部管理规范,合规风控健全,执业水准高,恪守职业道德和执业纪律;(三)签字律师证券基金法律业务执业经验丰富;(四)律师事务所和签字律师最近三年未受到证券监管部门的行政处罚或者被采取行政监管措施,也未被协会列入不予接受法律意见书的限制性名单。"

需要特别注意,中国基金业协会对律师事务所与签字律师提出了资质要求,这也要求私募基金管理人在收到限期提交异常经营法律意见书时,为提高中国基金协会审核通过的可能,需要选择业务经验丰富,具备大量成功项目案例的律师事务所。同时,律师事务所及签字律师在接手此类业务时,也务必事先审核私募基金管理人资质,对于难以出具肯定性结论意见的私募基金管理人,需注意防范执业风险,审慎出具意见。

②律师事务所或签字律师存在《私募基金登记备案相关问题解答(十四)》规定的予以公示情形。

针对律师事务所与签字律师的公示情形,《私募基金登记备案相关问题解答(十四)》规定:"中国证券投资基金业协会将定期对外公示不予办理登记的申请机构名称及不予登记原因,同时公示为该机构出具法律意见书的律师事务所及经办律师名单。"

③法律意见书中未发表或无法发表明确的结论性意见。

④其他中国基金业协会不予接受其出具的法律意见书的情形。

中国基金业协会不接受经营异常法律意见书,视同私募基金管理人未提交法律意见书,中国基金业协会将不暂停、不重新起算提交法律意见书的 3 个月的时效期间。

(3)经营异常法律意见书如出现以下情形之一的,中国基金业协会将要求私募基金管理人限期补充出具专项法律意见书:①未能详细论述律师事务所和签字律师是否符合《关于私募基金管理人在异常经营情形下提交专项法律意见书的公告》相关要求的;②存在不符合《关于私募基金管理人在异常经营情形下提交专项法律意见书的公告》中关于经营异常法律意见书出具要求的相关规定的;③存在其他需要进一步补充论证或补充提交辅助证明材料等情形的。其中,第①、②种情形可以通过在法律意见书中进行详细论述、落实相关要求而予以避免,第③种情形可能会因为不同私募基金管理人存在不同的事实情况而难以预判。关于出具补充法律意见书的时限,中国基金业协会并未明确规定经营异常法律意见书被"退回补正"的具体次数及时限要求,根据实务经验,补充法律意见书的出具时限通常为一个月。

(4)私募基金管理人存在"不符合私募基金管理人登记要求""未按时提交法律意见书""未按时提交补充法律意见书"任一情形的,其私募基金管理人资质都将被注销。其中,"未按时提交法律意见书"情形下,私募基金管理人法定代表人、高管人员、从业人员还将受到纪律处分,甚至被取消从业资格,加入黑名单。

3. 对律师事务所和签字律师的惩戒情形和措施

律师事务所未能勤勉尽责,经营异常法律意见书存在虚假记载、误导性陈述或重大遗漏的,中国基金业协会将不再接受相关律师事务所出具的法律意见书,同时移送中国证监会和有关司法行政部门及律师协会查处,并在中国基金业协会网站公示。

第八章

其他法律意见书撰写要点及实务

前述与私募基金管理人相关的五类法律意见书是中国基金业协会明文规定需要出具法律意见书的情形,除此之外,中国基金业协会也可能通过邮件形式反馈给私募基金管理人要求其出具法律意见书。这种情况下,申请机构需就中国基金业协会的具体要求出具专项法律意见书。

由于中国基金业协会要求私募基金管理人出具其他法律意见书的原因各有不同,因此,本部分内容仅供读者参考,以使读者了解其他法律意见书基本情况,关于其他法律意见书的核查方式、内容以及相关事项均应根据中国基金协会的具体要求安排。

一、中国基金业协会要求出具其他法律意见书的法律依据

根据《私募投资基金管理人登记和基金备案办法(试行)》第二十六条的规定,中国基金业协会可以对私募基金管理人及其从业人员实施非现场检查和现场检查,要求私募基金管理人及其从业人员提供有关资料和信息。私募基金管理人及其从业人员应当配合检查。

二、出具其他法律意见书的一般情形

根据实务经验,中国基金业协会要求私募基金管理人出具其他法律意见书的情形一般为:

1. 宣传推介、资金募集、投资管理等业务环节是否合规;

2. 内控制度及风险管理是否完善;

3. 信息披露与报送是否真实、准确、完整、及时。

三、中国基金业协会典型问题

1. 请核实公司是否违规兼营非私募基金业务,开展股票推介活动;

2. 请核实公司目前产品的投资运作及信息披露情况;

3. 产品募集过程中,是否违反相关法律法规和协会自律规则的情况;

4. 请核实公司所管理基金的投资运作是否符合合同约定;

5. 请核实公司所管理私募基金的信息披露情况;

6. 请确认存续基金产品是否正常运作,如有投资风险,请说明情况;

7. 依据法律法规和中国基金业协会自律规则,结合以上事项的核实情况,请确认公司是否持续符合私募基金管理人登记规定。

四、撰写要点及实务

针对以上一般情形,建议私募基金管理人及经办律师根据中国基金业协会的实际要求从以下方面进行核查:

1. 核查私募基金管理人在管基金全部基金合同、投资合同,如实披露基金名称及投向,若存在与机构类型不一致的基金,亦应如实披露其名称及类型。

2. 核查私募基金管理人网站、电视、纸媒等宣传信息,以此判断并如实披露是否存在公开宣传。

3. 核查在管基金募集材料、委托销售协议或与代销机构沟通、对基金投资者再回访,落实是否存在向不合格投资者募集、承诺保本保收益情况,如有必要,由代销机构出具书面说明。

4. 核查所有在管基金的投后管理报告,作出风险评估分析。

5. 核查在管基金的基金合同中对于信息披露的约定是否符合现行披露标准,私募基金管理人是否已按照约定及相关规定进行披露,说明未披露或未完全披露的原因以及是否已采取必要的改进措施并完成改进。

6. 核查在管基金的年度审计情况,对因投资者原因、基金合同约定原因造成的未审计情况予以说明。

7. 核查在管基金存续期限及投资标的,分析投资逻辑是否通顺。

8. 关注并核查私募基金管理人投资标的相同或投资标的互为关联方的基金,是否为真实投资。

三

法律尽职调查篇

第九章

法律尽职调查概述

尽职调查,英文表述为"due diligence",是为了解决交易双方信息不对称而衍生出的一种对标的公司进行调查的程序。尽职调查最早诞生于美国1933年颁布的《证券法》。美国1933年《证券法》规定证券经纪商和交易商披露的信息必须真实有效,否则除非购买证券的人在购买时已经知道这种虚假和遗漏,任何购买人都可以依法起诉。

法律尽职调查是指由律师进行的,对被调查对象的主体合法性、存续、资质、资产和负债、对外担保、重大合同、关联关系、税务、环保、劳动关系等一系列法律问题的调查。

一、法律尽职调查的原则性要求

(一)目的性原则

目的性原则强调的是尽职调查的"受人之托",是指尽职调查工作应当围绕委托方的目的进行,律师应当根据委托方的目的制订调查方案、确定调查重点和实施调查程序,在出具调查结果时,应当以与委托方目的密切相关的内容为核心进行全面报告。

以出具不同类型的私募基金管理人法律意见书为例,因出于不同的目的,对于私募基金管理人的调查范围以及方向亦不同。私募基金管理人登记项目需要申请机构本身符合中国基金业协会关于登记备案的相关要求,因此需要核查:申请主体、经营范围是否合法合规,是否进行了专业化经营,基本运营设施和条件是否合适,内控制度是否完善,股权结构、实际控制人、高管人员以及关联方等是否符合中国基金业协会规定;私募基金管理人重大变更事项项目需要按照中国基金业协会的要求,核查申请机构的存续现状、重大事项变更原因、变更程序(包括但不限于董事会会议、股东会会议、合伙人会议等)、人员信息、已经履行的信息披露程序、新的关联方等情况。

即使很多项目从调查方向和资料的获取看来,大方向都是相同的,但是因不同项目所受到的法律法规、监管部门的要求不同,那么结论有可能就不相同。总之,尽职调查还是要围绕委托人的目的开展,并得出适宜的结论。

(二)全面性原则

全面性原则强调的是尽职调查的"广度",是指尽职调查的内容和出具调查结论的材料要全面。

首先,调查内容要全面,涉及被调查方的主体资格、治理结构、经营状况、股权结构、股东、实际控制人、资产、债权债务、处罚情况以及人力资源状况等方面。

其次,材料要全面,调查人员须收集与调查主题相关的所有材料。以股权结构为例,除了查阅被调查方的营业执照外,还要查阅公司章程、股东出资证明书、出资协议、验资报告、股份转让协议、股权变更登记等一系列的文件资料。

(三)透彻性原则

透彻性原则强调的是尽职调查的"深度",是指尽职调查的具体内容应当详尽、深入且彻底。

律师不仅要对有关的文件资料进行详尽的审核,必要时还要与相关当事人、政府机构和中介机构等进行调查和沟通。例如:若关键员工曾在同行业其他单位任职,则需要了解其与原单位合同关系是否已经终止,是否与原单位有竞业禁止的约定等,同时,还需向其原工作单位进行调查和了解;关于专利,律师不仅需要了解其是否拥有专利权,还要了解其是专利权还是专利申请权、是否存在权属上的纠纷、有效期间、专利权的地域范围以及专利许可情况等内容;关于应收账款,律师不仅需要了解其应收账款的数额,还要调查应收账款的性质、产生原因、账龄、债务人资产负债情况以及债权人已经采取的措施等。①

① 肖和保:《风险投资尽职调查四原则》,载《21世纪经济报道》2007年11月23日,第27版。

（四）差异化原则

差异化原则强调的是尽职调查的“区别对待”，简单地讲，就是针对不同的调查项目，法律尽职调查的侧重点有所不同。例如：对于新申请私募基金管理人项目，应按照中国基金业协会的要求进行全面核查；但对于私募基金管理人重大变更登记项目，则重大事项变更原因、变更程序等是核查重点。

（五）重要性原则

重要性原则强调的是尽职调查的“抓住重点”，一般而言，律师应该通过尽职调查了解被调查对象的所有情况，但由于受到调查时限、委托人要求等限制，实际中做不到了解所有情况，因此，律师在调查中必须抓住重点问题。

“抓住重点”可以从两个层面理解：(1)尽职调查前，调查人员需明确尽职调查需要核查的重点问题，明确在尽职调查的过程中什么是重要的资料和信息；(2)尽职调查过程中，调查人员要根据具体情况进行有侧重的调查，对于一般性的问题可以采取个别抽查推断的方式，对于异常及重要问题需全面核实，取得充分的依据。

（六）审慎性原则

审慎性原则强调的是尽职调查的“谨慎性”，律师出具的尽职调查报告或者法律意见书必须有充分的事实依据，因此，对于属于尽职调查范围的事项，律师必须尽到审慎尽责。对于在调查过程中发现的任何问题，律师均应持审慎的怀疑态度，作更深入地了解和探究，异常情况要反复甄别，没有确切依据的数据要保守估计。

（七）独立性原则

独立性原则强调的是尽职调查的“客观性”，律师的尽职调查工作应服务于项目本身，因此，应确保律师在尽职调查过程中的独立性，保持其客观态度。律师开展尽职调查，应当独立于委托人意志，独立于审计、评估等其他中介机构，要保持核查地位的独立性，不受任何人（包括但不限于委托人）意志左右，以独立的地位发表专业的意见。

二、法律尽职调查工作的一般流程

法律尽职调查工作的流程主要包括尽职调查前、尽职调查中和尽职调查后三个阶段，如图 9－1 所示：

尽职调查前	尽职调查中	尽职调查后
· 确定法律尽职调查的目的、对象和范围 · 梳理相关法律法规	· 设计并出具尽职调查清单 · 被调查方按尽职调查清单提供资料 · 收集、整理尽职调查资料，开展调查活动 · 制作尽职调查工作底稿	· 组织材料撰写尽职调查报告或法律意见书 · 出具整改法律意见或建议（如需）

图 9－1　法律尽职调查的一般流程

三、法律尽职调查的主要方法和手段

法律尽职调查的主要方法和手段有审查被调查对象提供的资料、现场访谈、实地考察、搜索外部信息、档案调查以及函证等。这几种方法和手段通常共同使用，交叉验证。

(一)审核被调查对象提供的资料("文件核查")

律师可通过审核被调查对象提供的工商档案、财务报告、业务文件、法律合同等各项资料，了解被调查对象的信息，发现异常及重大问题。

(二)现场访谈

现场访谈是文件核查的补充核查手段，如果访谈结果与文件核查不一致，应当在进一步核查补充资料基础上，了解并说明产生差异性的原因。在访谈之前，律师应制作具体的访谈计划；在访谈时，应制作访谈笔录并由被访谈对象签字确认，具备条件的，可在访谈时全程录音录像。访谈对象既可以是被调查对象及其关联方的实际控制人、股东、高管人员和员工，也可以是第三方机构的相关人员。

(三)实地考察

实地考察是文件核查的另一个重要的补充手段，目的是判断和分析被调查对象的实际情况是否与所核查文件一致，是否存在隐瞒和重大遗漏。实地考察需要通过制作查验笔录、现场拍照、视频等可以留痕的方式留存工作底稿。

通过实地考察，律师可以了解被调查对象的经营场地是否与工商登记相符，是否具备运营所必备的经营场所、人员、设施，是否具备运营所需资产，以及是否兼营可能与私募投资基金业务存在冲突的业务、是否兼营与"投资管理"的买方业务存在冲突的业务、是否兼营其他非金融业务以及是否公开募集资金、违法宣传等。

（四）档案调查

律师可以通过向有关机构进行档案调查的方法开展尽职调查。具体包括：向工商登记机关调查被调查对象及关联公司的工商登记底档；向被调查对象委托的会计师事务所等第三方机构调取审计报告、财务报表等；向征信机构调查被调查对象及其高管人员的征信报告；向被调查对象的开户行调查其银行流水；向劳动部门调查被调查对象的员工社保缴纳情况等。

（五）检索外部信息

律师可以通过各种信息渠道，了解被调查对象的情况以及进行尽职调查所需的其他信息。律师在搜索外部信息过程中，需通过制作检索笔录并通过截屏、拍照等可以留痕的方式保存工作底稿。

1. 律师可通过有关企业信息平台了解信息。例如：全国企业信用信息公示系统，启信宝、企查查等第三方平台，被调查对象的官网、微信公众号、微博等。

2. 律师可以通过政府公开网站了解信息。例如：证监会、工商管理部门、税务机关、法院、生态环境局、知识产权局等机构设置的公开查询渠道。

3. 律师可以通过互联网搜索引擎了解信息。互联网搜索引擎核查应当注意的问题是其权威性以及真实性、准确性不能保证，因此，律师在核查的时候要注意判断，并仅将其用作一种辅助审查的手段。

4. 律师还可以通过审阅行业杂志、访谈业内人士、咨询专家等方式了解信息。

（六）其他方法

除上述内容外，律师还可以根据项目的具体情况通过函证，向中国证监会及其派出机构、司法行政机关、具有公共事务职能的组织、会计师事务所、相关专业协会查询等方式进行调查。律师采用函证、查询方式进行查验的，应就查询的信息内容、时间、地点、载体等有关事项制作查询笔录。

由于目前获取相关信息的通道越来越顺畅，所以对律师法律尽职调查的核查要求越来越严格，只有做到多渠道，穷尽核查手段，核查到全部信息来源，才能尽可能地做到核查结果真实、准确、完整。

第十章

私募基金管理人登记法律尽职调查事项

私募基金管理人登记法律尽职调查是律师事务所及经办律师出具相关法律意见书的基础工作，是律师利用其专业知识对私募基金管理人的主体资格、专业化经营、股权结构、实际控制人、内控制度等进行调查，透过法律视角对相关材料、信息进行甄别、分析的过程。法律尽职调查关系到私募基金管理人的相关登记工作能否顺利进行，以及经办律师能否完整、准确、合法地出具法律意见书的结论意见。

第一节　新申请私募基金管理人登记法律尽职调查事项

对新申请私募基金管理人登记，律师应从十一个方面进行法律尽职调查，如图10－1所示：

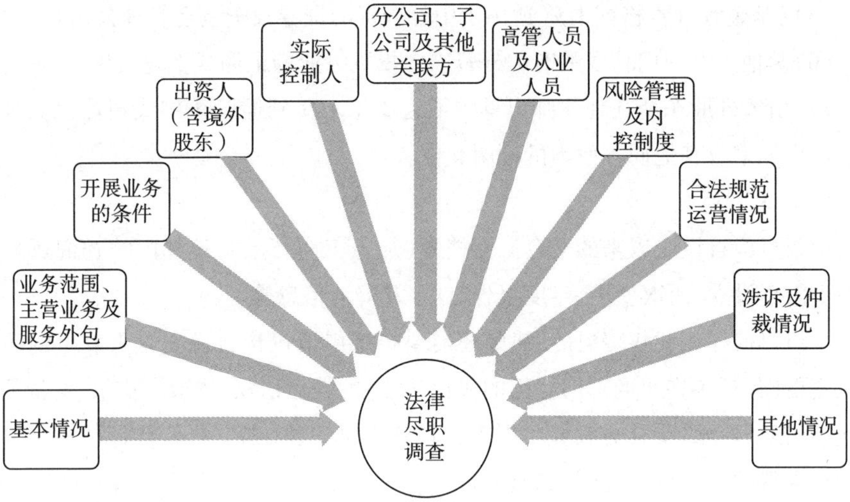

图 10-1　新申请私募基金管理人法律尽职调查事项

一、申请机构基本情况

律师应核查的事项和文件包括：

(一)经营证照

申请机构的经营证照包括现行有效的：

1. 营业执照、组织机构代码证、税务登记证(若已领取三证合一的新版营业执照，则不再提供组织机构代码证和税务登记证)、银行开户许可证、公司章程/合伙协议、批准证书、社保登记证、住房公积金开户证明、国有资产产权登记证明(如有)。

2. 国资控股的申请机构提供国有资产管理机构的批准文件或有决策权限的董事会、股东(大)会决议文件、企业信用报告等。

3. 申请机构存在直接或间接的境外股东的，律师还需要核查以下审批文件：

(1)《外商投资企业批准证书》(如有)；

(2)银行开具的《FDI[①] 业务登记凭证》；

(3)商务部批复(适用于外商投资性企业、外商投资企业)(如有)；

(4)《证券投资业务许可证》(适用于合格境外机构投资者境内证券投资)；

① FDI 指外商直接投资(Foveign Direct Investment)。

(5)《基金管理资格证书》(适用于中外合资的证券投资基金管理公司);

(6)其他主管部门核发的有关外资准入投资行业的证照或批复文件;

(7)由境外股东所在地律师出具的最近3年未受到监管机构或司法机关处罚的法律意见书或其他同等效力的证明文件。

(二)工商档案

申请机构自设立以来的全套工商档案(加盖工商行政管理部门的查询章),包括但不限于设立、历次变更、年度报告、良好及警示信息等。

申请机构存在股权变更的,律师还需要核查申请机构自设立以来发生的历次股权变更(包括未在工商部门登记的股权转让)的转让协议、增减资协议、对价款支付凭证(银行流水、受让方收款单据等)、税款支付凭证(如有)、资产评估报告以及新股东取得的特殊权利说明(如有)等。

(三)说明性文件

申请机构需就以下事项作出说明:

1. 申请机构是否应进入解散、清算或者破产程序,是否存在其他可能导致其终止的情形;

2. 申请机构是否存在股权激励、信托持股、委托持股、职工持股或类似安排,是否存在未进行工商登记的股权变更;

3. 申请机构实缴注册资本为货币出资的,说明资金来源,并核查注册资本进入申请机构账户之日起1个月内公司的往来账的清单等。

(四)其他事项和文件

律师需核查的其他事项和文件主要有:

1. 申请机构注册资本实缴的历次验资报告(包括出资原始凭证);

2. 申请机构任何有关特殊行业或业务的政府批复、证书或许可(如有);

3. 申请机构近3年经审计的财务报告以及最近1个月的财务报告;

4. 申请机构成立至今获得的主要荣誉和奖励(若有)及相关文件等。

二、申请机构的业务范围、主营业务、服务外包情况

(一)业务范围

律师需核查的事项和文件包括:

1. 申请机构最近1年正在履行的或已签署但尚未履行的所有重大业务合同

（合同金额列前10位的业务合同）；

2. 申请机构最近1年及1期经审计的财务报告及原始财务报表；

3. 申请机构商业模式、经营目标和计划的说明（如有）；

4. 申请机构有关产品或服务及其用途的说明；

5. 申请机构委托管理协议范本（如有）；

6. 申请机构所经营业务范围（包括主营业务和兼营业务）的详细说明，该说明中应当包括：申请机构是否兼营可能与私募投资基金业务存在冲突的业务、是否兼营与“投资管理”的买方业务存在冲突的业务、是否兼营其他非金融业务；

7. 其他相关资料。

（二）主营业务

律师需核查的事项和文件包括：

1. 申请机构主营业务及业务流程图和相关说明；

2. 申请机构最近1年及1期经审计的财务报告（有合并报表的仅提供合并报表即可）及原始财务报表；

3. 申请机构主营业务是否发生重大变化的说明；

4. 其他相关资料。

（三）服务外包

律师需核查的事项和文件包括：

1. 申请机构与外包服务机构签署的基金外包服务的全套协议（含供销协议、销售支付、份额登记、估值核算、信息技术系统等业务的服务）及外包服务模式的详细说明；

2. 外包服务费用支付凭证；

3. 申请机构的风险管理框架及制度，以及申请机构对外包服务机构的尽职调查报告；

4. 外包服务机构的营业执照、相关资质证照复印件和经营情况说明（如有）；

5. 其他相关资料。

三、申请机构具备开展业务条件的情况

申请机构具备的开展业务条件指的是申请机构的运营基本设施，律师对申请机构开展业务条件核查的事项和文件包括：

(一)经营场所

律师需核查的事项和文件包括:

1. 申请机构及分、子公司所有或租赁的物业清单;

2. 如为自有物业,核查最新的产权证、土地使用权出让合同、出让金缴纳凭证等权属证明文件,若该等物业存在抵押等权利负担的,一并核查相应的抵押合同及他项权证;

3. 如为租赁物业,核查租赁合同及最近1期的租赁费用支付凭证及完税证明,产权人最新的房产证等权属证明文件;

4. 如以其他方式使用物业,核查相应的使用证明以及房产证等权属证明文件。

(二)办公设施

律师需核查的事项和文件包括:

申请机构用于开展基金管理业务的办公设备、相关分析工具、平台软件等的清单及采购合同、价款支付凭证(包括发票、银行流水单等)。

(三)财务状况

律师需核查的事项包括:

1. 申请机构是否财务制度是否建立健全;

2. 申请机构是否存在到期未清偿债务、资产负债比例较高、大额或有负债等情形。

律师需核查的文件包括:

申请机构内部控制制度、申请机构的资产负债表、现金流量表、利润表以及银行流水等。

(四)主要支出及其资金来源情况

申请机构主要支出包括员工薪酬、办公场所租金以及办公设施费用等。

律师需就此核查的事项包括:

1. 申请机构经营场所产权或租赁场所、租金支付等事项的真实性;

2. 申请机构办公设施及人员的真实性,以及资金来源、支出的合理性。

四、申请机构出资人(含境外股东)情况

申请机构需提供目前的股权结构图,结构图应披露至各个股东的最终权益持有人(实际控制人),即披露至自然人或国有资产管理机构、上市公司(采用竖状结构图),并注明各出资人的出资额以及持股比例。申请机构提供的股权结构图还应

标明控股或参股关系、持股份额、其他持股人名称及持股数量、最终实际控制人的控制权。

1. 申请机构的出资人若为境内自然人,律师需核查的事项和文件包括:

(1)境内自然人出资人的身份证复印件;

(2)自然人出资人的个人信息说明(调查表),包括但不限于:姓名、性别、国籍、出生年月日、最高学历院校名称、文化程度、职称、基金从业资格、工作经历、对外投资情况;

(3)其他相关资料。

2. 申请机构的出资人若为境内机构,律师需核查的事项和文件包括:

(1)营业执照、最新的公司章程/合伙协议;

(2)从工商行政管理部门打印的列明目前股东(合伙人)及出资情况的基本信息查询单(需追溯至自然人或国有资产管理机构、上市公司)。

3. 申请机构的出资人若为境外机构,律师需核查的事项和文件包括:

(1)外商投资企业批准证书(如有);

(2)经公证认证的境外出资人的全套注册资料;

(3)中国证监会的批准文件;

(4)商务部门批准证书(如有);

(5)其他相关资料。

4. 申请机构的出资人若为境外自然人,律师需核查的事项和文件包括:

(1)境外自然人出资人的身份证明文件(所在国或地区的合法身份证件),如护照或其他同等效力证件;

(2)外汇登记证;

(3)由境外出资人所在地律师出具的最近3年未受到重大刑事、行政处罚的法律意见书或其他同等效力的证明文件;

(4)其他相关资料。

5. 除上述内容外,律师还需就申请机构的出资人核查以下事项,并核查与之相关的全部文件:

(1)申请机构出资人之间是否存在相关协议安排;

(2)申请机构是否存在未进行工商登记的股权变更;

(3)申请机构出资人之间是否存在关联关系;

(4)申请机构出资人所持有的股权/出资份额(包括直接和间接持股)是否设

置质押，是否存在被司法冻结、权属争议或其他限制其转让的情形；

(5)申请机构出资人是否存在尚未了结的或潜在的重大诉讼、仲裁，是否存在违法情况（包括因违反国家法律、行政法规、部门规章、自律规则等受到刑事、民事、行政处罚或处分），是否有到期未偿还的大额债务等情况，是否存在因欺诈或其他不诚实行为等情况被处罚的情形；

(6)申请机构出资人是否从事过或目前仍主要从事或兼营冲突业务；

(7)申请机构出资人是否与申请机构及其管理的私募基金存在关联交易和利益输送；

(8)其他相关事项。

五、申请机构实际控制人情况

律师需核查的事项和文件包括：

1. 主体资格（身份）证明文件

(1)实际控制人若为境内自然人，律师需核查的文件包括：

①境内自然人出资人的身份证复印件；

②自然人出资人的个人信息说明（调查表），包括但不限于：姓名、性别、国籍、出生年月日、最高学历院校名称、文化程度、职称、基金从业资格、工作经历、对外投资情况。

③其他相关资料。

(2)实际控制人若为境内机构，律师需核查的事项和文件包括：

①营业执照、最新的公司章程/合伙协议；

②从工商行政管理部门打印的列明目前股东（合伙人）及出资情况的基本信息查询单（需追溯至自然人或国有资产管理机构、上市公司）。

(3)实际控制人若为境外机构，律师需核查的事项和文件包括：

①外商投资企业批准证书（如有）；

②经公证认证的境外出资人的全套注册资料；

③中国证监会的批准文件；

④外经贸部门批准证书（如有）；

⑤其他相关资料。

(4)实际控制人若为境外自然人，律师需核查的事项和文件包括：

①实际控制人所在国或地区的合法身份证件，如护照或其他同等效力证件及

外汇登记证；

②由实际控制人所在地律师出具的最近3年未受到重大刑事、行政处罚的法律意见书或其他同等效力的证明文件。

2. 实际控制人对外投资情况。

3. 自申请机构设立至今，实际控制人的变更情况。

4. 实际控制人为一致行动人的，核查一致行动协议或其他证明存在一致行动行为的材料（如存在亲属关系的证明材料）。

5. 除上述内容外，律师还需就申请机构的实际控制人核查以下事项，并核查与之相关的全部文件：

（1）申请机构实际控制人是否存在尚未了结的或潜在的重大诉讼、仲裁，是否存在违法情况（包括因违反国家法律、行政法规、部门规章、自律规则等受到刑事、民事、行政处罚或处分），是否有到期未偿还的大额债务等情况，是否存在因欺诈或其他不诚实行为等情况被处罚的情形；

（2）申请机构实际控制人是否从事过或目前仍主要从事或兼营冲突业务；

（3）申请机构实际控制人是否与申请机构及其管理的私募基金存在关联交易和利益输送；

（4）其他相关事项。

六、申请机构分公司、子公司及其他关联方情况

1. 关于申请机构分公司、子公司及其他关联方，律师需核查的事项和文件包括：

（1）营业执照、组织机构代码证、税务登记证（若已领取三证合一的新版营业执照，则不再提供组织机构代码证和税务登记证）、银行开户许可证、公司章程/合伙协议、批准证书、社保登记证、公积金开户证明、国有资产产权登记证明（如有）；

（2）国有控股的申请机构提供国有资产管理机构的批准文件或有决策权限的董事会、股东（大）会决议文件；

（3）企业信用报告；

（4）是否登记为私募基金管理人的说明（可以统计表的形式说明）并提供相关登记文件；

（5）最近1年及1期经审计的财务报告（有合并报表的仅提供合并报表）及原始财务报表；

(6)其他相关资料。

2. 如申请机构及其子公司、关联机构存在境外直接或间接的境外股东的，律师需核查的事项和文件包括：

(1)《外商投资企业批准证书》(如有)；

(2)银行开具的《FDI业务登记凭证》；

(3)商务部批复(适用于外商投资性企业、外商投资产业投资企业)(如有)；

(4)《证券投资业务许可证》(适用于合格境外机构投资者境内证券投资)；

(5)《基金管理资格证书》(适用于中外合资的证券投资基金管理公司)；

(6)其他主管部门核发的有关外资准入投资行业的证照或批复文件；

(7)由境外股东所在地律师出具的最近3年未受到监管机构或司法机关处罚的法律意见书或其他同等效力的证明文件。

七、申请机构高管人员及从业人员情况

(一)高管人员

申请机构高管人员包括法定代表人/执行事务合伙人(委派代表)、总经理、副总经理(如有)和合规/风控负责人、财务负责人等。

律师需核查的事项和文件包括：

1. 高管人员名单，高管人员本人亲自填写的《高管人员信息调查表》，高管人员信息调查表包括但不限于姓名、性别、国籍、出生年月日、最高学历院校名称、文化程度、职称、工作经历(参加工作以来的职业及职务情况)；

2. 身份证明；

3. 职称证书；

4. 学历学位证书；

5. 基金从业资格文件；

6. 申请机构与高管人员首次及最近一次签订的劳动合同或聘用合同复印件、业绩奖励协议、项目跟投协议等；

7. 高管人员是否受到行业协会的纪律处分，是否在资本市场诚信数据库中存在负面信息，是否被列入失信被执行人名单，是否存在尚未了结或潜在的重大诉讼、仲裁的说明及相关证明文件；

8. 高管人员的无犯罪记录证明；

9. 高管人员的个人信用报告；

10. 其他相关资料。

（二）从业人员

申请机构从业人员指除高管人员以外的其他人员。

律师需核查的事项和文件包括：

1. 申请机构员工名册（含员工构成），包括但不限于姓名、部门、职务、性别、年龄、籍贯、政治面貌、婚姻状况、文化程度、专业、职称、证件类型及号码、工资、入职年月日、签订劳动合同情况（首次签订劳动合同起止年月、最近一次续签劳动合同起止年月、未签订劳动合同情况说明）、签订其他用工协议情况（协议名称、起止年月）、用工形式（劳动合同/派遣/劳务/外包等）；

2. 从业人员简历；

3. 申请机构最近1年社保/住房公积金汇缴书、社保/公积金缴款凭证（社保部门、公积金管理部门出具）、缴纳五险一金情况（缴纳险种、未缴纳险种及情况说明）；

4. 申请机构最近1年的工资台账；

5. 申请机构使用的标准劳动合同文本，以及与劳动管理相关的保密或非竞争协议等；

6. 从事私募基金管理业务的专业人员提供私募基金从业资格的证明文件、参加中国基金业协会或其认可机构组织的职业培训证明、各专业人员管理的基金产品及职能分工；

7. 其他相关资料。

（三）申请机构因劳动用工问题产生的争议

律师需核查的事项及相关文件包括：

1. 申请机构是否曾因违反劳动相关法律法规遭受调查或处罚；

2. 申请机构是否存在尚未了结的员工劳动纠纷、劳动仲裁或相关诉讼情况；

3. 其他相关资料。

八、申请机构风险管理及内控制度情况

律师需核查的事项和文件包括：

1. 申请机构治理结构（包括股东会、监事会/监事、董事会/执行董事、投资决策委员会、合规/风控负责人、风险管理委员会、总经理、副总经理、各部门，以及相应

人员安排)、组织架构图(包括所有下属控股和参股公司)及各部门职责;

2. 申请机构股东会、董事会、监事会议事规则、总经理工作细则等基本治理制度文件;

3. 投资委员会决策制度(如有)、关联交易制度、对外担保制度、财务管理制度、人事管理制度等日常经营管理制度;运营风险控制制度,信息披露制度,机构内部交易记录制度,防范内幕交易、利益冲突的投资交易制度,合格投资者风险揭示制度,合格投资者内部审核流程及相关制度,私募基金宣传推介、募集相关规范制度等配套管理制度;若申请机构从事私募证券投资基金业务,还应提供公平交易制度、从业人员买卖证券申报制度等;

4. 关于申请机构风险管理及内部控制制度实际运行情况的说明及申请机构所有重大投资决策的决议性文件(如有);

5. 其他相关资料。

九、申请机构合法规范运营及相关主体合法合规情况

律师需核查的事项和文件包括:

(一)申请机构及相关主体合规情况

1. 申请机构及其高管人员、控股股东和实际控制人、子公司近3年受到的刑事处罚、金融监管部门行政处罚或者被采取行政监管措施的文件(如处罚决定、罚款缴纳凭证等)(如有);

2. 申请机构及其高管人员、控股股东和实际控制人、子公司近3年被中国基金业协会采取纪律处分的文件(如有);

3. 申请机构及其高管人员、控股股东和实际控制人、子公司近3年曾经、正在或将要被中国基金业协会调查或询问(包括正式与非正式的)的情况,及相关通知、报告、通信记录等材料;

4. 申请机构及其高管人员、控股股东和实际控制人、子公司是否属于失信被执行人、是否在资本市场诚信数据库中存在负面信息、是否属于经营异常企业、是否在"信用中国"网站上存在不良信用记录的说明;

5. 申请机构是否受到工商、税务、审计、外汇、海关、环保、安全等行政部门处罚,及相关的处罚文件(如有);

6. 其他相关资料。

（二）申请机构负面报道情况

律师需核查申请机构是否存在媒体负面报道，以及相关报道文件、申请机构出具的声明文件。

十、申请机构及相关主体涉诉及仲裁情况

律师需核查的事项和文件包括：

申请机构及其高管人员、控股股东、实际控制人、子公司近3年是否存在任何将要发生、正在进行或已经发生的与诉讼、仲裁、行政复议或其他争议纠纷解决程序，如有，需核查相关诉讼、仲裁、行政复议等相关材料，包括但不限于起诉状、仲裁申请书、上诉状、证据、代理意见、答辩状、判决书、调解书、裁定书、款项支付凭证、案件最新进展情况的简要介绍、对诉讼或诉求结果的预计（包括预期所需的时间等）、索赔金额、采取措施的详细说明。

十一、其他情况

律师需核查的其他事项和文件包括：

（1）申请机构拟向中国基金业协会提交的登记申请材料及其清单；

（2）申请机构成立至今获得的主要荣誉和奖励及获奖证书等证明文件；

（3）对私募基金管理人登记相关事项有实质性影响的任何其他的文件或者信息；

（4）申请机构签章（包括公章、合同专用章等）和法定代表人签章的样式。

第二节　已登记私募基金管理人重大事项变更法律尽职调查事项

对已登记私募基金管理人的重大事项变更，律师应从六个方面进行法律尽职调查，如图10－2所示：

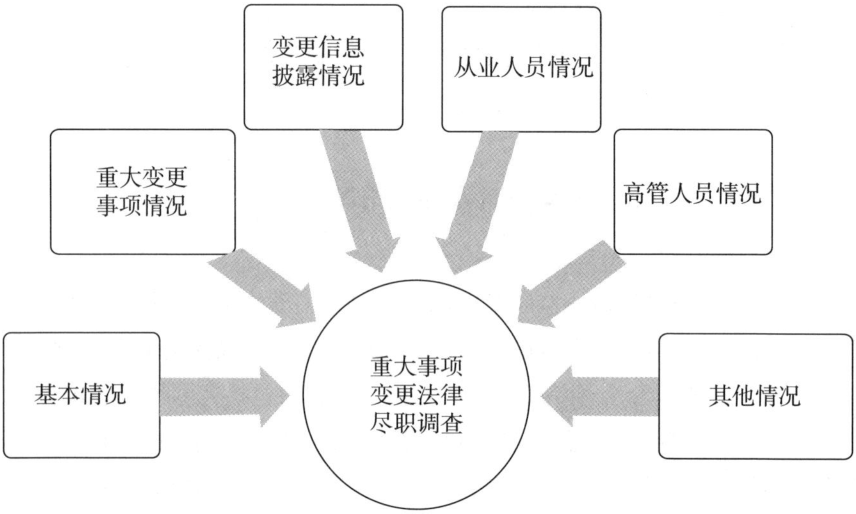

图 10－2　重大事项变更法律意见书法律尽职调查事项

一、申请机构基本情况

律师应核查的事项和文件包括：

1. 经营证照

申请机构的经营证照包括现行有效的：

（1）营业执照、组织机构代码证、税务登记证（若已领取三证合一的新版营业执照，则不再提供组织机构代码证和税务登记证）、银行开户许可证、公司章程/合伙协议、批准证书、社保登记证、公积金开户证明、国有资产产权登记证明（如有）；

（2）国有控股的申请机构提供国有资产管理机构的批准文件或有决策权限的董事会、股东（大）会决议文件、企业信用报告；

（3）其他相关资料。

2. 工商档案

工商档案，是指申请机构自设立以来的全套工商档案（加盖工商行政管理部门的查询章），包括但不限于设立、历次变更、年度报告、良好及警示信息等。

3. 在中国基金业协会私募基金登记备案系统填报的信息情况。

4. 申请机构是否存在法律法规及章程规定的需要终止的情形。

二、重大变更事项情况

1. 申请机构控股股东发生变更的，律师需核查以下事项和文件：

(1)变更程序

律师需核查的事项和文件包括：

①申请机构就本次重大事项变更的股东会决议、董事会决议等决议文件；

②申请机构向工商管理部门办理变更登记手续的文件。

(2)变更后的股权结构

律师需对申请机构变更后的股权结构进行核查，并核查至各个股东的最终权益持有人及持股比例，即披露至自然人、国有资产管理机构或上市公司。

(3)变更后的出资人信息

律师应核查的事项和文件包括但不限于：

①境内自然人出资人的身份证复印件；

②境外自然人出资人的身份证明文件；

③境内机构出资人(直接、间接)现行有效的营业执照、最新的公司章程或合伙协议、从工商行政管理部门打印的列明其目前股东或合伙人及出资情况的基本信息查询单(须追溯至自然人或国有资产管理机构)、国有资产产权登记证(如有)；

④申请机构为国有控股的，提供国有资产管理机构的批准文件或有决策权权限的董事会、股东会决议文件；

⑤境外机构出资人(直接、间接)经公证认证的全套注册资料以及由中国相关主管部门核发的有关批准文件(如有)。

(4)变更后的关联方情况

如果控股股东变更导致申请机构产生了新的关联方，律师应核查与新关联方有关的文件，如经营证照等身份证明文件、是否登记为私募基金管理人的有关文件(如有)等。

对于关联方的核查范围，根据申请机构的不同情况可以由经办律师谨慎地判断核查范围，特别应当重点核查控股股东、实际控制人控制的企业，尤其关注其中涉及的金融企业、资产管理机构或相关服务机构。

2. 申请机构实际控制人发生变更的，律师所需核查的内容和控股股东变更的核查内容有大部分重合，因此，相关内容可参见以上有关控股股东变更部分。

3. 申请机构法定代表人/执行事务合伙人发生变更的，律师需核查以下事项和文件：

（1）变更后法定代表人/执行事务合伙人（委派代表）的基金从业资格；

（2）个人基本信息、信用情况、工作履历、涉诉情况、工作能力以及除在申请机构任职之外的兼职情况等。

三、变更信息披露情况

就重大事项变更的信息披露，律师需核查以下事项和文件：

（1）申请机构承诺披露变更后信息的承诺函；

（2）申请机构已经签署的基金合同；

（3）申请机构已通过公示、通告或直接联络等方式向投资者披露的证明文件等。

四、从业人员情况

律师需核查申请机构在重大事项变更后从业人员的变化情况，包括：

（1）重大事项变更前后的员工花名册；

（2）新增员工的劳动合同、基金从业资格取得情况；

（3）其他相关资料。

五、高管人员情况

律师需核查申请机构在重大事项变更后高管人员的变化情况，包括：

（1）申请机构变更前后的高管人员名单及变更后高管人员的身份证复印件和简历，简历应当包括姓名、性别、国籍、出生年月日、文化程度、工作经历等；

（2）变更前后高管人员具备基金从业资格的，应当核查基金从业资格证明文件；

（3）新任高管人员是否受到刑事处罚、金融监管部门行政处罚或者被采取行政监管措施以及相关的证明文件等。

六、其他情况

律师需根据申请机构的具体情况以及重大变更事项的有关情况判断及确定需

核查的与申请机构有关的其他情况以及文件。

第三节 已登记私募基金管理人经营异常法律尽职调查事项

对已登记私募基金管理人的经营异常事项,律师应从专项问题和整体状况两个大的方面进行法律尽职调查,如图 10－3 所示:

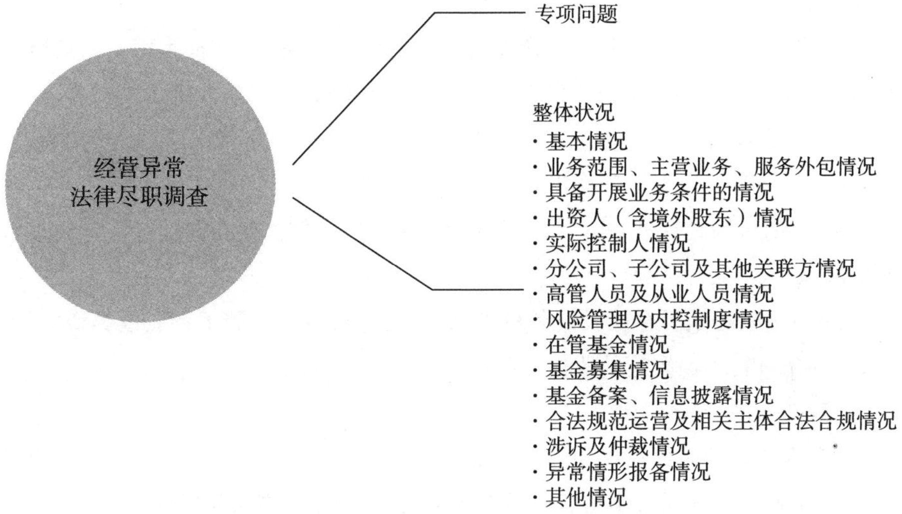

图 10－3 经营异常法律意见书法律尽职调查事项

一、核查中国基金业协会提出的专项问题

律师应针对中国基金业协会所提出的专项问题,逐项列明需核查的文件材料清单,并依此进行核查。

二、按照私募基金管理人登记的各项要求核查以下事项

(一)申请机构基本情况

律师需核查的事项和文件如下:

1. 经营证照

申请机构的经营证照包括现行有效的：

(1)营业执照、组织机构代码证、税务登记证(若已领取三证合一的新版营业执照，则不再提供组织机构代码证和税务登记证)、银行开户许可证、公司章程/合伙协议、批准证书、社保登记证、公积金开户证明、国有资产产权登记证明(如有)；

(2)国有控股的申请机构提供国有资产管理机构的批准文件或有决策权限的董事会、股东(大)会决议文件、企业信用报告；

(3)其他相关资料。

2. 工商档案

申请机构自登记为私募基金管理人以来的全套工商档案(加盖工商行政管理部门的查询章)，包括但不限于设立、历次变更、年度报告、良好及警示信息等。

3. 说明性文件

申请机构需就以下事项作出说明：

(1)申请机构是否进入解散、清算或者破产程序，是否存在其他可能导致其终止的情形；

(2)申请机构是否存在股权激励、信托持股、委托持股、职工持股或类似安排，是否存在未进行工商登记的股权变更。

4. 其他文件

律师需核查的其他事项和文件主要有：

(1)申请机构注册资本实缴的历次验资报告(包括出资原始凭证)；

(2)申请机构任何有关特殊行业或业务的政府批复、证书或许可(如有)；

(3)申请机构近3年经审计的财务报告以及最近一个月的财务报告；

(4)申请机构成立至今获得的主要荣誉和奖励(若有)及相关文件。

5. 律师应核查以上信息是否已真实、准确、完整地填报至资产管理业务综合报送平台。

(二)申请机构的业务范围、主营业务、服务外包情况

1. 业务范围

律师需核查的事项和文件包括：

(1)申请机构最近1年正在履行的或已签署但尚未履行的所有重大业务合同(合同金额列前10位的业务合同)；

(2)申请机构最近1年及1期经审计的财务报告及原始财务报表；

(3)申请机构商业模式、经营目标和计划的说明(如有);

(4)申请机构有关产品或服务及其用途的说明;

(5)申请机构委托管理协议范本(如有);

(6)申请机构所经营业务范围(包括主营业务和兼营业务)的详细说明,该说明中应当包括:申请机构是否兼营可能与私募投资基金业务存在冲突的业务、是否兼营与“投资管理”的买方业务存在冲突的业务、是否兼营其他非金融业务。

2. 主营业务

律师需核查的事项和文件包括:

(1)申请机构主营业务及业务流程图和相关说明;

(2)申请机构最近1年及1期经审计的财务报告(有合并报表的仅提供合并报表即可)及原始财务报表;

(3)申请机构自登记私募基金管理人后的主营业务是否为私募基金管理业务以及主营业务是否发生重大变化的说明。

3. 服务外包

律师需核查的事项和文件包括:

(1)申请机构与外包服务机构签署的基金外包服务的全套协议(含供销协议、销售支付、份额登记、估值核算、信息技术系统等业务的服务)及外包服务模式的详细说明;

(2)外包服务费用支付凭证;

(3)申请机构相应的风险管理框架及制度;

(4)申请机构对外包服务机构的尽职调查报告;

(5)外包服务机构的营业执照、相关资质证照复印件和经营情况说明(如有)。

4. 律师应核查以上信息是否已真实、准确、完整地填报至资产管理业务综合报送平台。

(三)申请机构具备开展业务条件的情况

申请机构具备的开展业务条件指的是申请机构的运营基本设施,律师对申请机构开展业务条件核查的事项和文件包括:

1. 经营场所

律师需核查的文件包括:

(1)申请机构及分、子公司所有或租赁的物业清单;

(2)如为自有物业,核查最新的产权证、土地使用权出让合同、出让金缴纳凭证等权属证明文件，若该等物业存在抵押等权利负担的，一并核查相应的抵押合同及他项权证；

(3)如为租赁物业，核查租赁合同及最近1期的租赁费用支付凭证及完税证明，产权人最新的房产证等权属证明文件；

(4)如以其他方式使用物业，核查相应的使用证明以及房产证等权属证明文件。

2.办公设施

律师需核查的文件包括：

申请机构用于开展基金管理业务的办公设备、相关分析工具、平台软件等的清单及采购合同、价款支付凭证(包括发票、银行流水单等)。

3.财务状况

律师需核查的事项包括：

(1)申请机构是否财务制度是否建立健全；

(2)申请机构是否存在资产负债比例较高、大额或有负债或非正常应收、应付款项等情形；

(3)申请机构是否存在与关联方资金往来的情况；

(4)申请机构是否存在使用自有资金投资的情况；

(5)申请机构是否独立运作、分别核算。

律师需核查的文件包括(但不限于)：

(1)申请机构内部控制制度；

(2)申请机构最近一个会计年度审计报告；

(3)申请机构资产负债表、现金流量表、利润表以及银行流水等；

(4)申请机构非正常应收、应付、大额负债的相对方等相关信息。

4.主要支出及其资金来源情况

申请机构主要支出包括员工薪酬、办公场所租金以及办公设施费用等。

律师需就此核查的事项包括：

(1)申请机构经营场所产权或租赁场所、租金支付等事项的真实性；

(2)申请机构办公设施及人员的真实性，以及资金来源、支出的合理性。

5.律师应核查以上信息是否已真实、准确、完整地填报至资产管理业务综合报送平台。

(四)申请机构出资人(含境外股东)情况

1.申请机构需提供目前的股权结构图，结构图应披露至各个股东的最终权益持有人(实际控制人),即披露至自然人或国有资产管理机构、上市公司(采用竖状结构图),并注明各出资人的出资额以及持股比例,结构图还应标明控股或参股关系、持股份额、其他持股人名称及持股数量、最终实际控制人的控制权。

(1)申请机构的出资人若为境内自然人,律师应核查如下资料:

①境内自然人出资人的身份证复印件;

②自然人出资人的个人信息说明(调查表),包括但不限于:姓名、性别、国籍、出生年月日、最高学历院校名称、文化程度、职称、基金从业资格、工作经历、对外投资情况;

③其他相关资料。

(2)申请机构的出资人若为境内机构,律师需核查的文件包括:

①营业执照、最新的公司章程/合伙协议;

②从工商行政管理部门打印的列明目前股东(合伙人)及出资情况的基本信息查询单(需追溯至自然人或国有资产管理机构、上市公司)。

(3)申请机构的出资人若为境外机构,律师需核查的文件包括:

外商投资企业批准证书(如有)、经公证认证的境外投资股东的全套注册资料、中国证监会的批准文件、商务部门批准证书等。

(4)申请机构的出资人若为境外自然人,律师需核查的文件包括:

①所在国或地区的合法身份证件,如护照或其他同等效力证件及外汇登记证;

②由境外股东所在地律师出具的最近3年未受到重大刑事、行政处罚的法律意见书或其他同等效力的证明文件。

(5)除上述内容外,就申请机构出资人,律师还需核查以下内容以及与之相关的资料:

①申请机构出资人之间是否存在相关协议安排;

②若申请机构存在未进行工商登记的股权变更;

③申请机构出资人之间是否存在关联关系;

④申请机构出资人所持有的股权/出资份额(包括直接和间接持股)是否设置质押,是否存在被司法冻结、权属争议或其他限制其转让的情形;

⑤申请机构出资人是否存在尚未了结的或潜在的重大诉讼、仲裁,是否存在违法情况,包括因违反国家法律、行政法规、部门规章、自律规则等受到刑事、民事、行政处罚,是否有到期未偿还的大额债务等情况,是否有欺诈或其他不诚实行为等情况被处罚的情形;

⑥申请机构出资人是否从事过或目前仍主要从事或兼营冲突业务；

⑦申请机构出资人、实际控制人是否与申请机构及其管理的私募基金存在关联交易和利益输送。

2. 律师应核查以上信息是否已真实、准确、完整地填报至资产管理业务综合报送平台。

（五）申请机构实际控制人情况

律师需核查的事项和文件包括：

1. 主体资格（身份）证明文件

（1）实际控制人若为境内自然人，律师应核查的文件包括：

①境内自然人出资人的身份证复印件；

②自然人出资人的个人信息说明（调查表），包括但不限于：姓名、性别、国籍、出生年月日、最高学历院校名称、文化程度、职称、基金从业资格、工作经历、对外投资情况；

③其他相关资料。

（2）实际控制人若为境内机构，律师需核查的文件包括：

①营业执照、最新的公司章程/合伙协议；

②从工商行政管理部门打印的列明目前股东（合伙人）及出资情况的基本信息查询单（需追溯至自然人或国有资产管理机构、上市公司）。

（3）实际控制人若为境外机构，律师需核查的文件包括：

外商投资企业批准证书（如有）、经公证认证的境外投资股东的全套注册资料、中国证监会的批准文件、外经贸部门批准证书等。

（4）实际控制人若为境外自然人，律师需核查的文件包括：

①所在国或地区的合法身份证件，如护照或其他同等效力证件及外汇登记证；

②由境外股东所在地律师出具的最近3年未受到重大刑事、行政处罚的法律意见书或其他同等效力的证明文件。

2. 实际控制人对外投资情况以及自申请机构设立至今，申请机构实际控制人的变更情况。

3. 实际控制人为一致行动人的，核查一致行动协议或其他证明存在一致行动行为的材料（如存在亲属关系的证明材料）。

4. 除上述内容外，就申请机构实际控制人，律师还需核查以下内容以及与之相关的资料：

(1)申请机构出资人是否存在尚未了结的或潜在的重大诉讼、仲裁，是否存在违法情况，包括因违反国家法律、行政法规、部门规章、自律规则等受到刑事、民事、行政处罚，是否有到期未偿还的大额债务等情况，是否有欺诈或其他不诚实行为等情况被处罚的情形；

(2)申请机构出资人是否从事过或目前仍主要从事或兼营冲突业务；

(3)申请机构出资人是否与申请机构及其管理的私募基金存在关联交易和利益输送。

5. 律师应核查以上信息是否已真实、准确、完整地填报至资产管理业务综合报送平台。

(六)申请机构分公司、子公司及其他关联方情况

1. 关于申请机构分公司、子公司及其他关联方，律师需核查的事项和文件包括：

(1)营业执照、组织机构代码证、税务登记证(若已领取三证合一的新版营业执照，则不再提供组织机构代码证和税务登记证)、银行开户许可证、公司章程/合伙协议、批准证书、社保登记证、公积金开户证明、国有资产产权登记证明(如有)；

(2)国有控股的申请机构提供国有资产管理机构的批准文件或有决策权限的董事会、股东(大)会决议文件；

(3)企业信用报告；

(4)是否登记为私募基金管理人的说明(可以统计表的形式说明)并提供相关登记文件；

(5)最近1年及1期经审计的财务报告(有合并报表的仅提供合并报表)及原始财务报表；

(6)其他相关文件。

2. 申请机构及其子公司、关联机构存在境外直接或间接的境外股东的，律师还需要核查以下审批文件：

(1)《外商投资企业批准证书》(如有)；

(2)银行开具的《FDI业务登记凭证》；

(3)商务部批复(适用于外商投资性企业、外商投资产业投资企业)(如有)；

(4)《证券投资业务许可证》(适用于合格境外机构投资者境内证券投资)；

(5)《基金管理资格证书》(适用于中外合资的证券投资基金管理公司)；

(6)其他主管部门核发的有关外资准入投资行业的证照或批复文件；

(7)由境外股东所在地律师出具的最近3年未受到监管机构或司法机关处罚的法律意见书或其他同等效力的证明文件。

3. 律师需审核确认以上子公司、分支机构和关联方是否已按照相关要求真实、准确、完整地填报至资产管理业务综合报送平台。

(七)申请机构高管人员及从业人员情况

1. 高管人员

高管人员包括法定代表人/执行事务合伙人委派代表、总经理、副总经理(如有)和合规/风控负责人、财务负责人等。

律师需核查的事项和文件包括:

(1)高管人员名单,高管人员本人亲自填写的《高管人员信息调查表》,高管人员信息调查表包括但不限于姓名、性别、国籍、出生年月日、最高学历院校名称、文化程度、职称、工作经历(参加工作以来的职业及职务情况);

(2)身份证明;

(3)职称证书;

(4)学历学位证书;

(5)基金从业资格文件;

(6)申请机构与高管人员首次及最近一次签订的劳动合同或聘用合同复印件、业绩奖励协议、项目跟投协议等;

(7)高管人员是否受到行业协会的纪律处分,是否在资本市场诚信数据库中存在负面信息,是否被列入失信被执行人名单,是否存在尚未了结或潜在的重大诉讼、仲裁的说明及相关证明文件;

(8)高管人员的无犯罪记录证明、个人信用报告;

(9)其他相关文件。

2. 从业人员

从业人员指除高管人员以外的其他人员。

律师需核查的事项和文件包括:

(1)申请机构员工名册(含员工构成),包括但不限于姓名、部门、职务、性别、年龄、籍贯、政治面貌、婚姻状况、文化程度、专业、职称、证件类型及号码、工资、入职年月日、签订劳动合同情况(首次签订劳动合同起止年月、最近一次续签劳动合同起止年月、未签订劳动合同情况说明)、签订其他用工协议情况(协议名称、起止年月)、用工形式(劳动合同/派遣/劳务/外包等);

(2)从业人员简历;

(3)申请机构最近1年社保/住房公积金汇缴书、社保/公积金缴款凭证(社保部门、公积金管理部门出具)、缴纳五险一金情况(缴纳险种、未缴纳险种及情况说明);

(4)申请机构最近1年的工资台账;

(5)申请机构使用的标准劳动合同文本,以及与劳动管理相关的保密或非竞争协议等;

(6)从事私募基金业务的专业人员提供私募基金从业资格的证明文件、参加基金业协会或其认可机构组织的职业培训证明、各专业人员管理的基金产品及职能分工。

3. 申请机构因劳动用工问题产生的争议

律师需核查的事项及相关文件包括:

(1)申请机构是否曾因违反劳动相关法律法规遭受调查或处罚;

(2)申请机构是否存在尚未了结的员工劳动纠纷、劳动仲裁或相关诉讼情况。

4. 律师需核查以及以上信息是否已真实、准确、完整地填报至资产管理业务综合报送平台,是否符合《劳动法》《社会保险法》《私募基金管理人登记须知》等相关法律法规及协会自律规则的相关规定。

(八)申请机构风险管理及内控制度情况

1. 关于申请机构风险管理及内控制度,律师需核查的文件包括:

(1)申请机构治理结构(包括股东会、监事会/监事、董事会/执行董事、投资决策委员会、合规/风控负责人、风险管理委员会、总经理、副总经理、各部门,以及人员安排)和组织架构图(包括所有下属控股和参股公司)及各部门职责;

(2)申请机构股东会、董事会、监事会议事规则、总经理工作细则等基本治理制度文件;

(3)投资委员会决策制度(如有)、关联交易制度、对外担保制度、财务管理制度、人事管理制度等日常经营管理制度;运营风险控制制度,信息披露制度,机构内部交易记录制度,防范内幕交易、利益冲突的投资交易制度,合格投资者风险揭示制度,合格投资者内部审核流程及相关制度,私募基金宣传推介、募集相关规范制度等配套管理制度,若申请机构从事私募证券投资基金业务,还应提供公平交易制度、从业人员买卖证券申报制度等;

(4)关于申请机构风险管理及内部控制制度实际运行情况的说明及申请机构

所有重大投资决策的决议性文件(如有)。

2. 律师需核查以上制度是否有效运转并实际发挥作用,是否符合《证券投资基金法》《私募投资基金监督管理暂行办法》《私募投资基金管理人内部控制指引》等相关法律法规及中国基金业协会自律规则的相关规定,申请机构是否完整、连续、准确地保存了私募基金内部控制活动等方面的信息及相关资料。

(九)申请机构在管基金情况

关于申请机构的在管基金情况,律师需核查的事项和文件包括但不限于:

1. 申请机构以列表形式详细列明在管基金具体信息以及与该等信息相关的文件、资料,表格内容应包括但不限于:基金成立日、到期日、组织形式、投向信息、托管信息、投资标的及底层资产情况、信息披露情况、审计情况等;

2. 申请机构在管基金投资运作情况是否符合法律法规和中国基金业协会自律规则规定;

3. 申请机构向中国基金业协会报送的有关信息是否真实、准确、完整。

(十)申请机构基金募集情况

关于申请机构基金募集情况,律师需核查的事项和文件包括但不限于:

1. 申请机构自登记为私募基金管理人后,在展业过程中是否存在公开宣传、向非合格投资者募集、直接或间接承诺保本保收益,或向销售机构出具保本保收益的兜底承诺、未履行投资者适当性确认义务等相关情形,并审查与之相关的文件、资料,包括:私募基金募集说明书、基金风险揭示书、基金合同、私募基金投资者基本信息、风险测评问卷、风险匹配告知书、投资者确认函、回访确认函等;

2. 申请机构前述行为是否符合《证券投资基金法》《私募投资基金监督管理暂行办法》《私募投资基金管理人登记和基金备案办法(试行)》等相关法律法规及中国基金业协会自律规则的相关规定。

(十一)申请机构基金备案、信息披露情况

关于申请机构基金募集情况,律师需核查的事项和文件包括但不限于:

1. 申请机构是否已根据相关法律法规及中国基金业协会自律规则的相关规定在资产管理业务综合报送平台中备案齐全,并已及时履行了私募基金管理人及所管理私募基金的重大事项变更、季度更新、年度更新、信息披露备份义务;

2. 申请机构是否已根据基金合同、公司章程或者合伙协议所约定的频率、内容和方式向投资者真实、准确、完整披露了所投底层资产及最终标的情况,如涉及非实体企业的有限合伙等 SPV(Spelial Purpose Vehicle,特殊目的机构,应穿透至底层资产及最终标的)。

(十二)申请机构合法规范运营及相关主体合法合规情况

关于申请机构合法规范运营及相关主体合法合规情况,律师需核查的事项和文件包括但不限于:

(1)申请机构及其高管人员、控股股东和实际控制人、子公司近3年受到的刑事处罚、金融监管部门行政处罚或者被采取行政监管措施的文件(如处罚决定、罚款缴纳凭证等)(如有);

(2)申请机构及其高管人员、控股股东和实际控制人、子公司近3年被中国基金业协会采取纪律处分的文件(如有);

(3)申请机构及其高管人员、控股股东和实际控制人、子公司近3年曾经、正在或将要被中国基金业协会调查或询问(包括正式与非正式)的情况,如有,需核查相关通知、报告、通信记录等材料;

(4)申请机构及其高管人员、控股股东和实际控制人、子公司是否属于失信被执行人、是否在资本市场诚信数据库中存在负面信息、是否属于经营异常企业、是否在"信用中国"网站上存在不良信用记录的说明;

(5)申请机构及其高管人员、控股股东和实际控制人、子公司是否存在媒体负面报道,如有,需核查相关报道文件及公司声明;

(6)申请机构是否受到工商、税务、审计、外汇、海关、环保、安全等行政部门处罚,如有,需核查相关的处罚文件(如有)。

(十三)申请机构及相关主体涉诉及仲裁情况

关于涉诉及仲裁情况,律师需核查的文件包括:申请机构及其高管人员、控股股东和实际控制人、子公司近3年是否存在任何将要发生、正在进行或已经发生的与诉讼、仲裁、行政复议或其他争议纠纷解决程序,如有,需核查相关诉讼、仲裁、行政复议等相关材料,包括但不限于起诉状、仲裁申请书、上诉状、证据、代理意见、答辩状、判决书、调解书、裁定书、款项支付凭证、案件最新进展情况的简要介绍、对诉讼或诉求结果的预计(包括预期所需的时间等)、索赔金额、采取措施的详细说明。

(十四)申请机构异常情形报备情况

律师需核查申请机构是否在收到要求限期提交专项法律意见书的通知后,按照《关于私募基金管理人在异常经营情形下提交专项法律意见书的公告》的相关要求,及时向所在地证券监管部门派出机构报告其异常经营情形,并报备其委托律师事务所出具专项法律意见书的情况。

（十五）其他情况

对申请机构的经营管理可能产生重大影响的其他事项，律师可根据实际情况审核与之相关的文件、资料。

第十一章

中国基金业协会私募基金管理人登记申请材料清单逐项核查说明

中国基金业协会于2020年2月28日发布了《关于便利申请办理私募基金管理人登记相关事宜的通知》(以下简称申请材料清单),在未新增登记要求的前提下,固化了现有新申请私募基金管理人的登记要求,并按照不同类别私募基金管理人的登记要求,差异化地明确规定了新申请私募基金管理人登记的申请材料清单。

第一节　申请材料清单的内容

1. 中国基金业协会本次发布的申请材料清单的内容共包括九类,如图11-1所示:

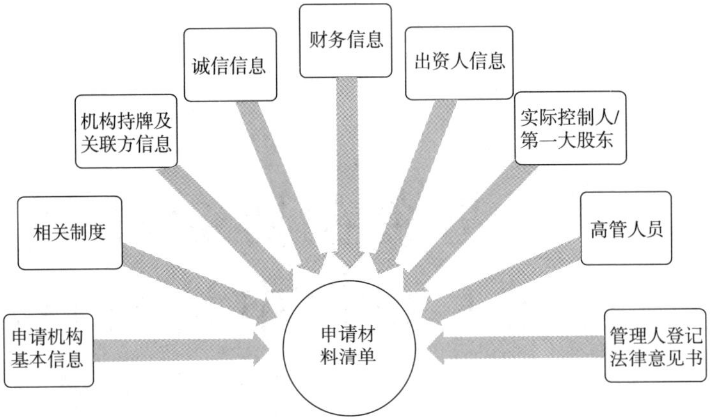

图 11－1　申请材料清单的内容

2. 证券类私募基金管理人与非证券类私募基金管理人申请材料清单的主要区别，如图 11－2 所示：

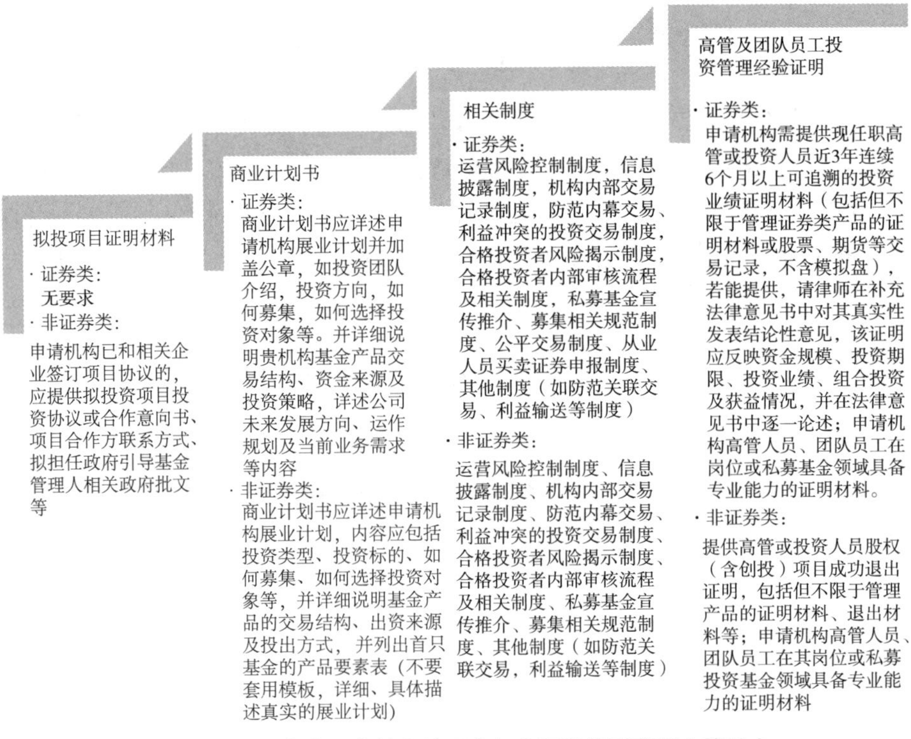

图 11－2　证券类私募基金管理人与非证券类私募基金管理人申请材料清单的主要区别

第二节 申请材料清单逐项核查说明

中国基金业协会发布的申请材料清单适用于私募基金管理人登记申请,已登记私募基金管理人进行控股股东/实际控制人的重大事项变更参照适用。

一、机构基本信息

1. 登记承诺函(具体要求见表 11－1)

表 11－1 登记承诺函具体要求

项目	具体要求
是否必填	是
内容要求	1. 需在 AMBERS 系统(资产管理业务综合报送平台)中下载使用最新模板。 2. 机构名称、注册地址、办公地址均需完整准确填写,登记承诺函与工商登记和系统填报保持一致
形式要求	原件,PDF 格式
签章要求	1. 落款处加盖申请机构公章,多页加盖骑缝章。 2. 法定代表人/执行事务合伙人(委派代表)签字

2. 实收资本/实缴出资证明(具体要求见表 11－2)

表 11－2 实收资本/实缴出资证明具体要求

项目	具体要求
是否必填	是
内容要求	申请机构应提交验资报告或银行回单(优选银行回单),记载的出资人、认缴资本额、实缴资本额与工商登记信息一致;如实缴出资后发生出资人变更,可将原出资证明(验资报告或银行回单)、股权转让协议、股权转让款银行转账回单一并上传,或重新出具验资报告
形式要求	原件,PDF 格式
签章要求	银行回单需加盖银行业务章,验资报告需加盖会计师事务所公章

3. 申请机构的公司章程/合伙协议(具体要求见表 11－3)

表 11－3　申请机构的公司章程/合伙协议具体要求

项目	具体要求
是否必填	是
内容要求	申请机构的公司章程/合伙协议约定事项如有变更,可将章程修正案/补充合伙协议一并上传,或上传最新修订的章程/合伙协议
形式要求	原件或复印件,PDF 格式
签章要求	复印件需加盖申请机构公章,多页加盖骑缝章

4. 组织机构代码证/税务登记证/营业执照(具体要求见表 11－4)

表 11－4　组织机构代码证/税务登记证/营业执照具体要求

项目	具体要求
是否必填	是
内容要求	若申请机构实现了三证合一,组织机构代码证、营业执照、税务登记证均需要上传三证合一后的营业执照
形式要求	原件或复印件,PDF 或 JPG 格式
签章要求	复印件需加盖申请机构公章

5. 全体员工简历和社保证明(具体要求见表 11－5)

表 11－5　全体员工简历和社保证明具体要求

项目	具体要求
是否必填	是
内容要求	1. 全体员工简历应涵盖员工基本信息、学习经历、工作经历等; 2. 社保缴费记录应显示员工姓名及申请机构名称;新参保无缴费记录的,可提供社保增员记录等;第三方人力资源服务机构代缴的,需上传申请机构签署的代缴协议、人力资源服务资质证明文件、代缴记录;退休返聘的,需上传退休证
形式要求	原件,PDF 格式
签章要求	全体员工简历加盖申请机构公章,多页加盖骑缝章;社保缴费记录应加盖社保主管部门章

6. 办公场地使用证明(具体要求见表11－6)

表11－6 办公场地使用证明具体要求

项目	具体要求
是否必填	是
内容要求	1. 如为直接租赁所得,应提供租赁协议及产权证复印件; 2. 如为转租所得,应提供原租赁协议、转租协议、产权人或物业管理人同意转租的确认文件; 3. 如由股东、关联方等无偿提供取得,应提供原租赁协议或产权证、无偿使用证明、产权人或物业管理人同意使用的确认文件
形式要求	原件/复印件,PDF格式
签章要求	复印件需加盖申请机构公章,多页加盖骑缝章

7. 商业计划书(具体要求见表11－7)

表11－7 商业计划书具体要求

项目	具体要求	
是否必填	是	
内容要求	证券类	需提交商业计划书,具体要求如下: 1. 详述申请机构展业计划并加盖公章,如投资团队介绍、投资方向、如何募集、如何选择投资对象等。 2. 详细说明申请机构基金产品交易结构、资金来源及投资策略。 3. 详述申请机构未来发展方向、运作规划及当前业务需求等内容
	非证券类	需提交商业计划书,具体要求如下: 1. 详述申请机构展业计划,内容应包括投资类型、投资标的、如何募集、如何选择投资对象等。 2. 详细说明基金产品的交易结构、资金来源及投出方式,并列出首只基金的产品要素表。 3. 不能套用模板,需详细、具体描述真实的展业计划
形式要求	原件,PDF格式	
签章要求	加盖申请机构公章,多页加盖骑缝章	

8. 拟投项目证明资料(具体要求见表 11 - 8)

表 11 - 8　拟投项目证明材料具体要求

项目	具体要求	
是否必填	证券类	不是
	非证券类	如有
适用情形	申请机构已和相关企业签订项目协议的	
内容要求	申请机构需提交拟投资项目投资协议或合作意向书、项目合作方联系方式、拟担任政府引导基金管理人相关政府批文等	
形式要求	原件,PDF 格式	
签章要求	投资协议或合作意向书应加盖申请机构与合作方的公章,政府公文无须加盖申请机构公章,其他证明资料加盖申请机构公章	

9. 新设同类型私募基金管理人合理性说明(具体要求见表 11 - 9)

表 11 - 9　新设同类型私募基金管理人合理性说明具体要求

项目	具体要求
是否必填	是
适用情形	申请机构实际控制人/第一大股东下已有同类型私募基金管理人的,实际控制人需提交新设同类型私募合理性说明
内容要求	说明设置多个同类型私募基金管理人的目的与合理性、业务方向有何区别、如何避免同业化竞争等问题
形式要求	原件,PDF 格式
签章要求	加盖实际控制人/第一大股东公章,多页加盖骑缝章

10. 关联私募基金管理人资料合规连带责任承诺函(具体要求见表 11 - 10)

表 11 - 10　关联私募基金管理人资料合规连带责任承诺函具体要求

项目	具体要求
是否必填	是
适用情形	关联方中有已登记私募基金管理人,或控股股东/第一大股东为已登记私募基金管理人的需提交

续表

项目	具体要求
内容要求	关联私募基金管理人出具承诺函,承诺若申请机构展业中出现违法违规情形,应当承担相应的合规连带责任和自律处分后果
形式要求	原件,PDF 格式
签章要求	加盖关联私募基金管理人公章

11. 其他相关证明文件(具体要求见表 11 - 11)

表 11 - 11　其他相关证明文件具体要求

项目	具体要求
是否必填	如有
适用情形	申请机构的设立或后续展业如有政府支持性文件、招投标证明、引导基金相关批复、行业知名机构举荐函/推荐信等相关支持文件可一并上传
内容要求	—
形式要求	原件/复印件,PDF 格式
签章要求	复印件需加盖申请机构公章,多页加盖骑缝章

二、相关制度

12. 相关制度(具体要求见表 11 - 12)

表 11 - 12　相关制度具体要求

项目	具体要求	
是否必填	是	
制度要求	证券类	运营风险控制制度,信息披露制度,机构内部交易记录制度,防范内幕交易、利益冲突的投资交易制度,合格投资者风险揭示制度,合格投资者内部审核流程及相关制度,私募基金宣传推介、募集相关规范制度,公平交易制度,从业人员买卖证券申报制度,其他制度(如防范关联交易、利益输送等制度)
	非证券类	运营风险控制制度,信息披露制度,机构内部交易记录制度,防范内幕交易、利益冲突的投资交易制度,合格投资者风险揭示制度,合格投资者内部审核流程及相关制度,私募基金宣传推介、募集相关规范制度,其他制度(如防范关联交易、利益输送等制度)

续表

项目	具体要求
内容要求	申请机构应根据其拟申请的私募基金管理业务建立与之相适应的制度，制度应根据申请机构自身实际情况制定，不可照搬照抄
形式要求	原件/复印件，PDF 或 ZIP 格式
签章要求	复印件需加盖申请机构公章

三、机构持牌及关联方信息

13. 冲突业务关联方承诺函及冲突业务许可证明文件（具体要求见表 11－13）

表 11－13　冲突业务关联方承诺函及冲突业务许可证明文件具体要求

项目	具体要求
是否必填	是
适用情形	关联方经营范围含冲突业务
内容要求	1. 申请机构与冲突业务关联方共同出具不存在利益输送的承诺函，承诺申请机构自身及其未来管理的私募基金均不涉及民间借贷、民间融资、配资业务、小额理财、小额借贷、P2P/P2B、众筹、保理、融资租赁、担保、房地产开发、交易平台、典当等可能与私募投资基金属性相冲突的业务（申请机构与冲突业务关联方均需出具）； 2. 从事小额贷款、融资租赁、商业保理、融资担保、互联网金融、典当等冲突业务（房地产除外）的关联方需提供相关主管部门正式许可文件
形式要求	原件/复印件，PDF 或 JPG 格式
签章要求	1. 申请机构与冲突业务关联方加盖公章，承诺函可一页出具共同盖章，也可分别出具各自盖章； 2. 冲突业务许可证明文件若上传复印件需加盖冲突业务关联方公章

四、诚信信息

14. 申请机构处罚决定书（具体要求见表 11－14）

表 11－14　申请机构处罚决定书具体要求

项目	具体要求
是否必填	如有

续表

项目	具体要求
适用情形	存在诚信信息,需上传相关文件
内容要求	1. 最近3年受到的刑事处罚; 2. 最近3年受到证监会的行政处罚; 3. 最近3年被证监会采取的行政监管措施; 4. 最近3年受到其他监管部门的行政处罚; 5. 最近3年被中国基金业协会或其他自律组织采取的自律措施; 6. 最近3年涉及诉讼或仲裁; 7. 最近3年其他合法合规及诚信情况
形式要求	原件/复印件,PDF 格式
签章要求	复印件需加盖申请机构公章,多页加盖骑缝章

五、财务信息

15. 财务信息(资产负债表、利润表、现金流量表;审计报告及经审计的财务报告;最近季度的财报)(具体要求见表 11-15)

表 11-15　财务信息具体要求

项目	具体要求
是否必填	是
适用情形	1. 申请机构成立满一个会计年度需提交审计报告; 2. 申请机构成立不满一个会计年度自愿提交审计报告,但近期资产负债表、损益表及现金流量表需上传
内容要求	年度审计报告距提交申请时间较长的,应上传本年度最近季度的财务报告(季报不强制经审计)
形式要求	原件/复印件;资产负债表、利润表、现金流量表上传 Excel 版本,审计报告上传 PDF 版本
签章要求	1. 加盖申请机构公章,多页加盖骑缝章; 2. 原件应有会计师事务所公章,复印件需加盖申请机构公章、多页加盖骑缝章

六、出资人信息

16. 营业执照或主体资格证明文件(具体要求见表11－16)

表11－16　营业执照或主体资格证明文件具体要求

项目	具体要求
是否必填	是
适用情形	非自然人出资人提供
内容要求	若出资人实现了三证合一,组织机构代码证、营业执照、税务登记证均需要上传三证合一后的营业执照
形式要求	原件/复印件;PDF或JPG格式
签章要求	营业执照或主体资格证明文件复印件需加盖出资人公章

17. 证件扫描件、学位/学历证明文件(具体要求见表11－17)

表11－17　证件扫描件、学位/学历证明文件具体要求

项目	具体要求
是否必填	是
适用情形	自然人出资人提供
内容要求	1. 证件扫描件为身份证、台胞证、港澳通行证、护照等; 2. 高中以上学位证、毕业证、结业证等(高中学历证明无须提交,但最高学历为高中的需提交);取得外国学历学位的,需补充提交教育部学历学位认证证明文件(早年取得无认证的无须提交);如遗失,可上传相关机构(如毕业学校、人事档案所在机构)出具的有效证明或学信网学籍验证报告; 3. 学历请按照学位证填写为博士、硕士、本科、专科、专升本、成人高考、自考、电大、网络教育、其他
形式要求	原件/复印件;PDF或JPG格式
签章要求	学位/学历证明文件复印件需加盖申请机构公章

18. 实缴出资证明(具体要求见表 11－18)

表 11－18　实缴出资证明具体要求

项目	具体要求
是否必填	是
内容要求	1. 申请机构需提交验资报告或银行回单(优选银行回单),记载的出资人、认缴资本额、实缴资本额与工商登记信息一致; 2. 如实缴出资后发生出资人变更,可将原出资证明(验资报告或银行回单)、股权转让协议、股权转让款银行转账回单一并上传,或重新出具验资报告
形式要求	原件;PDF 格式
签章要求	银行回单需加盖银行业务章,验资报告需加盖会计师事务所公章

19. 申请机构股权架构合理性说明(具体要求见表 11－19)

表 11－19　申请机构股权架构合理性说明具体要求

项目	具体要求
是否必填	如有
适用情形	申请机构股权架构超过 3 层
内容要求	1. 申请机构股权架构向上穿透超过 3 层的,申请机构应说明多层股权架构设置的合理性及必要性,上穿出资人如为 SPV,应说明设立目的及出资来源; 2. 出资人为地方政府融资平台的,申请机构需出具承诺函,承诺将在产品运作过程中按照六部委《关于进一步规范地方政府举债融资行为的通知》(财预〔2017〕50 号)及财政部《关于规范金融企业对地方政府和国有企业投融资行为有关问题的通知》(财金〔2018〕23 号)的相关规定规范运作
形式要求	原件;PDF 格式
签章要求	加盖申请机构公章,多页加盖骑缝章

20. 持股平台不开展经营性业务承诺函(具体要求见表 11 -20)

表 11 -20　持股平台不开展经营性业务承诺函具体要求

项目	具体要求
是否必填	如有
适用情形	出资人仅为持股平台
内容要求	出资人承诺自身仅为持股平台,不开展经营性业务
形式要求	原件;PDF 格式
签章要求	加盖出资人公章

21. 出资人出资能力证明(具体要求见表 11 -21)

表 11 -21　出资人出资能力证明具体要求

项目	具体要求
是否必填	是
内容要求	1. 自然人出资人的出资能力证明包括:固定资产(非首套房屋产权证),非固定资产(不限于薪资收入证明、完税证明、理财收入证明、配偶收入等),如为银行账户存款或理财金额,可提供近半年银行流水及金融资产证明;如涉及家族资产,应说明具体来源等情况。 2. 非自然人出资人的出资能力证明如为经营性收入,应结合成立时间、实际业务情况、营收情况等论述收入来源合理与合法性,并提供审计报告等证明材料。 3. 出资能力证明应包括资产所有权证明及该资产的合法来源证明,律师应结合上述证明材料,核查财产证明真实性、估计及除贷后净值、资产来源及合法性、股东是否具备充足的出资能力等
形式要求	原件/复印件;PDF 格式
签章要求	复印件需加盖申请机构公章,多页加盖骑缝章

七、实际控制人/第一大股东

22. 营业执照或主体资格证明(具体要求见表 11－22)

表 11－22　实际控制人/第一大股东营业执照或主体资格证明具体要求

项目	具体要求
是否必填	是
适用情形	非自然人实际控制人/第一大股东提供
内容要求	若实际控制人实现了三证合一,组织机构代码证、营业执照、税务登记证均需要上传三证合一后的营业执照
形式要求	原件/复印件;PDF 或 JPG 格式
签章要求	复印件需加盖实际控制人公章

23. 证件扫描件、学位/学历证明文件(具体要求见表 11－23)

表 11－23　实际控制人/第一大股东证件扫描件、学位/学历证明文件具体要求

项目	具体要求
是否必填	是
适用情形	自然人实际控制人/第一大股东提供
内容要求	1. 证件扫描件为身份证、台胞证、港澳通行证、护照等。 2. 高中以上学位证、毕业证、结业证等(高中学历证明无须提交,但最高学历为高中的需提交);取得外国学历学位的,需补充提交教育部学历学位认证证明文件(早年取得无认证的无须提交);如遗失,可上传相关机构(如毕业学校、人事档案所在机构)出具的有效证明或学信网学籍验证报告。 3. 学历需照学位证填写为博士、硕士、本科、专科、专升本、成人高考、自考、电大、网络教育、其他
形式要求	原件/复印件;PDF 或 JPG 格式
签章要求	学位/学历证明文件复印件需加盖申请机构公章

24. 实际控制人与管理人之间的控制关系图(具体要求见表 11－24)

表 11－24　实际控制人与管理人之间的控制关系图具体要求

项目	具体要求
是否必填	是

续表

项目	具体要求
内容要求	实际控制人是指控股股东或能够实际支配企业运营的自然人、法人或其他组织,认定实际控制人应穿透至自然人、上市公司、国有控股企业或受外国金融监管部门监管的境外机构。 控制关系图应完整展示申请机构全部直接出资人及出资比例,并披露各直接出资人向上逐层穿透情况直至出最终出资人(自然人、上市公司、政府部门、事业单位等)。除依据控股股东上穿认定实际控制人的情形外,其他实际控制人认定理由应在图下作简要说明;如有一致行动协议或其他协议安排,应将相关文件附于控制关系图后一并上传。 申请机构通过一致行动协议认定实际控制人的,应上传一致行动协议
形式要求	原件;PDF 格式
签章要求	实际控制人/第一大股东若为自然人,应在控制关系图上签字;若为非自然人,应在控制关系图上加盖公章

25. 实际控制人保持实际控制及自律合规连带责任承诺函(具体要求见表11－25)

表 11－25　实际控制人保持实际控制及自律合规连带责任承诺函具体要求

项目	具体要求
是否必填	如有
适用情形	关联方中有已登记的私募基金管理人,或控股股东/第一大股东为已登记的私募基金管理人
内容要求	申请机构第一大股东及实际控制人出具书面承诺函,承诺申请机构完成私募基金管理人登记后,继续持有申请机构股权及保持实际控制不少于 3 年;实际控制人承诺若申请机构展业中出现违法违规情形,应当承担相应的合规连带责任和自律处分后果。 申请机构的实际控制人为自然人,且不在申请机构担任高管的,应说明原因,并说明申请机构实际控制人如何在不担任公司高管的情况下参与公司经营管理
形式要求	原件;PDF 格式
签章要求	自然人实际控制人/第一大股东签字,非自然人实际控制人/第一大股东盖章

八、高管人员

26. 证件扫描件、学位/学历证明文件(具体要求见表 11－26)

表 11－26　高管人员证件扫描件、学位/学历证明文件具体要求

项目	具体要求
是否必填	是
内容要求	1. 证件扫描件为身份证、台胞证、港澳通行证、护照等。 2. 高中以上学位证、毕业证、结业证等(高中学历证明无须提交,但最高学历为高中的需提交);取得外国学历学位的,需补充提交教育部学历学位认证证明文件(早年取得无认证的无须提交);如遗失,可上传相关机构(如毕业学校、人事档案所在机构)出具的有效证明或学信网学籍验证报告。 3. 学历需按照学位证填写为博士、硕士、本科、专科、专升本、成人高考、自考、电大、网络教育、其他
形式要求	原件/复印件;PDF 或 JPG 格式
签章要求	学位/学历证明文件复印件需加盖申请机构公章

27. 劳动合同及社保缴纳记录(具体要求见表 11－27)

表 11－27　高管人员劳动合同及社保缴纳记录具体要求

项目	具体要求
是否必填	是
内容要求	1. 需提交申请机构与高管签订的劳动合同,国企委派任职高管需提供派出单位出具的委派任职文件; 2. 社保缴纳记录应显示高管姓名及申请机构名称,新参保无缴费记录的可提供社保增员记录等;第三方人力资源服务机构代缴的上传申请机构签署的代缴协议、人力资源服务资质证明文件、代缴记录;退休返聘的上传退休证
形式要求	原件;PDF 格式
签章要求	劳动合同应由员工签字、申请机构加盖公章,国企委派任职文件加盖委派单位公章;社保缴纳记录应加盖社保主管部门公章

28. 高管承诺函(具体要求见表 11 – 28)

表 11 – 28　高管承诺函具体要求

项目	具体要求
是否必填	是
适用情形	高管承诺系统填写信息真实、准确、完整
内容要求	高管需承诺法律意见书中披露及系统填报的基本信息、诚信信息、兼职及挂职信息真实、准确、完整,无系统填报以外的诚信信息及兼职挂职信息
形式要求	原件/复印件;PDF 格式
签章要求	复印件需高管签字并加盖申请机构公章,多页加盖骑缝章

29. 高管及团队员工投资管理经验证明(具体要求见表 11 – 29)

表 11 – 29　高管及团队员工投资管理经验证明具体要求

项目	具体要求	
是否必填	是	
内容要求	证券类	申请机构需提供: 1. 现任职高管或投资人员近 3 年内连续 6 个月以上可追溯的投资业绩证明材料(包括但不限于管理证券类产品的证明材料或股票、期货等交易记录,不含模拟盘)。若能提供,律师需在法律意见书中对其真实性发表结论性意见,该证明材料应反映资金规模、投资期限、投资业绩、组合投资及获益情况,并在法律意见书中逐一论述; 2. 申请机构高管人员、团队员工在其岗位或私募投资基金领域具备专业能力的证明材料
	非证券类	申请机构需提供: 1. 高管或投资人员股权(含创投)项目成功退出证明,包括但不限于管理产品的证明材料、退出材料等; 2. 申请机构高管人员、团队员工在其岗位或私募投资基金领域具备专业能力的证明材料
形式要求	原件/复印件;PDF 格式	
签章要求	复印件需加盖申请机构公章,多页加盖骑缝章	

九、法律意见书

30. 律师事务所执业许可证(具体要求见表 11-30)

表 11-30　律师事务所执业许可证具体要求

项目	具体要求
是否必填	是
内容要求	—
形式要求	原件/复印件;PDF 或 JPG 格式
签章要求	复印件加盖律师事务所公章,多页加盖骑缝章

31. 法律意见书(具体要求见表 11-31)

表 11-31　法律意见书具体要求

项目	具体要求
是否必填	是
内容要求	—
形式要求	原件;PDF 格式
签章要求	加盖律师事务所公章及骑缝章,列明经办律师的姓名及其执业证件号码并由经办律师签字,出具日期应清晰明确

32. 律师尽调底稿(具体要求见表 11-32)

表 11-32　律师尽调底稿具体要求

项目	具体要求
是否必填	不是
内容要求	律师可自愿选择上传对于申请机构尽职调查的相关材料
形式要求	原件;PDF 格式
签章要求	加盖律师事务所公章,列明经办律师的姓名及其执业证件号码并由经办律师签字,出具日期应清晰明确

四

操作流程篇

第十二章

私募基金管理人登记的操作流程

根据中国基金业协会的规定及《资产管理业务综合报送平台管理人登记业务操作指南(2020 年 7 月)》,私募基金管理人登记备案流程如图 12－1 所示:

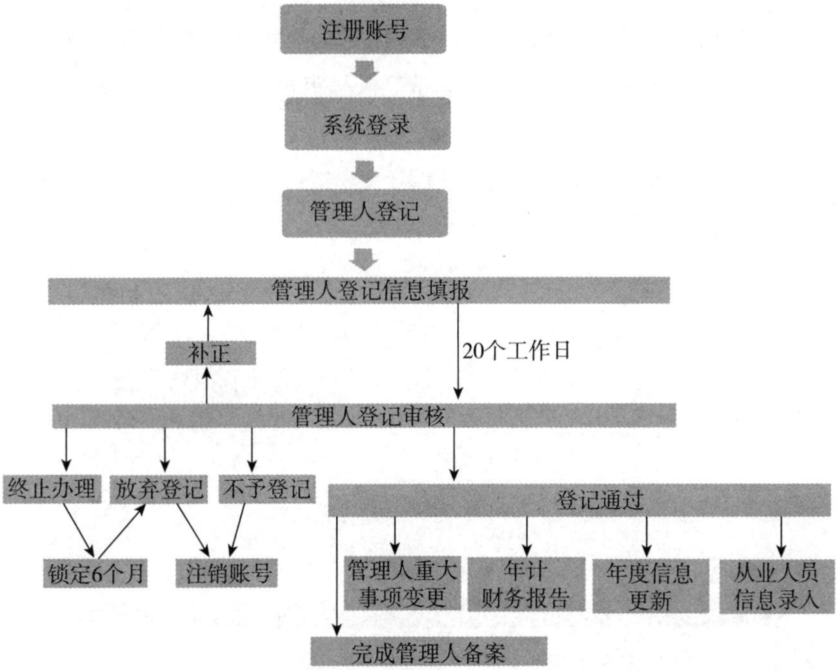

图 12－1　私募基金管理人登记备案流程

一、进入中国基金业协会资产管理业务综合报送平台(网址:https://ambers.amac.org.cn/web/login.html)

如图 12-2 所示,进入综合报送平台。

图 12-2　资产管理业务综合报送平台登录界面

二、注册账号

首次使用用户,需要点击“注册”,进入“用户注册”页面(如图 12-3 所示),填报主体资料后由中国基金业协会进行确认。账号审核通过后才能正式生效,进行下一步操作(如账号审核不通过,可重新注册提交)。

注册信息包括机构名称、统一社会信用代码/组织机构代码、主要联系人邮箱、用户名、机构类型、密码、验证码。

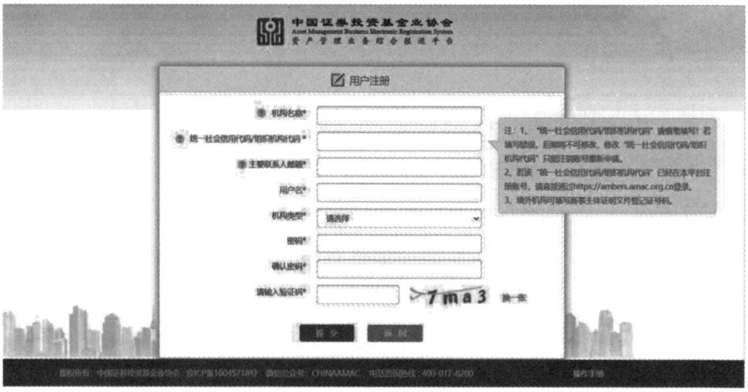

图 12-3　资产管理业务综合报送平台登录界面

注意事项：

◇ “统一社会信用代码/组织机构代码”处(如图 12 - 4 所示)，若机构已经实现三证合一，则直接填写统一社会信用代码即可，要注意区分字母大小写格式。境外机构可填写商事主体证明文件登记证号码。

图 12 - 4 “统一社会信用代码/组织机构代码”填写界面

◇ “统一社会信用代码/组织机构代码”应慎重填写，若填写错误，后期将不可修改，只能注销账号重新申请。

◇ “主要联系人邮箱”处，该邮箱是用于找回账号和密码，所以要确保该邮箱账号正确，且可正常使用。

◇ “机构类型”处(如图 12 - 5 所示)，需按自身机构性质选择对应机构类型，申请登记成为私募基金管理人，机构类型应选择“私募基金管理人”，同时选择具体的管理人类型。

◇ 注意“机构类型”选定后不可修改，应慎重选择。申请登记期间，若需修改，请点击“注销账号”后重新申请；办理通过后，若需修改，请点击“注销登记”，在注销私募基金管理人登记后重新申请。

图 12－5 "机构类型"填写界面

注册后获得资产管理业务综合报送平台的登录账号与密码，进行后续登录操作。

三、登录资产管理业务综合报送平台

通过输入用户名和密码登录资产管理业务综合报送平台，阅读私募基金管理人登记须知，维护用户基本信息。

1. 阅读私募基金管理人登记须知（如图 12－6 所示），并下载《私募管理人登记申请材料清单》

根据中国基金业协会的相关规定，自 2020 年 3 月 1 日起，新提交登记申请的机构应对照不同类别私募基金管理人（证券类、非证券类）登记材料清单，全面、真实、准确、规范地准备登记所需申请材料，并通过资产管理业务综合报送平台审慎完整提交申请材料。

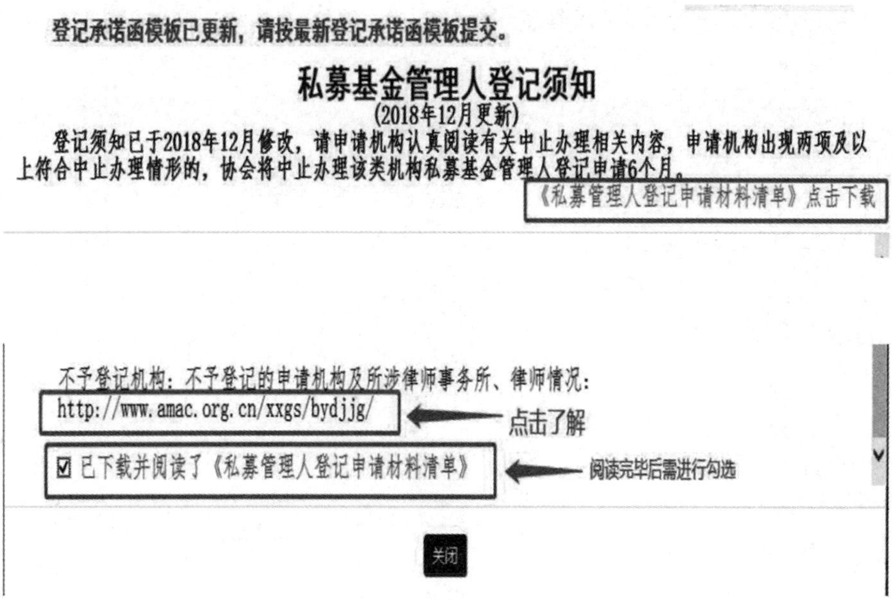

图 12－6　私募基金管理人登记须知界面

2. 维护用户基本信息

首次登录时，系统会提示维护用户基本信息（如图 12－7 所示），点击“确认”。

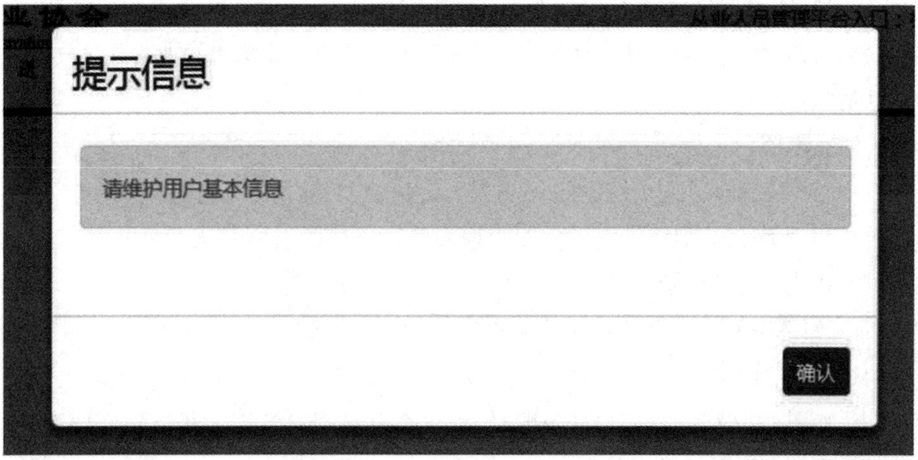

图 12－7　提示“维护用户基本信息”界面

用户进行账号管理，对账号基本信息进行填写、修改和调整（如图 12－8 所示）：

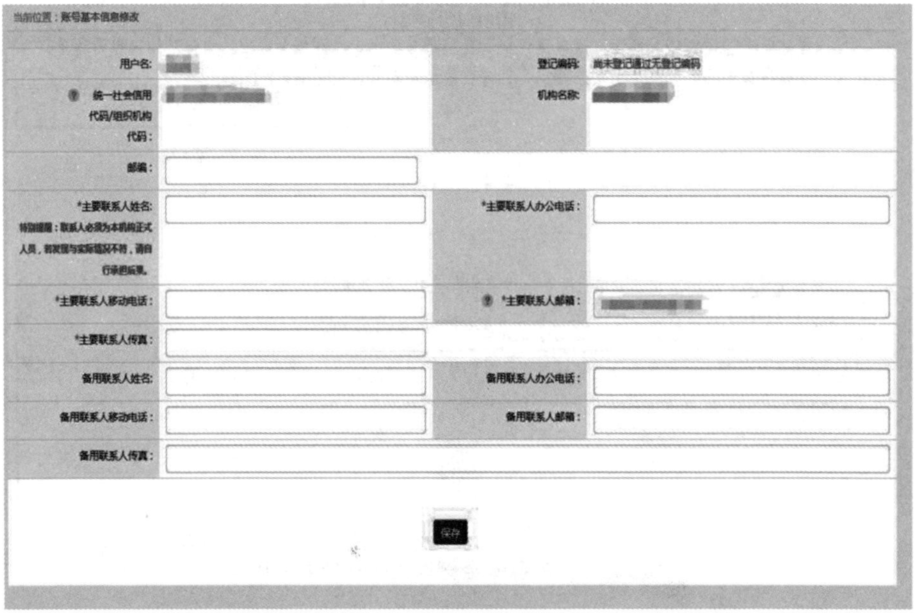

图 12－8　用户账号管理界面

用户可以调整的主要信息为邮编、主要联系人姓名、主要联系人办公电话、主要联系人移动电话、主要联系人邮箱、主要联系人传真。调整完成后，要点击页面下方的“保存”。

注意事项：

◇ 主要联系人须为本机构正式人员，若发现与实际情况不符，自行承担后果。

◇ 主要联系人邮箱将用于后期管理人登记申请的退回补正意见和登记通过意见的接收，应正确填写。

◇ 如果组织机构代码证填写错误，点击“账号管理”→点击右上角的“注销”，注销账号，重新申请。

3. 如图 12－9 所示，用户登录账号后，可在首页查看管理人登记的办理流程，此外应定期查看系统通知公告：

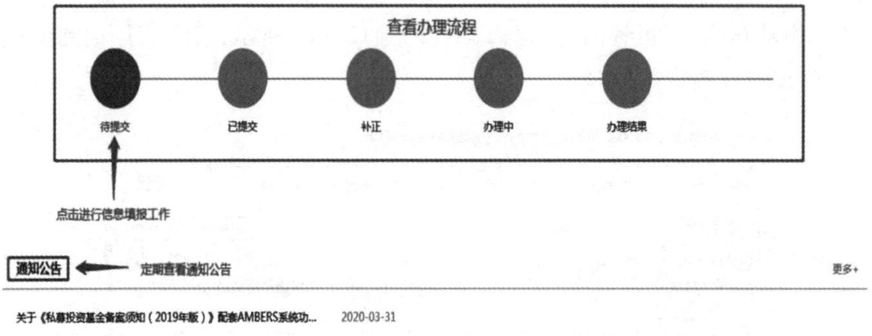

图 12 –9　管理人登记的办理流程界面

四、管理人登记信息填报

通过登录资产管理业务综合报送平台，依次进入管理人登记页面—首次登记信息界面（如图 12 –10），按照《私募管理人登记申请材料清单》和系统提示填写各个页签信息，注意仔细阅读系统中的小问号和注释内容。

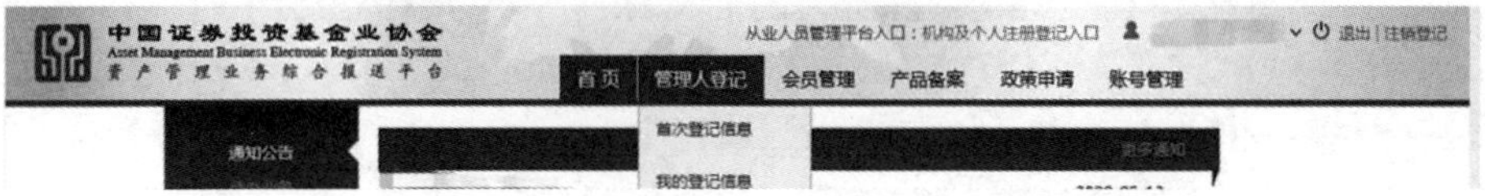

图 12 –10　管理人首次登记信息界面

首次登记信息界面共分为九个方面的内容（如图 12 –11 所示），分别是机构基本信息、相关制度信息、机构持牌及关联方信息、诚信信息、财务信息、出资人信息、实际控制人/第一大股东信息、高管信息、管理人登记法律意见书。

图 12 –11　首次登记信息界面的内容

注意事项：

◇ 申请机构在申请私募基金管理人登记、基金备案及持续信息更新中，应认真阅读资产管理业务综合报送平台相关提示，申请材料在真实、准确、完整的前提下应保持与填报信息（资产管理业务综合报送平台和从业人员管理平台）一致，填报材料和系统信息应前后自洽，重要章程、制度文件、说明材料应签章齐全。

◇ 申请管理人登记退回补正超过 5 次，机构申请将会被锁定 3 个月。

“机构基本信息”页签内容如图 12－12、图 12－13 所示，请注意仔细阅读填报项目中的小问号和注释内容。

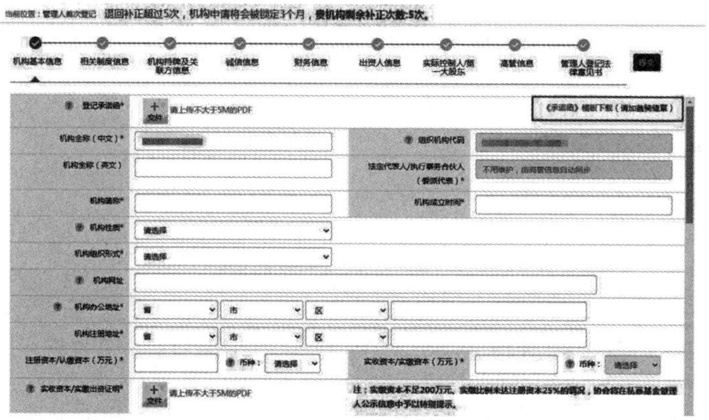

图 12－12 “机构基本信息”页签一

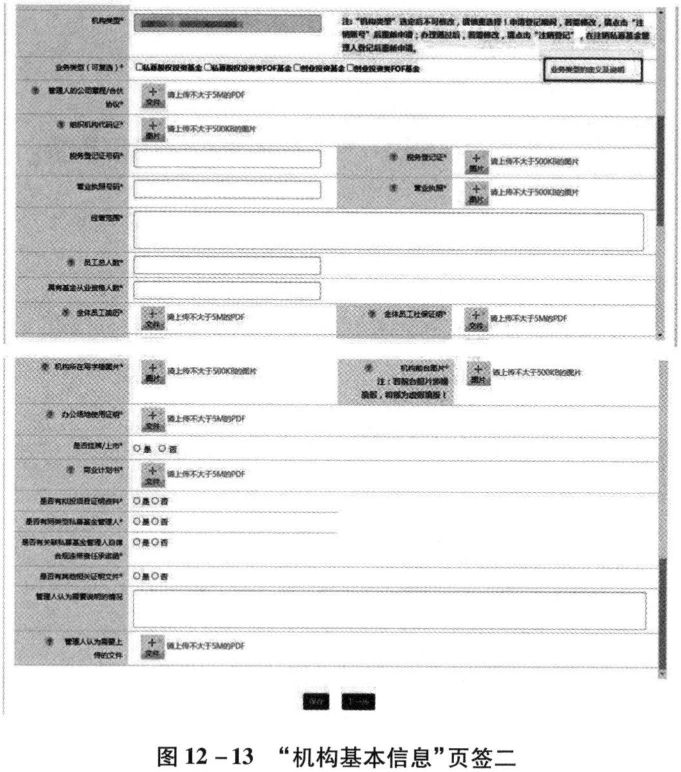

图 12－13 “机构基本信息”页签二

页签一:机构基本信息

“机构基本信息”页签中,填写及上传信息主要包括:登记承诺函(右侧可下载模板)、机构全称(中文)、组织机构代码、法定代表人/执行事务合伙人(委派代表)、机构简称、机构成立时间、机构性质、机构组织形式、机构办公地址、机构注册地址、注册资本/认缴资本(万元)、实收资本/实缴资本(万元)、币种、实收资本/实缴出资证明、机构类型、业务类型、管理人的公司章程/合伙协议(上传)、组织机构代码证(上传)、税务登记证号码、税务登记证(上传)、营业执照号码、营业执照(上传)、经营范围、员工总人数、具有基金从业资格人数、全体员工简历(上传)、全体员工社保证明(上传)、机构所在写字楼图片(上传)、机构前台图片(上传)、办公场地使用证明(上传)、是否挂牌/上市、商业计划书(上传)、是否有拟投项目证明资料、是否有同类型私募基金管理人、是否有关联私募基金管理人自律合规连带责任承诺函、是否有其他相关证明文件、管理人认为需要说明的情况、管理人认为需要上传的文件(上传)。

注意事项:

◇ 注意下载最新版的《登记承诺函》模板,并加盖骑缝章后上传文件。

◇ 实缴资本不足200万元、实缴比例未达注册资本25%的情况,中国基金业协会将在私募基金管理人公示信息中予以特别提示。

◇ 若上传的机构前台照片涉嫌造假,将视为虚假填报。

“机构基本信息”页签内容填报、上传完成后,点击“保存”,保存机构基本信息,点击“下一步”,进入下一页签。

页签二:相关制度信息

“相关制度信息”页签中,需上传的制度文件包括:“运营风险控制制度”“信息披露制度”“机构内部交易记录制度”“防范内幕交易、利益冲突的投资交易制度”“合格投资者风险揭示制度”“合格投资者内部审核流程及相关制度”“私募基金宣传推介、募集相关规范制度”“其他制度(如防范关联交易、利益输送等制度)”。另外,私募证券投资基金管理人相比私募股权、创业投资基金管理人,在此板块需多提交一个“从业人员买卖证券申报制度”。

注意事项:制度应根据机构自身实际情况制定,不可照搬照抄。

“相关制度信息”页签内容如图12-14所示:

上传完成后,点击“保存”,保存上传制度,点击“下一步”,进入下一页签。

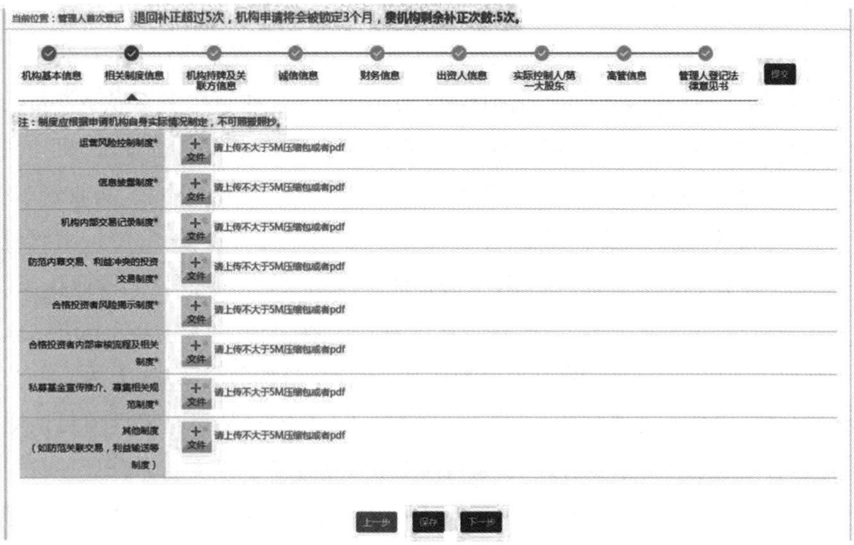

图 12－14 “相关制度信息”页签

页签三：机构持牌及关联方信息

“机构持牌及关联方信息”页签，包括“机构持有行政许可及注册信息”“分支机构、子公司信息及关联方信息”两个部分（如图 12－15 所示）：

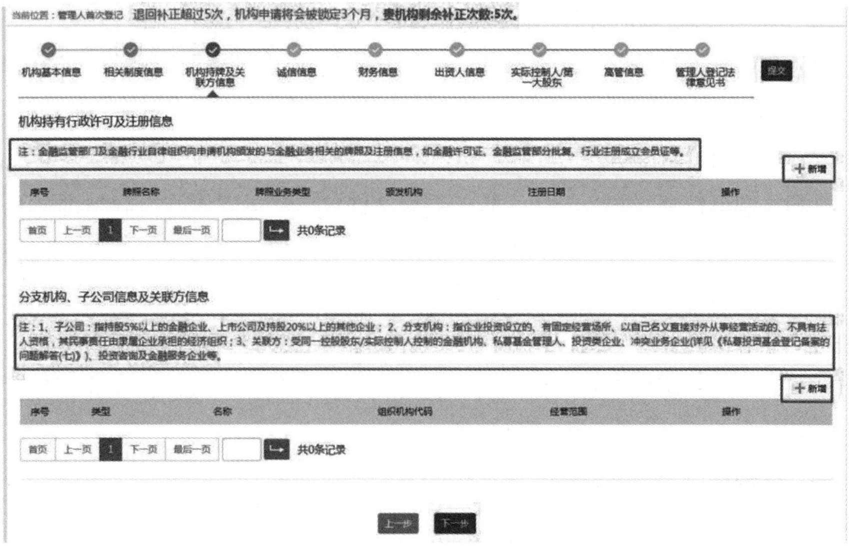

图 12－15 “机构持牌及关联方信息”页签

其中“机构持有行政许可相关信息”,指的是金融监管部门及金融行业自律组织向申请机构颁发的与金融业务相关的牌照及注册信息,如金融许可证、金融监管部分批复、行业注册成立会员证等。点击“新增”,填写机构持有行政许可相关信息,包括“牌照名称”“牌照业务类型”“颁发机构”“注册日期”,并上传牌照扫描文件(如图 12 – 16 所示):

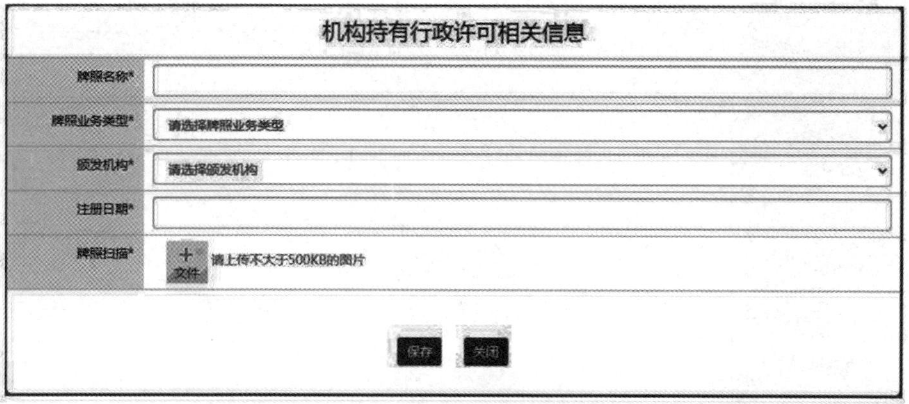

图 12 – 16 “机构持牌及关联方信息”页签之“机构持有行政许可相关信息”界面

另一个部分为“分支机构、子公司信息及关联方信息”。分支机构指的是企业投资设立的、有固定经营场所、以自己名义直接对外从事经营活动的、不具有法人资格,其民事责任由隶属企业承担的经济组织;子公司指的是持股 5% 以上的金融企业、上市公司及持股 20% 以上的其他企业;关联方指的是受同一控股股东/实际控制人控制的金融机构、私募基金管理人、投资类企业、冲突业务企业、投资咨询及金融服务企业等。点击“新增”,填写分支机构、子公司、关联方相关信息(如图 12 – 17所示):

“机构持牌及关联方信息”页签内容填报完成并“保存”后,点击“下一步”,进入下一页签。

图 12－17　“机构持牌及关联方信息”页签之“分支机构、子公司信息及关联方信息”界面

页签四:诚信信息

“诚信信息”页签涉及对机构诚信信息的填报,需要选择填写:最近 3 年是否受到刑事处罚、最近 3 年是否受到证监会的行政处罚、最近 3 年是否被证监会采取行政监管措施、最近 3 年是否受到其他监管部门的行政处罚、最近 3 年是否被基金业协会采取自律措施、最近 3 年是否被其他自律组织采取措施、最近 3 年是否涉及诉讼或仲裁、最近 3 年其他合法合规及诚信情况,本页签内容如图 12－18 所示:

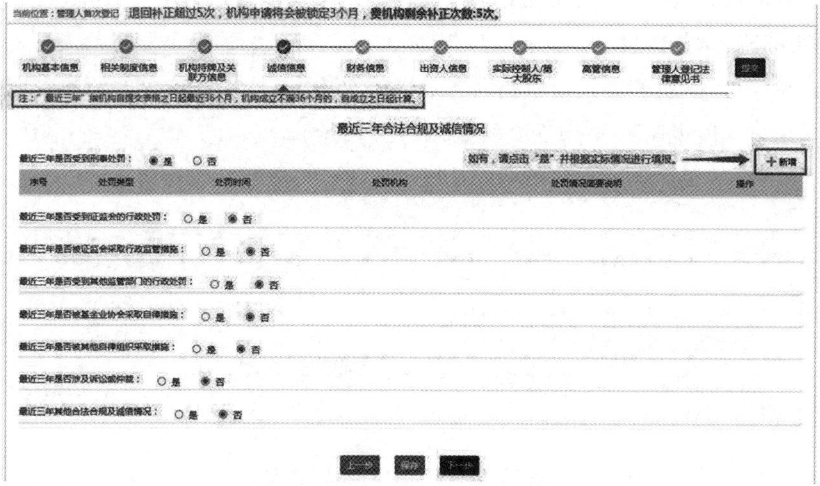

图 12-18 “诚信信息”页签

需要注意，“最近3年”指机构自提交表格之日起最近36个月，机构成立不满36个月的，自成立之日起计算。

如存在某项合法合规及诚信情况，请选择“是”，再点击“新增”后，根据实际情况进行相应具体内容的填报、上传（如图12-19所示）：

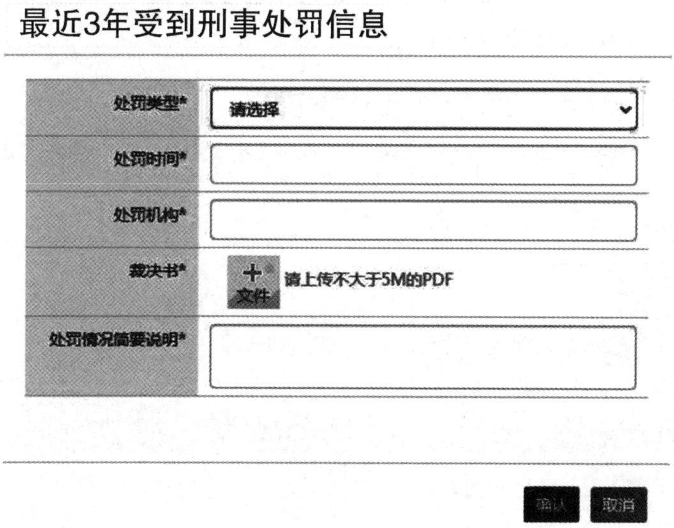

图 12-19 “最近3年刑事处罚信息”页签

“诚信信息”页签填报完成并保存后，点击“下一步”，进入下一页签。

页签五：财务信息

“财务信息”页签涉及对机构财务信息的填报，需根据系统中的填报说明及下载的《填报字段说明》进行填写（如图12－20所示）。

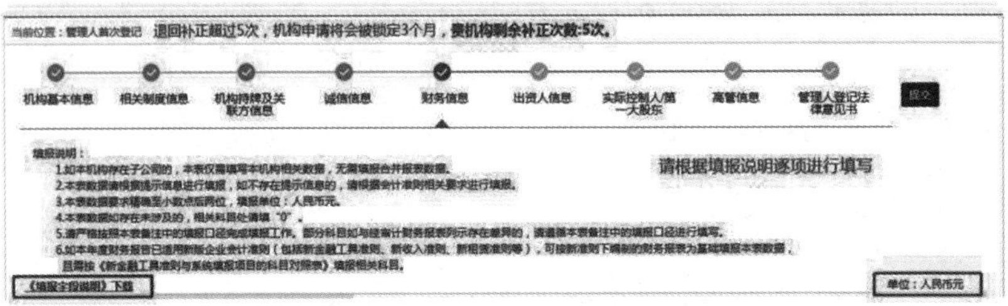

图12－20 “财务信息”页签

填报完成后，点击“完成”，保存财务信息，点击“下一步”，进入下一页签。

页签六：出资人信息

“出资人信息”页签（如图12－21所示）为机构出资人信息的填报，根据出资人实际情况填写相应内容，并按照系统提示点击“新增自然人”或“新增机构出资人”来分别添加自然人出资人或机构出资人的信息。

注意事项：如申请机构涉及直接或间接参股的境外股东，请点击“是”，并穿透核算境外股东的持股比例。

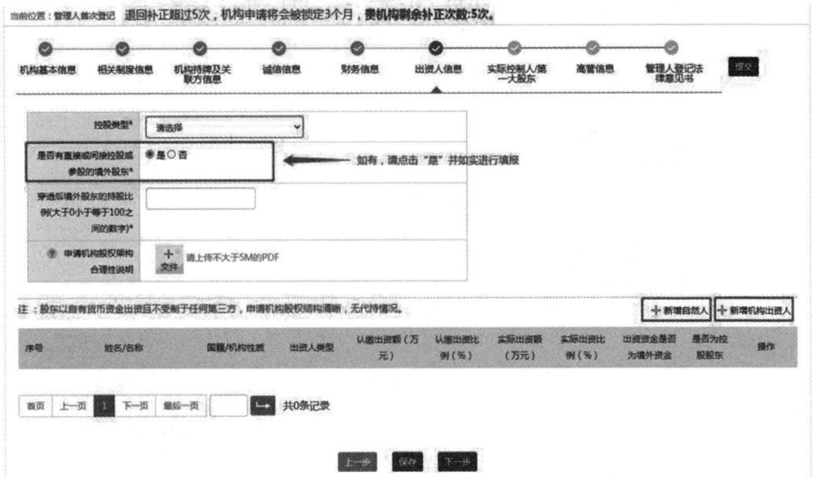

图12－21 “出资人信息”页签

适用于自然人、法人及其他组织的出资人基本信息表分别如图 12－22、图12－23 所示，根据出资人实际情况填写即可，填写完成后予以保存：

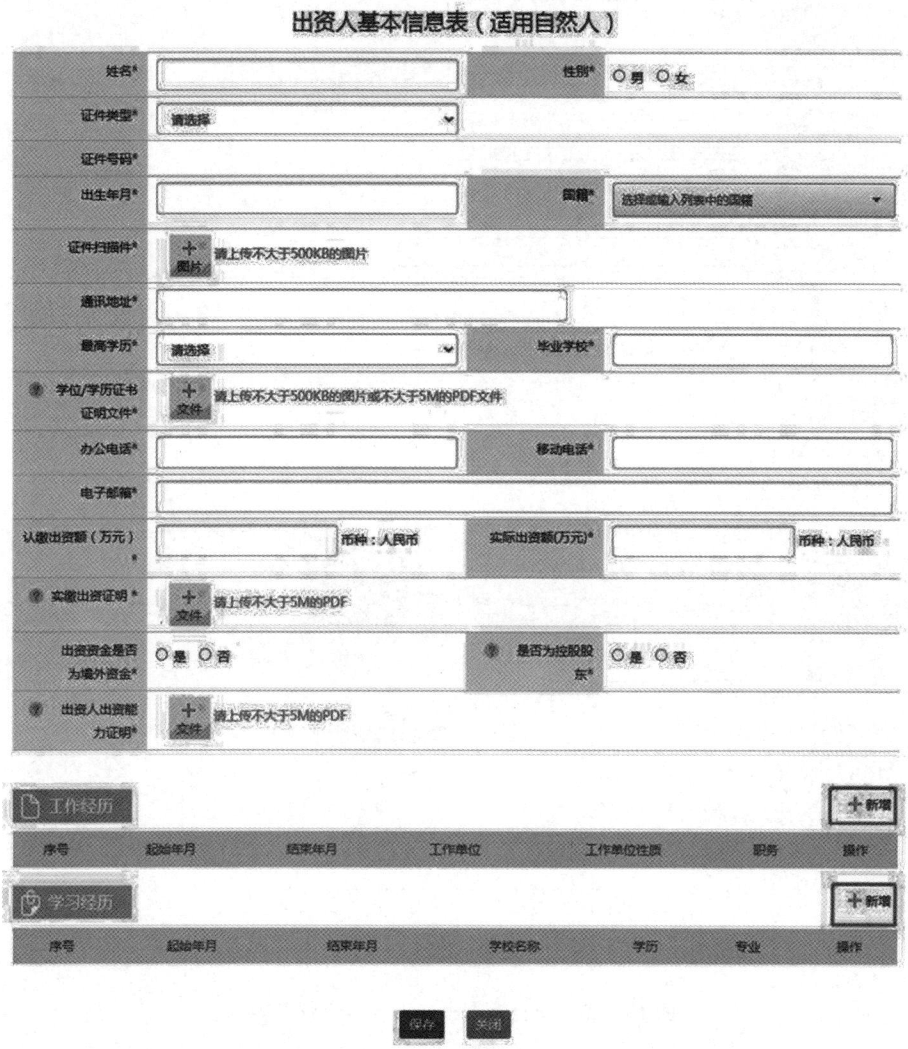

图 12－22　自然人出资人基本信息页签

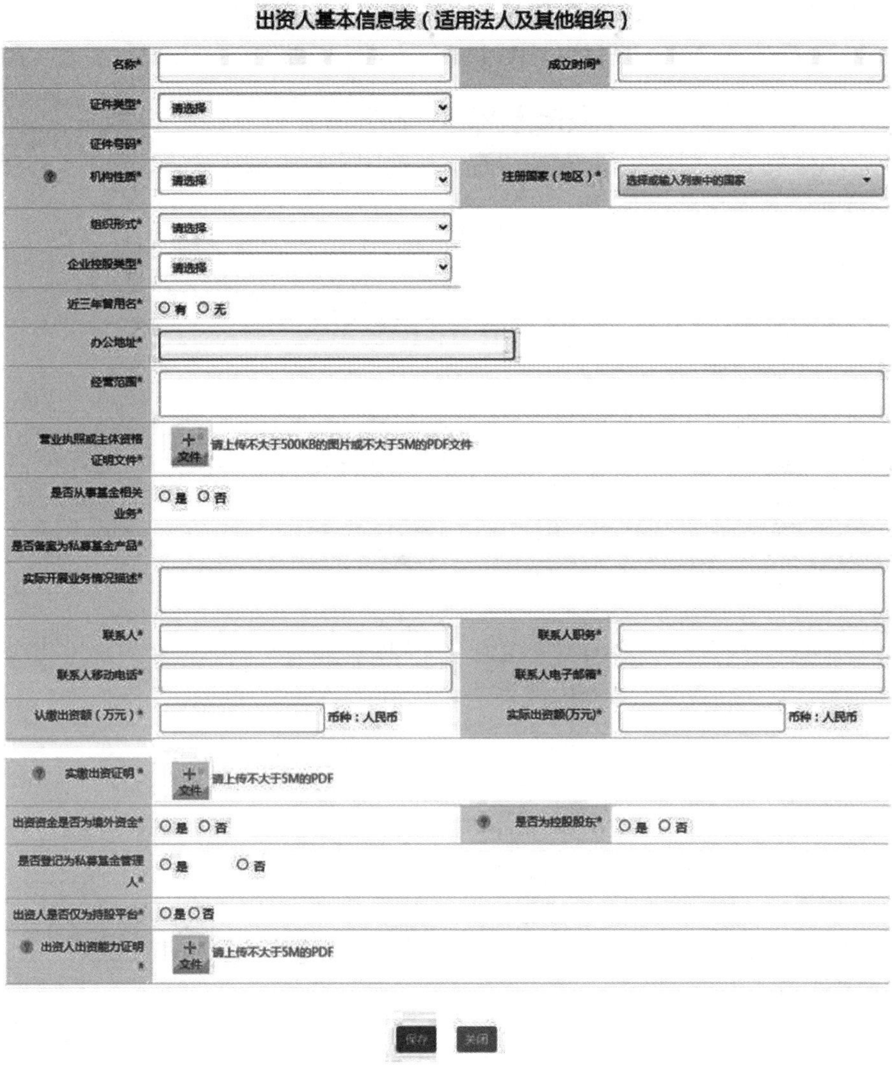

出资人基本信息表（适用法人及其他组织）

名称*		成立时间*	
证件类型*	请选择		
证件号码*			
机构性质*	请选择	注册国家（地区）*	选择或输入列表中的国家
组织形式*	请选择		
企业控股类型*	请选择		
近三年曾用名*	○有 ○无		
办公地址*			
经营范围*			
营业执照或主体资格证明文件*	+ 文件 请上传不大于500KB的图片或不大于5M的PDF文件		
是否从事基金相关业务*	○是 ○否		
是否备案为私募基金产品*			
实际开展业务情况描述*			
联系人*		联系人职务*	
联系人移动电话*		联系人电子邮箱*	
认缴出资额（万元）*	币种：人民币	实际出资额(万元)*	币种：人民币
实缴出资证明*	+ 文件 请上传不大于5M的PDF		
出资资金是否为境外资金*	○是 ○否	是否为控股股东*	○是 ○否
是否登记为私募基金管理人*	○是 ○否		
出资人是否仅为持股平台*	○是 ○否		
出资人出资能力证明*	+ 文件 请上传不大于5M的PDF		

保存 关闭

图 12-23　非自然人出资人基本信息页签

“出资人信息”页签填写完成并保存后，点击“下一步”，进入下一页签。

页签七：实际控制人/第一大股东

“实际控制人/第一大股东”页签需填写实际控制人情况表相应内容，点击“新增自然人”或“新增机构实际控制人”，可分别填写自然人实际控制人或机构实际控制人的具体信息。

实际控制人是指控股股东（或派出董事最多的股东、互相之间签有一致行动协议的股东),或能够实际支配企业行为的自然人、法人或其他组织。认定实际控制人应一直追溯到最后的自然人、国资控股企业或集体企业、上市公司、受国外金融监管部门监管的境外机构。实际控制人可以为共同实际控制。

在符合上述要求的前提下,实际控制人可按照下列情形进行认定:(1)持股50%以上的;(2)通过行使表决权能够决定董事会半数以上成员当选的;(3)通过投资关系、协议或者其他安排能够实际支配公司行为且表决权持股超过50%的;(4)合伙企业的执行事务合伙人;(5)在无法满足前述认定标准时,可以在系统中填报“第一大股东”,由其第一大股东承担相应的责任。

“实际控制人/第一大股东”页签内容如图12-24所示:

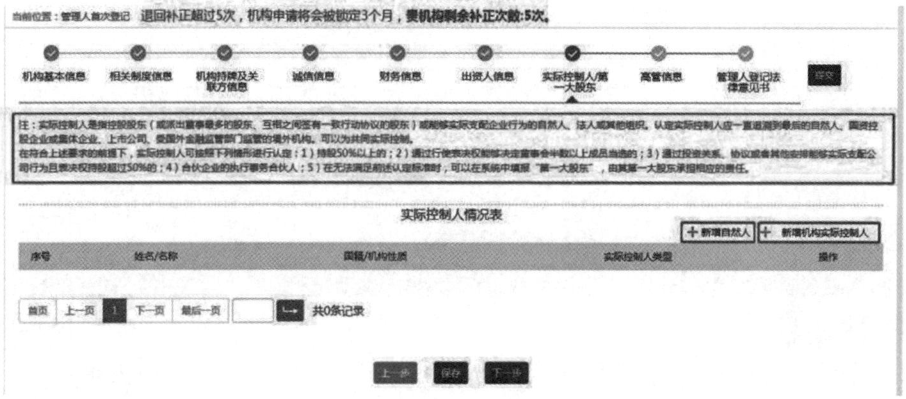

图12-24 “实际控制人/第一大股东”页签

适用于自然人、机构的实际控制人基本信息表分别如图12-25、图12-26所示,根据实际控制人具体情况填写即可,填写完成后予以保存:

实际控制人基本信息表(适用于自然人)

姓名* | 国籍* 选择或输入列表中的国籍
证件类型* -- 请选择 --
证件号码*
证件扫描件* + 文件 请上传不大于500KB的图片
出生年月* | 性别* ○男 ○女
通讯地址* 省 市 区
最高学历* -- 请选择 -- | 毕业院校*
学位/学历证书证明文件* + 文件 请上传不大于500KB的图片或不大于5M的PDF文件
办公电话* | 移动电话*
电子邮箱*
实际控制人与管理人之间的控制关系图* + 文件 请上传不大于500KB的图片或不大于5M的PDF文件
注：若机构实际控制人为自然人，请实际控制人在实际控制人与管理人之间的控制关系图上签字确认后扫描上传；若机构实际控制人为非自然人，请实际控制人在实际控制人与管理人之间的控制关系图上加盖公司公章后扫描上传。

工作经历 注：实际控制人履历应从最高学历毕业填写至当前岗位。 + 新增

序号	起始年月	结束年月	工作单位	工作单位性质	职务	操作

学习经历 + 新增

序号	起始年月	结束年月	学校名称	学历	专业	操作

保存 关闭

图 12－25　实际控制人(自然人)基本信息页签

图 12－26　实际控制人(机构)基本信息

“实际控制人/第一大股东”页签填写完成并保存后，点击“下一步”，进入下一页签。

页签八：高管信息

“高管信息”页签需填写机构高管人员相关信息(如图 12－27 所示)，点击“新增”可添加高管人员信息，高管人员及团队员工投资管理经验证明请在指定位置上传，相关材料应符合《私募管理人登记申请材料清单》要求。高级管理人员指私募基金管理人的董事长、总经理、副总经理、法定代表人、执行事务合伙人(委派代表)、执行董事、合规风控负责人及实际履行上述职务的其他人员。

注意事项：

◇ 若高管人员尚未在“从业人员管理平台”中注册从业资格或登记个人信息，应先登录“从业人员管理平台”(网址：https://human.amac.org.cn/)注册或登记，高管人员信息在“从业人员管理平台”中注册或登记成功后，第 T＋1 日更新至资产管理业务综合报送平台。

◇ 申请机构登记过程中的反馈意见将会反馈至“信息填报负责人”邮箱，相关审核问题也会通过电话与“信息填报负责人”联系，应保证填写的“信息填报负责人”的电话、手机、邮箱填写正确。信息填报负责人应由高管人员兼任。

图 12-27　高管信息页签

高级管理人员情况表的内容如图 12-28、图 12-29 所示，根据高管人员实际情况填写即可，填写完成后予以相应保存：

图 12-28　高管人员情况表页签 1

图 12－29　高管人员情况表页签 2

“高管信息”页签填写完成并保存后，点击“下一步”，进入下一页签。

页签九：管理人登记法律意见书

“管理人登记法律意见书”页签中需按照提示上传《法律意见书》，并逐项填写系统中信息。在该页签中需要对私募基金管理人重要情况予以说明，这里所列示的 23 个问题亦属于中国基金业协会核查的重点问题，需要重点关注。另外，“私募基金管理人重要情况说明”在资产管理业务综合报送平台中填写完成后，私募基金管理人应制作关于“私募基金管理人重要情况说明”的截屏文件，并由出具《法律意见书》的两名执业律师签名，加盖律师事务所印章（包括骑缝章），签署日期后上传。

注意事项：此模块应慎重填写，务必与法律意见书中相关内容保持一致，虚假填写、错误填写、不完整填写将会直接影响审核流程和审核结果；若此模块信息填写错误后期审核通过后将无法修改。

“管理人登记法律意见书”页签内容如图 12－30、图 12－31、图 12－32、图12－33 所示：

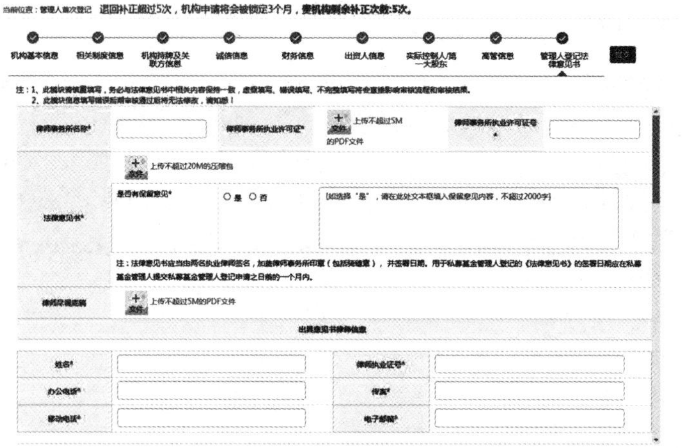

图 12－30 “管理人登记法律意见书”页签 1

图 12－31 “管理人登记法律意见书”页签 2

图 12－32 “管理人登记法律意见书”页签 3

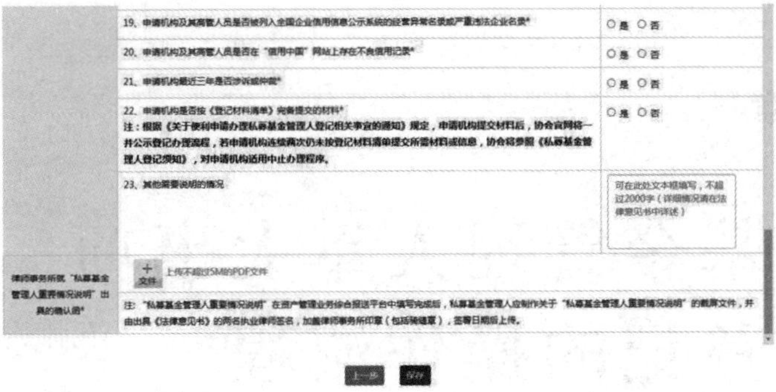

图 12－33 “管理人登记法律意见书”页签 4

五、信息提交

私募基金管理人首次登记信息界面的 9 个页签内容填报完成并保存后，点击“提交”（如图 12－34 所示），将私募基金管理人登记申请材料提交中国基金业协会办理。

登记申请材料不符合规定的，应当根据中国基金业协会要求及时补正。申请机构提交的材料存在不符合登记材料清单齐备性要求的，中国基金业协会将在 5 个工作日内通过资产管理业务综合报送平台退回申请材料。申请机构第二次提交仍未按登记材料清单提交所需材料或信息的，中国基金业协会将参照《私募基金管理人登记须知》，对申请机构适用中止办理程序。

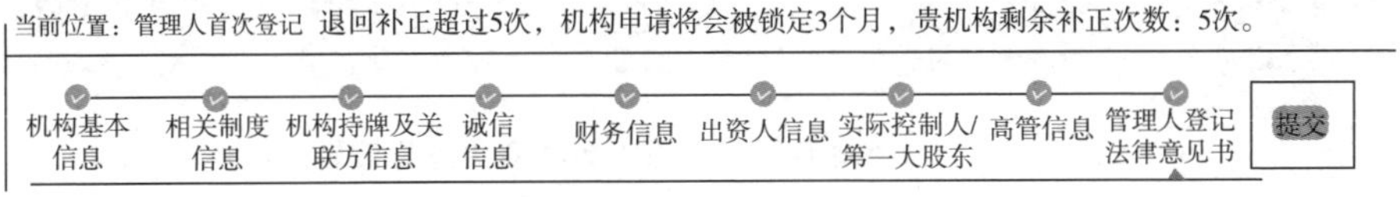

图 12－34 “提交”界面

第十三章

私募基金管理人重大事项变更登记的操作流程

根据中国基金业协会的相关规定及《资产管理业务综合报送平台管理人登记业务操作指南(2020年7月)》,私募基金管理人重大事项变更登记流程如图13-1所示:

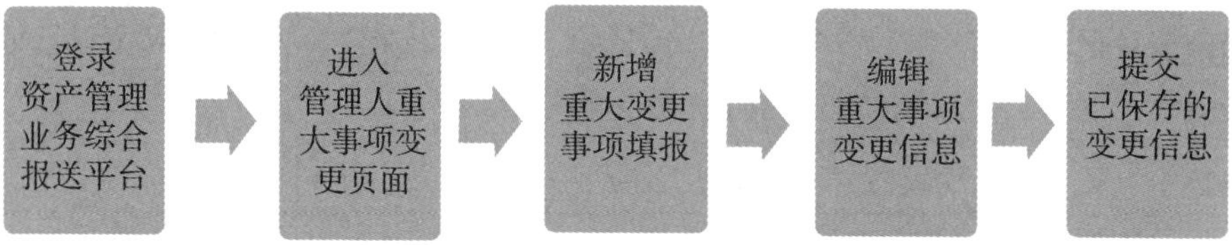

图13-1 私募基金管理人重大事项变更登记流程

一、登录进入"管理人重大事项变更"页面

已登记的私募基金管理人,登录资产管理业务综合报送平台后,可从"管理人登记"项下的"管理人重大事项变更"进入相关界面(如图13-2所示),进行管理人的重大事项变更。

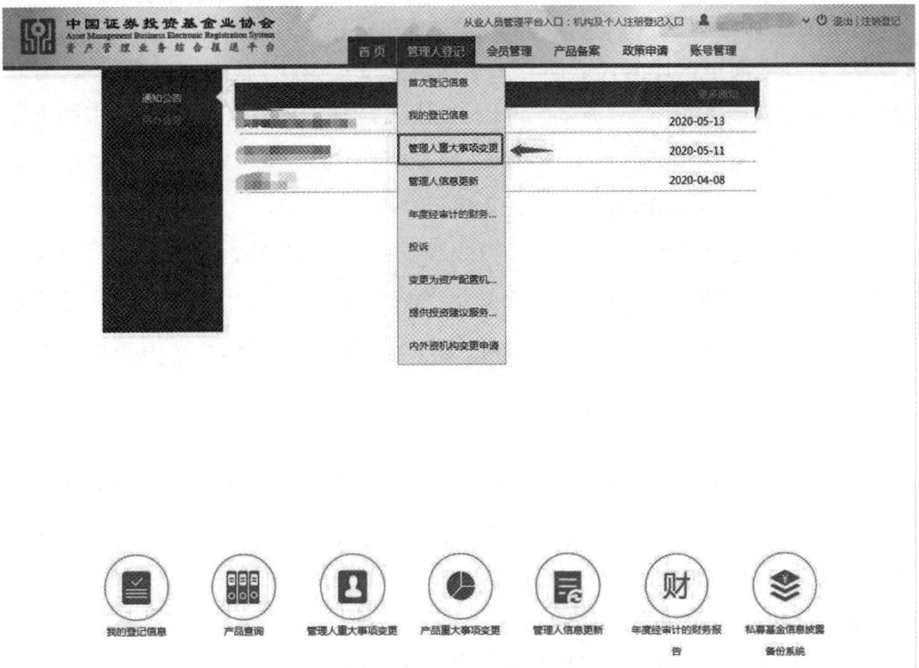

图 13－2 "管理人重大事项变更"进入界面

二、系统填报

（一）阅读规则

进行管理人重大事项变更前，应阅读系统提示相关规则，知悉后点击"关闭"按钮可进入管理人重大变更列表填报内容，如图 13－3 所示。

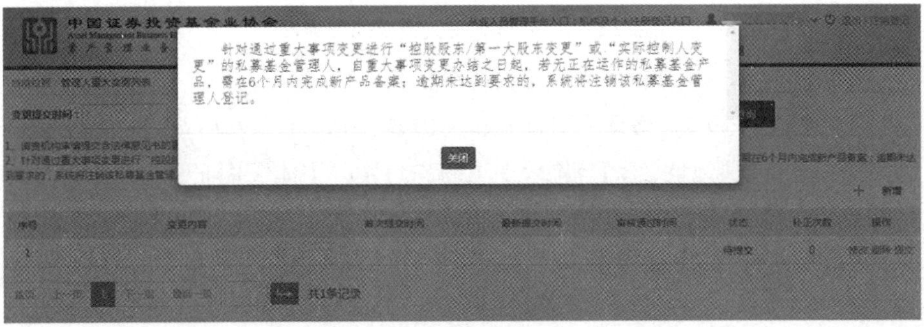

图 13－3 重大事项变更登记"提示"界面

注意事项：

◇ 管理人需审慎提交含法律意见书的重大变更事项，若进行控股股东、实际控制人、法定代表人/执行事务合伙人（委派代表）等需提交专项法律意见书的重大事项变更申请，首次提交后6个月内未办理通过或退回补正次数超过5次，中国基金业协会将暂停申请机构新增产品备案直至办理通过。

◇ 针对通过重大事项变更进行“控股股东/第一大股东变更”或“实际控制人变更”的私募基金管理人，自重大事项变更办结之日起，若无正在运作的私募基金产品，需在6个月内完成新产品备案，逾期未达到要求的，系统将注销私募基金管理人登记。

（二）管理人重大变更列表

管理人重大事项变更包括八个板块内容，分别为：(1)主体资格证明文件及相关内容变更；(2)分支机构、子公司信息及关联方信息变更；(3)管理人合法合规及诚信情况变更；(4)机构类型及业务类型变更；(5)出资人变更；(6)实际控制人/第一大股东变更；(7)高管变更；(8)管理人挂牌上市情况变更。

点击“新增”可编辑重大事项变更的具体事项（如图13－4所示）。

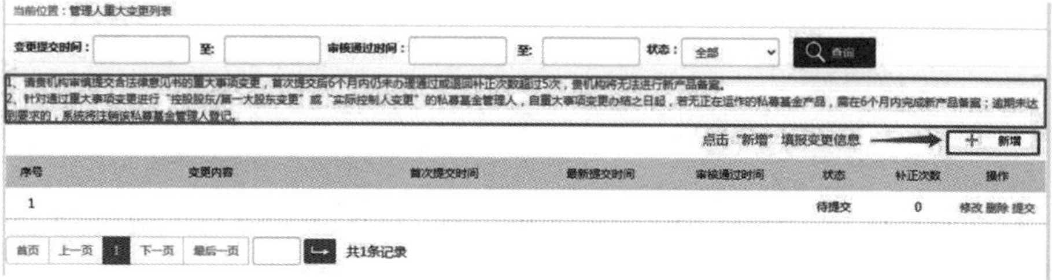

图13－4　管理人重大变更列表界面

板块一：主体资格证明文件及相关内容变更

当管理人的主体资格证明文件及相关内容有变更时，包括营业执照、注册资本、实收资本、注册地址、经营范围等变更的，应通过“主体资格证明文件及相关内容变更”板块提交信息变更申请。

点击底部“变更”按钮进入信息更改页面，更改完毕后点击“保存”按钮保存更改信息（如图13－5所示）。

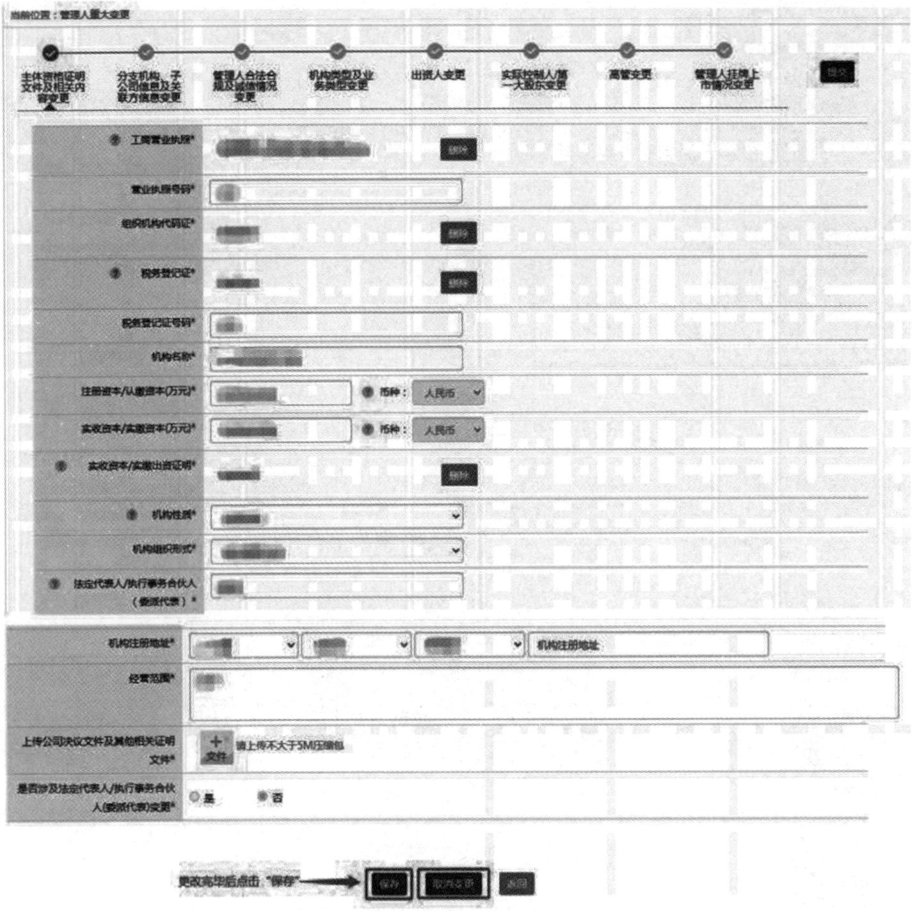

图 13－5 主体资格证明文件及相关内容变更界面

如涉及法定代表人变更，应在“是否涉及法定代表人/执行事务合伙人（委派代表）变更”栏选择“是”，并相应上传专项法律意见书，根据系统内提示填报律师事务所及律师等各项信息（如图 13－6、图 13－7 所示）。

图 13－6　法定代表人变更界面

图 13－7　提示填报律师事务所及律师等各项信息界面

板块二：分支机构、子公司信息及关联方信息变更

当管理人的分支机构、子公司信息或关联方信息有变更时，应通过“分支机构、子公司信息及关联方信息变更”板块进行修改，根据相关主体变更情况，点击“新增机构”“选择修改的机构”“选择删除的机构”，相应填写、修改变更信息（如图13－8所示）：

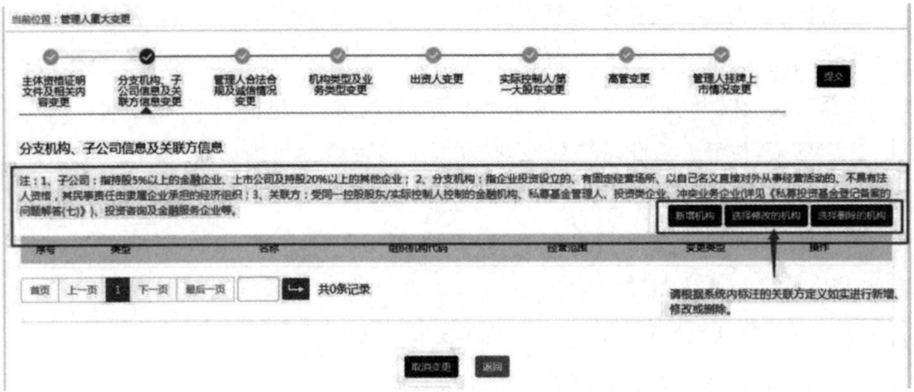

图 13-8 分支机构、子公司信息及关联方信息变更界面

板块三：管理人合法合规及诚信情况变更

当管理人的合法合规及诚信情况有变化时，应通过“管理人合法合规及诚信情况变更”板块进行对应的信息变更及填写，最近 3 年合法合规及诚信情况包括最近 3 年是否受到刑事处罚、是否受到证监会的行政处罚、是否被证监会采取行政监管措施等（“最近 3 年”是指机构自提交表格之日起最近 36 个月，机构成立不满 36 个月的，自成立之日起计算），涉及的诚信信息如图 13-9 所示：

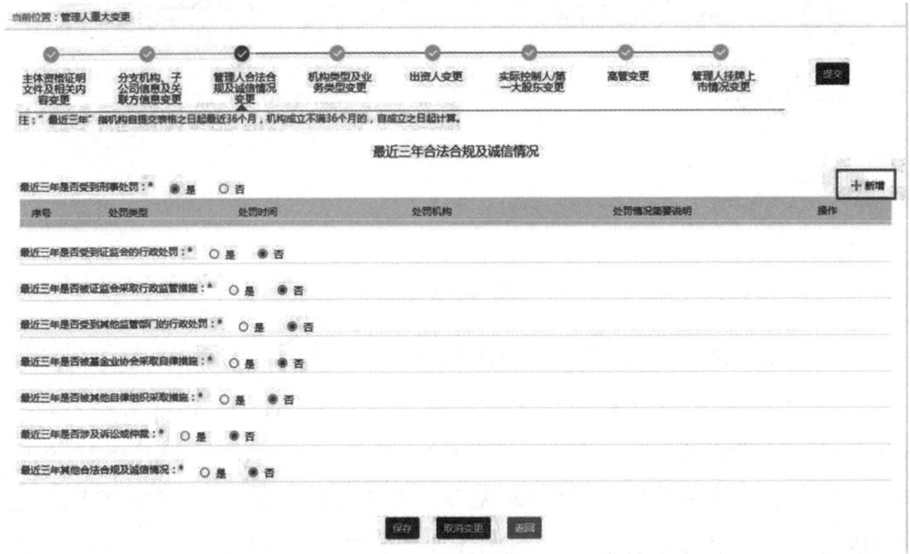

图 13-9 管理人合法合规及诚信情况变更界面

板块四:机构类型及业务类型变更

如机构尚未按照《私募基金登记备案相关问题解答(十三)》进行专业化机构类型选择,可以在“机构类型及业务类型变更”板块进行“机构类型”的选择。

注意事项:按照专业化管理的原则,在登记通过后,“机构类型”不能变更,若需要修改“机构类型”,需“注销登记”,在注销私募基金管理人登记后重新申请。

若已选定“机构类型”,可对机构类型对应的“业务类型”进行修改或变更,根据中国基金业协会关于私募基金管理人专业化管理原则的要求,私募基金管理人应当仅选择一类机构类型及业务类型进行登记。

(1)私募证券投资基金管理人

私募证券投资基金管理人可参照“业务类型的定义及说明”,选择“私募证券投资基金”或“私募证券投资类 FOF 基金”,变更“业务类型”应上传变更申请书并填写变更原因,变更申请书中应明确说明变更后符合专业化管理要求的机构类型和业务类型(与系统中填报应一致)并加盖机构公章(如图 13-10 所示)。

图 13-10　私募证券投资基金管理人机构类型及业务类型变更界面

(2)私募股权、创业投资基金管理人

私募股权、创业投资基金管理人可参照“业务类型的定义及说明”,选择“私募股权投资基金”“私募股权投资类 FOF 基金”“创业投资基金”“创业投资类 FOF 基金”中的一类业务类型,变更“业务类型”应上传变更申请书并填写变更原因,变更申请书中应明确说明变更后符合专业化管理要求的机构类型和业务类型(与系统中填报应一致)并加盖机构公章(如图 13-11 所示)。

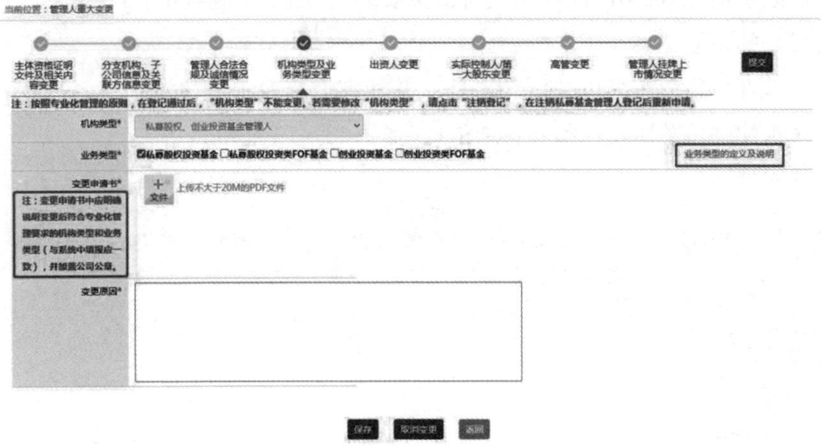

图 13-11 私募股权、创业投资基金管理人机构类型及业务类型变更界面

板块五:出资人变更

机构的出资人若发生增加、退出、信息变更等情况的,应通过“出资人变更”板块进行相应修改变更。

如图 13-12 所示,当有新出资人时,点击“新增自然人”或“新增机构出资人”,并相应填写新出资人的信息。若是仅修改出资人信息,可点击“选择修改的出资人”,选中某一出资人信息进行修改。若有出资人退出时,可点击“选择删除的出资人”,选中退出的出资人进行删除。

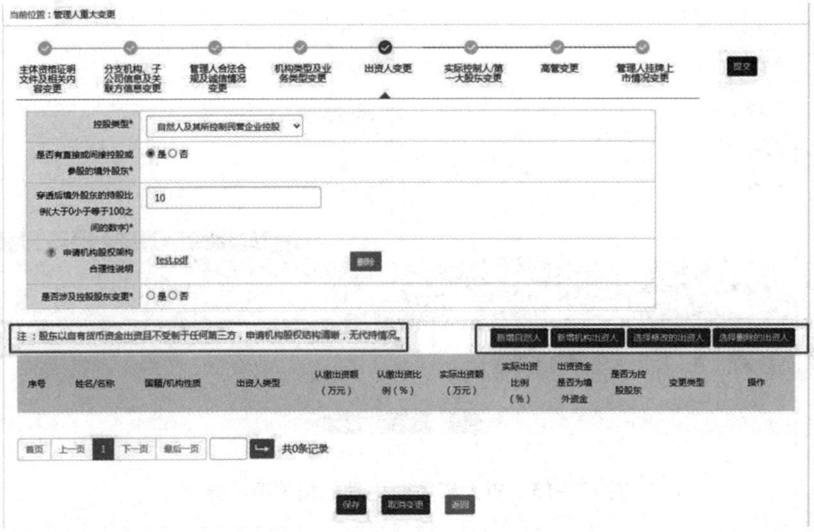

图 13-12 “出资人变更”界面

注意事项：如机构涉及直接或间接参股的境外股东，应点击“是”，并穿透核算境外股东的持股比例。

如涉及控股股东变更，应点击“是”，并相应上传专项法律意见书，根据系统内提示填报律师事务所及律师等各项信息（如图 13－13 所示）。

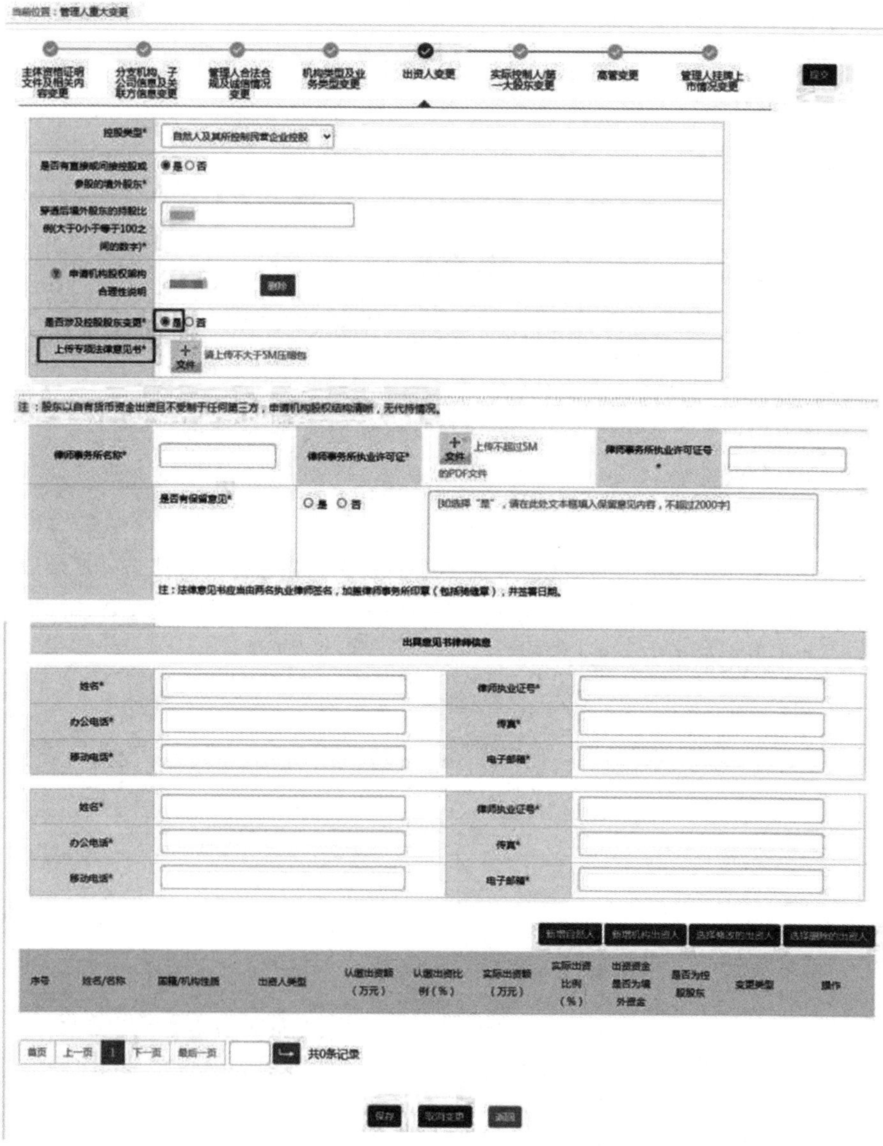

图 13－13　重大事项变更其他相关事项界面

【特别提示】通过重大事项变更进行控股股东变更的私募基金管理人,自重大事项变更办结之日起,若无正在运作的私募基金产品,需在6个月内完成新产品备案。

板块六:实际控制人/第一大股东变更

若机构实际控制人发生变更的,应通过“实际控制人/第一大股东”板块,修改填写相应信息(如图13-14所示)。

当有新实际控制人时,应点击“新增自然人”或“新增机构实际控制人”来填写新实际控制人的信息。若是仅修改实际控制人信息,可点击“选择修改的实际控制人”,选中某一实际控制人信息进行修改。若某一实际控制人不再是实际控制人时,可点击“选择删除的实际控制人”进行删除。

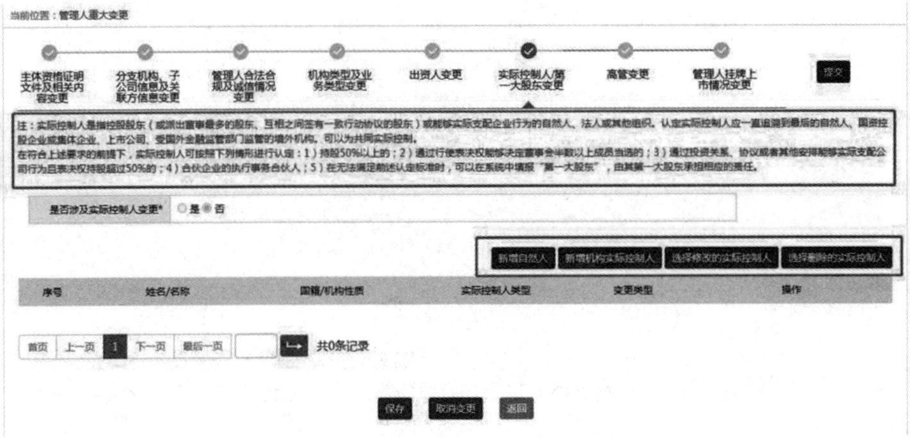

图13-14 “实际控制人/第一大股东”板块

【特别提示】通过重大事项变更进行“实际控制人变更”的私募基金管理人,自重大事项变更办结之日起,若无正在运作的私募基金产品,需在6个月内完成新产品备案。

如涉及实际控制人变更,应上传专项法律意见书并根据系统内提示填报律师事务所及律师等各项信息(如图13-15所示)。

图 13－15　实际控制人变更提示界面

板块七：高管变更

若机构高管人员相关信息发生变更，请通过“高管变更”板块（如图 13－16 所示）进行相应信息的变更修改，包括高管人员姓名、职务、证件类型、证件号码、任职时间。如需变更高管除任职相关信息外的其他个人基本信息、工作经历、学习经历，应至“从业人员管理平台”（网址：https://human. amac. org. cn/）变更。高管人员个人诚信信息应同时在“资产管理业务综合报送平台”和“从业人员管理平台”中变更。

当需要新增高管时,应点击“新增高管”来填写新高管人员的信息。若是仅修改高管人员信息,可点击“选择修改的高管”,选中某一高管人员信息进行修改。若某高管人员离职或不再担任高管时,可点击“选择删除的高管”进行删除。

注意事项:

◇ 若高管人员尚未在“从业人员管理平台”中注册从业资格或登记个人信息,应先登录“从业人员管理平台”注册或登记。高管人员信息在“从业人员管理平台”中注册或登记成功后,第 T+1 日更新至“资产管理业务综合报送平台”。

◇ 申请机构登记过程中的反馈意见将会反馈至“信息填报负责人”邮箱,相关审核问题也会通过电话与“信息填报负责人”联系,应保证填写的“信息填报负责人”的电话、手机、邮箱填写正确。信息填报负责人应由高管人员兼任。

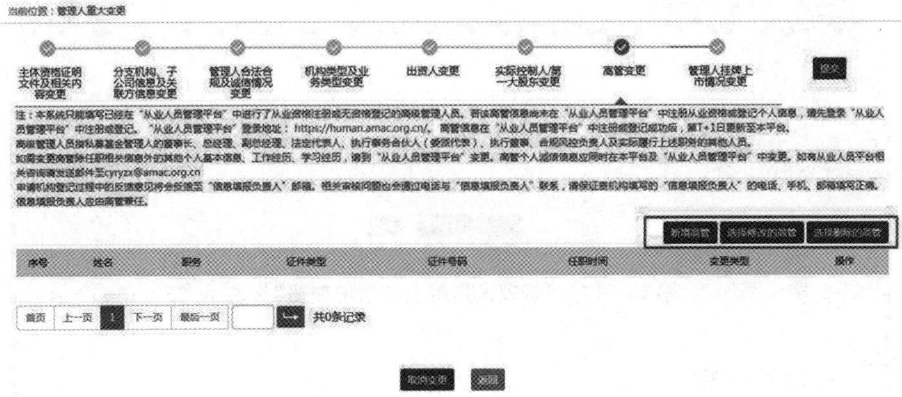

图 13-16 “高管变更”板块界面

板块八:管理人挂牌上市情况变更

当管理人的挂牌上市情况有变化时,应通过“管理人挂牌上市情况变更”板块(如图 13-17 所示)修改相应信息。新挂牌/上市的机构,选择“是”,并相应选择挂牌/上市场所,上传挂牌/上市证明文件;已挂牌/上市机构退市的,选择“否”,并相应填写退市原因,上传退市相关文件。

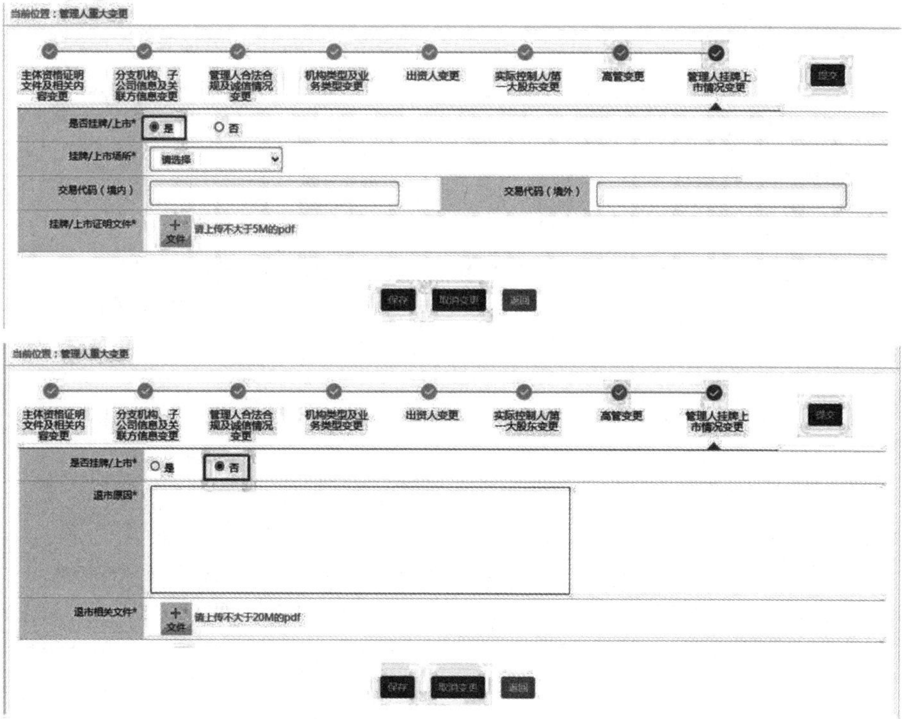

图 13－17　“管理人挂牌上市情况变更”板块

三、信息提交

所有变更信息填写完且保存后，点击“提交”，进行重大事项信息变更申请，如图 13－18 所示。

图 13－18　重大事项变更“提交”界面

注意事项：其他无须进行管理人重大事项变更的信息更新，管理人应登录资产管理业务综合报送平台后从“管理人登记”项下的“管理人信息更新”进入相应界面（如图 13－19 所示），每年应至少进行 1 次信息更新，每年最多可进行 4 次管理人信息更新，管理人信息更新包括：机构基本信息、机构相关制度信息、机构持牌信息。

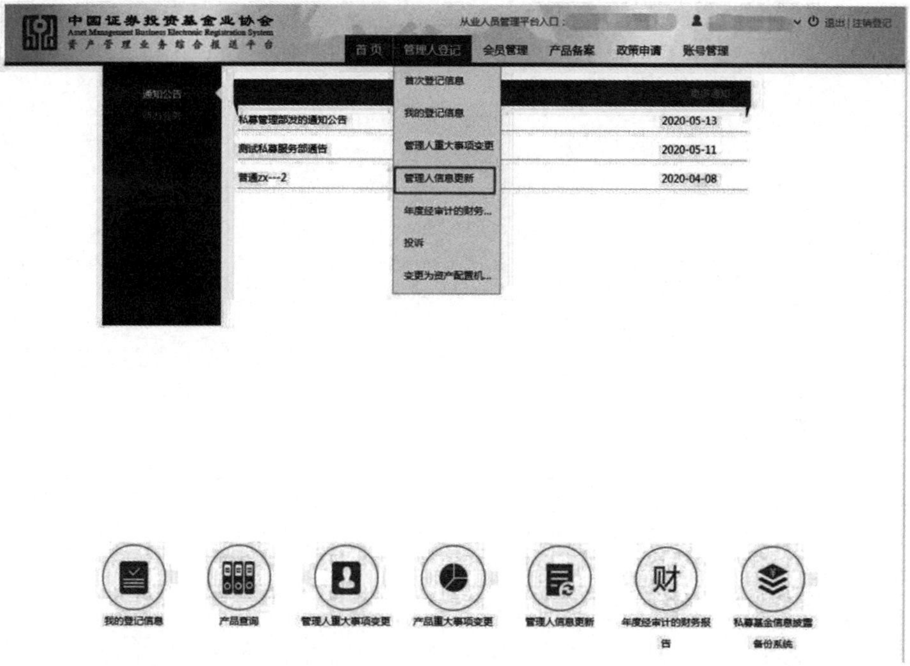

图 13－19 “管理人信息更新”进入界面

五

私募基金管理人登记相关范本篇

第十四章

相关法律意见书参考文本

第一节　新申请法律意见书

私募基金管理人登记之法律意见书

致：***

*** 律师事务所(以下简称本所)受 *** (以下简称申请人或申请机构)的委托,担任申请机构申请私募基金管理人登记(以下简称本次申请)的专项法律顾问,为申请机构本次申请出具法律意见书。

本所及经办律师依据《证券投资基金法》《私募投资基金监督管理暂行办法》《律师事务所从事证券法律业务管理办法》和《律师事务所证券法律业务执业规则(试行)》等有关法律、法规及中国证券投资基金业协会(以下简称中国基金业协会)发布的《关于进一步规范私募基金管理人登记若干事项的公告》(以下简称《公告》)、《私募基金管理人登记法律意见书指引》(以下简称《法律意见书指引》)和《私募投资基金管理人内部控制指引》(以下简称《内部控制指引》)等自律性文件的相关规定,及本法律意见书出具日以前已经发生或者存在的事实,严格履行了法定职责,遵循了勤勉尽责和诚实信用原则,对本次申请的合法合规性进行了充分的尽职调查,保证本法律意见书所认定的事实真实、准确、完整,所发表的结论性意见合法、准确,不存在虚假记载、误导性陈述或者重大遗漏。

第一部分:律师说明及声明事项

为出具本法律意见书,本所及本所律师特作如下说明及声明:

1. 本所律师调查了申请机构进行本次申请的法律资格及具备的条件,查阅了本所律师认为出具法律意见书所需查阅的文件,并就有关事项向申请机构有关人员作了询问并进行了必要的讨论。

2. 本所律师对本法律意见书所涉及有关事实的了解和判断,来源于:(1)申请机构向本所提供的文件、资料及所作说明;(2)本所律师能够查证范围内向有关机关调取的文件资料;(3)通过网络等途径查询获取的公开信息;(4)对出具本法律意见书至关重要而又无法得到独立的证据支持的事实,本所律师依赖政府有关部门或其他有关机构出具的证明文件作出判断。

3. 本法律意见书的出具是基于以下假设:(1)就本所认为出具法律意见书所必须审查的事项,申请机构已经提供了全部相关的原始书面材料、副本材料或口头陈述;(2)该等资料均真实、准确、有效和完整,且不具有误导性;(3)有关复印件与原件一致,副本与正本一致,该等文件中的签字和印章均真实、有效;(4)有关人员所作的口头陈述无虚假、误导或重大遗漏;(5)除本法律意见书中另有说明外,该等资料截至本法律意见书出具之日依然保持其效力,且未被变更、撤销、终止或取代。

4. 本法律意见书所述事项,仅限于其确定的法律意见书出具日以前已发生或存在的事实,并且根据中国当时和现行有效的法律、法规和规范性文件的规定而出具。

5. 本所仅就与本次申请有关的法律问题发表意见,并不对申请机构的投资能力、持续合规情况发表评论。

6. 本法律意见书仅用于申请机构本次向中国基金业协会申请私募基金管理人登记,不得用于其他任何目的。

本所及其经办律师同意将本法律意见书作为申请机构本次申请所必备的法定文件,随在资产管理业务综合报送平台填报的其他信息一同上报,并愿意承担相应的法律责任。

基于上述情况,本所按照中国律师业公认的行业标准、道德规范和勤勉尽责精神,出具本法律意见书。

第二部分:法律意见书正文

一、申请人的主体资格

(一)基本情况

申请机构于 **** 年 ** 月 ** 日设立,设立时的名称为 *** ,注册资本/出资额

为人民币 *** 万元，经营范围为 *** 。

【特别提示：申请机构为外资企业、国资和集体企业的，应在法律意见书中描述是否取得商务主管部门、国资、集体企业上级单位的批准。】

申请机构现持有 *** 市场监督管理局核发的注册号/统一社会信用代码为 *** 的《营业执照》和 *** 机关核发的【相关业务许可证】；注册资本/出资额为人民币 *** 万元，住所为 ***，法定代表人/执行事务合伙人（委派代表）为 ***，企业类型为 ***，经营范围为 ***，营业期限自 **** 至 **** 年。

【特别提示：申请机构历史沿革中的历次变更情况，应根据实际情况在法律意见书中描述其内外部决策程序、变更内容及变更登记程序是否合法合规。

若申请机构在申请登记前 1 年内发生股权变更的，需在法律意见书中详细说明变更原因，对于股东在实缴出资后转让股权的情况，还应在法律意见书中对股权转让作价的合理性进行论述说明。】

（二）经查询国家企业信用信息公示系统、启信宝企业信息查询平台信息、企查查企业信息查询平台信息及天眼查企业信息查询平台信息，截至本法律意见书出具之日，有关申请机构的所载事项与上述《营业执照》所载事项一致，登记状态为开业。

（三）经查询国家企业信用信息公示系统，该系统中有关申请机构的行政许可信息、行政处罚信息、经营异常信息、严重违法信息、抽查检查信息、司法协助信息、动产抵押登记信息、股权出质登记信息等项下均显示暂无相关信息。

（四）经核查申请机构提供的工商登记文件等资料，申请机构依法在中国境内设立并有效存续，不存在根据法律、行政法规、部门规章、规范性文件及【公司章程/有限合伙协议】规定的需要终止的情形。

【特别提示：对于即将到期或已超出经营期限的，应当在法律意见书中作出特别提示，同时建议申请机构修改公司章程延长经营期限。】

综上，本所律师认为，申请人具备本次申请的主体资格，是依法在中国境内设立并有效存续的申请机构，符合中国基金业协会的相关要求。

二、申请人的名称和经营范围

根据申请机构提供的现行有效的《营业执照》和【业务许可证】，申请机构的全称为 ***，经营范围为 *** 。

本所律师经核查后认为，申请机构的名称中【含有“私募”】相关字样，不存在与知名机构重名或名称相近的情况，也不存在误导投资者的字样，申请机构的名称和经营范围中含有“基金管理”“投资管理”“资产管理”“股权投资”“创业投资”等与私募基金管理人业务属性密切相关字样。申请机构的名称和经营范围符合国家相关法律法规的规定,符合中国基金业协会的相关要求。

三、申请人的专业化经营

(一)尽职调查过程

1. 本所律师对申请人提供的【 **** 年度/近 3 年】审计报告及最近 1 期财务报表、相关业务说明等资料进行了核查,申请机构的主营业务为私募基金管理业务。

2. 本所律师查询了国家企业信用信息公示系统和申请机构的工商登记资料,申请机构的经营范围为: *** 。

3. 本所律师登录了 *** 市国家税务局网站,并使用申请机构提供的账户密码登录了纳税申报系统,发现截至本法律意见书出具之日,申请机构【没有任何非主营业务的税款缴纳信息】。

4. 本所律师实地走访了申请人的实际经营地,并对其现任高管人员进行了当面访谈和尽职调查,包括但不限于申请人开展业务的办公条件、申请人通过中国基金业协会登记为私募基金管理人后产品业务发展规划、如何有效控制业务风险等,并制作了笔录。【本所律师没有发现申请机构开展了任何与私募基金管理业务无关的业务。】

5. 本所律师通过公开渠道查询,【没有发现申请机构开展任何与私募基金管理业务无关的业务的信息。】

(二)结论

综上,本所律师认为,申请人从事的业务符合本次申请的条件,符合《私募投资基金监督管理暂行办法》第 22 条专业化经营原则,申请机构主营业务为私募基金管理业务;申请机构的经营范围或实际经营业务中,未兼营可能与私募投资基金业务存在冲突的业务,【未兼营与“投资管理”的买方业务存在冲突的业务,亦未兼营除私募基金管理业务外的其他非金融业务,】符合中国基金业协会的相关要求。

四、申请人的股东及股权结构

(一)申请机构的股东及股权结构

根据申请机构提供的股权结构图(追溯至最终权益持有人)、工商登记资料,并经查询国家企业信用信息公示系统、启信宝企业信息查询平台信息、企查查企业信息查询平台信息及天眼查企业信息查询平台信息,截至本法律意见书出具之日,经申请机构书面确认,申请机构的股东及股权结构情况如下:

【特别提示:图示或列表说明申请机构的股东/出资人结构。申请机构的每一个股东/出资人均需向上追溯披露至境内最后的自然人、境内国资监管机构或受国外金融监管部门监管的境外股东。】

【向上追溯的每一层股权结构表参考格式如表14-1所示】

表14-1

序号	股东/出资人的姓名/名称	身份证号码/注册号	出资额(万元)	出资比例(%)	是否为外商投资企业或境外股东
1					
2					
—	合计				

(二)申请机构股东出资情况

根据申请机构提供的说明及***会计师事务所出具的***号验资报告,截至本法律意见书出具之日,申请机构股东出资情况如下:

【股东出资情况表参考格式如表14-2所示】

表14-2

股东/出资人的姓名/名称	认缴出资额(万元)	认缴出资比例(%)	实缴出资额(万元)	实缴出资比例(%)	最后出资时间	出资方式
总计						

【特别提示:对于股东已实缴部分,应为以货币资金出资,需详细说明资金来源及其合法合规性;对于未实缴部分,需详细说明资金来源的构成及后续出资能力。】

(三)股东履历

【特别提示:对于自然人股东,需在法律意见书中描述股东履历,包括学习经历、工作经历、基金从业资格取得情况等。】

综上所述,本所律师认为,【申请机构不存在直接或者间接控股或参股的境外股东】/【出资人***为境外投资者,其直接或间接持有申请机构的股权/出资比例为***,符合现行法律法规和中国基金业协会的相关规定】。

五、申请人的实际控制人

（一）*** 为申请机构的实际控制人

根据申请机构提供的股权结构图（追溯至最终权益持有人）、公司章程/有限合伙协议、【一致行动人协议】并经本所律师核查，【申请机构不存在实际控制人】或【申请机构的实际控制人为 *** 】。

实际控制人 *** 现持有 *** 市场监督管理局核发的注册号/统一社会信用代码为 *** 的《营业执照》。注册资本为 *** 万元，住所为 ***，法定代表人/执行事务合伙人（委托代表）为 ***，企业类型为 ***，经营范围为 ***。营业期限为 *** 。

【特别提示：实际控制人为自然人的，可以描述为：申请机构的实际控制人为 *，性别 ***，国籍 ***，身份证号码：***，在中国境内有住所，[是否]具有境外永久居留权。】**

（二）实际控制人对申请机构的控制关系和实际支配作用

根据申请机构的【公司章程/有限合伙协议】或【申请机构提供的说明】，实际控制人 *** 直接或间接持有申请机构 *** % 股权/出资份额【或其他控制关系】，【并担任申请机构 *** 职务】，【能够实际影响申请机构的重大经营决策/说明实际控制人能够对机构起到的实际支配作用】。

综上，本所律师认为，*** 为申请人的实际控制人，能够对申请人起到实际支配作用，符合中国基金业协会的相关要求。

六、申请人的子公司、分支机构及其他关联方

根据申请机构提供的最近年度审计报告、书面说明并经本所律师核查，截至本法律意见书出具之日，申请机构的子公司（指公司持股5%以上的金融企业、上市公司及持股20%以上的其他企业，下同）、分支机构和其他关联方（受同一控股股东/实际控制人控制的金融企业、资产管理机构或相关服务机构，下同）的基本情况如下：

【特别提示：各子公司、分支机构和其他关联方的基本信息（包括名称、注册号/统一社会信用代码、注册资本/出资额、持股比例、经营范围、住所、与申请机构的关联关系等）。】

根据申请机构提供的各子公司、关联方相关资料并经查询中国基金业协会网站公示信息，申请机构各子公司、关联方中的 *** 、***【已登记为私募基金管理人/不属于私募投资基金或私募基金管理人】。

七、申请人运营基本设施和条件

（一）从业人员

根据申请机构提供的从业人员名单、【基金从业资格证明】、员工身份证、劳动合同等相关资料，并通过查询中国基金业协会网站、访谈申请机构相关人员，截至本法律意见书出具之日，申请机构有员工 *** 人，均与申请机构签订了劳动合同，其中 *** 人具有基金从业资格，所有高管人员均具有银行、基金、证券、风控、合规等符合要求的从业经历，且全部高管人员最近 3 年没有重大失信记录，未被中国证监会采取市场禁入措施。

申请机构除高管人员以外的其他主要人员情况如下：

【特别提示：其他主要人员的基本信息（包括姓名、身份证号码、住所地、有无基金、证券从业资格以及从业资格的取得情况）、学习经历、工作经历、参加后续培训情况、劳动合同签订及社保缴纳、专职及岗位胜任能力等情况）。】

（二）营业场所和基本设施

根据申请机构提供的房屋所有权证【及土地使用权证】/办公场地租赁合同，截至本法律意见书出具之日，申请机构注册地址为 ***，实际办公地址为 ***，申请机构具备企业运营所需的营业场所。

【根据《审计报告》及申请机构提供的《主要经营设施明细表》】，申请机构拥有的主要经营设施包括 ***，申请机构具备运营企业所需的基本设施。

（三）资本金

根据申请机构提供的验资报告/注册资本（或出资）缴纳证明等资料，截至本法律意见书出具之日，申请机构实缴注册资本/实缴出资额为人民币 *** 万元。

根据申请机构的书面说明和《审计报告》，申请机构目前每月运营成本主要为【工资、社保、公积金、差旅费、招待费等（详见预算表）】，本所律师认为，申请机构未来 *** 个月总支出应不超过 *** 万元，预计申请机构未来 *** 个月内的运营成本资金是充足的。

综上，本所律师认为，申请人具备开展私募基金管理业务所需的从业人员、营业场所、资本金等企业运营基本设施和条件，符合中国基金业协会的相关要求。

八、申请人的风险管理及内控制度

（一）制度建立情况

根据有关法律法规及中国基金业协会发布的《内部控制指引》等文件的相关规定，公司结合自身的具体情况，制定并颁布了风险管理和内部控制相关制度，包括内部环境、风险评估、控制活动、信息与沟通及内部监督等要素。

公司已制定的风险管理和内部控制制度文件包括《运营风险控制制度》《信息披露管理制度》《机构内部交易记录制度》《防范内幕交易、利益冲突的投资交易制度》《合格投资者风险揭示制度》《合格投资者内部审核流程及相关制度》《私募基金宣传推介、募集相关制度》《公平交易制度》《从业人员买卖证券申报制度》等。

【特别提示:对于股权类的私募基金管理人,因为不涉及证券市场交易,所以可以不制定《公平交易制度》和《从业人员买卖证券申报制度》。】

(二)制度执行及人员安排

本所律师对以上制度文件进行了核查,并与《内部控制指引》、《私募投资基金管理人登记和基金备案办法(试行)》等规定进行了比对,确认其符合中国基金业协会的规定。

其中:

【特别提示:以下关于各项制度的内容仅供参考,具体需根据申请机构的具体制度内容书写。】

1.《运营风险控制制度》旨在保障申请机构业务的安全运作和管理,加强申请机构内部风险管理,规范投资行为,提高风险防范能力,有效防范和控制投资项目运作风险。该制度要求遵循全面性、审慎性、独立性、有效性、适时性和防火墙原则,根据业务流程和风险特征,将业务流程分为风险识别、评估、分析、控制和报告5个步骤。同时,该制度对申请机构各层级的风险控制职责进行明确的分工,规定相关风险控制报告制度,通过层层把关实现对风险更全面的控制。

2.《信息披露管理制度》旨在保障申请机构信息披露工作,保护私募基金投资者合法权益,促进申请机构依法规范运作。该制度按照《内部控制指引》,坚持真实、准确、及时及完整披露的原则,详细制定了申请机构及其管理的私募基金信息报送、披露事务管理的相关制度,真实、全面地健全了信息披露制度。

3.《机构内部交易记录制度》旨在规范申请机构内部交易管理、防范申请机构交易风险,规范客户身份识别、客户身份资料和交易记录保存与管理。该制度规定交易记录的保存分为纸质版与电子版。纸质版交易记录制作完毕后,应专门放置档案袋归档保存。电子交易记录应设置专门文件夹予以保存,并按期刻录成光盘或者上传至申请机构专门服务器进行备份等防止交易记录灭失的措施。该制度的相关内容符合《内部控制指引》有关规定。

4.《防范内幕交易、利益冲突的投资交易制度》规定:(1)申请机构内幕信息和内幕信息知情人的范围，如实、完整记录内幕信息在公开前的报告、传递、编制、审核、披露等各环节所有内幕信息知情人名单，以及知情人知悉内幕信息的内容和时间等相关档案的规范。该制度还详细规定了内幕信息的防控及报告流程，规定风控总监应将内幕信息与交易检查列入年度检查内容，内幕信息公开前，内幕信息知情人应保证电脑储存的有关内幕信息资料不被调阅、拷贝等内幕交易防控管理措施。(2)利益冲突防范的目标、内容及识别程序，具体规定了利益冲突的防范和处理措施。

5.《合格投资者风险揭示制度》《合格投资者内部审核流程及相关制度》旨在充分为投资者揭示风险，保护投资者的合法权益。这两项制度建立了合格投资者的评估及管理、风险揭示、投诉管理等流程。

6.《私募基金宣传推介、募集相关制度》旨在规范申请机构的募集行为，保护投资者及相关投资者及相关当事人的合法权益。该制度规定了申请机构应当向特定对象推介私募基金；私募基金推介材料内容应与基金合同主要内容一致，不得有任何虚假记载、误导性陈述或者重大遗漏；在完成合格投资者确认程序后签署私募基金合同，基金合同约定给投资者设置不少于24小时的投资冷静期，募集机构在投资者冷静期内不得主动联系投资者；在投资冷静期期满后，指令本机构的非基金推介业务人员以录音电话、电邮、信函等适当方式进行回访等，符合中国基金业协会的规定。

7.《公平交易制度》旨在保证申请机构管理的不同投资组合得到公平对待，保护投资者合法权益。该制度从投资决策、交易执行的内部控制及交易行为监控和分析评估、报告、信息泄露和外部监督等方面确保了公平交易的实现。申请机构也将严格遵守法律法规关于公平交易的相关规定，严禁直接或通过与第三方的交易安排在不同投资组合之间进行利益输送。

8.《从业人员买卖证券申报制度》旨在维护基金份额持有人的合法权益，防范利益冲突和道德风险。该制度规定申请机构董事、监事、高管人员及申请机构其他从业人员本人及其配偶、利害关系人的证券投资行为均需向申请机构报告并记录流程。

【申请机构内部设置财务部、行政部、投资部和风控部四大部门，其中，风控部负责申请机构内控制度的建立、实施以及申请机构对外行为的合法合规性审查，由 *** 负责。】申请机构目前的组织架构和人员配置情况如下：

【略】

本所律师认为,以申请机构目前的规模,由 *** 名高管和 *** 名普通员工专门负责风控,足以满足申请机构运营的实际需求,保证以上制度的有效实施。申请机构也承诺,在备案通过并发行产品后,会根据申请机构的发展情况逐步增加数名风控部员工,以适应申请机构未来的发展。

(三)制度有效执行的现实基础和条件

经核查,本所律师认为申请机构的制度具备了有效执行的基础和条件:

【略】

【特别提示:应对申请机构的制度是否具备有效执行的现实基础和条件作出评估(评估角度可以为人员构成、组织架构、监督体系、业务匹配等),并从申请机构组织架构、人员组成、内控制度的内部审批、内控制度的内容等角度分析有效执行问题(如相关制度的建立是否与申请机构现有组织架构和人员配置相匹配,是否满足机构运营的实际需求等)。】

综上,本所律师认为,申请机构已制定风险管理和内部控制制度,已经根据其申请的私募基金管理业务类型建立了与之相适应的配套管理制度,符合中国基金业协会的相关要求。

九、申请人与其他机构签署的基金业务外包服务协议

申请机构与其他机构签订的外包服务协议情况如下:

【表 14-3 格式供参考】

表 14-3

序号	合同名称或合同类型	签署或生效时间	合同相对方	合同金额(万元)	合同主要内容	履行情况
1						
2						

根据申请机构提供的【业务外包实施规划、】基金外包服务协议及其书面说明并经本所律师核查,【申请机构未与其他机构签署基金外包服务协议,将来如因实际需要而开展基金外包业务,申请人承诺会如实向中国基金业协会披露。】/【申请机构与 *** 机构签署了基金外包服务协议,外包活动范围与其经营水平相适宜,不存在潜在风险。】

十、申请人的高管人员及其从业资格

(一)申请机构高管人员基本情况

申请机构高管人员基本情况详见下表:

【表14-4格式供参考】

表14-4

姓名	证件号码	职务	是否具备基金从业资格	学习经历	工作经历	备注

(二)高管岗位设置的依据

1.与【公司章程/有限合伙协议】一致

经查阅申请机构提供的【公司章程/有限合伙协议】,并与有关人员沟通,本所律师确认申请机构高管岗位的设置与【公司章程/有限合伙协议】一致。

2.符合中国基金业协会规定

根据《公告》的要求,申请机构配备了***名符合基金从业资格要求和规定的高管人员,同时合规/风控负责人单独设置,在业务和兼职上均实行隔离。

根据《公告》第4条"关于私募基金管理人高管人员基金从业资格相关要求"的规定:各类私募基金管理人的合规/风控负责人不得从事投资业务。申请机构现任合规/风控负责人未从事投资业务。

3.个人经历与岗位的匹配

【略】

综上,申请机构现有高管人员***名,其中包括法定代表人/执行事务合伙人(委派代表)、总经理、副总经理、合规/风控负责人等,【从事私募证券投资基金业务的各类私募基金管理人,其高管人员[包括法定代表人/执行事务合伙人(委派代表)、总经理、副总经理、合规/风控负责人等]均已取得基金从业资格】/【或从事非私募证券投资基金业务的各类私募基金管理人,2名以上高管人员已取得基金从业资格,其法定代表人/执行事务合伙人(委派代表)、合规/风控负责人已取得基金从业资格】。截至本法律意见书出具之日,申请机构高管人员未受到过刑事处罚、行政处罚或被采取行政监管措施;未受到中国基金业协会的纪律处分;未在资本市场诚信数据库中存在负面信息；未被列入失信被执行人名单；未在“信用中国”网站上存在不良信用记录。因此，本所律师认为，申请机构的高管人员具备基金从业资格，高管岗位设置符合中国基金业协会的要求。

十一、申请机构的刑事处罚、行政处罚、失信情况及申请机构高管人员的纪律处分情况

根据申请机构提供的【企业信用报告、各高管人员个人信用报告、】书面说明等相关资料，高管人员调查表并经查询中国证监会证券期货市场失信信息公开查询平台、全国企业信用信息公示系统、最高人民法院失信被执行人信息查询平台、中国裁判文书网、中国基金业协会、“信用中国”等网站，本所律师认为：申请机构没有受到过任何刑事处罚、金融监管部门行政处罚或者被采取行政监管措施；申请机构及其高管人员没有受到中国基金业协会的纪律处分；申请机构没有被列入失信被执行人名单；申请机构没有被列入全国企业信用信息公示系统的经营异常名录或严重违法企业名录；申请机构在“信用中国”网站上不存在不良信用记录，符合中国基金业协会的相关要求。

十二、申请机构最近3年的诉讼、仲裁情况

根据申请机构提供的【近3年】《审计报告》、书面说明、高管人员调查表及其他相关资料并经查询最高人民法院失信被执行人信息查询平台、中国裁判文书网等网站，申请机构最近3年不存在涉诉或仲裁的情况/【近3年涉诉或仲裁的情况如下：略】。

本所律师经核查后认为，【上述案件涉及标的金额占申请机构最近1年经审计的净资产的比例较小，不会对申请机构的正常经营及财务情况造成重大不利影响。】

十三、登记申请材料的真实、准确、完整性

经核查申请机构向中国基金业协会提交的私募基金管理人登记申请材料，本所律师认为，申请机构向中国基金业协会提交的登记申请材料真实、准确、完整，符合《私募投资基金监督管理暂行办法》和《私募投资基金管理人登记和基金备案办法（试行）》等相关法律法规、规范性文件及中国基金业协会自律规则的相关要求。

十四、律师认为需要说明的其他事项

【需要说明的其他事项】

十五、结论意见

综上，本所律师认为，申请机构为在中国境内依法设立并有效存续的【公司/有限合伙企业】；申请机构符合【《公司法》/《合伙企业法》】、《私募投资基金监督管理暂行办法》等法律法规、规范性文件及《私募投资基金管理人登记和基金备案办

法(试行)》等自律规则关于私募基金管理人登记条件的规定;申请机构向中国基金业协会提交的私募基金管理人登记申请材料真实、准确、完整;申请机构的私募基金管理人登记申请符合中国基金业协会的相关要求。

本法律意见书正本一式 *** 份,经由经办律师签字并加盖本所公章后生效。

(以下无正文)

第二节 补充法律意见书

私募基金管理人登记之补充法律意见书

致:***

*** 律师事务所(以下简称本所)受 ***(以下简称申请人或申请机构)的委托,担任申请机构申请私募基金管理人登记(以下简称本次申请)的专项法律顾问,为申请机构本次申请出具法律意见书。

就本次申请,本所已于 **** 年 ** 月 ** 日出具了《 *** 法律意见书》(以下简称法律意见书)。根据中国证券投资基金业协会(以下简称中国基金业协会)出具的《 *** 反馈意见》(以下简称反馈意见),本所律师对反馈意见所涉及的、需要律师核查并发表意见的有关法律问题出具本补充法律意见书。

本所及经办律师依据《证券投资基金法》《私募投资基金监督管理暂行办法》《律师事务所从事证券法律业务管理办法》和《律师事务所证券法律业务执业规则(试行)》等有关法律、法规及中国基金业协会发布的《关于进一步规范私募基金管理人登记若干事项的公告》(以下简称《公告》)、《私募基金管理人登记法律意见书指引》(以下简称《法律意见书指引》)和《私募投资基金管理人内部控制指引》(以下简称《内部控制指引》)等自律性文件的相关规定,及法律意见书、补充法律意见书出具日以前已经发生或者存在的事实,严格履行了法定职责,遵循了勤勉尽责和诚实信用原则,对本次申请的合法合规性进行了充分的尽职调查,保证法律意见书及本补充法律意见书所认定的事实真实、准确、完整,所发表的结论性意见合法、准确,不存在虚假记载、误导性陈述或者重大遗漏。

第一部分:律师说明及声明事项

为出具本补充法律意见书,本所及本所律师特作如下说明及声明:

1. 本所律师调查了申请机构进行本次申请的法律资格及具备的条件,查阅了本所律师认为出具法律意见书所需查阅的文件,并就有关事项向申请机构有关人员作了询问并进行了必要的讨论。

2. 本所律师对本补充法律意见书所涉及有关事实的了解和判断,来源于:(1)申请机构向本所提供的文件、资料及所作说明;(2)本所律师能够查证范围内向有关机关调取的文件资料;(3)通过网络等途径查询获取的公开信息;(4)对出具本补充法律意见书至关重要而又无法得到独立的证据支持的事实,本所律师依赖政府有关部门或其他有关机构出具的证明文件作出判断。

3. 本补充法律意见书的出具是基于以下假设:(1)就本所认为出具补充法律意见书所必须审查的事项,申请机构已经提供了全部相关的原始书面材料、副本材料或口头陈述;(2)该等资料均真实、准确、有效和完整,且不具有误导性;(3)有关复印件与原件一致、副本与正本一致,该等文件中的签字和印章均真实、有效;(4)有关人员所作的口头陈述无虚假、误导或重大遗漏;(5)除本补充法律意见书中另有说明外,该等资料截至本补充法律意见书出具之日依然保持其效力,且未被变更、撤销、终止或取代。

4. 本补充法律意见书所述事项,仅限于其确定的法律意见书及补充法律意见书出具日以前已发生或存在的事实,并且根据中国当时和现行有效的法律、法规和规范性文件的规定而出具。

5. 本所仅就与本次申请有关的法律问题发表意见,并不对申请机构的投资能力、持续合规情况发表评论。

6. 本补充法律意见书仅用于申请机构本次向中国基金业协会申请私募基金管理人登记,不得用于其他任何目的。

7. 本补充法律意见书是对法律意见书的修改和补充,如在内容上有不一致之处的,以本补充法律意见书为准,本补充法律意见书未涉及内容,仍以法律意见书为准。法律意见书的签署日期以本补充法律意见书签署日期为准。本所在法律意见书中声明的其他事项和所用释义继续适用于本补充法律意见书。

本所及经办律师同意将本补充法律意见书作为申请机构本次申请所必备的法定文件,随在资产管理业务综合报送平台填报的其他信息一同上报,并愿意承担相应的法律责任。

基于上述情况,本所按照中国律师业公认的行业标准、道德规范和勤勉尽责精神,出具本补充法律意见书。

第二部分:补充法律意见书正文

【略,经办律师需对中国基金业协会的反馈意见逐项进行核查,并发表意见】

本补充法律意见书正本一式 *** 份,经由经办律师签字并加盖本所公章后生效。

(以下无正文)

第三节 入会法律意见书

私募基金管理人入会之法律意见书

致: ***

*** 律师事务所(以下简称本所)受 *** (以下简称申请人或申请机构)的委托,担任申请机构申请加入中国证券投资基金业协会(以下简称本次申请)的专项法律顾问,为申请机构本次申请出具法律意见书。

本所及经办律师依据《证券投资基金法》《私募投资基金监督管理暂行办法》《律师事务所从事证券法律业务管理办法》和《律师事务所证券法律业务执业规则(试行)》等有关法律、法规及中国证券投资基金业协会(以下简称中国基金业协会)发布的《关于进一步规范私募基金管理人登记若干事项的公告》(以下简称《公告》)、《私募基金管理人登记法律意见书指引》(以下简称《法律意见书指引》)和《私募投资基金管理人内部控制指引》(以下简称《内部控制指引》)等自律性文件的相关规定,及本法律意见书出具日以前已经发生或者存在的事实,严格履行了法定职责,遵循了勤勉尽责和诚实信用原则,对本次申请的合法合规性进行了充分的尽职调查,保证本法律意见书所认定的事实真实、准确、完整,所发表的结论性意见合法、准确,不存在虚假记载、误导性陈述或者重大遗漏。

第一部分:律师说明及声明事项

为出具本法律意见书,本所及本所律师特作如下说明及声明:

1. 本所律师调查了申请机构进行本次申请的法律资格及具备的条件,查阅了本所认为出具法律意见书所需查阅的文件,并就有关事项向申请机构有关人员作了询问并进行了必要的讨论。

2. 本所律师对本法律意见书所涉及有关事实的了解和判断,来源于:(1)申请机构向本所提供的文件、资料及所作说明;(2)本所律师能够查证范围内向有关机关调取的文件资料;(3)通过网络等途径查询获取的公开信息;(4)对出具本法律意见书至关重要而又无法得到独立的证据支持的事实,本所依赖政府有关部门或其他有关机构出具的证明文件作出判断。

3. 本法律意见书的出具是基于以下假设:(1)就本所认为出具法律意见书所必须审查的事项,申请机构已经提供了全部相关的原始书面材料、副本材料或口头陈述;(2)该等资料均真实、准确、有效和完整,且不具有误导性;(3)有关复印件与原件一致、副本与正本一致,该等文件中的签字和印章均真实、有效;(4)有关人员所作的口头陈述无虚假、误导或重大遗漏;(5)除本法律意见书中另有说明外,该等资料截至本法律意见书出具之日依然保持其效力,且未被变更、撤销、终止或取代。

4. 本法律意见书所述事项,仅限于其确定的法律意见书出具日以前已发生或存在的事实,并且根据中国当时和现行有效的法律、法规和规范性文件的规定而出具。

5. 本所仅就与本次申请有关的法律问题发表意见,并不对申请机构的投资能力、持续合规情况发表评论。

6. 本法律意见书仅用于申请机构本次向中国基金业协会申请私募基金管理人入会,不得用于其他任何目的。

本所及其经办律师同意将本法律意见书作为申请机构本次申请所必备的法定文件,随在资产管理业务综合报送平台填报的其他信息一同上报,并愿意承担相应的法律责任。

基于上述情况,本所按照中国律师业公认的行业标准、道德规范和勤勉尽责精神,出具本法律意见书。

第二部分:法律意见书正文

一、申请人的主体资格

(一)基本情况

申请机构于 **** 年 ** 月 ** 日设立,设立时的名称为 *** ,注册资本/出资额为人民币 *** 万元,经营范围为 *** 。

【特别提示:申请机构为外资企业、国资和集体企业的,应在法律意见书中描述是否取得商务主管部门、国资、集体企业上级单位的批准。】

申请机构现持有 *** 市场监督管理局核发的注册号/统一社会信用代码为

*** 的《营业执照》和 *** 机关核发的【相关业务许可证】;注册资本/出资额为人民币 *** 万元,住所为 *** ,法定代表人/执行事务合伙人(委派代表)为 *** ,企业类型为 *** ,经营范围为 *** ,营业期限自 *** 至 *** 。

【特别提示:申请机构历史沿革中的历次变更情况,应根据实际情况在法律意见书中描述其内外部决策程序、变更内容及变更登记程序是否合法合规。

若申请机构在申请登记前一年内发生股权变更的,需在法律意见书中详细说明变更原因,对于股东在实缴出资后转让股权的情况,还应在法律意见书中对股权转让作价的合理性进行论述说明。】

(二)经查询国家企业信用信息公示系统、启信宝企业信息查询平台信息、企查查企业信息查询平台信息及天眼查企业信息查询平台信息,截至本法律意见书出具之日,有关申请机构的所载事项与上述《营业执照》所载事项一致,登记状态为开业。

(三)经查询国家企业信用信息公示系统,该系统中有关申请机构的行政许可信息、行政处罚信息、经营异常信息、严重违法信息、抽查检查信息、司法协助信息、动产抵押登记信息、股权出质登记信息等项下均显示暂无相关信息。

(四)经核查申请机构提供的工商登记文件等资料,申请机构依法在中国境内设立并有效存续,不存在根据法律、行政法规、部门规章、规范性文件及【公司章程/有限合伙协议】规定的需要终止的情形。

【特别提示:对于即将到期或已超出经营期限的,应当在法律意见书中作出特别提示,同时建议申请机构修改公司章程延长经营期限。】

综上,本所律师认为,申请人具备本次申请的主体资格,是依法在中国境内设立并有效存续的申请机构,符合中国基金业协会的相关要求。

二、申请人的名称和经营范围

根据申请机构提供的现行有效的《营业执照》和【业务许可证】,申请机构的全称为 *** ,经营范围为 *** 。

本所律师经核查后认为,申请机构的名称中【含有"私募"】相关字样,不存在与知名机构重名或名称相近的情况,也不存在误导投资者的字样,且申请机构的名称和经营范围中含有"基金管理""投资管理""资产管理""股权投资""创业投资"等与私募基金管理人业务属性密切相关字样。申请机构的名称和经营范围符合国家相关法律法规的规定,符合中国基金业协会的相关要求。

三、申请人的专业化经营

（一）尽职调查过程

1. 本所律师对申请人提供的【 **** 年度/近 3 年】审计报告及最近 1 期财务报表、相关业务说明等资料进行了核查，申请机构的主营业务为私募基金管理业务。

2. 本所律师查询了国家企业信用信息公示系统和申请机构的工商登记资料，申请机构的经营范围为：*** 。

3. 本所律师登录了 *** 市国家税务局网站，并使用申请机构提供的账户密码登录了纳税申报系统，发现截至本法律意见书出具之日，申请机构没有任何非主营业务的税款缴纳信息。

4. 本所律师实地走访了申请人的实际经营地，并对其现任高管进行了当面访谈和尽调，包括但不限于申请人开展业务的办公条件、申请人通过协会登记后产品业务发展规划、如何有效控制业务风险等，并制作了笔录。【本所律师没有发现申请机构开展了任何与私募基金管理业务无关的业务。】

5. 本所律师通过公开渠道查询，【没有发现申请机构开展任何与私募基金管理业务无关的业务的信息。】

（二）结论

综上，本所律师认为，申请人从事的业务符合本次申请的条件，符合《私募投资基金监督管理暂行办法》第 22 条专业化经营原则，申请机构主营业务为私募基金管理业务；申请机构的经营范围或实际经营业务中，未兼营可能与私募投资基金业务存在冲突的业务，【未兼营与“投资管理”的买方业务存在冲突的业务，亦未兼营除私募基金管理业务外的其他非金融业务，】符合中国基金业协会的相关要求。

四、申请人的股东及股权结构

（一）申请机构的股东及股权结构

根据申请机构提供的股权结构图（追溯至最终权益持有人）、工商登记资料，并经查询国家企业信用信息公示系统、启信宝企业信息查询平台信息、企查查企业信息查询平台信息及天眼查企业信息查询平台信息，截至本法律意见书出具之日，经申请机构书面确认，申请机构的股东及股权结构情况如下：

【特别提示：图示或列表说明申请机构的股东/出资人结构。申请机构的每一个股东/出资人均需向上追溯披露至境内最后的自然人、境内国资监管机构或受国外金融监管部门监管的境外股东】

【向上追溯的每一层股权结构表参考格式如表 14 – 5 所示】

表 14－5

序号	股东/出资人的姓名/名称	身份证号码/注册号	出资额（万元）	出资比例（%）	是否为外商投资企业或外国股东
1					
2					
—	合计				

（二）申请机构股东出资情况

根据申请机构提供的说明及 *** 会计师事务所出具的 *** 号验资报告，截至本法律意见书出具之日，申请机构股东出资情况如下：

【股东出资情况表参考格式如表 14－6 所示】

表 14－6

股东/出资人的姓名/名称	认缴出资额（万元）	认缴出资比例（%）	实缴出资额（万元）	实缴出资比例（%）	最后出资时间	出资方式
总计						

【特别提示：对于股东已实缴部分，应为以货币资金出资，需详细说明资金来源及其合法合规性；对于未实缴部分，需详细说明资金来源的构成及后续出资能力。】

（三）股东履历

【特别提示：对于自然人股东，需在法律意见书中描述股东履历，包括学习经历、工作经历、基金从业资格取得情况，以及最近三年是否存在严重违法违规情形，等等。】

综上，本所律师认为，【申请机构不存在直接或者间接控股或参股的境外股东】/【出资人 *** 为境外投资者，其直接或间接持有申请机构的股权/出资比例为 ***，符合现行法律法规和中国基金业协会的相关规定】。另外，经核查，申请机构股东最近 3 年不存在严重违法违规情形。

五、申请人的实际控制人

（一）*** 为申请机构的实际控制人

根据申请机构提供的股权结构图（追溯至最终权益持有人）、公司章程/有限合伙协议、【一致行动人协议】并经本所律师核查,【申请机构不存在实际控制人】或【申请机构的实际控制人为 *** 】。

实际控制人 *** 现持有 *** 市场监督管理局核发的注册号/统一社会信用代码为 *** 的《营业执照》。注册资本为 *** 万元,住所为 *** ,法定代表人/执行事务合伙人(委托代表)为 *** ,企业类型为 *** ,经营范围为 *** 。营业期限为 *** 。

【特别提示:实际控制人为自然人的,可以描述为:申请机构的实际控制人为 * ,性别 *** ,国籍 *** ,身份证号码: *** ,在中国境内有住所,[是否]具有境外永久居留权。】**

(二)实际控制人对申请机构的控制关系和实际支配作用

根据申请机构的【公司章程/有限合伙协议】或【申请机构提供的说明】,实际控制人 *** 直接或间接持有申请机构 *** % 股权/出资份额【或其他控制关系】,【并担任申请机构 *** 职务】,【能够实际影响申请机构的重大经营决策/说明实际控制人能够对机构起到的实际支配作用】。

综上,本所律师认为, *** 为申请人的实际控制人,能够对申请人起到实际支配作用,符合中国基金业协会的相关要求。

六、申请人的子公司、分支机构及其他关联方

根据申请机构提供的最近年度审计报告、书面说明并经本所律师核查,截至本法律意见书出具之日,申请机构的子公司(指公司持股5%以上的金融企业、上市公司及持股20%以上的其他企业,下同)、分支机构和其他关联方(受同一控股股东/实际控制人控制的金融企业、资产管理机构或相关服务机构,下同)的基本情况如下:

【特别提示:各子公司、分支机构和其他关联方的基本信息(包括名称、注册号/统一社会信用代码、注册资本/出资额、持股比例、经营范围、住所、与申请机构的关联关系等)。】

根据申请机构提供的各子公司、关联方相关资料并经查询中国基金业协会网站公示信息,申请机构各子公司、关联方中的 *** 、 *** 【已登记为私募基金管理人/不属于私募投资基金或私募基金管理人】。

七、申请人运营基本设施和条件

(一)从业人员

根据申请机构提供的从业人员名单【、基金从业资格证明】、员工身份证、劳动

合同等相关资料，并通过查询中国基金业协会网站、访谈申请机构相关人员，截至本法律意见书出具之日，申请机构有员工 *** 人，均与申请机构签订了劳动合同，其中 *** 人具有基金从业资格，所有高管均具有银行、基金、证券、风控、合规等符合要求的从业经历，且全部高管最近三年没有重大失信记录，未被中国证监会采取市场禁入措施。

申请机构除高管人员以外的其他主要人员情况如下：

【特别提示：其他主要人员的基本信息（包括姓名、身份证号码、住所地、有无基金、证券从业资格以及从业资格的取得情况）、学习经历、工作经历、参加后续培训情况、劳动合同签订及社保缴纳、专职及岗位胜任能力等情况）。】

（二）营业场所和基本设施

根据申请机构提供的房屋所有权证【及土地使用权证】/办公场地租赁合同，截至本法律意见书出具之日，申请机构注册地址为 ***，实际办公地址为 ***，申请机构具备企业运营所需的营业场所。

【根据《审计报告》及申请机构提供的《主要经营设施明细表》】，申请机构拥有的主要经营设施包括 ***，申请机构具备运营企业所需的基本设施。

（三）资本金

根据申请机构提供的验资报告/注册资本（或出资）缴纳证明等资料，截至本法律意见书出具之日，申请机构实缴注册资本/实缴出资额为人民币 *** 万元。

根据申请机构的书面说明和《审计报告》，申请机构目前每月运营成本主要为【工资、社保、公积金、差旅费、招待费等（详见预算表）】，本所律师认为，申请机构未来 *** 个月总支出应不超过 *** 万元，预计申请机构未来 *** 个月内的运营成本资金是充足的。

综上，本所律师认为，申请人具备开展私募基金管理业务所需的从业人员、营业场所、资本金等企业运营基本设施和条件，符合中国基金业协会的相关要求。

八、申请人的风险管理及内控制度

（一）制度建立情况

根据有关法律法规及中国基金业协会发布的《内部控制指引》等文件的相关规定，公司结合自身的具体情况，制定并颁布了风险管理和内部控制相关制度，包括内部环境、风险评估、控制活动、信息与沟通及内部监督等要素。

公司已制定的风险管理和内部控制制度文件包括《运营风险控制制度》《信息披露管理制度》《机构内部交易记录制度》《防范内幕交易、利益冲突的投资交易制度》《合格投资者风险揭示制度》《合格投资者内部审核流程及相关制度》《私募基金宣传推介、募集相关制度》《公平交易制度》《从业人员买卖证券申报制度》等。

【特别提示:对于股权类的私募基金管理人,因为不涉及证券市场交易,所以可以不制定《公平交易制度》和《从业人员买卖证券申报制度》。】

(二)制度执行及人员安排

本所律师对以上制度文件进行了核查,并与《内部控制指引》《私募投资基金管理人登记和基金备案办法(试行)》等规定进行了比对,确认其符合中国基金业协会的规定。

其中:

【特别提示:以下关于各项制度的内容仅供参考,具体需根据申请机构的具体制度内容书写。】

1.《运营风险控制制度》旨在保障申请机构业务的安全运作和管理,加强申请机构内部风险管理,规范投资行为,提高风险防范能力,有效防范和控制投资项目运作风险。该制度要求遵循全面性、审慎性、独立性、有效性、适时性和防火墙原则,根据业务流程和风险特征,将业务流程分为风险识别、评估、分析、控制和报告5个步骤。同时,该制度对申请机构各层级的风险控制职责进行明确的分工,规定相关风险控制报告制度,通过层层把关实现对风险更全面的控制。

2.《信息披露管理制度》旨在保障申请机构信息披露工作,保护私募基金投资者合法权益,促进申请机构依法规范运作。该制度按照《内部控制指引》,坚持真实、准确、及时及完整披露的原则,详细制定了申请机构及管理的私募基金信息报送、披露事务管理的相关制度,真实、全面地健全了信息披露制度。

3.《机构内部交易记录制度》旨在规范申请机构内部交易管理、防范申请机构交易风险,规范客户身份识别、客户身份资料和交易记录保存与管理。该制度规定交易记录的保存分为纸质版与电子版。纸质版交易记录制作完毕后,应专门放置档案袋归档保存。电子交易记录应设置专门文件夹予以保存,并按期刻录成光盘或者上传申请机构专门服务器进行备份等防止交易记录灭失的措施。该制度的相关规定符合《内部控制指引》应当保存私募基金内部控制活动等方面的信息及相关资料,确保信息的完整、连续、准确和可追溯的规定。

4.《防范内幕交易、利益冲突的投资交易制度》规定了:(1)申请机构内幕信息和内幕信息知情人的范围,如实、完整记录内幕信息在公开前的报告、传递、编制、审核、披露等各环节所有内幕信息知情人名单,以及知情人知悉内幕信息的内容和时间等相关档案的规范。该制度还详细规定了内幕信息的防控及报告流程,规定风控总监应将内幕信息与交易检查列入年度检查内容,内幕信息公开前,内幕信息知情人应保证电脑储存的有关内幕信息资料不被调阅、拷贝等内幕交易防控管理措施。(2)利益冲突防范的目标、内容及识别程序,具体规定了利益冲突的防范和处理措施。

5.《合格投资者风险揭示制度》《合格投资者内部审核流程及相关制度》旨在充分为投资者揭示风险,保护投资者的合法权益。这两项制度建立了合格投资者的评估及管理、风险揭示、投诉管理等流程。

6.《私募基金宣传推介、募集相关制度》旨在规范申请机构的募集行为,保护投资者及相关投资者及相关当事人的合法权益。该制度规定了申请机构应当向特定对象推介私募基金;私募基金推介材料内容应与基金合同主要内容一致,不得有任何虚假记载、误导性陈述或者重大遗漏;在完成合格投资者确认程序后签署私募基金合同,基金合同约定给投资者设置不少于24小时的投资冷静期,募集机构在投资者冷静期内不得主动联系投资者;在投资冷静期期满后,指令本机构的非基金推介业务人员以录音电话、电邮、信函等适当方式进行回访等,符合中国基金业协会对私募基金管理人所进行的关于资金募集宣传、推介的强制性规定。

7.《公平交易制度》旨在保证申请机构管理的不同投资组合得到公平对待,保护投资者合法权益。该制度从投资决策、交易执行的内部控制及交易行为监控和分析评估及报告、信息泄漏和外部监督等方面确保了公平交易的实现。申请机构也将严格遵守法律法规关于公平交易的相关规定,严禁直接或通过与第三方的交易安排在不同投资组合之间进行利益输送。

8.《从业人员买卖证券申报制度》旨在维护基金份额持有人的合法权益,防范利益冲突和道德风险。该制度规定申请机构董事、监事、高级管理人员及申请机构其他从业人员本人及其配偶、利害关系人的证券投资行为均需向申请机构报告并记录流程。

【申请机构内部设置财务部、行政部、投资部和风控部四大部门,其中,风控部负责申请机构内控制度的建立、实施以及申请机构对外行为的合法合规性审查,由 *** 负责。】申请机构目前的组织架构和人员配置情况如下:

【略】

本所律师认为,以申请机构目前的规模,由 *** 名高管和 *** 名普通员工专门负责风控,足以满足申请机构运营的实际需求,保证以上制度的有效实施。申请机构也承诺，在备案通过并发行产品后，会根据申请机构的发展情况逐步增加数名风控部员工，以适应申请机构未来的发展。

（三）制度有效执行的现实基础和条件

经核查，本所律师认为申请机构的制度具备了有效执行的基础和条件：

【略】

【特别提示：应对申请机构的制度是否具备有效执行的现实基础和条件做出评估（评估角度可以为人员构成、组织架构、监督体系、业务匹配等），并从申请机构组织架构、人员组成、内控制度的内部审批、内控制度的内容等角度分析有效执行问题（如相关制度的建立是否与申请机构现有组织架构和人员配置相匹配，是否满足机构运营的实际需求等）。】

综上，本所律师认为，申请机构已制定风险管理和内部控制制度，已经根据其申请的私募基金管理业务类型建立了与之相适应的配套管理制度，符合中国基金业协会的相关要求。

九、申请人与其他机构签署的基金业务外包服务协议

申请机构与其他机构签订的外包服务协议情况如下：

【表14－7格式供参考】

表14－7

序号	合同名称或合同类型	签署或生效时间	合同相对方	合同金额（万元）	合同主要内容	履行情况
1						
2						

根据申请机构提供的【业务外包实施规划、】基金外包服务协议及其书面说明并经本所律师核查，【申请机构未与其他机构签署基金外包服务协议，将来如因实际需要而开展基金外包业务，申请人承诺会如实向中国基金业协会披露。】/【申请机构与 *** 机构签署了基金外包服务协议，外包活动范围与其经营水平相适宜，不存在潜在风险。】

十、申请人的高管人员及其从业资格

（一）申请机构高管人员基本情况

申请机构高管人员基本情况如下：

【表 14－8 格式供参考】

表 14－8

姓名	证件号码	职务	是否具备基金从业资格	学习经历	工作经历	备注

（二）高管岗位设置的依据

1. 与【公司章程/有限合伙协议】一致

经查阅申请机构提供的【公司章程/有限合伙协议】，并与有关人员沟通，本所律师确认申请机构高管岗位的设置与【公司章程/有限合伙协议】一致。

2. 符合中国基金业协会规定

根据《公告》的要求，申请机构配备了 *** 名符合基金从业资格要求和规定的高管人员，同时合规/风控负责人单独设置，在业务和兼职上均实行隔离。

根据《公告》第 4 条“关于私募基金管理人高管人员基金从业资格相关要求”的规定：各类私募基金管理人的合规/风控负责人不得从事投资业务。申请机构现任合规/风控负责人未从事投资业务。

3. 个人经历与岗位的匹配

【略】

4. 法定代表人/执行事务合伙人最近 3 年违法违规情形

经核查，申请机构法定代表人/执行事务合伙人最近 3 年不存在重大违法违规情形。

【特别提示：申请机构法定代表人/执行事务合伙人最近三年存在重大违法违规情形的，不符合入会条件。】

（三）会员代表

申请机构会员代表情况如下：

【略】

经核查，会员代表的任职资格满足中国基金业协会及《中国证券投资基金业协会会员管理办法》的要求。

【特别提示：《中国证券投资基金业协会会员管理办法》第 17 条和第 18 条规定

了会员代表的任职资格。】

综上，申请机构现有高管人员 *** 名，其中包括法定代表人/执行事务合伙人（委派代表）、总经理、副总经理、合规/风控负责人等，【从事私募证券投资基金业务的各类私募基金管理人，其高管人员（包括法定代表人/执行事务合伙人（委派代表）、总经理、副总经理、合规/风控负责人等）均已取得基金从业资格】/【或从事非私募证券投资基金业务的各类私募基金管理人，2 名以上高管人员已取得基金从业资格，其法定代表人/执行事务合伙人（委派代表）、合规/风控负责人已取得基金从业资格。】截至本法律意见书出具之日，申请机构高管人员未受到过刑事处罚、行政处罚或被采取行政监管措施；未受到中国基金业协会的纪律处分；未在资本市场诚信数据库中存在负面信息；未被列入失信被执行人名单；未在“信用中国”网站上存在不良信用记录。因此，本所律师认为，申请机构的高管人员具备基金从业资格，高管岗位设置符合中国基金业协会的要求。

十一、申请机构的刑事处罚、行政处罚、失信情况及申请机构高管人员的纪律处分情况

根据申请机构提供的【企业信用报告、各高管人员个人信用报告、】书面说明等相关资料，高管人员调查表并经查询中国证监会证券期货市场失信信息公开查询平台、全国企业信用信息公示系统、最高人民法院失信被执行人信息查询平台、中国裁判文书网、中国基金业协会、“信用中国”等网站，本所律师认为：申请机构没有受到过任何刑事处罚、金融监管部门行政处罚或者被采取行政监管措施；申请机构及其高管人员没有受到中国基金业协会的纪律处分；申请机构没有被列入失信被执行人名单；申请机构没有被列入全国企业信用信息公示系统的经营异常名录或严重违法企业名录；申请机构在“信用中国”网站上不存在不良信用记录。符合中国基金业协会的相关要求。

十二、申请机构最近 3 年的诉讼、仲裁情况

根据申请机构提供的【近 3 年】《审计报告》、书面说明、高管人员调查表及其他相关资料并经查询最高人民法院失信被执行人信息查询平台、中国裁判文书网等网站，申请机构最近 3 年不存在涉诉或仲裁的情况/【近 3 年涉诉或仲裁的情况如下：略】。

本所律师经核查后认为，【上述案件涉及标的金额占申请机构最近 1 年经审计的净资产的比例较小，不会对申请机构的正常经营及财务情况造成重大不利影响。】

十三、登记申请材料的真实、准确、完整性

经核查申请机构向中国基金业协会提交的私募基金管理人登记申请材料,本所律师认为,申请机构向中国基金业协会提交的登记申请材料真实、准确、完整,符合《私募投资基金监督管理暂行办法》和《私募投资基金管理人登记和基金备案办法(试行)》等相关法律法规、规范性文件及中国基金业协会自律规则的相关要求。

十四、律师认为需要说明的其他事项

【需要说明的其他事项】

十五、结论意见

综上,本所律师认为,申请机构为在中国境内依法设立并有效存续的【公司/有限合伙企业】;申请机构符合《公司法》《合伙企业法》《私募投资基金监督管理暂行办法》等法律法规、规范性文件及《私募投资基金管理人登记和基金备案办法(试行)》等自律规则关于私募基金管理人登记条件的规定;申请机构向中国基金业协会提交的私募基金管理人入会申请材料真实、准确、完整;申请机构的私募基金管理人入会申请符合中国基金业协会的相关要求。

本法律意见书正本一式 *** 份,经由经办律师签字并加盖本所公章后生效。

(以下无正文)

第四节　重大变更法律意见书（以法定代表人变更为例）

私募基金管理人重大事项变更专项法律意见书

致:***

*** 律师事务所(以下简称本所)受 ***(以下简称申请人、申请机构、公司)的委托,担任申请机构本次申请重大事项变更(以下简称本次申请)的专项法律顾问,为申请机构本次申请出具法律意见书。

本所及经办律师依据《证券投资基金法》《私募投资基金监督管理暂行办法》《律师事务所从事证券法律业务管理办法》《律师事务所证券法律业务执业规则(试行)》等有关法律、法规及中国证券投资基金业协会(以下简称中国基金业协会)发布的《关于进一步规范私募基金管理人登记若干事项的公告》(以下简称《公告》)、《私募基金管理人登记法律意见书指引》(以下简称《法律意见书指引》)和《私募投资基金管理人内部控制指引》(以下简称《内部控制指引》)等自律性文件的相关规定,及本法律意见书出具日以前已经发生或者存在的事实,严格履行了法定职责,遵循了勤勉尽责和诚实信用原则,对本次申请的合法合规性进行了充分的尽职调查,保证本法律意见书所认定的事实真实、准确、完整,所发表的结论性意见合法、准确,不存在虚假记载、误导性陈述或者重大遗漏。

第一部分:律师说明及声明事项

为出具本法律意见书,本所及本所律师特作如下说明及声明:

1. 本所律师调查了申请机构进行本次申请的法律资格及具备的条件,查阅了本所认为出具法律意见书所需查阅的文件,并就有关事项向申请机构有关人员作了询问并进行了必要的讨论。

2. 本所律师对本法律意见书所涉及有关事实的了解和判断,来源于:(1)申请机构向本所提供的文件、资料及所作说明;(2)本所律师能够查证范围内向有关机关调取的文件资料;(3)通过网络等途径查询获取的公开信息;(4)对出具本法律意见书至关重要而又无法得到独立的证据支持的事实,本所依赖政府有关部门或其他有关机构出具的证明文件作出判断。

3. 本法律意见书的出具是基于以下假设:(1)就本所认为出具法律意见书所必须审查的事项,申请机构已经提供了全部相关的原始书面材料、副本材料或口头陈述;(2)该等资料均真实、准确、有效和完整,且不具有误导性;(3)有关复印件与原件一致、副本与正本一致,该等文件中的签字和印章均真实、有效;(4)有关人员所作的口头陈述无虚假、误导或重大遗漏;(5)除本法律意见书中另有说明外,该等资料截至本法律意见书出具之日依然保持其效力,且未被变更、撤销、终止或取代。

4. 本法律意见书所述事项,仅限于其确定的法律意见书出具日以前已发生或存在的事实,并且根据中国当时和现行有效的法律、法规和规范性文件的规定而出具。

5. 本所仅就与本次申请有关的法律问题发表意见,并不对申请机构的投资能力、持续合规情况发表评论。

6. 本法律意见书仅用于申请机构本次向中国基金业协会申请私募基金管理人重大事项变更登记,不得用于其他任何目的。

本所及经办律师同意将本法律意见书作为申请机构本次申请所必备的法定文

件,随在资产管理业务综合报送平台填报的其他信息一同上报,并愿意承担相应的法律责任。

基于上述情况,本所按照中国律师业公认的行业标准、道德规范和勤勉尽责精神,出具本法律意见书。

第二部分:法律意见书正文

一、申请机构重大事项变更前的基本情况

(一)申请机构依法设立并有效存续

【略】

本所律师认为,申请机构依法在中国境内设立并有效存续,符合法律、法规和规范性文件以及中国基金业协会的要求。

(二)申请机构重大事项变更前的历史沿革

【略】

本所律师认为,申请机构重大事项变更前的历史沿革符合相关法律法规、规范性文件的规定及中国基金业协会的要求。

(三)申请机构在中国基金业协会私募基金登记备案系统填报的私募基金管理人公示信息情况

目前,中国基金业协会公示的信息显示:申请机构的法定代表人为 *** ,组织机构代码为 *** ,登记编号为 *** ,登记时间为 *** ,注册资本为 *** ,管理基金主要类别为 *** ,注册地址为 *** ,办公地址为 *** ,股东为 *** 。

(四)申请机构本次重大变更的背景情况

【略】

(五)申请机构本次重大变更的内容

申请机构本次重大变更为法定代表人变更。

(六)申请机构本次重大变更后的基本信息

【略】

二、申请机构本次重大变更情况

(一)变更前法定代表人

根据申请机构在中国基金业协会备案信息以及变更前工商登记信息,申请机构变更前的法定代表人为 *** 。 *** 的个人基本信息:

【略】

另外,经本所律师核查,截至本法律意见书出具之日, *** 无失信记录。

(二)变更法定代表人的缘由及过程

1. 变更缘由

【特别提示:需说明申请机构发生重大变更的原因(如申请机构遇到困难、战略调整、相关人员个人原因等)、目的(建议从申请机构运营角度做说明)以及这种变更是否会影响申请机构正常运营、是否会对申请机构造成不利影响。】

2. 变更过程

【特别提示:需陈述申请机构重大变更的完整过程,申请机构是否按照《公司法》《公司章程》等相关要求,按照程序进行相关事项变更(如召开股东会议、合伙人会议,修改公司章程或合伙协议等);是否就变更结果向工商管理部门提交了所需的变更登记申请,依法办理工商变更登记;是否符合中国基金业协会相关要求。】

综上,本所律师认为:申请机构本次变更法定代表人已经根据相关法律法规及公司章程规定履行了内部决策程序,并已完成了工商变更登记手续,变更程序符合有关法律法规相关规定及中国基金业协会的要求。

(三)法定代表人变更的信息披露情况

经本所律师查询全国企业信用信息公示系统,申请机构法定代表人已经变更为 *** 。

根据中国基金业协会规定,私募基金管理人重大事项变更应当在资产管理业务综合报送平台披露相关信息。经核查,申请机构已在资产管理业务综合报送平台上对法定代表人登记信息进行了变更。

另经本所律师查询中国基金业协会私募基金管理人公示系统,截至本法律意见书出具之日,【申请机构作为私募基金管理人在中国基金业协会尚未备案私募基金产品,无需通知投资人。申请机构已在中国基金业协会备案私募基金产品,并已按照基金合同约定的方式向投资者完整披露了变更的原因、过程、潜在风险以及防范措施等。】

综上,本所律师认为:申请机构法定代表人变更信息已在全国企业信用信息公示系统上进行了披露,且已更新了中国基金业协会资产管理业务综合报送平台的相关登记信息,符合有关私募基金管理人信息披露的规定。

(四)变更后的法定代表人

根据申请机构变更后的工商登记信息,申请机构现法定代表人为 *** 。 *** 的个人基本信息如下:

【略】

【特别提示:需核查变更后法定代表人的基金从业资格,并对其取得的方式进行详细说明,同时需核查并详细描述法定代表人的个人基本信息、信用情况、工作履历、涉诉情况、工作能力以及除申请机构之外的兼职情况等,并就其是否符合相关法律法规规定及中国基金业协会的要求发表意见。】

本所律师认为,申请机构变更后的法定代表人符合中国基金业协会的要求。

三、申请机构的申请材料

根据申请机构提供的资料和信息并经本所律师核查,申请机构向中国基金业协会提交的登记材料真实、准确、完整,不存在虚假性记载、误导性陈述或重大遗漏。

四、律师认为需要说明的其他问题

【需要说明的其他问题。】

五、结论性意见

综上所述,本所律师认为,申请机构关于私募基金管理人法定代表人变更的重大事项变更申请符合《证券投资基金法》《私募投资基金监督管理暂行办法》《私募投资基金管理人登记和基金备案办法(试行)》《公告》等法律、法规及中国基金业协会的相关要求。申请机构已就上述变更事项履行了内部决策程序,并完成了工商变更登记手续,申请机构本次法定代表人的变更对于申请机构开展、运营私募基金管理业务不会产生实质性不利影响。

本法律意见书正本一式 *** 份,经由经办律师签字并加盖本所公章后生效。

(以下无正文)

第五节 经营异常法律意见书

私募基金管理人异常经营专项法律意见书

致:***

*** 律师事务所(以下简称本所)受 ***(以下简称异常机构)的委托,担任异常机构本次异常经营事项(以下简称本次申请)的专项法律顾问,为异常机构本次申请出具法律意见书。

本所及本所律师依据《证券法》《证券投资基金法》以及中国证券监督管理委

员会和中国证券投资基金业协会(以下简称中国基金业协会)的要求,严格履行了法定职责,遵循了勤勉尽责和诚实信用原则,进行了充分的核查验证,保证本法律意见所认定的事实真实、准确、完整,所发表的结论性意见合法、准确,不存在虚假记载、误导性陈述或者重大遗漏,并承担《证券法》《证券投资基金法》及其他相应的法律责任。

第一部分:律师说明及声明事项

为出具本法律意见书,本所及本所律师特作如下说明及声明:

1.本所律师调查了申请机构进行本次申请的法律资格及具备的条件,查阅了本所认为出具法律意见书所需查阅的文件,并就有关事项向申请机构有关人员作了询问并进行了必要的讨论。

2.本所律师对本法律意见书所涉及有关事实的了解和判断,来源于:(1)申请机构向本所提供的文件、资料及所作说明;(2)本所律师能够查证范围内向有关机关调取的文件资料;(3)通过网络等途径查询获取的公开信息;(4)对出具本法律意见书至关重要而又无法得到独立的证据支持的事实,将依赖政府有关部门或其他有关机构出具的证明文件作出判断。

3.本法律意见书的出具是基于以下假设:(1)就本所认为出具法律意见书所必须审查的事项,申请机构已经提供了全部相关的原始书面材料、副本材料或口头陈述;(2)该等资料均真实、准确、有效和完整,且不具有误导性;(3)有关复印件与原件一致、副本与正本一致,该等文件中的签字和印章均真实、有效;(4)有关人员所作的口头陈述无虚假、误导或重大遗漏;(5)除本法律意见书中另有说明外,该等资料截至本法律意见书出具之日依然保持其效力,且未被变更、撤销、终止或取代。

4.本法律意见书所述事项,仅限于其确定的法律意见书出具日以前已发生或存在的事实,并且根据中国当时和现行有效的法律、法规和规范性文件的规定而出具。

5.本所仅就与本次申请有关的法律问题发表意见,并不对申请机构的投资能力、持续合规情况发表评论。

6.本法律意见书仅用于异常机构本次向中国基金业协会反馈异常经营事项,不得用于其他任何目的。

7.本所指派 *** 律师和 *** 律师作为本法律意见书的经办律师及签字律师,*** 律师和 *** 律师的基本情况及证券基金领域从业经验如下:

【略】

本所及经办律师同意将本法律意见书作为异常机构机构本次申请所必备的法定文件,并愿意承担相应的法律责任。

基于上述情况,本所按照中国律师业公认的行业标准、道德规范和勤勉尽责精神,出具本法律意见书。

第二部分:法律意见书正文

一、专项问题核查情况

【略】

【特别提示:经办律师需根据关于要求机构限期提交专项法律意见书的通知中所提出的专项问题进行核查,逐项列明核查的文件材料、律师的查验原则、查验方式、查验过程、查验结果,并逐一发表明确的结论性意见。】

二、整体问题核查情况

(一)异常机构的主体资格

1. 异常机构的设立及存续

【略】

【特别提示:列明核查的文件材料、律师的查验原则、查验方式、查验过程、查验结果。】

本所律师认为,申请机构依法在中国境内设立并有效存续,符合法律、法规和规范性文件以及中国基金业协会的要求。

2. 异常机构在中国基金业协会登记为私募基金管理人后的历史沿革

【略】

【特别提示:列明核查的文件材料、律师的查验原则、查验方式、查验过程、查验结果。】

本所律师认为,异常机构在中国基金业协会登记为私募基金管理人后的历史沿革符合相关法律法规、规范性文件的规定及中国基金业协会的要求。

(二)异常机构的经营范围

【略】

【特别提示:列明核查的文件材料、律师的查验原则、查验方式、查验过程、查验结果。】

本所律师经核查后认为,异常机构的名称中【含有"私募"】相关字样,不存在与知名机构重名或名称相近的情况,也不存在误导投资者的字样,且异常机构的名称和经营范围中含有"基金管理""投资管理""资产管理""股权投资""创业投资"

等与私募基金管理人业务属性密切相关字样。异常机构的名称和经营范围符合国家相关法律法规的规定,符合中国基金业协会的相关要求。

(三)异常机构专业化经营

【略】

【特别提示:列明核查的文件材料、律师的查验原则、查验方式、查验过程、查验结果。】

综上,本所律师认为,异常机构自登记成为私募基金管理人后【主营业务为私募基金管理业务,符合《私募投资基金监督管理暂行办法》第22条专业化经营原则】;申请机构的经营范围或实际经营业务中,未兼营可能与私募投资基金业务存在冲突的业务,【未兼营与"投资管理"的买方业务存在冲突的业务,亦未兼营除私募基金管理业务外的其他非金融业务,】符合中国基金业协会的相关要求。

(四)异常机构机构异常财务及关联交易情况

【略】

【特别提示:列明核查的文件材料、律师的查验原则、查验方式、查验过程、查验结果。】

综上,本所律师认为,异常机构【不存在可能影响其正常运作的异常财务信息,不存在与子公司、分支机构及关联方资金往来的情形,亦不存在使用自有资金投资的情况】。

(五)异常机构的股东及出资情况

【略】

【特别提示:列明核查的文件材料、律师的查验原则、查验方式、查验过程、查验结果。】

综上,本所律师认为,异常机构的股东、实际控制人【未曾从事或兼营冲突业务】,该等股东、实际控制人的信息已经真实、准确、完整的填报至资产管理业务综合平台,且异常机构(及其管理的私募基金)与股东、实际控制人之间【不存在关联交易和利益输送】/【存在关联交易,且该等情况已按照基金合同的约定对投资者进行了信息披露,符合相关法律法规及中国基金业协会的要求。】

(六)异常机构子公司、分支机构及其他关联方情况

【略】

【特别提示:列明核查的文件材料、律师的查验原则、查验方式、查验过程、查验结果,如异常机构存在子公司、分支机构及其他关联方,需说明该等机构的基本情

况、业务开展情况及其子公司、关联方是否已登记为私募基金管理人、与该机构是否存在业务往来、冲突业务关联方的证照审批及持有情况。】

综上,本所律师认为,【异常机构不存在子公司、分支机构及其他关联方。】/【异常机构的子公司、分支机构及其他关联方已按照中国基金业协会的相关要求真实、准确、完整地填报至资产管理业务综合平台/系因 *** 原因尚未完全按照中国基金业协会的相关要求真实、准确、完整地填报至资产管理业务综合平台,符合《公告》等相关法律法规及中国基金业协会自律规则的相关规定。】

(七)异常机构运营基本设施和条件

【略】

【特别提示:列明核查的文件材料、律师的查验原则、查验方式、查验过程、查验结果。】

综上,本所律师认为,异常机构高管、一般从业人员、营业场所及资本金持有等信息已真实、准确、完整地填报至资产管理业务综合平台,符合《劳动法》《社会保险法》《私募基金管理人登记须知》等相关法律法规及中国基金业协会自律规则的相关规定。

(八)异常机构的内控制度及运行情况

【略】

【特别提示:列明核查的文件材料、律师的查验原则、查验方式、查验过程、查验结果。】

综上,本所律师认为,异常机构已根据其管理人业务类型制定了相适应的制度,截至本法律意见书出具之日,该等制度有效运转并实际发挥作用,符合《证券投资基金法》《私募投资基金监督管理暂行办法》《私募投资基金管理人内部控制指引》等相关法律法规及中国基金业协会自律规则的相关规定。

(九)异常机构高管任职情况

【略】

【特别提示:列明核查的文件材料、律师的查验原则、查验方式、查验过程、查验结果。】

综上,本所律师认为,异常机构的高管岗位设置及任职情况符合中国基金业协会的要求,高管信息已真实、准确、完整地填报至人员从业系统及资产管理业务综合平台。另外,【异常机构高管不存在与私募业务相冲突业务的机构兼职及竞业禁止的情况。】/【虽然异常机构高管存在与私募业务相冲突业务的机构兼职及竞业禁止的情况，但该种情况并不违反《公司法》《内部控制指引》《私募基金管理人登记须知》《私募基金登记备案相关问题解答（十二）》等相关法律法规及中国基金业协会自律规则的相关规定。】

（十）异常机构在管基金情况

【略】

【特别提示：列明核查的文件材料、律师的查验原则、查验方式、查验过程、查验结果；经办律师需以列表形式详细列明异常机构在管基金具体信息，表格内容应包括但不限于：基金成立日、到期日、组织形式、投向信息、托管信息、投资标的及底层资产情况、信息披露情况、审计情况等。】

综上，本所律师认为，异常机构在管基金投资运作情况符合法律法规和中国基金业协会自律规则规定，异常机构向中国基金业协会报送的相关信息真实、准确、完整。【异常机构已就基金外包服务与具备相关资质的外包服务机构签订外包服务协议，符合相关法律法规及中国基金业协会自律规则的相关规定。】

（十一）异常机构基金募集情况

【略】

【特别提示：列明核查的文件材料、律师的查验原则、查验方式、查验过程、查验结果。】

综上，本所律师认为，【异常机构在展业过程中不存在公开宣传、向非合格投资者募集、直接或间接承诺保本保收益，或向销售机构出具保本保收益的兜底承诺、未履行投资者适当性确认义务等相关情形。】/【就异常机构在展业过程中存在的[公开宣传、向非合格投资者募集、直接或间接承诺保本保收益，或向销售机构出具保本保收益的兜底承诺、未履行投资者适当性确认义务]情形，异常机构已采取了必要的补救措施，符合《证券投资基金法》《私募投资基金监督管理暂行办法》《私募投资基金管理人登记和基金备案办法（试行）》等相关法律法规及中国基金业协会自律规则的相关规定。】

（十二）异常机构基金备案、信息披露情况

【略】

【特别提示：列明核查的文件材料、律师的查验原则、查验方式、查验过程、查验结果。】

综上，本所律师认为，异常机构已根据相关法律法规及中国基金业自律规则的相关规定将其所管理的私募基金在资产管理业务综合平台备案齐全，并已及时履行了相关的重大事项变更、季度更新、年度更新、信息披露备份义务,【异常机构已根据基金合同、公司章程或者合伙协议所约定的频率、内容和方式向投资者真实、准确、完整披露了所投底层资产及最终标的情况】/【异常机构存在未按照基金合同、公司章程或者合伙协议所约定的频率、内容和方式向投资者真实、准确、完整披露了所投底层资产及最终标的情况,由于该等情况 ***,因此,异常机构未履行特定义务的行为符合相关法律法规及中国基金业协会自律规则的相关规定】。

(十三)异常机构法定代表人、高管、实际控制人或出资人受处罚情况

【略】

【特别提示:列明核查的文件材料、律师的查验原则、查验方式、查验过程、查验结果。】

综上,本所律师认为:【异常机构及其法定代表人、高管、实际控制人、出资人没有受到过任何刑事处罚、金融监管部门行政处罚或者被采取行政监管措施,也没有受到行业协会的纪律处分;异常机构及其法定代表人、高管、实际控制人、出资人没有被列入失信被执行人名单、全国企业信用信息公示系统的经营异常名录或严重违法企业名录,在"信用中国"网站上不存在不良信用记录。符合中国基金业协会的相关要求。】/【异常机构及其法定代表人、高管、实际控制人、出资人存在 *** 情形,该等情形已真实、准确、完整地在资产管理业务综合平台进行填报,不会对基金持续运行、投资者利益、资产净值等产生重大影响。除此之外,异常机构及其法定代表人、高管、实际控制人、出资人不存在其他受处罚的情形。】

(十四)异常机构法定代表人、高管、实际控制人或出资人涉诉情况

【略】

【特别提示:列明核查的文件材料、律师的查验原则、查验方式、查验过程、查验结果。】

综上,本所律师认为,【异常机构及其法定代表人、高管、实际控制人、出资人最近 3 年不存在涉诉或仲裁情况,也未与投资者产生过纠纷。符合中国基金业协会的相关要求。】/【异常机构及其法定代表人、高管、实际控制人、出资人存在 *** 情形,该等情形已真实、准确、完整地在资产管理业务综合平台进行填报,不会对基金持续运行、投资者利益、资产净值等产生重大影响。除此之外,异常机构及其法定代表人、高管、实际控制人、出资人不存在其他受处罚的情形。】

(十五)异常情形报备情况

经核查,异常机构在收到要求限期提交专项法律意见书的通知后,已按照《关

于私募基金管理人在异常经营情形下提交专项法律意见书的公告》相关要求，于****年**月**日向证券监管部门派出机构报告其异常经营情形，并报备其委托的律师事务所出具专项法律意见书的情况。

（十六）律师及律师事务所认为需要说明的其他事项

【其他需要说明的事项】

三、结论性意见

综上所述，本所律师认为，异常机构已根据本法律意见书正文部分第一部分、第二部分的问题采取相应措施并完成整改，持续符合中国基金业协会相关自律规则及私募基金管理人登记要求。

本法律意见书正本一式＊＊份，经由经办律师签字并加盖本所公章后生效。

（以下无正文）

第十五章

商业计划书参考文本

设立私募基金管理人的商业计划书

一、设立目的

【略】

二、市场分析

（一）市场现状分析

【略】

（二）未来发展机会分析

【略】

三、实施方案

（一）公司名称及注册资本

公司名称：***

注册资本：人民币 *** 万元

（二）注册地址及办公地址

注册地址：***

办公地址：***

（三）股权结构

【略】

（四）公司治理结构

公司股东会由全体股东组成，是公司的权力机构，依照法律法规和公司章程行使职权。

公司董事会情况：【略】

公司监事会情况：【略】

公司法定代表人情况：【略】

公司高管情况：【略】

（五）公司组织架构情况

1. 公司组织架构图

【根据实务经验，私募基金管理人应具备投资、风控合规、投后管理以及产品募集等开展基金管理业务的部门。除部门负责人外，每个部门至少应配备1~2名全职职工，且部门负责人及员工应具备从事相关工作的教育背景或从业经历。】

2. 高管人员及其工作职责

【略】

3. 公司部门职责

【略】

4. 公司发展规划/展业计划

【主要内容包括：产品设计、产品架构、产品内容、投资方向、拟投资人群、投资类型、投资标的、如何募集、如何选择投资对象、如何进行风险控制等。】

四、财务预测

公司最近3年财务预测如下：

1. 固定资产投资

【略】

2. 运营资金需求

【主要为人员成本、经营场所租赁、运用投入等。】

3. 筹资方案

【略】

五、风险分析和控制措施

（一）风险分析

【略】

（二）控制措施

六、可行性结论

【略】

第十六章

内控制度参考文本

第一节　运营风险控制制度

为保障公司投资业务的安全运作和管理，加强公司内部风险管理，建立规范、有效的风险控制体系，提高风险防范能力，保证公司安全稳健运行，提高经营管理水平，根据《公司法》《公司章程》及相关法律、法规，结合公司实际，制定本制度。

第一条　本制度旨在为公司实现以下目标提供合理保证：

(1)将风险控制在与总体目标相适应并可承受的范围内。

(2)实现公司内外部信息沟通的真实、可靠。

(3)确保公司遵守法律法规等相关规定。

(4)提高公司经营的效益及效率。

(5)确保公司建立针对各项重大风险发生后的危机处理计划，使其不因灾害性风险或人为失误而遭受重大损失。

第二条　公司风险控制应严格遵循以下原则：

(1)全面性原则：风险控制制度应覆盖公司投资业务的各项工作和各级人员，并渗透到决策、执行、监督、反馈等各个环节。

(2)审慎性原则：风险控制制度的核心是有效防范各种风险，公司部门组织的构成、内部管理制度的建立要以防范风险、审慎经营为出发点。

(3)独立性原则：风险控制工作应保持高度的独立性和权威性，并贯彻到业务的各具体环节。

(4)有效性原则:风险控制制度应当符合国家法律法规等相关规定,具有高度的权威性,是所有员工严格遵守的行动指南;执行风险控制制度不能存在任何例外,任何员工不得拥有超越或违反制度的权利。

(5)适时性原则:风险控制制度应随着国家法律法规等相关规定的变化、公司经营战略、经营方针、风险管理理念等内部环境的改变以及公司业务的发展,及时进行相应修改和完善。

(6)防火墙原则:风险控制制度应严格防范因风险传递及利益冲突给公司带来的风险,保证公司与关联公司之间在业务、人员、机构、办公场所、资金、账户、经营管理等方面严格分离、相互独立。

第三条 按照公司目标的不同对风险进行分类,公司风险分为:政策风险、战略风险、操作风险、财务风险、法律/合规风险和市场风险。

(1)政策风险:公司所属行业的国家产业政策、行业规划、税收政策等发生重大变化导致项目投资前后技术、市场、产品、客户发生不利变化,并导致项目公司偏离投资方案、估值整体下降,造成无法退出或亏损退出的风险。

(2)战略风险:公司没有制定或没有正确的制定战略决策,导致影响战略目标实现的风险。

(3)操作风险:公司在项目操作时出现的风险,主要指公司决策失误、投资失控、员工内部欺诈、被投资方和合作方的外部欺诈、尽职调查存在缺失、资金划拨差错、项目公司经营管理不善、项目跟踪缺失、项目公司报告不畅等风险。

(4)财务风险:包括财务报告失真风险、资产安全受到威胁风险和舞弊风险。

①财务报告失真风险:没有完全按照相关会计准则、会计制度的规定组织会计核算和编制财务会计报告,没有按规定披露相关信息,导致公司财务会计报告和信息披露不完整、不准确、不及时。

②资产安全受到威胁风险:没有建立或实施相关资产管理制度,导致公司资产(如设备、存货)的使用价值和变现能力降低或消失的风险。

③舞弊风险:指以故意的行为获得不公平或非正当的收益导致公司产生损失的风险。

(5)法律/合规风险:没有全面、认真执行国家法律法规等相关规定,影响公司合法性目标实现的风险。

(6)市场风险:指投资业务从项目投资到投资退出经历宏观经济、项目所属行业、产品市场、证券市场等的波动,导致项目公司估值、项目退出的市场环境发生变化,从而造成退出方案无法实施或投资目标无法实现的风险。

第四条 风险控制组织体系

公司根据投资业务流程和风险特征,将风险控制工作纳入公司的风险控制体系之中。公司的风险控制体系共分为5个层次:董事会、董事会下设的风险控制委员会、投资决策委员会、风险控制部、业务部。

第五条 各层级的风险控制职责

(1)董事会职责:

①审议批准风险控制委员会的基本制度,决定风险控制委员会的人员组成,听取风险控制委员会的报告;

②审议单笔投资额超过公司资产总额30%,或者单一投资股权超过被投资公司总股本40%的股权投资项目;

③决定公司内部风险管理机构的设置;

④法律法规或公司章程规定的其他职权。

(2)董事会下设的风险控制委员会职责:

①组织拟订公司的风险管理基本制度;

②对单笔投资额超过公司资产总额30%,或者单一投资股权超过被投资公司总股本40%的,应当提交董事会审批的股权投资事项进行合规性审核;

③监督和评估风险管理制度执行情况。

风险控制委员会对董事会负责,向董事会报告。

(3)投资决策委员会职责:

对单笔投资额不超过公司资产总额的30%,或者单一投资股权不超过被投资公司总股本的40%的股权投资项目的投资和退出作出决策。

(4)风险控制部是公司专门的风险管理部门,其职责包括:

①独立于业务部开展风险控制、合规检查、监督评价等工作;

②在项目决策过程中出具合规意见;

③对投资协议进行审核;

④在出现重大问题时及时向风险控制委员会报送相关专项报告。

(5)业务部职责:

具体负责项目开发、执行、退出过程中的风险控制。业务部负责人作为投资项目风险管理的第一责任人,负责组织部门内部的风险控制执行工作,及时报告、反馈项目投资过程中发现的风险隐患和风险问题。

第六条 为建立健全内控机制,公司设立独立于项目组的后台管理和监督部门。

综合管理部负责投资项目的文档管理、印章管理、人力资源管理、董事会和投资决策委员会的会议筹备,以及相关会议资料的管理等。

财务部负责投资业务的财务核算和资金划拨,为投资项目分别设置账户,独立核算、分账管理。

第七条 风险管理的业务流程由风险识别、风险评估、风险分析、风险控制和风险报告5个步骤组成,是制定风险管理战略及防范措施的重要基础。

第八条 风险识别指对经营活动中存在的内部及外部风险的来源进行辨别。

公司可采取问卷调查、小组讨论、专家咨询、情景分析政策分析、行业标杆比较、访谈法等识别风险。

第九条 风险评估是对风险的严重程度及发生概率进行科学合理的量化。

确立公司风险管理理念和风险接受程度是公司进行风险评估的基础。

(1)公司风险管理理念是以公司如何认知整个经营过程(从战略制定、实施到公司日常活动)中的风险为特征的公司共有的信念和态度。公司实行稳健的风险管理理念,对于高风险投资项目采取谨慎介入的态度。

(2)风险接受程度是指公司在追求目标实现过程中愿意接受的风险程度。公司的风险接受程度选择应与公司的风险管理理念保持一致。

第十条 风险分析主要指对公司风险的驱动因素进行归因分析,并评估其影响,提出避险建议和措施。

风险分析方法一般采用定性和定量方法组合而成。在风险分析不适宜采取定量分析的情况下,或者用于定量分析所需要的足够可信的数据无法获得,或者获取成本很高时,公司通常使用定性分析法。

第十一条 风险控制是指对公司业务流程的各个环节制定风险防范和处理措施。

公司在进行风险分析后,应根据风险分析结果,结合风险发生的原因选择风险控制方案。

第十二条 风险报告是指业务部、风险控制部根据职责范围和报告体系定期或不定期向主管领导提交的、与风险评估分析相关的报告。

第十三条 公司应制定专门的项目管理和投资决策制度,明确项目投资的业务流程和具体要求。

第十四条 为维护公司的权益,项目投资的范围应当符合以下规定:

(1)不得将公司资产用于资金拆借、贷款、抵押融资或者对外担保等用途;

(2)不得将公司资产用于可能承担无限责任的投资;

(3)单笔投资额不得超过公司资产总额的30%,如果突破30%,需提交董事会审议;

(4)单一投资股权不得超过被投资公司总股本的40%,如果突破40%,需提交董事会审议;

(5)不得将公司资产投资于股东或其控制的企业;

(6)法律法规以及公司章程约定禁止公司从事的其他投资。

第十五条 尽职调查的风险控制:

(1)公司建立尽职调查制度,规范尽职调查的工作内容。项目组在尽职调查期间应当严格遵守工作程序,记录尽职调查工作底稿,形成相关报告。

(2)项目组开展尽职调查工作期间,项目负责人必须对拟投资项目进行实地考察。

(3)项目组应当对尽职调查相关材料的真实性和完备性负责。

(4)项目组认为必要时,可申请聘请外部中介机构,参与或独立进行调查工作。

第十六条 投资决策的风险控制:

(1)投资决策委员会对项目投资或退出的相关材料进行审核,投资决策委员会成员独立发表审核意见;

(2)投资决策委员会可以根据需要委派专人或聘请外部专业机构进驻现场进行独立的尽职调查,提交独立的调查报告;

(3)公司投资业务的项目投资和项目退出必须经投资决策委员会通过。单笔投资额超过公司资产总额30%,或者单一投资股权超过被投资公司总股本40%的项目,应当经过投资决策委员会审议通过后,提交董事会审议,并根据公司章程规定提交股东会审议。

第十七条 公司对投资的合法、合规性进行全面和重点分析和检查,控制投资业务的合规性风险。

第十八条 公司通过以下手段对法律/合规风险进行事前和事中控制:

(1)为保证投资业务合法、合规,制定、审查相关的管理制度和业务流程;

(2)制定、审阅投资业务的相关合同、协议,确保合同的规范性和合法性;

(3)监督投资业务管理制度和业务流程的执行情况,确保国家法律、法规和公司内部控制制度有效地执行;

(4)确保投资业务投资决策服从国家产业政策,符合国家法律法规的规定;

(5)根据实际情况对其他相关事项进行控制。

第十九条 公司通过以下手段对投资业务进行事后控制:

(1)制定投资业务的合规检查制度;

(2)对投资业务运作和内部管理的合规性进行检查,并向公司通报;

(3)检查相关管理制度和业务流程的执行情况,确保资产管理业务遵守公司内部制度。

第二十条 风险控制部应当对公司签订的合同、协议等法律文书进行审核,防范法律风险。

第二十一条 在项目运作过程中,风险控制部提供法律方面的专业支持。必要时,可申请引入外部中介机构提供法律服务,防范法律风险。

第二十二条 市场风险的控制措施主要体现在立项环节上。

第二十三条 公司制定项目立项标准。立项标准应该参照国家产业发展规划,符合公司关于投资范围的相关规定。

第二十四条 业务部应当根据立项标准和投资范围,对备选企业进行筛选形成项目池。项目人员应当在广泛收集项目方提供的商业计划书及其他相关信息材料的基础上,对入选项目池的项目进行初步评估和风险收益分析。符合立项条件的,根据公司规定申请立项审批。

第二十五条 对财务与资金管理的风险控制公司建立独立的财务核算体系,制定规范的财务会计核算制度,配备专职的财务核算人员。

公司按照有关规定及要求使用资金、单独开立银行账户。

第二十六条 对人员管理的风险控制

公司高级管理人员和从业人员应当专职。

第二十七条 公司建立专门的内部控制机制,对公司风险进行隔离,防范利益冲突,规范关联交易。

第二十八条 公司根据风险控制方案,针对各类风险或每一项重大风险制定风险管理解决方案。方案一般应包括风险解决的具体目标,所需的组织领导,所涉及的管理及业务流程,所需的条件、手段等资源,风险事件发生前、中、后所采取的具体应对措施以及风险管理工具。

第二十九条 公司建立贯穿于整个风险管理基本流程,连接各上下级、各部门的风险管理信息沟通渠道,确保信息沟通的及时、准确、完整,为风险管理监督与改进奠定基础。

第三十条 公司各相关部门应定期对风险管理工作进行自查和检验,及时发现缺陷并改进,其检查、检验报告应及时报送项目投资部。

第三十一条 公司风险控制部定期或不定期对相关部门是否按照有关规定开展风险管理工作及其工作效果进行监管评价,监督评价报告应直接报送风险控制委员会后,再报董事会。

第三十二条 本制度经董事会讨论通过、补充、修改。

第三十三条 本制度由公司风险控制部负责解释、实施和监督。

第三十四条 本制度自发布之日起施行。

第二节 信息披露制度

第一条 为进一步加强基金制度建设,规范基金信息披露工作,特制定本信息披露制度。

第二条 公司应当按照中国证券投资基金业协会(以下简称中国基金业协会)的规定以及基金合同的约定向投资者进行信息披露,信息披露原则为真实、准确、及时、完整。

第三条 公司应当建立健全信息披露制度,维护信息沟通渠道的畅通,确保不存在虚假记载、误导性陈述或重大遗漏。

第四条 信息披露是公司的持续责任,公司应该忠实诚信地履行持续信息披露的义务,体现公开、公正、公平对待所有基金份额持有人的原则。

第五条 信息披露内容基金信息披露实行定期披露、临时披露。其中定期披露的信息包括:基本信息、法人治理信息、管理信息、项目信息、财务信息、募集信息、重大事件及下一年度工作计划等。临时披露的信息包括:项目动态信息、突发事件信息、重大事件及重大人事变动公告、临时财务信息等。

第六条 公司(信息披露义务人)应当向投资者披露的信息包括:

(1)基金合同;

(2)招募说明书等宣传推介文件;

(3)基金销售协议中的主要权利义务条款(如有);

(4)基金的投资情况;

(5)基金的资产负债情况;

(6)基金的投资收益分配情况;

(7)基金承担的费用和业绩报酬安排;

(8)可能存在的利益冲突;

(9)涉及私募基金管理业务、基金财产、基金托管业务的重大诉讼、仲裁;

(10)中国证监会以及中国基金业协会规定的影响投资者合法权益的其他重大信息。

第七条 公司披露基金信息时不得有下列行为:

(1)公开披露或者变相公开披露;

(2)虚假记载、误导性陈述或者重大遗漏;

(3)对投资业绩进行预测;

(4)违规承诺收益或者承担损失;

(5)诋毁其他基金管理人、基金托管人或者基金销售机构;

(6)登载任何自然人、法人或者其他组织的祝贺性、恭维性或推荐性的文字;

(7)采用不具有可比性、公平性、准确性、权威性的数据来源和方法进行业绩比较,任意使用"业绩最佳""规模最大"等相关措辞;

(8)法律、行政法规、中国证监会和中国基金业协会禁止的其他行为。

第八条 披露基金信息涉及财务会计、法律等事项的,公司根据有关规定将聘请具有从事相应业务资格的会计师事务所、律师事务所等专业机构审查验证,并出具书面意见。

第九条 公司可以委托第三方机构代为披露信息,但公司仍不免除法定应承担的信息披露义务。

第十条 公司应按照规定通过中国基金业协会指定的私募基金信息披露备份平台报送信息,公司过往业绩以及私募基金运行情况将以公司向私募基金信息披露备份平台报送的数据为准。

第十一条 公司应当在基金合同中明确信息披露义务人向投资者进行信息披露的内容、披露频度、披露方式、披露责任以及信息披露渠道等事项。

第十二条 同一私募基金存在多个信息披露义务人时,公司应在相关协议中约定信息披露相关事项和义务、责任。

第十三条 私募基金募集期间,公司应当在宣传推介材料(如招募说明书)中向投资者披露如下信息:

(1)基金的基本信息:基金名称、基金架构(是否为母子基金、是否有平行基金)、基金类型、基金注册地(如有)、基金募集规模、最低认缴出资额、基金运作方式(封闭式、开放式或者其他方式)、基金的存续期限、基金联系人和联系信息、基金托管人(如有);

(2)基金管理人基本信息:基金管理人名称、注册地/主要经营地址、成立时间、组织形式、基金管理人在中国基金业协会的登记备案情况;

(3)基金的投资信息:基金的投资目标、投资策略、投资方向、业绩比较基准(如有)、风险收益特征等;

(4)基金的募集期限:应载明基金首轮交割日以及最后交割日事项(如有);

(5)基金估值政策、程序和定价模式;

(6)基金合同的主要条款:出资方式、收益分配和亏损分担方式、管理费标准及计提方式、基金费用承担方式、基金业务报告和财务报告提交制度等;

(7)基金的申购与赎回安排;

(8)基金管理人最近3年的诚信情况说明;

(9)其他事项。

第十四条 私募基金的宣传推介材料(如招募说明书)内容应当如实披露基金产品的基本信息,与基金合同保持一致。如有不一致,公司应当向投资者特别说明。

第十五条 私募基金运行期间,公司应当在每季度结束之日起10个工作日以内向投资者披露基金净值、主要财务指标以及投资组合情况等信息。

单只私募证券投资基金管理规模金额达到5000万元以上的,应当持续在每月结束后5个工作日以内向投资者披露基金净值信息。

第十六条 私募基金运行期间,公司应当在每年结束之日起6个月以内向投资者披露以下信息:

(1)报告期末基金净值和基金份额总额;

(2)基金的财务情况;

(3)基金投资运作情况和运用杠杆情况;

(4)投资者账户信息,包括实缴出资额、未缴出资额以及报告期末所持有基金份额总额等;

(5)投资收益分配和损失承担情况;

(6)基金管理人取得的管理费和业绩报酬,包括计提基准、计提方式和支付方式;

(7)基金合同约定的其他信息。

第十七条 基金运作期间公司应按照《私募投资基金信息披露内容与格式指引1号》的要求编制相关定期报告。月度报告应当在每月结束之日起5个工作日内完成。季度报告应在每季度结束之日起10个工作日内完成。年度报告应在每个会计年度结束后的4个月内完成,每年4月30日前发布上一年度报告。

第十八条 如发生以下重大事项,公司应当按照基金合同的约定及时向投资者披露:

(1)基金名称、注册地址、组织形式发生变更的;

(2)投资范围和投资策略发生重大变化的;

(3)变更基金管理人或托管人的;

(4)管理人的法定代表人、执行事务合伙人(委派代表)、实际控制人发生变更的;

(5)触及基金止损线或预警线的;

(6)管理费率、托管费率发生变化的;

(7)基金收益分配事项发生变更的;

(8)基金触发巨额赎回的;

(9)基金存续期变更或展期的;

(10)基金发生清盘或清算的;

(11)发生重大关联交易事项的;

(12)基金管理人、实际控制人、高管人员涉嫌重大违法违规行为或正在接受监管部门或自律管理部门调查的;

(13)涉及私募基金管理业务、基金财产、基金托管业务的重大诉讼、仲裁;

(14)基金合同约定的影响投资者利益的其他重大事项。

第十九条 公司信息披露责任人由公司综合管理部担任,信息披露日常工作由信息披露部指定专人负责,主要负责对公司所有信息披露文件的最终审核,并按要求在私募基金登记备案系统上传。

第二十条 信息披露文件的主要编制部门为公司综合管理部,其根据基金产品的发行募集安排,负责编制基金年度报告、基金半年度报告及基金季度报告以及其他临时性报告。

第二十一条 信息披露工作相关部门主要职责:

(1)主要编制报送部门:应严格按照相关规定以及本制度要求,完成信息披露的全部编制和审批程序;确保本部门负责编制的公告内容真实、准确和完整;确保其他部门提供数据资料的公告内容经过该部门的审核确认;确保公告格式和内容符合规定;跟进信息披露文件的审批和对外公告程序,确保公告披露及时无误。

(2)协办部门:公告内容涉及的其他相关部门应主动配合主要编制部门,及时提供所需资料和数据,并确保所提供资料数据的真实性、准确性和完整性。

(3)风控部门:负责对所有信息披露文件进行合规审核,确保严格按照私募基金监督管理办法及相关编报规则、内容与格式准则的要求编制和披露基金信息。

第二十二条 公司综合管理部应当密切关注媒体和社会投资公众对基金投资和公司运营情况的评论。

第二十三条 基金信息披露负责人负责代表公司对外进行基金信息披露。其他公司员工未经公司授权不得进行任何形式的信息披露,也不得以公司名义与新闻媒体接触或回答问题。

第二十四条 公司可以采取信件、传真、电子邮件、官方网站或第三方服务机构登录查询等非公开披露的方式向投资者进行披露,并应通过私募基金信息披露备份平台报送信息。

第二十五条 公司应当妥善保管私募基金信息披露的相关文件资料,保存期限为自基金清算终止之日起不少于10年。

第二十六条 从事信息披露工作的员工对私募基金非公开披露的全部信息、商业秘密、个人隐私等信息负有保密义务。

第二十七条 违反本制度规定的员工,公司将视情节轻重给予纪律处分,包括警告和解除劳动合同。纪律处分根据公司相关规定执行。

第二十八条 为应对信息披露事务的突发情况,公司建立信息披露应急预案机制,信息披露工作各环节应配置人员备岗,对于重大的突发性披露事件,应启动紧急会商程序,基金披露负责人应组织编制部门、业务部门、法律合规部门对信息披露的内容、方式进行商议,确保相关信息及时、准确、完整地向投资者披露。

第二十九条 本制度经董事会讨论通过、补充、修改。

第三十条 本制度由公司综合管理部负责解释、实施和监督。

第三十一条 本制度自发布之日起施行。

第三节　机构内部交易记录制度

第一条　为加强公司交易记录管理，完善业务信息留痕机制，根据《私募投资基金监督管理暂行办法》《私募投资基金管理人内部控制指引》等法律、法规、规范性文件及相关监管要求制定本制度。

第二条　交易记录是指在公司交易活动中形成的，根据国家有关规定需要归档保存的，或对公司具有保存和利用价值的各种书面、电子、声像等不同载体的历史记录。

第三条　公司交易记录是公司的重要资料，是该项工作和业务活动的真实记载，是查证研究公司交易历史的重要依据；属于公司保密范围的应遵守有关保密规定。

第四条　公司交易记录及档案管理工作应逐步采用先进的管理手段，对档案进行科学有序管理。

第五条　公司交易记录档案分为会计档案、投资业务档案、客户及销售业务资料、风控及合规档案、其他事项5大类。

第六条　公司交易记录档案管理应严格按前述5项进行分类，并分别由相应部门进行管理。

第七条　会计档案是指对预决算、税收、资产会计核算和估值等管理而产生的会计记录，由公司综合管理部统一管理。

第八条　投资业务档案是指在投资过程中所产生档案和业务记录，由投资业务部统一管理，并同时交综合管理部备份留存，包括：

(1)投资对象备选库和交易对手备选库的建立与调整记录；

(2)管理层投资会议纪要、会议记录及相关会议材料；

(3)投资授权审批记录；

(4)研究及分析报告，包括内部调研报告、卖方研究报告、投资组合分析报告、合同签署文件等；

(5)投资相关报表，包括资产投资组合季报、年报以及工作底稿等；

(6)其他与投资相关的记录档案。

第九条　客户及销售业务资料包括所有涉及潜在客户和委托人信息的文档和

资料等各类档案材料，由业务部统一管理，并同时交综合管理部备份留存，包括：

(1)客户情况调查问卷；

(2)客户资格证明文件、预留印鉴、开立账户的相关资料；

(3)客户基本情况表；

(4)客户就委托资产合法性作出的特别说明和书面承诺、签署的风险揭示书等；

(5)投资说明书；

(6)产品设计方案；

(7)公司交易宣传材料；

(8)其他涉及客户信息和销售的文档和材料。

第十条 风控及合规档案是指对各项业务操作的风险和合法合规性进行监督检查的记录，由风险控制部统一管理。

第十一条 其他类型的交易记录档案由综合管理部统一管理。

第十二条 公司交易记录档案应采用纸质形式、电子文档形式或声像档案形式等。其中，纸质版交易记录制作完毕后，应专门放置档案袋归档保存；电子版交易记录应设置专门文件夹予以保存，并按期刻录成光盘或者上传申请机构专门服务器进行备份等防止交易记录灭失的措施；声像档案形式是指录音、录像、照片、影片等辅以文字说明的历史记录资料。

第十三条 公司交易记录及档案保存期限应根据国家有关法规以及业务需要进行规定。保管期限分为永久、长期两类，长期保存的保存期限自所管理的私募基金清算终止之日起不得少于10年。

第十四条 资产投资组合涉及投资操作的相关文件属于保密性质的文件，不得交流、泄露给无关人员。

第十五条 涉及资产管理的客户信息属于保密性质的信息，不得随意查阅或使用，如有需要使用客户信息，必须经相关部门负责人同意。

第十六条 为了加强管理，有关投资操作的保密性文件不得带出公司办公区域。

第十七条 本制度经董事会讨论通过、补充、修改。

第十八条 本制度由综合管理部负责解释、实施和监督。

第十九条 本制度自发布之日起实施。

第四节　防范内幕交易制度

第一条　为加强公司内幕交易管理，规范内幕交易的识别、报告、处理和检查工作，保护投资者的合法权益，保障公司投资管理业务合法、合规运作，建立并维护公司良好市场声誉。根据《私募投资基金监督管理暂行办法》《私募投资基金管理人内部控制指引》《私募投资基金管理人登记和基金备案办法(试行)》等法律、法规、规范性法律文件及相关监管要求制定本制度。

第二条　公司从事投资、研究活动的人员(以下简称业务人员，包括与公司签订正式聘用合同的员工及劳务派遣人员、委派人员)应当严格遵守本制度规定。

第三条　内幕交易是指内幕信息的知情人利用内幕信息从事投资交易活动。

第四条　知晓原则：判定内幕信息、内幕交易需要具有一定的专业知识和对法律、法规的必要了解，公司业务人员有义务学习、掌握有关内幕信息、内幕交易的法律、法规规定及识别方法，了解公司内幕交易的管理流程。

第五条　审慎原则：公司业务人员凡有合理理由怀疑为内幕信息或不能认定的各种信息，均应按照规定提交风险控制部报备，不得自行排除此类存疑信息的内幕性质。

第六条　自律与监督原则：公司业务人员应避免主动打探内幕信息，获得内幕信息后应在保密的基础上自觉履行识别、报告义务并在公司制度允许的范围内互相监督、提示。

第七条　责任清晰原则：公司应当明确股东会、高级管理人员、风险控制部和从事投资、研究活动的投资业务部及相关人员在防控内幕交易机制建立、实施方面的职责。

(1)治理层对建立防控内幕交易机制和维持其有效性承担最终责任，经理层对防控内幕交易机制的有效实施承担责任。

(2)从事投资、研究活动的业务部承担本部门防控内幕交易机制执行落实的直接责任，业务人员承担对内幕信息的识别、报告等职责，发挥事前甄别与防控作用。

(3)风控负责人及其所辖风险控制部协助治理层、经理层建立、实施防控内幕交易机制，并承担防控内幕交易机制的培训、咨询、检查、监督等职责。

第八条　流程管理原则：公司依据相关法律、法规制定明确的标准，并制定相应流程,在问题的发现、处理实行流程控制,将内幕交易防范有效地落实到各业务环节。

第九条 保密原则:公司业务人员如获得内幕信息后,除依据本制度在识别后履行报告职责外,不得向他人泄露该信息。

第十条 符合下列情形之一的,为内幕信息的知情人:

(1)公司的董事、监事、高级管理人员;

(2)持有公司5%以上股权的股东及其董事、监事、高级管理人员、公司的实际控制人;

(3)公司子公司及其董事、监事、高级管理人员;

(4)由于所任公司职务可以获取公司有关内幕信息的人员;

(5)通过其他途径获取内幕信息的人。

第十一条 依据相关法律、法规规定以及公司业务特点,公司员工有可能:

(1)因本人符合第10条第4项规定而成为内幕信息知情人;

(2)员工有可能主动或被动地获取了内幕信息,而成为获取内幕信息的人员;

(3)与第10条相关主体合作或接受其服务;

(4)在第10条相关机构调研、参加路演或推介会;

(5)阅读及利用第10条相关人员或机构提供的研究报告或其他资料;

(6)虽未直接从事上述工作,但在公司内外部有意或无意知晓内幕信息;

(7)以其他方式或途径与第10条相关人员或机构接触。

第十二条 公司风险控制部负责建立公司业务人员的员工社会关系档案,并识别员工是否为内幕信息知情人。公司每一位业务人员均应主动向公司真实报备本人社会关系,并遵守相关法律、法规和本制度规定。

第十三条 内幕信息是指涉及公司的经营、财务或者对公司有重大影响的尚未公开的信息。凡未在监督管理部门指定媒体披露亦未在一般投资者能够接触到的全国性报刊网站等媒体披露,且属于以下范畴的信息均应视为内幕信息:

(1)公司的经营方针和经营范围的重大变化;

(2)公司的重大投资行为和重大的购置财产的决定;

(3)公司订立重要合同,可能对公司的资产、负债、权益、经营成果产生重要影响;

(4)公司发生重大债务和未能清偿到期重大债务的违约情况;

(5)公司发生重大亏损或者重大损失;

(6)公司生产经营的外部条件发生重大变化；

(7)公司的董事、监事或者经理等发生重要人事变动；

(8)公司股东、实际控制人情况发生较大变化；

(9)公司减资、合并、分立、解散及申请破产的决定；

(10)涉及公司的重大诉讼,重要决议被依法撤销或者宣告无效；

(11)公司涉嫌犯罪被司法机关立案调查，公司董事、监事、高级管理人员涉嫌犯罪被司法机关采取强制措施；

(12)公司分配股利或者增资的计划；

(13)公司股权结构的重大变化；

(14)公司债务担保的重大变更；

(15)公司营业用主要资产的抵押、出售或报废一次超过该资产的30%；

(16)公司的董事、监事、高级管理人员的行为可能依法承担重大损害赔偿责任；

(17)上市公司收购的有关方案。

第十四条 内幕信息具有价格敏感性和非公开性,同时具备上述两项性质的信息均可能构成内幕信息。

第十五条 内幕信息通过会议、路演、简报、研究报告、传言等方式向特定对象传递或通过其他方式为特定范围的投资者知悉,并不能排除其未公开性。公司业务人员不得仅依据上述特定范围内的传递、知悉情形将该等信息视作已经公开。

第十六条 公司业务人员不得主动打探属于第13条范畴的信息。对于其获悉的明确属于第13条范畴或符合第14条性质的信息,应按照本制度的相关规定予以处理。

对于履职中取得的不属于第13条范畴,但公司业务人员认为其符合第14条性质从而构成或可能构成内幕信息的,需提交公司风险控制部报备,而不得:

(1)依据这些信息在特定范围或行业专业人士间流传、传播的情况排除“非公开”性质；

(2)以个人判断标准对其“价格敏感性”作出主观认定或推测。

第十七条 公司业务人员应主动参与公司组织的相关合规培训,明确知晓法律、法规对内幕人和内幕信息的规定,并能够在履职时有效识别内幕人和内幕信息,并在遇到问题或无法认定时,主动向公司风险控制部问询。

第十八条 公司业务人员应遵守相关法律、法规及公司规章制度规定,加强自律化管理，其中：

(1)直系亲属在标的公司的竞争对手担任本制度第10条规定职务的，除非基金合同对投资标的另有规定或公司另有安排，公司业务人员应回避该等亲属所任职标的公司竞争对手的各项业务；

(2)公司严禁业务人员在任何时间以任何形式窃取、骗取、套取、窃听、利诱或者私下交易等非法手段获取内幕信息、以任何目的向第三方或公众泄露、披露内幕信息、以任何形式以内幕信息作为投资依据或提供投资建议的依据。

第十九条 内幕信息的防控流程如下：

(1)公司业务人员到上市公司及标的公司的同行业公司调研、参加日常投资交流中，有较大机会接触内幕人、获取内幕信息，公司严禁员工主动向内幕人打探内幕信息，同时应避免被动接受内幕信息，成为内幕信息知情人；

(2)公司业务人员撰写的任何形式的研究报告、会议纪要、电子邮件等书面文件，都应严格遵守公司相关业务要求和合规要求；

(3)从事投资、研究活动的投资业务部应指定专人，建立对投资、研究活动的合规审查制度，防止内幕信息通过外部、内部研究报告或者投研交流会议等方式进入公司投资决策或者投资咨询流程；

(4)从事投资、研究活动的投资业务部在使用数据提供商或外部研究报告提供方提供的数据、外部研究报告时，需要要求数据提供商或外部研究报告提供方签订协议或承诺函，承诺所提供的数据、外部研究报告不涉内幕信息；

(5)公司业务人员不得通过任何形式的书面文件、电子文档、邮件或固定电话、微信、QQ等通信工具讨论、传递内幕信息。

第二十条 内幕信息的报告流程如下：

(1)公司业务人员应知晓获取了内幕信息有可能对公司业务产生不利影响，内幕信息后续处理不当，对员工个人及公司均有显著的合法、合规风险；因此，业务人员获取了内幕信息后，须遵循本制度规定审慎处理。

(2)公司业务人员在知晓获取了内幕信息时，应向风险控制部报告，进行内幕信息知情人登记。登记内容包括但不限于信息内容、信息来源、获得时间、预期影响、公司内外部知晓人员、是否已在报告前使用该内幕信息(包括依据其进行投资、提供投资建议等)、现有基金产品是否持有该相关证券及(或)已有投资计划等。

(3)公司业务人员在出现本制度所述的自认可能获取内幕信息但尚不能认定时，应向公司风险控制部咨询，经分析确认该员工确实获得内幕信息后，应履行第2

款所述报告程序。

(4)获得内幕信息的业务人员,无论是否已报告公司,还应遵守以下规定,避免发生违法违规、犯罪行为:

①不许向他人泄露、与他人讨论内幕信息;

②不得佯装不知或不报告,借合理分析与预测为由向公司推荐;

③不得在本人投资权限范围内直接为公司管理的基金产品进行内幕交易;

④不得利用已知晓的内幕信息直接或委托他人买卖证券,不得以他人名义买卖证券;

⑤不得利用已知晓的内幕信息为他人买卖或建议他人买卖证券,不得以明示或暗示的方式向他人泄露内幕信息;

⑥不得从事法律、法规限制的其他活动。

第二十一条 内幕信息的处理流程如下:

(1)公司严禁依据内幕信息进行投资决策或作出投资建议,严禁公司内幕信息知情人利用各相关基金产品进行内幕交易;

(2)公司风险控制部负责办理有关内幕信息的处理事宜,报风控负责人审批确认后采取禁止买卖等限制措施;

(3)报告人应关注所报告信息的公开时间。如果该信息符合以下条件之一时,立即提交公司风险控制部并经风控负责人审批后,应及时取消前期限制措施:

①该信息已按中国证监会或中国基金业协会的规定进行披露;

②该信息已在中国证监会或中国基金业协会指定的报刊、网站等媒体披露,或者被一般投资者能够接触到的全国性报刊、网站等媒体揭露,或者被一般投资者广泛知悉;

③报告人有合理理由认为所报告信息虽未公开,但已不具有内幕信息性质的。

第二十二条 风险控制部应将内幕信息与交易检查列入年度检查内容,定期或不定期地进行检查,检查主要内容包括:

(1)相关部门及人员对内幕交易防控各项制度及流程的实际执行情况;

(2)公司的投资研究工作是否遵循了应有的质量控制和合规管理程序,投研业务文件中是否含有内幕信息,投资决策和投资建议是否以内幕信息为依据;

(3)公司业务人员是否通过正式或非正式的书面文件、电子文档或固定电话、微信、QQ 等通信工具讨论、传递内幕信息。

第二十三条 检查中如发现问题,应立即报告风控负责人,经批准后,可实行进一步内部调查。在内部调查过程中有关人员应注意信息保密。

第二十四条 公司建立内幕交易防控责任追究机制，对未按规定履行内幕信息的识别、报告、处理、检查等义务的，应严格追究相关人员的责任，并视情况给予处罚：

（1）对于发现问题未造成影响的，公司将视情节予以扣除奖金、降职降薪或解除劳动合同等处罚，并将有关情况记入员工个人诚信档案，反映在员工今后履职、离职证明及工作鉴定文件中；

（2）对于依法应报告监管机构或情节严重且公司认为应上报监管机构的，公司除参照第1款给予处理外，还将呈报中国证监会及其派出机构和中国基金业协会等监管和自律机构；

（3）对于员工违反本制度规定，利用内幕信息或利用因职务之便获取的内幕信息以外的其他未公开信息从事与该信息相关的股票交易活动，或者明示、暗示他人从事相关交易活动，牟取不正当利益的，除参照第1款和第2款给予处理外，还将采取措施直至依法移送司法机关追究刑事责任；

（4）对于员工违反本制度规定瞒报、虚报内幕信息的，致使公司在不知情的情况下使用内幕信息作为投资决策依据的，除参照前述第1款、第2款和第3款规定给予处理外，公司保留进一步依法律及劳动合同追究及要求经济赔偿的权利。

第二十五条 公司将内幕交易防控管理纳入部门及员工个人年度绩效考核内容，作为年度绩效考核的重要依据之一。发生内幕交易案件，对部门及员工个人年度绩效考核实施一票否决，对相关责任人实施降职、降薪或辞退等措施。

第二十六条 内幕交易管理的业务文档包括但不限于：

（1）公司员工社会关系报备文件；

（2）内幕信息登记表；

（3）内幕信息解除表；

（4）员工就存疑的内幕信息向公司风险控制部提交的请求认定的报告或文件；

（5）其他相关文件，如研究报告、投资决策委员会决议、各类审批文件、培训与考核记录等。

第二十七条 有关内幕交易管理的业务文档是公司内部管理的书面记录，是内外部检查的重要依据，应妥善保管上述文件，并注意保密。如有借阅，应经本部门负责人批准并登记后方可借阅。

第二十八条 相关业务档案的保存应符合法律、法规及中国基金业协会的要求。

第二十九条 公司各部门应通力合作，建立并持续完善有关管理制度与业务流程，有效落实内幕交易内部防控的各项措施。

第三十条 公司风险控制部应加强合规培训，树立并持续提升员工的合规意识。其中有关内幕交易控制的培训需做到：

(1)列入新员工培训内容；

(2)公司全体业务人员每年至少培训1次。

第三十一条 本制度经董事会讨论通过、补充、修改。

第三十二条 本制度由风险控制部负责解释、实施和监督。

第三十三条 本制度自发布之日起实施。

第五节 利益冲突投资交易制度

第一条 为规范公司的利益冲突交易行为，加强利益冲突交易的管控，维护投资者的合法权益，根据《公司法》《证券法》等相关规定，结合公司实际情况，制定本制度。

第二条 本制度规定的内幕信息知情人和利益冲突人应做好利益冲突事项的回避工作。

第三条 本制度规定的利益冲突人不得未经批准和公司、公司管理的基金发生交易。

第四条 利益冲突是指相关人士与公司或公司管理的基金将要投资、可能投资或已经投资的标的企业存在共同投资关系、投资或被投资关系或其他可能影响基金价值的事项。

第五条 利益冲突人的范围包括：

(1)公司的股东、董事、监事、高级管理人员；

(2)其他因工作原因获悉内幕信息、或可能导致利益冲突的单位和人员；

(3)前述人员的配偶、子女和父母；

(4)经股东会会议认定的其他人员。

第六条 利益冲突人非经公司股东会同意不得与公司或公司管理的基金发生交易，也不得将应属于公司、公司管理基金的投资机会归己方所有。

第七条 利益冲突人与公司或公司管理基金之间的交易事项存在或可能存在利益冲突的，应明确提示公司，并申请回避。

第八条 如确因客观情况确实无法回避的，且公司或公司管理的基金确需发生此类交易的，该股东、董事、监事、高级管理人员或其他利益冲突人应在投资决策时予以回避。

第九条 公司应定期和不定期对内幕信息知情人买卖股票情况和利益冲突人回避情况进行自查并形成书面记录。

第十条 公司须将本制度所列内容纳入内部考核评价体系，并作为考评的重要指标。

第十一条 考核的标准如下：

(1)公司内部各部门及相关人员是否遵守本制度相关要求；

(2)公司相关人员是否存在违规买卖股票情况；

(3)公司相关人员是否存在利益冲突未回避情况；

(4)公司相关人员是否存在违反信息披露有关规定的情况。

第十二条 公司应当对敏感岗位工作人员以及前述人员直系亲属内部交易、利益冲突未回避情况实行问责追究，问责追究方式包括：

(1)诫勉谈话；

(2)通报批评；

(3)停职反省；

(4)经济处罚；

(5)解除劳动关系；

(6)诉讼；

(7)移交司法；

(8)法律、法规规定的其他方式。

以上规定的追究方式可以单独适用或者合并适用。

第十三条 本制度经董事会讨论通过、补充、修改。

第十四条 本制度由公司风险控制部负责解释、实施和监督。

第十五条 本制度自发布之日起实施。

第六节　合格投资者风险揭示制度

第一条　为规范公司投资者适当性管理工作，保护投资者合法权益，根据《私募投资基金监督管理暂行办法》《私募投资基金募集行为管理办法》及其他相关业务规则，制定本制度。

第二条　公司向投资者提供的产品或相关服务，适用本制度、本公司其他业务规则及相关行业自律组织有关投资者适当性管理的规定。

公司可按照本制度的规定，制定具体产品或服务的投资者适当性管理指引，严格投资者适当性管理，坚持面向合格投资者募集资金。

第三条　投资者适当性管理的实施不能取代投资者本人的投资判断，也不会降低产品或服务的固有风险，相应的投资风险、履约责任以及费用由投资者自行承担。

第四条　投资者适当性管理包括以下内容：

（1）了解投资者的相关情况并评估其风险承受能力；

（2）了解拟提供的产品或服务的相关信息；

（3）向投资者提供与其风险承受能力相匹配的产品或服务，并进行持续跟踪和管理；

（4）提供产品或服务前，向投资者介绍产品或服务的内容、性质、特点、业务规则等，进行有针对性的投资者教育；

（5）揭示产品或服务的风险，与合格投资者签署《私募投资基金风险揭示书》。

第五条　公司可对参与的投资者设置准入条件。投资者准入条件包括但不限于财务状况、投资知识水平、投资经验等方面的要求。

第六条　公司合格投资者按照财务状况、投资知识水平、投资经验、风险承受能力等情况确定。

第七条　除法律、行政法规、规章制度和公司业务规则另有规定外，公司向投资者提供产品或服务，应当履行以下投资者适当性管理义务：

（1）全面履行本制度规定的投资者适当性管理义务；

（2）向投资者揭示产品或服务的风险、与合格投资者签署《私募投资基金风险揭示书》。

第八条 投资者要求公司提供产品或服务,公司认为该产品或服务超出投资者的风险承受能力的,应当向投资者警示风险。

对于不符合法律、行政法规、规章或公司业务规则规定的产品或服务准入条件的投资者,公司应当拒绝为其提供相应产品或服务。

第九条 公司按照法律、行政法规、规章的相关规定,建立健全公司的投资者适当性管理制度。

第十条 公司对履行投资者适当性管理职责进行指导、协调、服务和监督,引导公司强化投资者适当性管理工作。

第十一条 公司开展投资者教育和风险揭示,引导投资者理性投资。

第十二条 本制度经董事会讨论通过、补充、修改。

第十三条 本制度由公司风险控制部负责解释、实施和监督。

第十四条 本制度自发布之日起实施。

第七节 合格投资者内部审核流程及相关制度

第一条 为规范公司投资者适当性审核工作,保护投资者合法权益,根据《证券法》《私募投资基金监督管理暂行办法》及其他相关业务规则,制定本制度。

第二条 公司向投资者提供的产品或相关服务,适用本制度、本公司其他业务规则及相关行业自律组织有关投资者适当性管理的规定。

公司按照本制度的规定,制定具体产品或服务的投资者适当性审核指引,严格投资者适当性管理,坚持面向合格投资者募集资金。

第三条 投资者适当性审核的实施不能取代投资者本人的投资判断,也不会降低产品或服务的固有风险,相应的投资风险、履约责任以及费用由投资者自行承担。

第四条 投资者适当性审核包括以下内容:

(1)了解投资者的相关情况并评估其风险承受能力;

(2)了解拟提供的产品或服务的相关信息;

(3)向投资者提供与其风险承受能力相匹配的产品或服务,并进行持续跟踪和管理;

(4)提供产品或服务前,向投资者介绍产品或服务的内容、性质、特点、业务规

则等,进行有针对性的投资者教育;

(5)由投资者签署符合合格投资者条件的书面承诺;

(6)揭示产品或服务的风险,与合格投资者签署《私募投资基金风险揭示书》。

第五条 公司可对参与的投资者设置准入条件,投资者准入条件包括但不限于财务状况、投资知识水平、投资经验等方面的要求。

公司设定的投资者准入条件可以高于中国基金业协会关于投资者适当性的要求。

第六条 公司按照投资者的财务状况、投资知识水平、投资经验、风险承受能力等情况确定合格投资者。

第七条 除法律、行政法规、规章制度和本公司业务规则另有规定外,公司向投资者提供产品或服务,应当履行以下投资者适当性审核义务:

(1)全面履行本制度规定的投资者适当性审核义务;

(2)揭示产品或服务的风险、与合格投资者签署《私募投资基金风险揭示书》。

第八条 投资者要求公司提供产品或服务,公司认为该产品或服务超出投资者的风险承受能力的,应当向投资者警示风险。对于不符合法律、行政法规、规章或公司业务规则规定的产品或服务准入条件的投资者,公司应当拒绝为其提供相应产品或服务。

第九条 自然人投资者拟认购本公司管理的基金产品需向公司提供如下资料:

(1)身份证;

(2)近2年投资履历;

(3)自然人持有金融性资产的证明文件(证券账户、基金账户、认购的信托产品的证明文件等)。

第十条 企业投资者拟认购公司管理的基金产品需向本公司提供如下资料:

(1)企业法人营业执照;

(2)章程/合伙协议;

(3)验资报告;

(4)最近2年审计报告;

(5)持有金融性资产的证明文件(证券账户、基金账户、认购的信托产品的证明文件等)。

第十一条 投资者应在其提供给公司审核的上述资料的复印件上签字或盖

章,并应签署书面文件承诺上述提交文件的真实性、准确性。

第十二条 投资者应当填写公司制定的《私募投资基金投资者风险问卷调查(个人版)》/《私募投资基金投资者风险问卷调查(机构版)》,通过该问卷对投资者的风险承受能力进行评估,调查问卷的评分细则由公司另行制定。

第十三条 公司对投资者提供的上述资料原件进行核查后,留存上述文件的复印件。

第十四条 公司每隔3年对投资者重新进行一次投资者资格审核工作。

第十五条 公司发现投资者重大事项发生变化的(如财务状况严重恶化、受到刑事处罚等)应当重新进行资格审核。

第十六条 本公司对履行投资者适当性审核职责进行指导、协调、服务和监督,引导公司强化投资者适当性审核工作。

第十七条 公司开展投资者教育和风险揭示,引导投资者理性投资。

第十八条 本制度经董事会讨论通过、补充、修改。

第十九条 本制度由公司风险控制部负责解释、实施和监督。

第二十条 本制度自发布之日起实施。

第八节 私募基金宣传推介、募集相关制度

第一条 公司为规范基金募集行为,保护投资者及相关当事人的合法权益,根据《私募投资基金募集行为管理办法》《私募投资基金监督管理暂行办法》《私募投资基金管理人内部控制指引》等规定制定本制度。

第二条 本制度所称募集行为包含推介私募基金,发售基金份额(权益),办理基金份额(权益)认/申购(认缴)、赎回(退出)等活动。

第三条 本制度所称的基金业务外包服务机构包括为公司提供募集服务的基金销售机构,为私募基金募集机构提供支付结算服务、私募基金募集结算资金监督、份额登记等与私募基金募集业务相关服务的机构。前述基金业务外包服务机构应当遵守《基金业务外包服务指引》的相关规定。

第四条 从事私募基金募集业务的人员应当具有基金从业资格,应当遵守法律、行政法规和中国基金业协会的自律规则,恪守职业道德和行为规范,并应按公司或相关部门要求参加培训。

第五条 公司从事募集活动时受中国证监会等监管部门以及中国基金业协会相关规定的约束。

第六条 公司高级管理人员及从事募集的业务人员应当恪尽职守,履行诚实信用、谨慎勤勉义务、受托人义务以及合理的注意义务,并承担审查投资者适当性的相关责任。

公司委托基金销售机构募集私募基金时,应当按照法律、法规的规定履行报告与信息披露义务。

第七条 公司应当监督受委托的基金销售机构履行职责,防止基金销售机构及其从业人员侵占基金资产、客户资产或利用基金资产谋取其他非法利益。

第八条 公司委托基金销售机构募集私募基金的,应当与其签订基金销售协议作为基金合同的附件,基金销售协议中应当明确公司、基金销售机构的权利义务与责任划分,并由基金销售机构负责向投资者说明相关内容。

第九条 公司及从事私募基金募集的业务人员不得为规避合格投资者标准募集以私募基金份额或其收益权为投资标的的产品,或者将私募基金份额或其收益权进行拆分转让,变相突破合格投资者标准。募集机构应对投资者尽到合理的注意义务,包括但不限于:

(1)确保投资者以书面方式承诺其为自己购买私募基金;

(2)在基金合同中约定转让的条件。

任何机构和个人不得以非法拆分转让为目的购买私募基金。

第十条 公司应当健全内部控制制度保证对投资者的商业秘密及个人信息严格保密。除法律、法规和中国基金业协会自律规则另有规定外,不得对外披露。

第十一条 公司应当妥善保存投资者适当性管理以及其他与私募基金募集业务相关的资料,保存期限自基金清算终止之日起不得少于10年,委托基金销售机构募集的,应当在协议中明确要求其按本条规定进行资料保存。

第十二条 公司应当与监督机构联名开立私募基金募集结算资金专用账户,统一归集私募基金募集结算资金。本制度所述私募基金募集结算资金是指由公司归集的、在合格投资者资金账户与私募基金财产账户或托管账户之间划转的往来资金。募集结算资金从合格投资者资金账户划出,到达私募基金财产账户或托管账户之前,属于合格投资者合法财产。

监督机构指中国证券登记结算有限责任公司和取得基金销售业务资格的商业银行或证券公司。

第十三条 公司应当与监督机构签署监督协议，监督机构负责对募集结算资金专用账户实施有效监督。监督协议中须明确反洗钱义务履职、责任划分及保障投资者资金安全的连带责任条款。

第十四条 涉及私募基金募集结算资金专用账户开立、使用的机构不得将私募基金募集结算资金归入其自有财产，以任何形式挪用私募基金募集结算资金。

第十五条 公司仅可以通过合法途径公开宣传本公司品牌、发展战略、投资策略以及由中国基金业协会公示的已备案私募基金的基本信息并且确保前述信息真实、准确、完整，且不得包含基金产品的推介内容。

第十六条 公司应当向特定对象推介私募基金，未经特定对象调查程序，不得向任何人推介私募基金。

第十七条 公司应当在向投资者推介私募基金之前采取问卷调查等方式履行特定对象调查程序，对投资者风险识别能力和风险承担能力进行评估，投资者签字承诺其符合合格投资者标准。

投资者的评估结果有效期最长不得超过 3 年，逾期需重新进行投资者风险评估。投资者风险承担能力发生重大变化时，公司应当对投资者风险承担能力进行重新评估。

第十八条 公司设计投资者风险调查问卷时应建立科学有效的评估方法，确保问卷结果与投资者的风险识别能力和风险承担能力相匹配。调查问卷主要内容应包括但不限于以下方面：

(1)投资者基本信息，其中个人投资者基本信息包括身份信息、年龄、学历、职业、联系方式等信息；机构投资者基本信息包括工商登记中的必备信息、联系方式等信息；

(2)财务状况，其中个人投资者财务状况包括金融资产状况、最近 3 年个人年均收入、收入中可用于金融投资的比例等信息；机构投资者财务状况包括净资产状况等信息；

(3)投资知识，包括金融法律法规、投资市场和产品情况、对私募基金风险的了解程度、参加专业培训情况等信息；

(4)投资经验，包括投资期限、实际投资产品类型、投资金融产品的数量、参与投资的金融市场情况等；

(5)风险偏好，包括投资目的、风险厌恶程度、计划投资期限、投资出现波动时的焦虑状态等。

对投资者上述信息的获取应以投资者自愿为前提。

公司评估方法及调查问卷的制定应经风控负责人及总经理审核。

第十九条 公司通过互联网媒介在线向投资者推介私募基金的,应当设置在线特定对象调查程序,投资者承诺其符合合格投资者标准。前述认定程序包括但不限于:

(1)投资者如实填报真实身份信息及联系方式;

(2)募集机构应通过验证码等有效方式核实用户的注册信息;

(3)投资者阅读并同意募集机构的网络服务协议;

(4)投资者阅读并确认其自身符合《私募投资基金监督管理暂行办法》第3章关于合格投资者的规定;

(5)投资者在线填写风险识别能力和风险承担能力调查问卷;

(6)公司根据调查问卷及其评估方法在线确认投资者的风险识别能力和风险承担能力。

第二十条 公司的基金推介材料应由业务部制作,经风险控制部审核报总经理批准。

第二十一条 私募基金推介材料内容应与基金合同主要内容一致,不得有任何虚假记载、误导性陈述或者重大遗漏。推介材料内容包括但不限于:

(1)私募基金的名称和基金类型;

(2)公司名称、公司登记编码等基本信息及概况描述;

(3)私募基金托管人名称(如无,应以显著字体特别标识);

(4)私募基金的投资范围、投资策略和投资限制概况;

(5)私募基金收益与风险的匹配情况;

(6)私募基金的特殊风险揭示;

(7)私募基金募集结算资金专用账户信息;

(8)投资者承担的主要费用及费率;

(9)私募基金承担的主要费用及费率;

(10)私募基金信息披露的内容、方式及频率;

(11)明确指出该文件不得转载或给第三方传阅;

(12)中国基金业协会规定的其他内容。

公司应当采取合理方式向投资者揭示风险,确保推介材料中的相关内容清晰、醒目。

第二十二条 公司及从业人员推介私募基金时,禁止以下行为:

(1)公开推介或者变相公开推介;

(2)推介材料虚假记载、误导性陈述或者重大遗漏;

(3)以任何方式承诺投资者资金不受损失,或者以任何方式承诺投资者最低收益,包括宣传预期收益、预计收益、预测投资业绩等;

(4)夸大或者片面推介基金,违规使用安全、保证、承诺、保险、避险、有保障、高收益、无风险等误导投资者进行风险判断的措辞;

(5)使用“欲购从速”“申购良机”等片面强调集中营销时间限制的措辞;

(6)推介或片面节选少于6个月的过往整体业绩或过往基金产品业绩;

(7)登载个人、法人或者其他组织的祝贺性、恭维性或推荐性的文字;

(8)采用不具有可比性、公平性、准确性、权威性的数据来源和方法进行业绩比较,任意使用“业绩最佳”“规模最大”等相关措辞;

(9)恶意贬低同行;

(10)法律、行政法规、中国证监会的有关规定和中国基金业协会自律规则禁止的其他行为。

第二十三条 公司不得通过下列媒介渠道推介私募基金:

(1)公开出版资料;

(2)面向社会公众的宣传单、布告、手册、信函、传真;

(3)未设置特定对象确定程序的讲座、报告会、分析会;

(4)海报、户外广告;

(5)电视、电影、电台及其他音像等公共传播媒体;

(6)公共、门户网站链接广告、博客等;

(7)未设置特定对象调查程序的募集机构官方网站、微信朋友圈等互联网媒介;

(8)未经特定对象调查程序的电话、短信和电子邮件等通信媒介;

(9)法律、行政法规、中国证监会的有关规定和中国基金业协会自律规则禁止的其他行为。

第二十四条 公司应当自行或者委托第三方机构对私募基金进行风险评级,建立科学有效的私募基金风险评级标准和方法,并应当根据私募基金的风险类型和评级结果,向投资者推介与其风险识别能力和风险承担能力相匹配的私募基金。

第二十五条 公司在投资者签署基金合同之前,应当由业务人员向投资者说明有关法律、法规,说明投资冷静期、回访确认等程序性安排,重点揭示私募基金风险,并与投资者一同签署风险揭示书。风险揭示书的内容包括但不限于:

(1)私募基金的特殊风险,包括基金合同与中国基金业协会合同指引不一致的风险、基金未托管风险、基金委托募集的风险、未在中国基金业协会备案的风险、外包事项的风险、聘请投资顾问的风险等;

(2)私募基金投资运作中面临的一般风险,包括资金损失风险、流动性风险、募集失败风险、投资标的的风险、税收风险等;

(3)投资者对基金合同中投资者权益相关重要条款的逐项确认,包括当事人权利义务、费用及税收、纠纷解决方式等。

第二十六条 在完成私募基金风险揭示后,投资者应当向募集机构提供必要的资产证明文件或收入证明文件,公司业务人员应当审查其是否符合合格投资者条件,并报风险控制部备案。

第二十七条 私募基金的合格投资者是指具备相应风险识别能力和风险承担能力,投资于单只私募基金的金额不低于100万元且符合下列相关标准的单位和个人:

(1)净资产不低于1000万元的单位;

(2)金融资产不低于300万元或者最近3年个人年均收入不低于50万元的个人。

前款所称金融资产包括银行存款、股票、债券、基金份额、资产管理计划、银行理财产品、信托计划、保险产品、期货权益等。

第二十八条 公司及业务人员进行合格投资者的确认时应当严格履行本制度,并对最终结果负责。

第二十九条 在完成合格投资者确认程序后,公司应给予投资者不少于24小时的投资冷静期,投资者在冷静期满后方可签署私募基金合同。

第三十条 公司应当在投资者冷静期满后,指令本公司的非基金推介业务人员以录音电话、电邮等适当方式进行回访,回访过程不得出现诱导性陈述,须客观确认合格投资者的身份及投资决定。未经回访确认,公司不得签署基金合同。基金合同可以约定,经回访确认程序的合同方可生效。

第三十一条 公司及业务人员应当配合中国基金业协会对本公司的募集行为合规性进行定期或不定期的现场和非现场自律检查。

第三十二条 公司应当对私募基金募集的相关业务人员进行定期培训,以保证其执业水准。

第三十三条 公司可以视情节轻重对违反本制度的业务人员采取通报批评、要求缴纳罚金等措施。

第三十四条 公司可对于严重违反本制度的业务人员采取劝退、辞退等措施。

第三十五条 本制度经董事会讨论通过、补充、修改。

第三十六条 本制度由公司风险控制部负责解释、实施和监督。

第三十七条 本制度自发布之日起实施。

第九节 公平交易制度

第一条 为了保证公司管理的不同投资组合得到公平对待，保护投资者合法权益，根据基金法以及协会规定等法律法规，制定本制度。

第二条 公司应严格遵守法律法规关于公平交易的相关规定，在投资管理活动中公平对待不同投资组合，严禁直接或者通过与第三方的交易安排在不同投资组合之间进行利益输送。

第三条 本制度规范的范围包括境内上市股票、债券的一级市场申购、二级市场交易等投资管理活动，及授权、研究分析、投资决策、交易执行、业绩评估等投资管理活动相关的各个环节。

第四条 公司应合理设置各类资产管理业务之间以及各类资产管理业务内部的组织结构，在保证各投资组合投资决策相对独立性的同时，确保其在获得投资信息、投资建议和实施投资决策方面享有公平的机会。

第五条 公司应建立科学的投资决策体系，加强交易执行环节的内部控制，并通过工作制度、流程和技术手段保证公平交易原则的实现。同时，应通过对投资交易行为的监控、分析评估和信息披露来加强对公平交易过程和结果的监督。

第六条 公司应不断完善研究方法和投资决策流程，提高投资决策的科学性和客观性，确保各投资组合享有公平的投资决策机会，建立公平交易的制度环境。

第七条 公司应建立客观的研究方法，任何投资分析和建议均应有充分的事实和数据支持，避免主观臆断，严禁利用内幕信息作为投资依据。

第八条 公司应根据上述研究方法建立全公司适用的投资对象备选库和交易对手备选库，制定明确的备选库建立、维护程序。

第九条 公司应在备选库的基础上，根据不同投资组合的投资目标、投资风格、投资范围和关联交易限制等，建立不同投资组合的投资对象备选库和交易对手备选库，投资组合经理在此基础上根据投资授权构建具体的投资组合。

第十条 公司应健全投资授权制度，明确投资决策委员会、投资总监、投资组合经理等各投资决策主体的职责和权限划分，合理确定各投资组合经理的投资权限。投资决策委员会和投资总监等管理机构和人员不得对投资组合经理在授权范围内的投资活动进行干预。投资组合经理在授权范围内自主决策，超过投资权限的操作需要经过严格的审批程序。

第十一条 公司应建立投资组合投资信息的管理及保密制度，不同投资组合经理之间的持仓和交易等重大非公开投资信息应相互隔离。

第十二条 公司应建立系统的交易方法，即投资组合经理应根据投资组合的投资风格和投资策略，制定客观、完整的交易决策规则，并按照这些规则进行交易决策，以保证各投资组合交易决策的客观性和独立性。

第十三条 公司应将投资管理职能和交易执行职能相隔离，实行集中交易制度，建立和完善公平的交易分配制度，确保各投资组合享有公平的交易执行机会。

第十四条 对于交易所公开竞价交易，公司应执行交易系统中的公平交易程序。对于由于特殊原因不能参与公平交易程序的交易指令，公司应建立相应的控制制度和流程。

第十五条 公司应完善银行间市场交易、交易所大宗交易等非集中竞价交易的交易分配制度，保证各投资组合获得公平的交易机会。对于部分债券一级市场申购、非公开发行股票申购等以公司名义进行的交易，各投资组合经理应在交易前独立地确定各投资组合的交易价格和数量，公司应按照价格优先、比例分配的原则对交易结果进行分配。如果由于特殊原因不能按照上述原则进行分配的，公司应建立相应的控制制度和流程。

第十六条 公司应加强对投资交易行为的监察稽核力度，建立有效的异常交易行为日常监控和分析评估制度，并建立相关记录制度，确保公平交易可稽核。

第十七条 公司应对非公开发行股票申购、以公司名义进行的债券一级市场申购的申购方案和分配过程进行审核和监控，保证分配结果符合公平交易的原则。

第十八条 公司应根据市场公认的第三方信息，对投资组合与交易对手之间议价交易的交易价格公允性进行审查。相关投资组合经理应对交易价格异常情况进行合理性解释。

第十九条 公司应对不同投资组合,尤其是同一位投资组合经理管理的不同投资组合同日同向交易和反向交易的交易时机和交易价差进行监控,同时对不同投资组合临近交易日的同向交易和反向交易的交易时机和交易价差进行分析。相关投资组合经理应对异常交易情况进行合理性解释。

第二十条 公司应严格控制不同投资组合之间的同日反向交易,严格禁止可能导致不公平交易和利益输送的同日反向交易。确因投资组合的投资策略或流动性等需要而发生的同日反向交易,公司应要求相关投资组合经理提供决策依据,并留存记录备查,但是完全按照有关指数的构成比例进行投资的组合等除外。

第二十一条 公司应对其他可能导致不公平交易和利益输送的异常交易行为进行监控,对于异常交易发生前后不同投资组合买卖该异常交易证券的情况进行分析。相关投资组合经理应对异常交易情况进行合理性解释。

第二十二条 公司相关部门如果发现涉嫌违背公平交易原则的行为,应及时向公司管理层汇报并采取相关控制和改进措施。

第二十三条 公司应分别于每季度和每年度对公司管理的不同投资组合的整体收益率差异、分投资类别(股票、债券)的收益率差异进行分析,对连续4个季度期间内、不同时间窗下(如1日内、3日内、5日内)公司管理的不同投资组合同向交易的交易价差进行分析,由投资组合经理、督察长、总经理签署后,妥善保存分析报告备查。

如果在上述分析期间内,公司管理的所有投资组合同向交易价差出现异常情况,应重新核查公司投资决策和交易执行环节的内部控制,针对潜在问题完善公平交易制度,并在向中国证监会报送的监察稽核季度报告和年度报告中对此做专项说明。

第二十四条 公司应当在各投资组合的定期报告中,至少披露以下事项:公司整体公平交易制度执行情况;异常交易行为专项说明,其中,如果报告期内所有投资组合参与的交易所公开竞价同日反向交易成交较少的单边交易量超过该证券当日成交量的5%,应说明该类交易的次数及原因。在投资组合的年度报告中,公司还应披露公平交易制度和控制方法,并在公司整体公平交易制度执行情况中,对当年度同向交易价差做专项分析。

第二十五条 会计师事务所应在公司年度内部控制评价报告中,对公司公平交易制度的完善程度和执行情况进行评价。基金评价机构在开展基金评价业务时,应将公平交易制度的完善程度、执行情况及信息披露作为评价内容之一。

第二十六条 本制度经董事会讨论通过、补充、修改。

第二十七条 本制度由公司风险控制部负责解释、实施和监督。

第二十八条 本制度自发布之日起实施。

第十节 从业人员证券买卖申报制度

第一条 为了规范公司员工个人证券投资(包括股票投资和证券投资基金投资)和股权投资行为,完善公司内部控制,维护投资者的合法权益,根据《证券投资基金法》《基金从业人员证券投资管理指引(试行)》《关于基金从业人员投资证券投资基金有关事项的规定》《证券投资基金运作管理办法》《私募投资基金管理人内部控制指引》等规定,制定本制度。

第二条 本制度所称的从业人员和利害关系人是指存在以下情形的人员或机构:

(1)从业人员

指公司董事、监事、高级管理人员及其他从业人员。

(2)利害关系人

①从业人员配偶及从业人员承担主要抚养费或赡养费的父母、子女及其他亲属;

②从业人员可以实际控制其账户的运作,或向其提供具体投资建议,或可直接获取其账户利益,或作为其账户资金的实际持有人的人员或机构。

第三条 本制度所规范的证券投资和股权投资行为包括:

(1)股票投资,包括上市公司股票及其衍生品(如期权、股指期货);

(2)证券投资基金投资;

(3)股权投资,指投资于未上市公司的公司行为,包括但不限于公司设立时的初始投资以及通过股权转让、赠与、继承或增资等方式对公司进行投资。

第四条 从业人员本人及利害关系人进行证券投资和股权投资,应当遵循长期投资的理念,遵守相关法律法规、自律规则及本管理制度,在投资者利益与个人利益发生冲突时,严格遵循投资者利益优先的原则。

第五条 从业人员本人及利害关系人进行证券投资和股权投资,不得有如下情形:

(1)进行下列投资行为:

①投资于与公司存在或可能存在重大业务关系、竞争关系或利益冲突的公司;

②投资于从事证券投资、证券投资咨询等与证券投资和交易有关业务的公司。

(2)泄露利用工作便利获取的内幕信息或其他未公开信息,或明示、暗示他人从事内幕交易活动。

(3)欺诈、欺骗或市场操纵性交易:

①利用资金优势、持股优势和信息优势,单独或合谋串通,影响交易价格或交易量,误导和干扰市场;

②编造、传播虚假信息或作出虚假陈述或信息误导,扰乱市场;

③隐匿、伪造、篡改或者毁损交易记录;

④其他禁止行为。

(4)利用职务便利牟取个人利益,向任何机构和个人输送利益,损害客户和所在机构利益,如在其投资的公司中兼职并领取薪酬。

(5)与资产管理计划或资产管理计划份额持有人之间发生利益冲突的交易。

(6)从事与其履行职责有利益冲突的业务。

(7)法律法规、中国基金业协会禁止的其他交易。

第六条 从业人员需要向风险控制部申报本人及其利害关系人的姓名(或名称)、身份证件类型、身份证件号码、证券账户及交易账户(包括从业人员的基金账户)。

上述信息发生变更的,从业人员应当在变更之日起5个工作日内向公司申报。

第七条 本制度实施后15日内,从业人员应当完成首次申报,新入职从业人员应当在入职手续办理时完成首次申报。首次申报的,还需同时申报本人及其利害关系人的证券持仓情况,以及申报中涉及的人员或机构的身份证件扫描件或复印件(正反面)。

从业人员的配偶、利害关系人发生变更的,在申报该人员姓名(或名称)、身份证件类型、身份证件号码、证券账户的同时,需要同时申报其证券持仓情况,以及新增人员或机构的身份证件扫描件或复印件(正反面)。

第八条 从业人员投资基金的(包括认购、申购、赎回、转换),应当自基金投资交易之日起3个工作日内真实、准确、完整地向风险控制部申报基金的名称、时间、价格、份额数量、费率等信息。

第九条 从业人员购买基金的,鼓励通过定期定额或者其他方式进行长期投资。从业人员持有基金份额的期限不得少于6个月,高级管理人员持有本公司管理的基金份额的期限不得少于1年,投资货币市场基金以及其他现金管理工具基金不受上述期限限制。

第十条 从业人员应当在每季度结束后的5个工作日内申报上一个季度的基金持仓情况。

第十一条 从业人员投资本公司管理的私募证券投资基金的,应当自投资之日起3个工作日内真实、准确、完整地向风险控制部申报私募基金的名称、时间、价格、份额数量、费率等信息。

第十二条 从业人员应当在每季度结束后的5个工作日内申报上一个季度的本公司私募基金的持仓情况。

第十三条 从业人员拟从事股权投资的(指投资非上市公司股权),应当避免利益冲突,并在决定投资前至少10个工作日向风险控制部备案。

第十四条 从业人员应当在每季度结束后的5个工作日内申报上一个季度的股权投资的持仓情况。

第十五条 从业人员直接或间接持有的原未上市的股权投资转为上市的,应按照以下流程进行处置:

(1)公司管理的基金或投资组合参加该股权投资的询价和投资的,持有该股权的员工应本着避免利益冲突的原则,不得参加有关投资决策,并主动向公司提出回避;

(2)该股权投资可以公开交易的,员工应在3个月内卖出。

第十六条 其他证券投资是指从业人员本人及其利害关系人买卖或持有在证券市场发行或交易的股票及其衍生品(如权证)、公司债/企业债、分离债、可转换债券的行为。

第十七条 从业人员本人及其利害关系人进行其他证券投资的,应当提前向风险控制部申报,并经过相应审批通过后,在审批的期限内完成投资行为。未按期完成或变更证券投资计划的,需要重新申报。

第十八条 从业人员本人及其利害关系人持有证券的最短期限,原则上不得低于3个月。特殊情况需要提前卖出的,必须经公司批准。

第十九条 从业人员应当在每季度结束后的5个工作日内,申报本人及其利害关系人上一季度的证券投资交易记录和截止到季度末的证券资产持有情况,并提供证券经纪商出具的对账单或交易流水信息。

第二十条 本制度经董事会讨论通过、补充、修改。

第二十一条 本制度由公司风险控制部负责解释、实施和监督。

第二十二条 本制度自发布之日起实施。

图书在版编目（CIP）数据

私募基金管理人相关法律意见书撰写要点及实务攻略/张崧，王梅，罗胜男著．--北京：法律出版社，2021
ISBN 978-7-5197-5717-5

Ⅰ．①私… Ⅱ．①张… ②王… ③罗… Ⅲ．①证券投资基金法-研究-中国②法律文书-写作-中国 Ⅳ．①D922.287.4②D926.13

中国版本图书馆CIP数据核字（2021）第119743号

私募基金管理人相关法律意见书撰写要点及实务攻略
SIMU JIJIN GUANLIREN XIANGGUAN FALÜ YIJIANSHU ZHUANXIE YAODIAN JI SHIWU GONGLÜE

张　崧　王　梅　罗胜男　著

责任编辑　慕雪丹　章　雯
装帧设计　汪奇峰

出版发行　法律出版社
编辑统筹　法商出版分社
责任校对　赵明霞
责任印制　胡晓雅
经　　销　新华书店

开本　710毫米×1000毫米　1/16
印张　23　　**字数**　423千
版本　2021年8月第1版
印次　2021年8月第1次印刷
印刷　永清县金鑫印刷有限公司

地址：北京市丰台区莲花池西里7号（100073）
网址：www.lawpress.com.cn
投稿邮箱：info@lawpress.com.cn
举报盗版邮箱：jbwq@lawpress.com.cn
销售电话：010-83938349
客服电话：010-83938350
咨询电话：010-63939796

书号：ISBN 978-7-5197-5717-5
定价：98.00元